U0896027

国际铁路货物联运研究丛书

中欧班列运营组织理论与实践

汤银英　陈　思　彭其渊◎编著

西南交通大学出版社
·成　都·

图书在版编目（CIP）数据

中欧班列运营组织理论与实践 / 汤银英，陈思，彭其渊编著. -- 成都 ： 西南交通大学出版社，2025. 6.
ISBN 978-7-5774-0263-5

Ⅰ. F530.85

中国国家版本馆 CIP 数据核字第 2025EX8857 号

Zhongou Banlie Yunying Zuzhi Lilun yu Shijian

中欧班列运营组织理论与实践

汤银英　陈　思　彭其渊 / **编著**

策划编辑 / 周　杨
责任编辑 / 周　杨
责任校对 / 谢玮倩
封面设计 / GT 工作室

西南交通大学出版社出版发行
（四川省成都市金牛区二环路北一段 111 号西南交通大学创新大厦 21 楼　610031）
营销部电话：028-87600564　　028-87600533
网址：https://www.xnjdcbs.com
印刷：四川玖艺呈现印刷有限公司

成品尺寸　185 mm × 240 mm
印张　24.25　　字数　428 千
版次　2025 年 6 月第 1 版　　印次　2025 年 6 月第 1 次

书号　ISBN 978-7-5774-0263-5
定价　108.00 元

课件咨询电话：028-81435775
图书如有印装质量问题　本社负责退换

前言

随着全球化的不断深入，国际物流与贸易的联系日益紧密，中欧班列作为连接亚欧大陆的重要物流通道，已经成为推动“一带一路”倡议下国际合作与交流的重要载体。本书旨在较系统地介绍中欧班列运输网络、运营中心以及运输组织模式理论与技术，为相关领域的学者、企业管理者以及对中欧班列感兴趣的读者提供参考。

中欧班列历经十几年的发展，不仅作为推进“一带一路”建设工作的重要抓手，在开行规模、服务范围、货物种类等方面取得了显著进展，同时也已构建起“三通道，五口岸”的战略布局。本书深入探讨中欧班列的主要运输走廊、口岸及关键节点，评估口岸节点的替代方案，分析运输网络的现状与挑战，并深入研究中欧班列运输网络的构建理论及优化策略，同时对货运网络的特性进行剖析，以及对网络脆弱性进行分析与评估。

中欧班列海外运营中心犹如一座坚固的桥梁，连接着中国与欧洲，为中欧班列的发展以及双方的经济合作注入强劲动力。海外运营中心从完善运输网络、扩大国际市场影响力、塑造中欧班列品牌形象方面等多个关键维度发力，助力中欧班列行稳致远。本书从海外营销现状、场站与运营中心的建设模式、功能定位、运营模式、运营网络构建等多视角出发进行深入分析，旨在为提升运营中心的营销效能、拓展欧洲市场的货源、推动中欧班列产品的升级提供策略与指导。

中欧班列运营中运输组织模式优化是待解决的关键问题之一，货源组织模式、营销策略、运输组织、口岸作业与路径选择等要素相互关联、制约，直接影响运输效率，深入探究其优化理论与技术对提升中欧班列运营水平意义重大。本书聚焦于口岸站货源组织、班列运输组织、口岸作业流程、班列路径优化等关键理论与技术，为中欧班列运输组织模式的创新提供有力的参考。

在本书的编写过程中，我们得到了来自学术界、企业界以及中欧班列一线工作者的宝贵意见和支持。希望《中欧班列运营理论与实践》能够成为推动中欧班列发展的重要参考资料，为相关领域的研究和实践提供指导和启发。

在此，我们要特别对所有为本书提供帮助的单位、个人以及参考文献作者一并表示诚挚的感谢！没有他们的支持和贡献，本书的编写工作将无法完成。感谢李泽文、任静茹、葛洋、吕冬、赵博昊、李青林、郭经纬、朱星龙、李旭强、戴炜东、张琪胜、谢昭易、杨静莹、刘露露、邓晓臻、路广宇、冯媛、郑帅杰、王梓吉、李鳞睿、王茜、于永婷、阮吕彬，钟娟、牛迪、池欣忆等诸多青年才俊近年来在中欧班列相关课题研究过程中的贡献，为本书的编写工作积累了素材。同时，本书受西南交通大学研究生教材（专著）经费建设项目专项资助（项目编号：SWJTU-ZZ2022-023），特此感谢！

鉴于中欧班列的快速发展及编者能力所限，本书在内容编排和文献选择上可能存在不足之处，我们诚挚欢迎国内外同行、专家及广大读者提出宝贵的批评与建议。

作　者

2024 年 12 月

目 录

第一篇 中欧班列运输网络优化理论及关键技术

第二篇
中欧班列欧洲运营中心建设运营关键技术及应用

第三篇
中欧班列运输组织模式优化理论及技术

第四篇 中欧班列集装箱共享集拼理论及技术

第一篇

中欧班列运输网络优化理论及关键技术

随着“一带一路”倡议的深化实施，应中欧贸易发展需求，中欧班列作为欧亚各国深化务实合作的重要载体，承担着推动丝绸之路经济带沿线各国经贸发展的历史使命与责任。依托西伯利亚大陆桥和新亚欧大陆桥，中欧班列已形成西、中、东三条运输通道，连通丝绸之路沿线国家。近年来，国内各城市积极开行中欧班列，推动我国改革开放由东向西延伸，从沿海逐步拓展至内陆，从而构成了陆海内外联动、东西双向互济全面开放的新格局。

2013年9月，习近平总书记提出建设“丝绸之路经济带”构想，同年10月提出建设“21世纪海上丝绸之路”的倡议。2015年3月28日，国家发展改革委、外交部、商务部联合发布了《推动共建丝绸之路经济带和21世纪海上丝绸之路的愿景与行动》。东起经济新兴的亚太区，途经资源丰富的中亚地区，西至荷兰、波兰、德国、西班牙等经济发达的欧洲国家的“丝绸之路经济带”，连点成线，横穿亚欧大陆，辐射广泛，成为亚欧大陆上重要的经济纽带。沿线国家经贸得以迅速提升，国内生产总值及对外贸易进入黄金发展期。2020年，面对突如其来的疫情，在空运、海运航线大规模关闭的情况下，中欧班列开行数量逆势增长，积极适应以国内大循环为主体、国内国际双循环相互促进的新发展格局，不断提高班列运输效率和服务质量，为全球抗疫防疫以及经济发展秩序快速恢复做出了积极贡献。

截至2023年年底，中欧班列全年开行1.7万列、发送190万标箱，同比分别增长6%、18%，综合重箱率100%。自2022年年底开始实施的中欧班列扩编增吨措施成效显著，平均每月节省近160列班列运力及口岸能力资源。为响应《中欧班列建设发展规划（2016—2020）》的要求及满足贸易市场的需求，中欧班列货运网络不断扩大发展，国内累计开行超过百列的城市增至35个，中欧班列专用运行线增至86条，通达欧洲25个国家的217个城市，已形成相对清晰的运营模式和相对稳定的运营格局。中欧班列作为深化我国与“一带一路”合作伙伴经贸合作的重要载体和推进“一带一路”建设的重要抓手，其发展前景将越来越广阔。

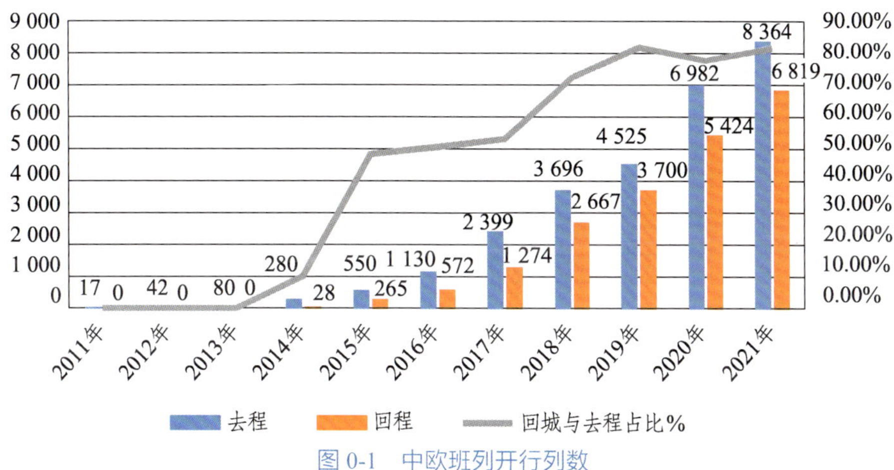

图 0-1　中欧班列开行列数

数据来源：中国一带一路网（http：//www.yidaiyilu.gov.cn）

表0-1　中欧班列部分常态化开行线路承运货物品类

中欧班列	起点站	终点站	回程货物占比	去程货物占比
中欧班列（重庆）	重庆	马拉舍维奇 杜伊斯堡	汽车配件（30%~40%） 机械设备（10%~20%） 食品（8%）	电子产品（40%） 服装（10%） 汽车配件（20%）
中欧班列（成都）	成都	罗兹 纽伦堡 蒂尔堡	电子产品（30%~40%） DHL承运（20%~30%）	日消品（30%~40%） 汽车（10%）
中欧班列（武汉）	武汉	里昂 汉堡/杜伊斯堡	汽车配件（≤40%） 医疗器械（≤20%）	科技产品（≤50%） 化工品（≤30%）
中欧班列（长春）	长春	波兰	汽车生产件（>60%）	汽车零配件（>60%）
中欧班列（长沙）	长沙	汉堡/杜伊斯堡 华沙/马拉舍维奇 明斯克	医疗器械（≤10%） 工程机械（20%~30%） 电子产品（≤20%）	纺织品（≤10%） 食品（≤10%） 工艺品（≤10%）
中欧班列（西安）	西安	华沙/马拉舍维奇 汉堡/杜伊斯堡 莫斯科	机械配件（10%~20%） 汽车配件（≤15%） 石油装备（≤10%）	重晶石粉（≤20%） 工业盐（15%~20%）

数据来源：各班列公司官网

作为推进“一带一路”建设的重要抓手，中欧班列深化了我国与“一带一路”合作伙伴之间的经济交流，不仅在开行规模、覆盖范围、货运品类等方面实现重大突破，而且依托西伯利亚大陆桥和新亚欧大陆桥，已经形成“三通道，五口岸”的基本格局。其中，“五口岸”指中欧班列在中国境内的出入境口岸，包括：阿拉山口、霍尔果斯、二连浩特、满洲里、绥芬河。“三通道”指东、中、西三条通道。西通道一是经由新疆阿拉山口（霍尔果斯）口岸出境，经哈萨克斯坦与俄罗斯西伯利亚铁路相连，途经白俄罗斯、波兰、德国等，通达欧洲其他各国；二是由霍尔果斯（阿拉山口）口岸出境，经哈萨克斯坦、土库曼斯坦、伊朗、土耳其等国，通达欧洲各国，或经哈萨克斯坦跨里海，进入阿塞拜疆、格鲁吉亚、保加利亚等国，通达欧洲各国；三是由吐尔尕特（伊尔克什坦），与规划中的中吉乌铁路等连接，通向吉尔吉斯斯坦、乌兹别克斯坦、土库曼斯坦、伊朗、土耳其等国，通达欧洲各国。中通道由内蒙古二连浩特口岸出境，途经蒙古国与俄罗斯西伯利亚铁路相连，通达欧洲各国。东通道由内蒙古满洲里（黑龙江绥芬河）口岸出境，接入俄罗斯西伯利亚铁路，通达欧洲各国。中欧班列通道不仅连通欧洲及沿线国家，也连通东亚、东南亚及其他地区；不仅是铁路通道，也是多式联运走廊。

在此发展态势之下，“一带一路”倡议的深入实施给中欧班列发展带来了巨大的机遇，中欧班列也在此基础上打通了“丝绸之路经济带”的铁路贸易通道，推动“一带一路”合作伙伴对外贸易的发展，作为我国对接欧洲市场的重要贸易路径，推动了外向型经济的发展。

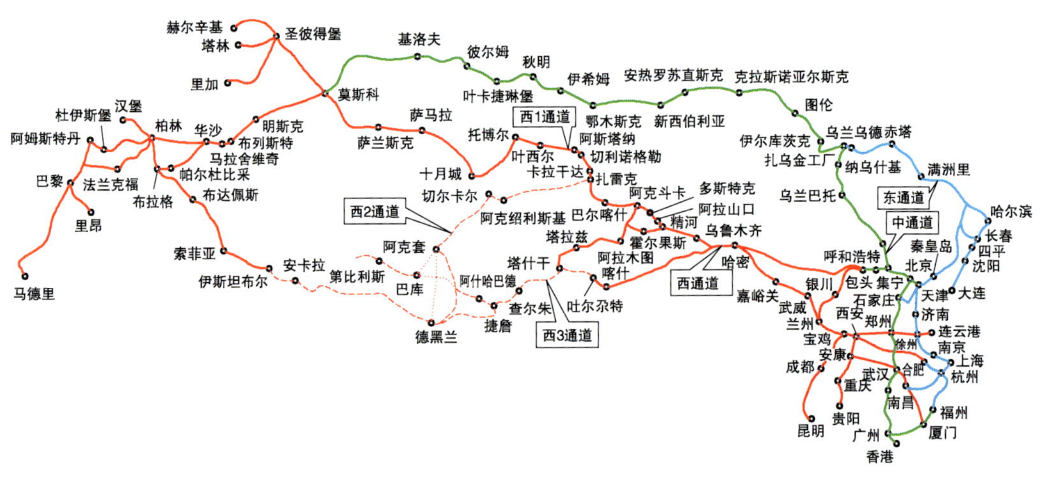

图 0-2　中欧铁路通道规划图

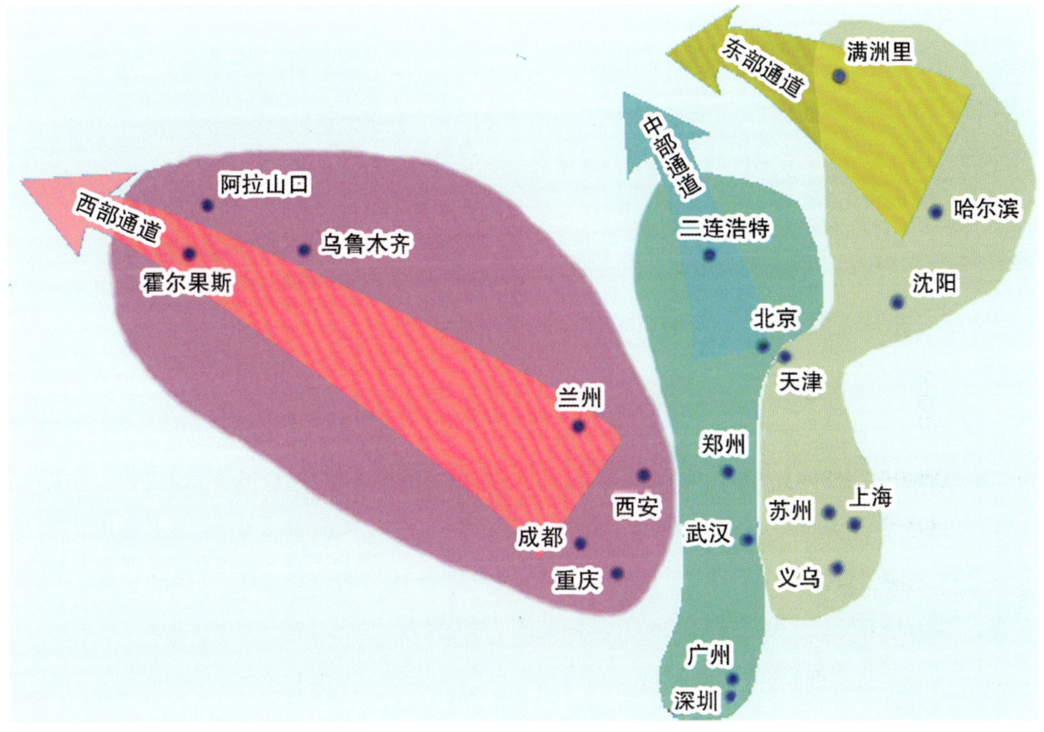

图 0-3　三大通道货源吸引区示意图

图片来源：推进“一带一路”建设工作领导小组办公室 2016 年 10 月 8 日印发《中欧班列建设发展规划（2016—2020 年）》。

中欧班列的开行使得欧亚大陆间货物运输更加便捷高效，但受某些内部因素以及外部环境的影响，班列运行效率降低甚至运行中断的情况时有发生。自 2017 年起，中欧班列开行数量大幅上升，给马拉舍维奇—布列斯特铁路口岸带来巨大的作业压力，场站频繁出现拥堵；2020 年 12 月，因口岸站严重积压，境内各始发站点运至二连浩特、阿拉山口出口的各类货物一律停装。除站点自身的问题外，一些不可抗力因素也会对班列运营造成影响，如中哈边境极端大风天气将会造成铁路口岸换装作业连续中断，致使大量去程、回程班列分别滞留在阿拉山口和多斯特克，无法按期到达。无论是线网自身故障还是自然灾害、恐怖袭击等事件的发生，都将对中欧班列货运网络的服务能力造成不同程度的影响。研究中欧班列口岸节点替代方案、运输网络构建和货运网络的脆弱性，找到网络中的薄弱环节并加以保护，对于保障班列运营的稳定性和货物的安全有重要意义。

第 1 章 中欧班列沿线主要口岸及口岸节点替代方案

1.1 欧洲铁路货运走廊（RFC）

自 2004 年成立以来，RNE（Rail Net Europe）一直致力于协调基础设施管理者（Infrastructure Manager）和分配机构所使用的国际铁路运输核心流程。2005 年年底，RNE 为促进自身发展，采取了走廊管理的方式，通过承载国际铁路运输的主要走廊获得收益。截至 2015 年 11 月，除一个 RNE 走廊之外的其他所有走廊都已被铁路货运走廊所取代，最后的 RNE 走廊已于 2016 年 8 月关闭，如图 1-1 所示。

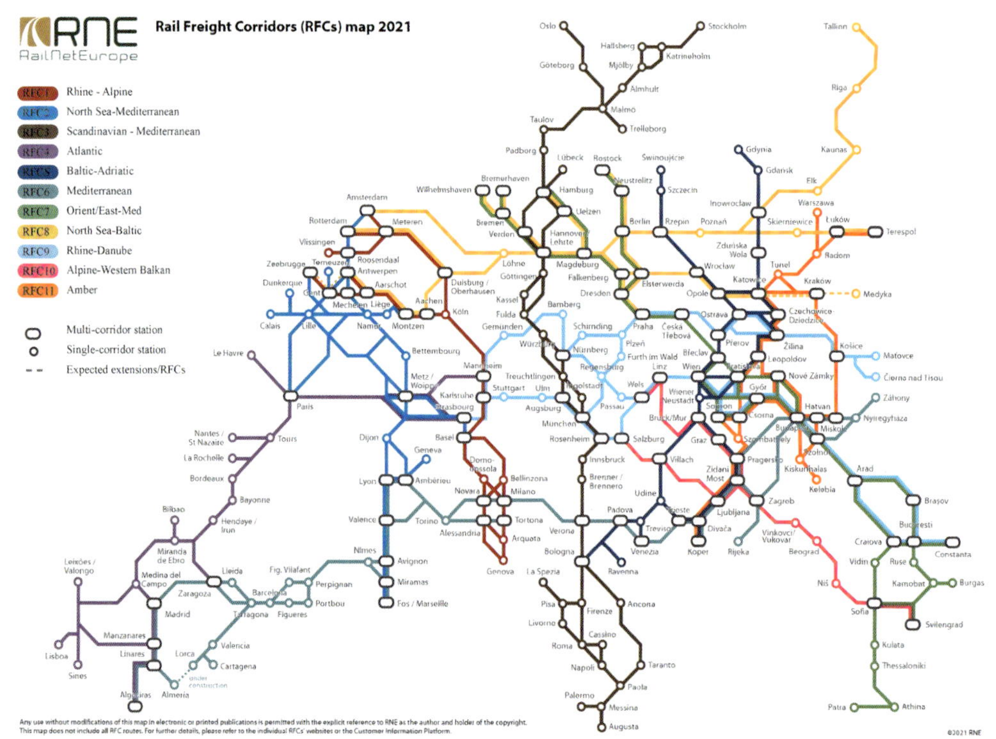

图 1-1 2021 年欧洲货运走廊示意图

图片来源：欧洲铁路网（属于欧洲铁路运输联盟，ETU）

根据调研对欧洲铁路货运走廊（European Rail Freight Corridors，RFCs）的各走廊路线进行梳理，具体见表 1-1。

表1-1　欧洲货运走廊

货运走廊	路线
RFC 1	莱茵河（Rhine）—阿尔卑斯山（Alpine）
RFC 2	北海—地中海（North sea-Mediterranean）
RFC 3	斯堪的纳维亚（Scandinavian）—地中海（Mediterranean）
RFC 4	大西洋（Atlantic）
RFC 5	波罗的海（Baltic Sea）—亚得里亚海（Adriatic）
RFC 6	地中海（Mediterranean）
RFC 7	东方（Orient）—东地中海（East Mediterranean）
RFC 8	北海（North sea）—波罗的海（Baltic Sea）
RFC 9	莱茵河（Rhine）—多瑙河（Danube）或捷克（Czech）—斯洛伐克（Slovak）
RFC 11	琥珀（Amber）
注：存在有关 RFC 10 的提议，但官方没有实施决定	

此外，欧洲铁路货运走廊所涉及的信息主要包括国际客运和货运列车的实时数据、适当的列车绩效管理报告，并通过列车信息系统（Train information system）提供，帮助铁路企业指导其物流链；路径协调系统（Path Coordination System，PCS）利用网络应用程序协调国际路径申请，确保所有相关方共同协商路径请求和报价；收费信息系统（Charging information system）提供与欧洲铁路基础设施有关的费用信息，估算出使用国际路线列车的价格；客户信息平台（Customer information system）提供有关线路、场站、基础设施投资项目和维护工作的精确信息，覆盖 RFC 1、RFC 2、RFC 3、RFC 4、RFC 5、RFC 8 共 6 个 RFC。

1.2 亚欧铁路货运走廊连接点

中欧班列作为跨境货运班列，打造了欧亚运输体系，其中亚欧铁路间通过四个主要的欧洲货运走廊连接点进行贯通，具体走廊按利用率分别为 RFC8，RFC6，RFC7，RFC3，走廊连接点见表 1-2。

表1-2 亚欧铁路货运走廊连接点

<table>
<tr><th>RFC</th><th>连接点</th><th>基本情况</th></tr>
<tr><td>8</td><td>马拉舍维奇（Malaszewicze）/布雷斯特（Brest）</td><td>中欧班列通过马拉舍维奇—布雷斯特进入 RFC 8（北海—波罗的海）的渠道，占有亚欧货运量的最高份额。连接点距离莫斯科较近，与杜伊斯堡和汉堡的通达性较好</td></tr>
<tr><td>9</td><td>西尔纳（Cierna）/乔普Chop</td><td rowspan="2">曾被使用，但乌克兰的政治形势紧张导致转向布雷斯特（Brest）；理论上能够很好地到达维也纳等欧洲中心区域</td></tr>
<tr><td>6</td><td>扎洪（Zahony）/乔普Chop</td></tr>
<tr><td>7</td><td>斯维伦格勒（Swilengrad）/卡皮库勒（Kapikule）</td><td>欧盟和土耳其之间的货物运输很少使用此通道</td></tr>
<tr><td>3</td><td>斯德哥尔摩（Stockholm）</td><td>北欧潜在市场，其总贸易额占欧亚贸易 5%，需要考虑从芬兰到瑞典的轨距变化</td></tr>
</table>

1.3 中欧班列沿线口岸及重要节点

立足中欧铁路运输通道及欧洲现有铁路网络体系（见图 1-2），分析中欧班列沿线口岸站及重要节点（见图 1-3）。

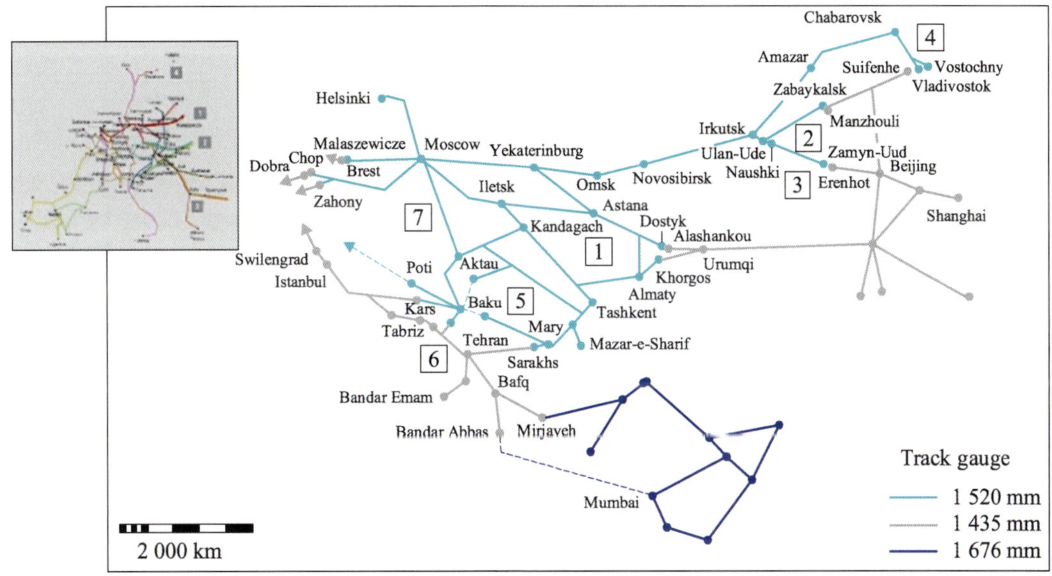

图 1-2　欧洲铁路示意图

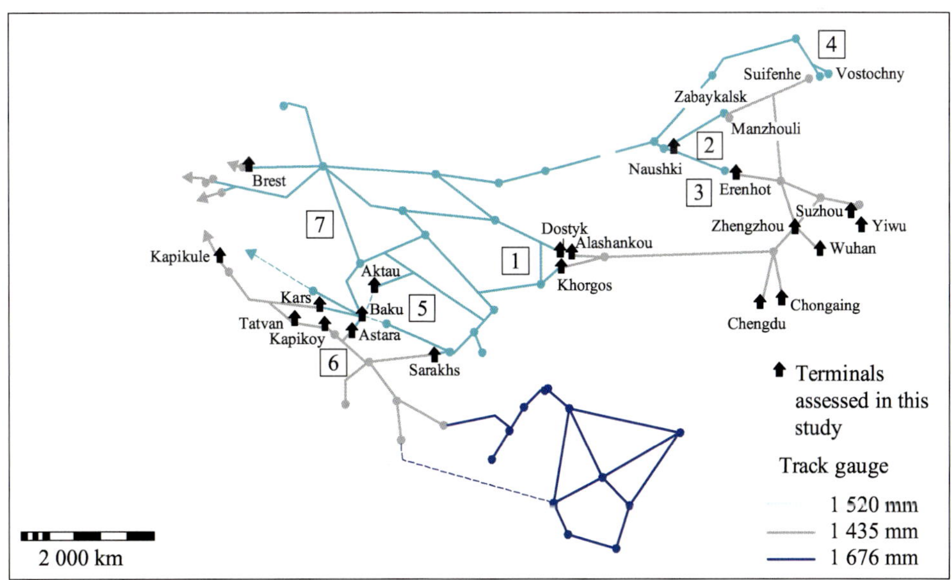

1) Conical projection to minimize visual distortion of distances

Source: UNESCAP, Company presentations of operators/railways, Roland Berger

图 1-3　中欧班列主要沿线口岸站及重要节点

图片来源：奥地利交通运输部，RNE，罗兰贝格

（1）中国主要铁路口岸站概况

表1-3 中国铁路口岸站概况（部分）

口岸站	基础设施	运营
满洲里 Manzhouli	现代基础设施 线路：25 条中国—欧洲，7 条欧洲—中国 换装设施 容量限制	运营方：哈尔滨铁路局 运量（2016）：1 036 列车（中国—欧洲），总跨境 30.5 百万吨 计划更多地通过满洲里进行运输
绥芬河 Suifenhe	现代高容量基础设施 线路：中国—欧洲 44 条，欧洲—中国 40 条 计划建造多式联运中心	运营方：哈尔滨铁路局 运量（2016）：总跨境 9 百万吨
二连浩特 Erenhot	现代高容量基础设施 线路：双向 91 条 换装设施	运营方：呼和浩特铁路局 运量（2016）：166 列车（中国—欧洲），总跨境 14.4 百万吨 计划更多地通过二连浩特进行运输
阿拉山口 Alashankou	现代高容量基础设施 线路：双向 49 条 换装设施	运营方：乌鲁木齐铁路局 运量（2016）：1 200 列车（中国—欧洲）和（中国—亚洲），跨境总吨数 7.5 百万吨
霍尔果斯 Khorgos	无水港口总面积 104.5 公顷，6 个装卸地点，10 000 m^2 仓库，包括冷藏库 3 台龙门起重机、4 个橡胶轮胎龙门起重机、7 个集装箱船、6 个到达堆垛机、2 个堆垛车、24 个叉车装载机	集装箱在 47 分钟内转运（宽轨/标准轨），包含集装箱列车、仓储、维修、海关服务、保险服务 计划将物流中心（224.9 公顷）和工业（224.6 公顷）区合并

（2）俄罗斯主要铁路口岸站概况

表1-4 俄罗斯口岸站概况（部分）

口岸站	基础设施	运营
东方港 Vostochny	容量：550 000 TEU 开发计划：目标 2.2 百万 TEU 35 公顷仓库和集装箱堆场为 22 380 TEU 2 辆叉车、17 辆集装箱卡车、14 辆装载机、6 辆系泊集装箱再装货机、2 台集装箱龙门起重机	运营方：OOO Vostochnaya Stividornaya Kompaniya 运量：300 000 TEU 集装箱运输、换装、临时仓库、海关代理

续表

口岸站	基础设施	运营
贝加尔斯克 Zabaykalsk	容量：50 000 TEU 1 435 m^2 仓库，8 000 m^2 露天仓库 2 辆平衡叉车，2 辆叉车	运营方：JSC“DVTG—Terminal” 集装箱运输服务、换装作业、提供临时仓库、开展运输相关服务、代理海关业务、进行文件筹备工作、实现追踪定位功能 车辆供应不足会增加等待时间 容量已达到较高利用率
纳什基 Naushki	15 条轨道 无临时恒温仓库	运营方：俄罗斯联邦东西伯利亚铁路局 部分物流公司提供定制经纪服务 无固定检查单元导致海关交接时间较长

（3）波兰、白俄罗斯、匈牙利和哈萨克斯坦主要铁路口岸站概况

表1-5　波兰、白俄罗斯、匈牙利和哈萨克斯坦口岸站概况（部分）

口岸站	基础设施	运营
多斯特克 Dostyk	堆场、海关、维修区 3 个 集装箱换装 3 760 吨 / 日	运营方：Kedetransservice 运量：280 000 ～ 300 000 TEU 换装（宽轨 / 标准轨）、存储、维护
布雷斯特 （白铁） Brest	容量：100 000 TEU 55 000 m^2 仓库、海关区 3 台龙门起重机	运营方：Belarusian Railway（白俄罗斯铁路公司） 口岸容量已达到非常高的利用率 集装箱运输业务、换装作业、提供临时及长期储存服务、开展运输服务工作、代理海关事宜、准备相关文件、提供保险服务
马拉舍维奇 （波铁） Malaszewicze	每天可处理 20 多列车，每年可处理 45 万个标准箱	运营方：PKP 货运 口岸容量现已不足 集装箱和货车运的转运、过境清关

（4）中欧班列南线重要节点概况

表1-6　南线的重要节点概况（部分）

节点	优势	劣势
卡皮库勒 Kapikule	连接到保加利亚的斯维伦格勒 欧洲最重要的边境口岸 能够全天候提供过境服务	货运码头仅运营 9 小时 / 天 无存储区域或仓库

续表

节点	优势	劣势
卡尔斯 Kars	计划散货存储区	卡尔斯—阿克哈拉卡基（Kars-Akhalkalaki）线到格鲁吉亚在建 仅运营 9 小时 / 天 无集装箱存放区
塔特万 Tatvan	前往伊朗最短路线：通过 Van 湖西侧港口及码头 TCDD 计划建设物流中心	超长等待时间（由于过去的渡轮容量低，平均等待时间长达 1.5 个月）
卡皮科伊 Kapikoy	伊朗边境过境站	仅运营 9 小时 / 天 无存储区域
巴库 Baku	位于巴库第比利斯卡尔斯铁路旁，紧邻奥洛特—加龙省巴库国际海港 2020 年港口容量将扩容到 38 百万吨	基础设施仍需大量投资，以承受未来南部航线运量压力
阿斯塔拉 Astara	阿斯塔拉项目相关方已于 2023 年 5 月签署了相关建设协议	尚未存在货运码头 只连接阿塞拜疆一侧的铁路，从伊朗仅通过公路连接
萨拉克斯 Sarakhs	码头可以处理公路和铁路转运 最有经验的伊朗码头之一	边界等待程序长达 15 天，货车不足导致进一步延误
阿克套 Aktau	现有港口正在扩建，2020 年与库里克港（Kuryk）可处理 25 百万吨货物	目前最大港口容量为 19.5 百万吨货物

数据来源：各国口岸海关官网公开数据。

1.4 中欧班列口岸节点替代方案

针对目前马拉舍维奇的拥堵现状，结合班列所经国家港口、口岸及重要节点情况，在欧亚间存在马拉舍维奇（布雷斯特）、西尔纳（扎洪）、斯维伦格勒（卡皮库勒）和斯德哥尔摩四个重要连接点的基础上，分析可以完成海铁联运的欧洲端大陆港口，分别对其港口交通条件、铁海联运作业能力、作业比例等基础情况进行研究，并通过探寻波罗的海地区、北海地区、英吉利海峡地区、大西洋沿岸地区、地中海地区、黑海地区可进行海铁联运的节点，设计了中欧沿线主要口岸及节点替代方案：（1）乔普（乌克铁）/ 扎洪（匈铁）口岸；（2）布鲁兹吉（白铁）/ 库兹尼察（波铁）口岸；（3）伊佐夫（乌克铁）/ 赫鲁别舒夫（波铁）—斯瓦夫库夫（波兰欧港多式联运终端站）；（4）谢米亚努夫卡（波铁）/ 斯维斯洛奇（白铁）；（5）里加（港口）；（6）加里宁格勒（港口）。

并且，本书在以上 6 个可替代方案的基础上对其中的部分口岸布局进行了对比分析，以波兰口岸分布为基础设计中欧班列口岸节点替代方案。

（1）里加

里加是拉脱维亚的首都，北距波罗的海 15 km，位于波罗的海国家中心地带，濒临里加湾，处于欧洲西部和东部、俄罗斯和斯堪的纳维亚半岛的交叉点，被称为“波罗的海跳动的心脏”和“北方巴黎”，其海运及陆运可达欧洲腹地，具有重要战略意义。

里加自由港是波罗的海东海岸的一个主要港口，位于道加瓦河两岸，港口面积为 1 962 公顷，水域面积为 6 348 公顷。大部分货物由来自独联体（Commonwealth of the Independent States）的过境货物组成，主要装卸煤炭、石油产品、木材、肥料和集装箱。文茨皮尔斯自由港和利耶帕亚港专门从事出口业务，而里加自由港大部分是进口业务。

里加自由港是拉脱维亚最大的港口，也是波罗的海国家的第二大港口，2017 年其货物转运量达到 3 370 万吨。2017 年的船舶数量为 3 422 艘，总吨位为 461 万 GT。里加自由港高达 80% 的货物由转发或从原独联体收到的过境货物组成。在里加自由港有 34 家装卸公司和 31 家船运代理公司。

表1-7 里加港口资料

港口总面积/公顷	6 348
港口土地（Land of the port）/公顷	1 962
港口水域/公顷	4 386
泊位总长度/km	20
泊位最大允许船舶吃水/m	150
有顶仓库/ m^2	418 603
露天储存区/ m^2	1 894 278
冷藏仓库（面积）/ m^2	7 800
冷藏仓库（货物量）/t	14 000
干散筒仓容量/ m^3	2 178 000
液体灌区容量/ m^3	522 391

数据来源：里加自由港《站细》。

里加港口的定期航运线路状态信息会传达给相关运输服务商。定期航线信息包含诸如港口费折扣之类的优惠，这些折扣适用于船舶的港口停靠。线路状态信息和折扣申请程序在里加港的港口费用中有规定。

（2）加里宁格勒

加里宁格勒运输物流中心处理能力为 45 万集装箱 / 年，200 万吨货物 / 年。加里宁格勒铁路运输站处理能力为 75 万集装箱 / 年，俄罗斯和欧盟国家之间的过境时间为 2.5 h，集装箱列车在加里宁格勒铁路的运输时间包含货物转载的 12 h。

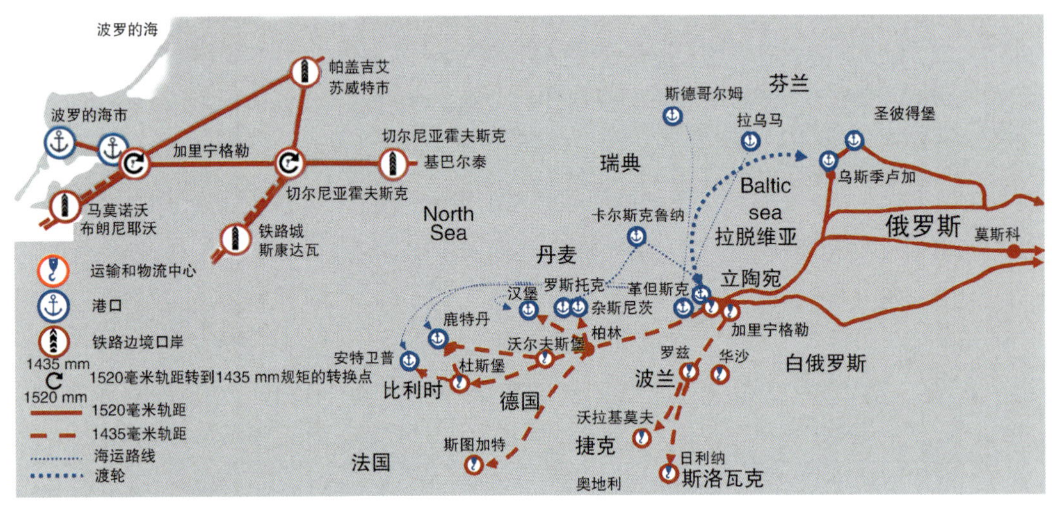

图 1-4　欧洲物流中心、港口、铁路边境口岸站示意图

加里宁格勒港口有几个独立的组织单位，其中包括商业港口、渔港和河港。其中，商业港包括其周围的港口东部码头（半岛）和邻近的东部海滨，负责处理普通货物、滚装货物（Ro ro cargo）和散货的转运以及集装箱的重装；渔港（俄语：Kalininskýskyморскойрыбныйпот）是中心码头，主要涉及冷冻肉类、普通货物、液体、石油产品和滚装货物的运输。由于渔业危机和加里宁格勒捕鱼船队严重减少，渔港转向其他各类货物运输，准备每年服务 650 艘船和超过 25 000 辆铁路货车。

加里宁格勒港的泊位通过铁路和高速公路直接连接俄罗斯和其他国家，航线与德国、丹麦、荷兰、比利时和英国的港口相连，另外加里宁格勒地区有三个欧洲和俄罗斯铁路轨道的连接点，可提供换装环境。加里宁格勒海商业港拥有 19 个泊位，泊位长度从 146.2 m 到 275.1 m 不等，港口与货运代理合作，提供从托运人到收货人及港口系泊的全方位服务。此外，加里宁格勒港的开放式存储区域为 238 275.8 m²，承重能力高达 10 t/m²，并拥有 12 个仓库和 1 个集装箱货运站，总面积达 44 891.7 m²，此外还有两个总面积为 5 726.5 m² 的冷藏仓库。

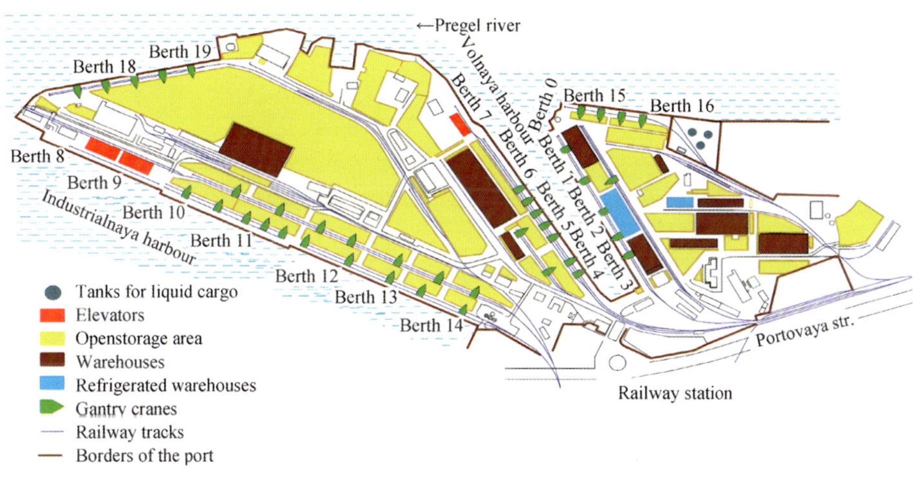

图 1-5　加里宁格勒海商业港布局信息

（3）乔普（乌克铁）/ 扎洪（匈铁）

乔普铁路车站位于西伯利亚陆桥乌克兰境内，场站占地面积约 40 000 m²，站内同时拥有 3 辆类型为 Ganz 的门式起重机，容量分别为 63 t、63 t、40 t，并提供海关服务、转发服务、银行服务和物流服务，通过站内铁路线路可以进入 UICB 或 UICC 过境终端。

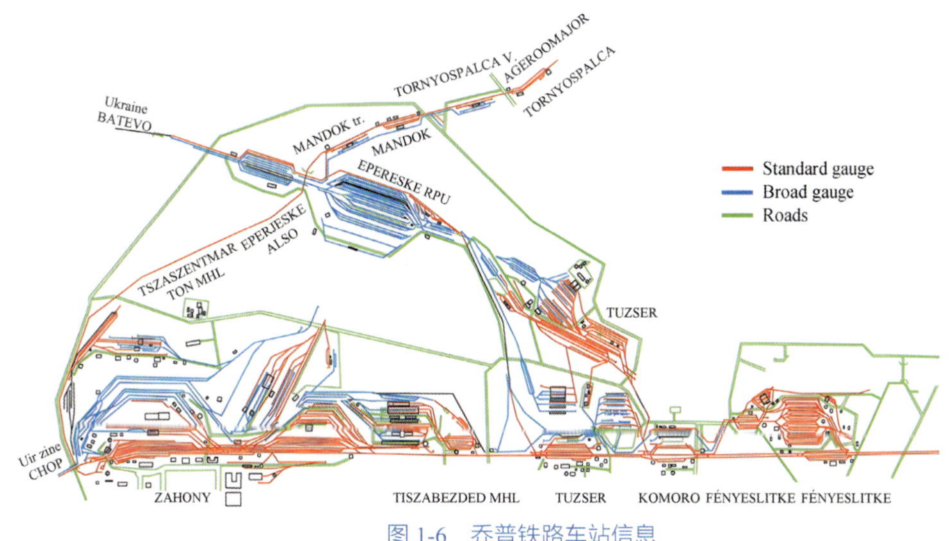

图 1-6　乔普铁路车站信息

（4）库兹尼察（波铁）/ 布鲁兹吉（白铁）口岸

库兹尼察（波铁）和布鲁兹吉（白铁）位于白俄罗斯—波兰边境，并已于 2018 年年底恢复连接波兰和白俄罗斯的 Czeremcha-Wysokie Litewski 边境口岸。

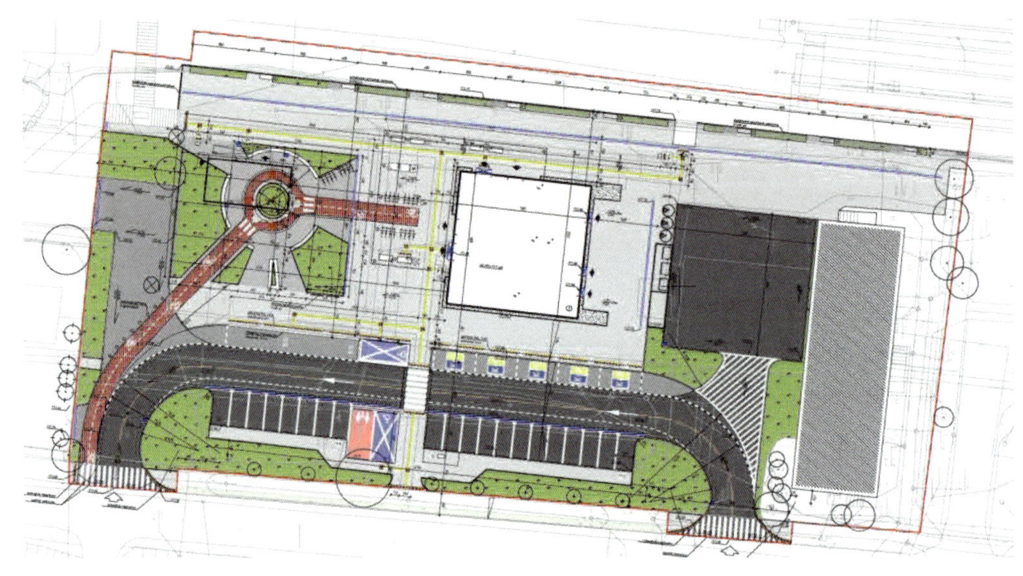

图 1-7　库兹尼察 / 布鲁兹吉车站信息

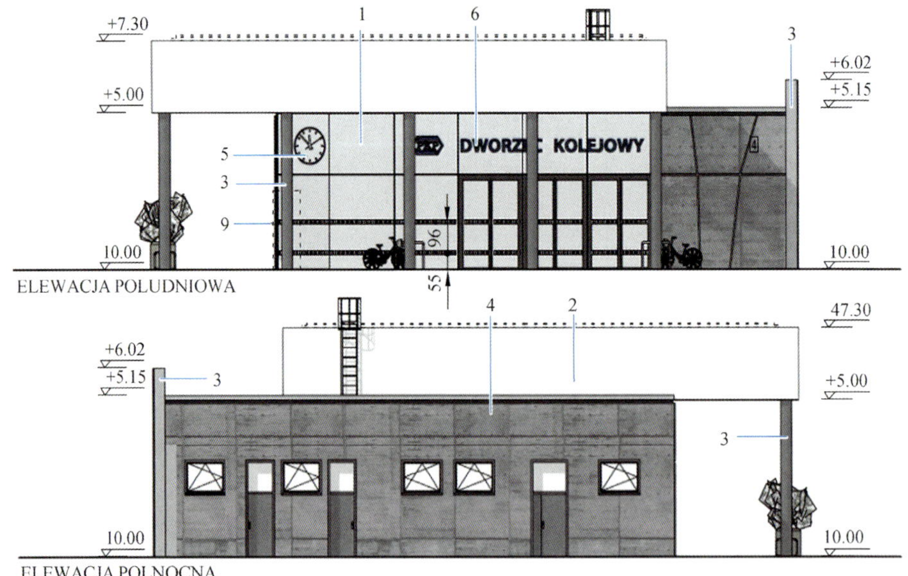

图 1-8　库兹尼察 / 布鲁兹吉车站示意图

（5）谢米亚努夫卡（波铁）/ 斯维斯洛奇（白铁）

谢米亚努夫卡边境场站投资者是 Andrex 物流公司（100% 波兰资金），Andrex 物流公司在波兰 Chryzanów 开设换轨转运设施，Chryzanów 场站建于 20 世纪 60 年代和 20 世纪 70 年代，靠近 Siemianówka-Svisloch 过境点，作为东西向多式联运枢纽，占地 60 000 m^2，拥有 14 km 的 1435 和 1 520 轨距轨道以及一台 41 t 的龙门起重机，每天最多可处理 6 对列车，集装箱堆场面积为 24 000 m^2，大型货物汽车停车场总面积为 2 400 m^2，道路总长度为 2 000 m，该场站最大集装箱容量为 3 000 TEU，其中，冷藏箱电器插座 180 个。Andrex 物流公司还提供 20 英尺、30 英尺、40 英尺和 45 英尺集装箱的装卸、存储、冷藏箱保障以及露天堆场、海关清关、货运代理等服务。

该货运站除了提供铁路货物运输服务外，也有多式联运的设施和高速公路连接，同时还提供清关服务。

（6）伊佐夫（乌铁）/ 赫鲁别舒夫（波铁）/ 斯瓦夫库夫（波兰欧港多式联运终端站）

波兰最长的宽轨货运线：Linia Hutnicza Szerokotorowa（LHS）铁路线，也是进入欧盟腹地最深、最长的宽轨交通干线，坐落于卡托维兹经济特区，线路长约 400 km（准确长度为 394.65 km），拥有宽、准轨到发线 12 条，年办理集装箱 30 万 TEU，散杂货物 500 万吨；集装箱场地面积为 33 000 m^2，宽、准轨线路长 750 m，40 吨集装箱起重机 2 台和正面吊 4 台，场地容量 3 500 TEU，其中，冷藏箱插头 90 处，综合性仓库 11 000 m^2，日换装量 4 列。该线将波兰—乌克兰铁路边境站赫鲁别舒夫 / 伊佐夫（Хрубешув\Изов）和西里西亚连接起来，延伸至斯瓦夫库夫（距波兰的卡托维兹 25 km）。

区位优势明显，公铁运输四通八达，目前已开行欧港—格但斯克（波兰北部波罗的海最大港口）集装箱班列 5 列 / 周，至马达洛尼（意大利）集装箱班列 3 ~ 4 列 / 周，至汉堡（德国）集装箱班列 2 列 / 周。该线集装箱可直接运输到紧靠捷克、德国、斯洛伐克的波兰西南部物流枢纽——卡托维兹卸货，并且该线路和场站还有能力进行整车和大型成套货物的运输，可从阿拉山口等口岸装车直达。

该线路在运输作业上还拥有一定优势：① 波兰赫鲁别舒夫口岸站列车通过能力为 20 对 / 日，过车能力强；② 直达波兰南部西里西亚省的卡托维兹经济特区斯瓦夫库夫货运站（Slawkow）距捷克不到 100 km，距斯洛伐克 85 km；③ 该货运站向外延伸 500 km 可以到达华沙、柏林、布拉格、布达佩斯、维也纳和布拉迪斯拉发六个欧洲首都；④ 公铁配送分拨能力强、时间短，欧港—格但斯克 18 km，欧港—马达洛尼 36 km，欧港—汉堡 12 km，可实现门到门运输；⑤ 具备全套海关服务及保税功能；⑥ 无须换单，国际货协单证一票到底。

（7）Visoko-Litovsk/Czeremcha

白俄罗斯铁路将恢复波兰边境的 Visoko-Litovsk/Czeremcha 铁路口岸，承担大批量散装货物运输。通过这种方式，可以部分引流通过马拉过境的运输，为中欧班列增加一个新的过境通道。新的铁路过境点 Visoko-Litovsk/Czeremcha 将成为白俄罗斯和波兰之间的第四个中欧班列过境点。

第2章
中欧班列运输网络构建理论与方法

2.1　中欧班列运输网络现状及问题

2.1.1　中欧班列点对点直达运输网络现状

目前中欧班列运输网络仍以点对点直达运输为主，主要指各班列以所在地方班列运营公司为主体，在始发城市满足固定编组要求，中途不进行中转集结作业，班列直达目的城市的组织模式。此外，部分货物（大部分为新疆本地货源）可在乌鲁木齐集结，达到编组要求后发车，称为集结运输模式。

中欧班列的国内开行城市主要集中于华东、西北、东北以及西南部分地区，而运营情况较好的城市基本在中西部地区，例如成都、重庆、郑州、西安、武汉等。国外到达城市集中在德国、俄罗斯、波兰等地。国内主要开行城市通常为省会城市，货源吸引范围相对非省会城市更广。由于政府补贴、成本控制等问题，导致各地班列公司主要依托当地铁路场站，采用点对点直达运输至欧洲相应站点的组织模式。以成都为例，成都市可吸引成都本地以及四川其他地区的大量货源需求到成都国际铁路港集聚，由成都班列公司进行货源组织，最终集结满轴，从城厢站发车直达蒂尔堡、纽伦堡等欧洲地区。

2.1.2　中欧班列运输网络问题分析

中欧班列点对点直达的运输网络结构给班列公司、铁路部门、地方政府带来了一系列问题：班列公司依靠政府补贴争抢货源，造成无序竞争；各地方班列线路重复，资源利用率不高；关键节点规划困难；统一品牌建设困难；缺乏对外竞争、竞价的统一主体等。具体而言，中欧班列点对点直达的运输网络存在以下问题：

（1）无法形成规模效应

中欧班列点对点直达的运输网络结构难以形成规模效应，无法实现高质量发展。各地方班列由始发城市直达终点城市，由于不是集中运作，导致难以实现流量聚集，产生规模效应以降低运营成本，使得自身运营成本处于较高水平，效率、效益处于较低水平，无法进一步实现降本增效。

（2）难以充分发挥时效优势

中欧班列点对点直达的运输网络结构难以充分发挥时效优势。为满足中欧班列满轴要求，货运量较少的货源地的中欧班列发车频率较低，增加了货源等待集结时间，延长了整个运输周期，若通过提高发车频率降低货源集结时间，则中欧班列空载率增加，进一步增加运输成本。另外，在口岸节点存在“三并二，二并三”的要求，班列需等待同属班列到达后进行解编换装作业，难以充分发挥时效优势。

（3）运营线路重复、运输资源利用率较低

在中欧班列点对点直达的运输网络结构中，各班列线路趋同，相互竞争，导致铁路线路场站资源利用率较低。各地中欧班列运营公司同质化竞争和运营线路重复现象严重，尤其是波兰和德国的部分城市。运营线路的重复进一步引起场站、线路、集装箱、车板等运输资源浪费，导致运输资源利用率较低，运输成本提高，不利于中欧班列的健康可持续发展[1]。

（4）中欧班列欧洲端运输成本占比过高

以中欧班列成都为例，欧洲端运输成本是总成本的70%左右。造成欧洲端运输成本居高不下的原因主要有以下三点：第一，欧盟统一的货运运价率是独联体各国铁路的4倍多，是中国铁路的2倍多；第二，各班列公司各自为政，在与境外运输代理商进行价格谈判时无法取得最大的运输优惠；第三，“点对点”直达的运输模式难以对中欧班列的运输需求进行整合[2]。

（5）中欧班列欧洲端运输网络布局不明

中欧班列欧洲端运输网络布局不明，一方面导致多数班列运行路线重合或相近，运输能力利用率较低；另一方面，班列公司欧洲端经营网点分散，中欧班列欧洲管控能力受到极大限制，规模优势难以得到充分发挥，导致班列整体运输效率和效益偏低。

（6）其他问题

点对点直达的运输网络同时也会加剧各地方主体分散经营、无序竞争。各地方班列竞争的目的在于突出自身的优势地位，争夺存量和增量市场，确保未来市场占有率和中欧班列能够为当地带来的外部效应。竞争带来的后果是货源争抢，缺乏对外竞争、竞价统一主体，缺乏应对突发情况的灵活性，品牌建设困难，不利于利用自身市场压缩中间环节利润率，不利于有益自身的国际运输规则的制定。

2.2　中欧班列运输网络构建理论

2.2.1　运输网络拓扑结构

运输网络是指在一定空间范围内，由有一种或多种运输方式的运输线路和运输枢纽等固定设施，按照一定的原则和要求所构成的网络[3]。运输线路是运输网的基干，运输枢纽是有两种及以上运输方式的衔接地区，是大量客、货流的集散地。运输网络的规划受到运输成本、运输时间、运输一致性以及线路与节点匹配程度等因素的影响。运输网络拓扑是将现实中的线路、枢纽等固定设施抽象为“点”和“边”，并以图的形式表征相互连接关系的方法。运输网络拓扑结构是运输网络“点”“线”结构关系的反映，对运输的经济性、时效性以及网络的抗毁性、稳定性等都产生一定影响。一般情况下，运输网络拓扑结构可分为网格、线型、星型和树型四类，如图 2-1 所示。

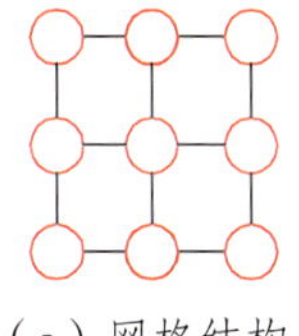
（a）网格结构

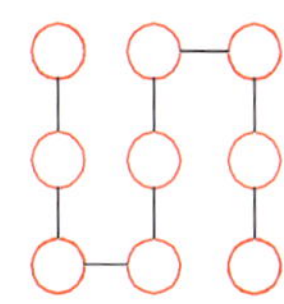
（b）线型结构

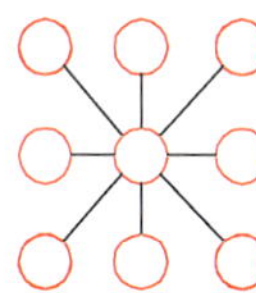
（c）星形结构

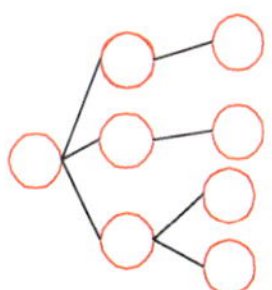
（d）树形结构

图 2-1　基本运输网络拓扑结构

（a）在网格结构中，节点一般有两条或两条以上的连接，网络总体连接数量较多，具有一定的抗干扰性，但各节点较为分散，缺乏中心枢纽对货物的聚集作用；

（b）在线型结构中，各节点均位于一条运输干线上，以串联方式连接，结构简单，各节点地位相对平等，但无中心枢纽对货物进行集散，运行线路单一，抗毁性较差，且主干线路负载较高；

（c）在星形结构中，各节点围绕中心节点呈放射状分布，中心节点起关键的枢纽作用，但同时也导致中心枢纽集结货运量较高，容易造成拥堵问题，可靠性不高；

（d）在树形结构中，各节点呈树枝状分布，网络可划分为干支线和层级节点，是星形结构的一种扩充。

此外，根据各模式的组合可以得到混合型拓扑结构。

网络中节点的不同连接方式构成不同的网络拓扑结构，从网络中节点相互之间的紧密度来看，网络又可以被分成集中式网络、分散式网络和分布式网络三种，如图 2-2 所示。

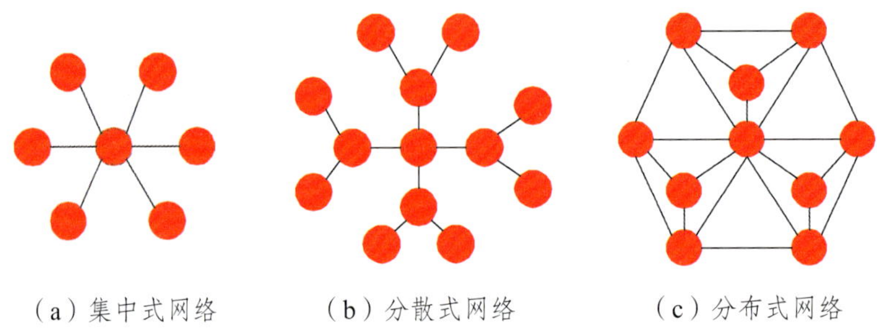

图 2-2　混合型运输网络拓扑结构分类

2.2.2　点对点式运输网络结构

点对点式运输网络即直达式运输网络，是中转式网络的相对概念，任意两个运输节点间都可以直接相连，各班列在起始站集结满一列班列出发，不需要经过中转节点，中途也不停车，各个节点之间是全连通的，并建立铁路运输通道进行中欧间货物运输的集装箱铁路国际联运列车[4]。这种点对点直达班列的运输可靠性比较高，可以节约很多重复的分拣、储存以及装卸、搬运、换装等额外中转活动。其优点在于运输网络结构较为简单，在一定程度上可以缩短配送距离和配送时间，集结完成后运输时间较短，货物送达效率较高，减少由于分拣、储存、装卸、搬运等产生的货损、货差，也可以节省运输车辆的换装次数和装卸次数，节约车辆和人力资源等费用，从而不产生中转环节。缺点在于在无稳定货源的情况下，所需集结等待时间较长，满载率较低，甚至出现返空现象，并且网络连接较多，缺乏规模效应，运输成本相对较高。点对点式网络结构如图 2-3 所示。

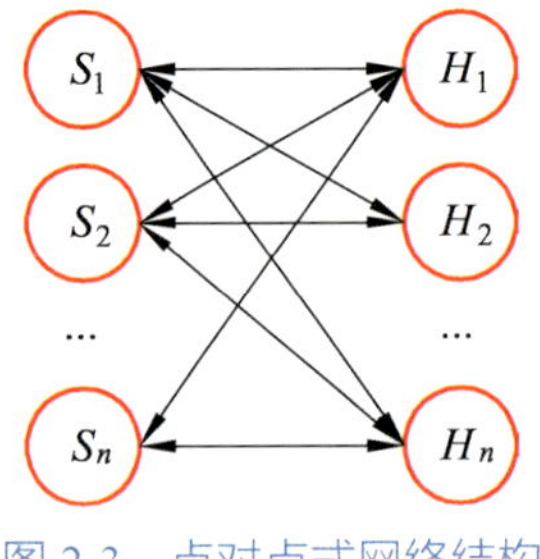

图 2-3　点对点式网络结构

2.2.3　轴辐式运输网络结构

（1）轴辐式运输网络概述

轴辐式网络的概念最早提出于 1973 年，起源于航空运输网络的不断完善[5]。轴辐式网络就是由轴和辐组成，它需要以一个枢纽节点为中转站，一个大型中转场为轴，以及作为中转站辐射出去的线为辐，为货物提供运输以及转运服务。关于轴辐式网络的定义，目前比较认可的是李阳在《轴辐式网络理论及应用研究》[41]一文中的定义：网络中的大部分节点，通过与网络中的一个或少量几个枢纽节点相互作用，实现货物、人员及服务传递的一种网络结构[6]。

轴辐式运输网络选择网络中的一个或多个关键节点设为枢纽节点，而非枢纽节点一般通过枢纽实现互联。轴辐式运输网络可视为树形结构的拓展，与点对点式运输网络格局相比，轴辐式运输网络将节点划分为一般节点和枢纽节点，枢纽节点起集散非枢纽节点货流的作用，货流先通过支线由各一般节点运至枢纽节点，再通过干线由枢纽节点运输至下一枢纽节点，最后依据目的地进行第二枢纽与目的地的支线运输[7]。轴辐式运输网络的优势在于能有效地减少网络中的路径数目，并在枢纽与枢纽之间的干线运输上产生规模经济效应，降低单位流量运输成本，提高运输资源利用率。与此同时，枢纽节点对非枢纽节点货源的吸引作用可以带来集群效益，带动所在区域的经济发展。轴辐网络起源于美国航空业，后广泛应用于物流、航空、海运等领域。轴辐式网络结构如图 2-4 所示。

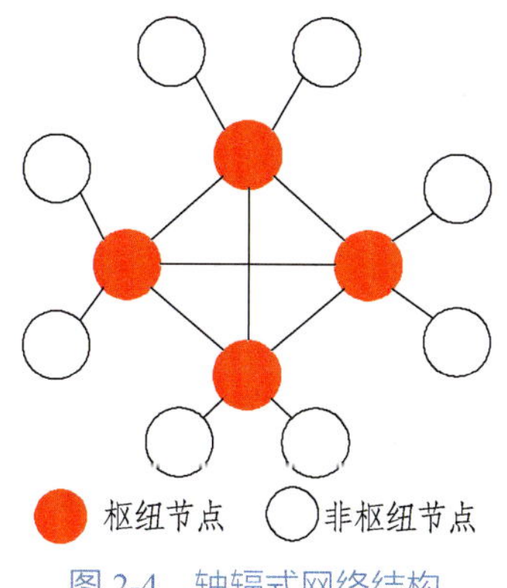

图 2-4　轴辐式网络结构

（2）轴辐式网络分类

轴辐式运输网络作为一类具有特殊结构的网络，按照枢纽数量、节点之间的连接方式以及节点之间的运输方式不同[8]，其分类也不同，具体如下：

① 枢纽数量。

轴辐式运输网络根据枢纽数量不同可分为单枢纽和多枢纽轴辐式网络，网络结构如图 2-5 所示。单枢纽轴辐式网络的拓扑结构较简单，网络中只有一个枢纽节点，非枢纽节点通过枢纽节点进行中转运输；多枢纽轴辐式网络中的枢纽节点有两个或两个以上，根据一般节点和枢纽节点的分配关系可分为单分配和多分配轴辐网络，网络结构如图 2-6 所示。其中，单分配轴辐网络是指任意非枢纽节点仅可分配给一个枢纽节点，相对的，多分配轴辐网络则可分配给多个枢纽节点。

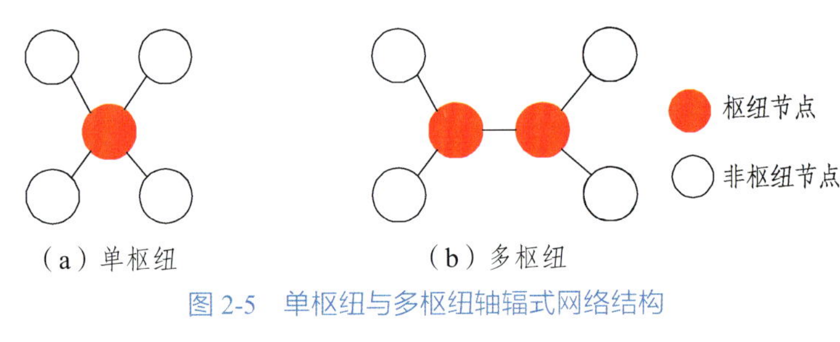

图 2-5　单枢纽与多枢纽轴辐式网络结构

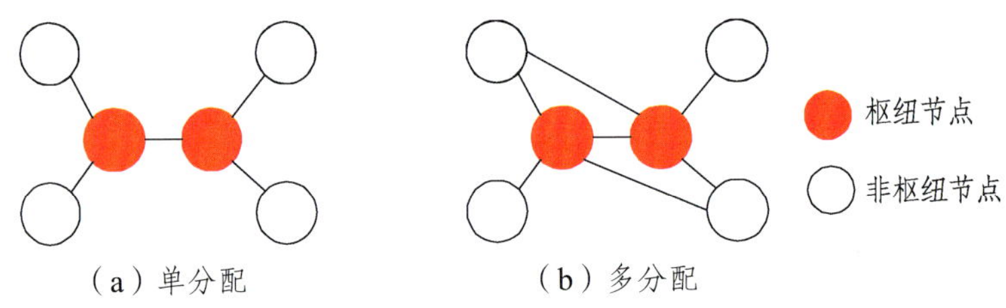

图 2-6　单分配与多分配轴辐式网络结构

② 节点之间的连接方式。

按照节点之间的连接方式不同，轴辐式网络可分为纯轴辐式网络和混合轴辐式网络，网络结构如图 2-7 所示。纯轴辐式网络是指非枢纽之间不能直接连接，必须先经过一个或两个枢纽节点才能连接其他的非枢纽节点；而混合轴辐式网络指非枢纽节点不仅可以通过枢纽节点进行连接，同时非枢纽节点之间也可以直接连接，但直接连接的数量占比较小。

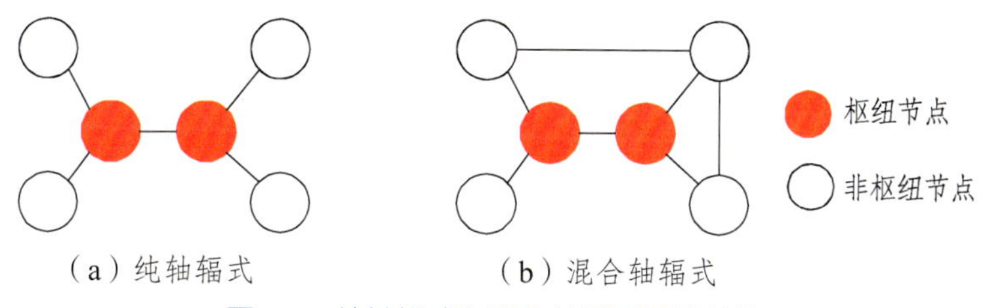

图 2-7　纯轴辐式和混合轴辐式网络结构

③ 节点之间的运输方式。

按照节点之间的运输方式分类，轴辐式网络可被分为单一运输模式的轴辐式网络和多式联运模式的轴辐式网络。单一运输模式的轴辐式网络中非枢纽节点与枢纽节点之间的运输方式均为同一种运输方式；而在多式联运模式的轴辐式网络中，各个节点之间的运输方式不大相同，可以采取铁路运输、公路运输、航空运输、水路运输等多种运输方式。

2.3　中欧班列运输网络优化

2.3.1　中欧班列运输网络优化思路

运输网络结构分为点对点直达运输网络和轴辐式运输网络，其对应的中欧班列运输组织为直达和集结中转两种模式。其中，纯轴辐式运输网络对应全集结运输组织模式，而混合轴辐式运输网络对应“直达＋集结”运输组织模式。混合轴辐式运输网络结构既可以整合运输量较小城市的运输需求，也可以通过直达运输模式保证运输需求量较大城市的运输时间需求，契合中欧班列辐射范围广、货源地多而散的发展特征。基于此，针对中欧班列目前存在的欧洲端运输网络布局不明、运输成本偏高、线路重合率较高等问题，可通过构建混合轴辐式运输网络对运输需求进行整合，发挥运输网络的规模优势，进一步提高中欧班列的竞争优势，加快中欧班列高质量发展的步伐。

2.3.2　轴辐式运输网络优化问题基本模型

轴辐式运输网络优化内容主要包括两个方面：一是枢纽选址，二是非枢纽分配。轴辐式运输网络优化目标也主要分为两方面：运输成本和运输时间。轴辐式网络优化经过多年的研究，其模型与算法相对成熟。轴辐网络的基本模型可分为三类：枢纽中位问题、枢纽中心问题和覆盖选址问题。本书研究的轴辐式运输网络问题基于单分配假设，即对于任一非枢纽节点仅可分配给一个枢纽节点，所以下面主要介绍单分配模式下枢纽选址经典模型。

（1）单分配 p- 枢纽中位问题模型

单分配p- 枢纽中位问题是指在已知网络系统中各节点间货运量与运输成本的情况下，选择其中 p 个节点作为枢纽节点，并对非枢纽节点进行分配，以使网络总体运输成本最低的问题。

模型中用到的符号变量：

N：网络中所有节点集合。

p：可选作枢纽的节点集合。

W_{ij}：节点 i 到节点 j 的流量。

c_{ij}：节点 i 到节点 j 的单位流量运输成本。

α：枢纽之间的流量运输折扣因子，$\alpha \in [0,1]$。

X_{ijkm}：决策变量，表示 OD 流的路径 $i \to j$，若始点 i 到终点 j 的路径经过枢纽 k 和 m 中转则为 1，否则为 0。

Z_{ik}：决策变量，表示非枢纽节点的分配，若辐点 i 被分配到枢纽 k 则为 1，否则为 0。

模型可表示为：

$$\min F = \sum_{i \in N} \sum_{j \in N} \sum_{k \in P} \sum_{m \in P} w_{ij}(c_{ik} + \alpha c_{km} + c_{mj}) x_{ijkm} \tag{2-1}$$

$$s.t. \quad \sum_{k} z_{ik} = 1, \forall i \in N \tag{2-2}$$

$$\sum_{m} x_{ijkm} = z_{ik}, \forall i \in N, i \in N, k \in P \tag{2-3}$$

$$\sum_{k} x_{ijkm} = z_{mj}, \forall i \in N, i \in N, m \in P \tag{2-4}$$

$$\sum_{k} z_{kk} = p \tag{2-5}$$

$$z_{ik} \leqslant z_{kk}, \forall i \in N, k \in P \tag{2-6}$$

$$x_{ijkm} \in \{0,1\}, z_{ik} \in \{0,1\}, \forall i \in N, j \in N, k \in P, m \in P \tag{2-7}$$

模型中，目标函数（2-1）为最小化网络总成本，约束（2-2）表示单分配模式，每个非枢纽节点仅能分配给一个枢纽节点，约束（2-3），约束（2-4）表示从始发节点 i 至目的节点 j 的流量经过路径需包含枢纽转运 $k \to m$，约束（2-5）表示模型选择的枢纽数

量为 p，约束（2-6）表示仅当 k 为枢纽时，非枢纽节点 i 才有可能分配给 k，约束（2-7）表示决策变量为 0-1 变量。

（2）单分配 p- 枢纽中心问题模型

单分配 p- 枢纽中心问题是指在已知网络系统中各节点间货运量与运输时间的情况下，选择其中 p 个节点作为枢纽节点，并对非枢纽节点进行分配，以使网络各 OD 时间中的最长运输时间最小。该问题模型如下所示：

$$\min \max_{i,j\in N,k,m\in P} = \{(t_{ik} + \alpha t_{km} + t_{mj}) x_{ijkm}\} \tag{2-8}$$

$s.t.$

$$\sum_{k} z_{ik} = 1, \forall i \in N \tag{2-9}$$

$$\sum_{m} x_{ijkm} = z_{ik}, \forall i, j \in N, k \in P \tag{2-10}$$

$$\sum_{k} x_{ijkm} = z_{mj}, \forall i, j \in N, m \in P \tag{2-11}$$

$$\sum_{k} z_{kk} = p \tag{2-12}$$

$$z_{ik} \leqslant z_{kk}, \forall i \in N, k \in P \tag{2-13}$$

$$x_{ijkm} \in \{0,1\}, z_{ik} \in \{0,1\}, \forall i \in N, j \in N, k \in P, m \in P \tag{2-14}$$

单分配 p- 枢纽中心问题模型与单分配 p- 枢纽中位问题模型的不同之处在于，中心问题的目标为最小化网络中所有 OD 流中最长 OD 流的服务时间。模型中各约束的含义参见单分配 p- 枢纽中位问题模型。

（3）覆盖选址模型

覆盖类选址问题主要可分为集合覆盖选址和最大覆盖选址两类，其区别在于枢纽数量有无限制。集合覆盖选址问题的枢纽设施数量无限制，要求在特定的约束条件下，如特定的时间、距离或成本内，用最少的枢纽建设费用去服务整个运输网络中所有的 OD 流需求，但由于假设所有的设施点的建设成本都是相同的，选址区域内所有需求点都要求被服务点覆盖到的情况较为理想化，有学者提出另一种更契合实际的加权集合覆盖模型。这种模型的目标函数不是寻求枢纽设施最少，而是选址建设成本最小化。最大覆盖选址问题的枢纽设施数量有限制，主要研究的是在已知枢纽数目及服务半径条件下，如何设立枢纽以使得所覆盖的 OD 流量最大[9]。此外，覆盖选址问题还包括概率模型，在此不作赘述。集合覆盖和最大覆盖问题的基本模型如下：

① 集合覆盖模型。

集合覆盖模型中的符号变量：

N：网络中所有节点集合。

P：可选枢纽节点集合。

W_{ij}：节点 i 到节点 j 间的流量。

f_i：节点 i 被选为枢纽时的建设成本。

s_{ijkm}：值为 1 时表示 OD 流 $i \to j$ 可以被枢纽 k，m 覆盖。

x_{ijkm}：决策变量，表示 OD 流 $i \to j$ 的路径，若始点 i 到终点 j 的路径经过枢纽 k 和 m 中转则为 1，否则为 0。

Z_{ik}：决策变量，表示非枢纽节点的分配，若辐点 i 被分配到枢纽 k 则为 1，否则为 0。

具体的加权集合覆盖问题模型如下：

$$\min \sum_i f_i z_{ii} \tag{2-15}$$

s.t.

$$\sum_k \sum_m s_{ijkm} x_{ijkm} = 1, \forall i, j \in N \tag{2-16}$$

$$\sum_m x_{ijkm} = z_{ik}, \forall i, j \in N, k \in P \tag{2-17}$$

$$\sum_k x_{ijkm} = z_{mj}, \forall i, j \in N, m \in P \tag{2-18}$$

$$x_{ijkm} \in \{0,1\}, z_{ik} \in \{0,1\}, \forall i \in N, j \in N, k \in P, m \in P \tag{2-19}$$

目标函数（2-15）为枢纽设施建设总成本最低，约束（2-16）表示每个非枢纽节点都被一个枢纽节点覆盖，约束（2-17）、（2-18）表示从始发节点 i 至目的节点 j 的流量经过路径需包含枢纽转运 $k \to m$，约束（2-19）表示决策变量为 0-1 变量。

② 最大覆盖模型。

$$\max \sum_i \sum_j \sum_k \sum_m s_{ijkm} x_{ijkm} w_{ij} \tag{2-20}$$

s.t.

$$\sum_k \sum_m x_{ijkm} = 1, \forall i, j \in N \tag{2-21}$$

$$\sum_i z_{ii} = p \tag{2-22}$$

$$\sum_{m} x_{ijkm} = z_{ik}, \forall i, j \in N, k \in P \tag{2-23}$$

$$\sum_{k} x_{ijkm} = z_{mj}, \forall i, j \in N, m \in P \tag{2-24}$$

$$x_{ijkm} \in \{0,1\}, z_{ik} \in \{0,1\}, \forall i \in N, j \in N, k \in P, m \in P \tag{2-25}$$

在模型中，目标函数（2-20）表示运输网络中所有可接受枢纽服务的流量最大，约束（2-21）表示所有 OD 流必须通过枢纽进行中转运输，约束（2-22）表示枢纽个数为 p，约束（2-23）、（2-24）表示从始发节点 i 至目的节点 j 的流量经过路径需包含枢纽转运 $k \to m$，约束（2-25）表示决策变量为 0-1 变量。

2.3.3　轴辐式运输网络模型经典算法

目前求解轴辐式网络优化模型的算法可分为两类：精确算法和启发式算法。精确算法仅能求解较小规模问题，超出一定规模则无法求解，对于大规模轴辐规划问题则需要采用启发式算法。精确算法是指可求出最优解的算法，常用的主要为 Benders 分解算法 [10] 等。启发式算法在求解问题时，在可接受的时间和空间内能给出其可行解，但不能保证求得最优解，适用于求解较大规模问题，常用的包括拉格朗日松弛启发式算法 [11] 等。

（1）Benders 分解算法

Benders 分解算法主要用于具有分块结构的大规模线性规划问题或混合整数规划问题，最早由 Benders（1962）提出。因为在求解矩阵中，一个约束条件对应一行，添加约束条件的方法叫作行生成算法（Benders 分解），与之相对应的添加变量的方法就叫作列生成算法（DW 分解）。Benders 求解的基本思路是：使用子问题来寻找合适的约束，并不断添加到松弛主问题中。Benders 分解算法中用到的主要思想是分离和延迟约束生成。分离，即根据原始模型决策变量的结构，将其分解为主问题和子问题。分解算法的初始主问题只包含原约束中仅含主问题决策变量的约束，每次迭代求得子问题的最优解后，向主问题返回与子问题对偶最优值有关的约束，随着迭代的进行，不断有 Benders 割平面加入主问题中，这种通过迭代不断产生约束的方式称为延迟约束生成。当生成所有约束并加入主问题后，得到的主问题与原问题等价，此时对主问题、子问题进行最优求解即得到原始问题的最优解。

（2）拉格朗日松弛算法

拉格朗日松弛算法属于对偶优化方法。拉格朗日松弛算法的基本思路是将复杂的组合优化问题当作是由一些边界约束条件联系起来的一系列子问题组成的，根据这个特点，将造成问题难以求解的约束吸收到目标函数中，形成隐性约束，并使得目标函数仍然保持线性，使得问题容易求解，其中强约束是指去掉这部分约束后问题可以在多项式时间内求得最优解。拉格朗日松弛算法包含两部分内容：一方面是利用梯度下降提供下界，另一方面是演变为拉格朗日松弛启发式算法。其中，拉格朗日松弛启发式算法主要设计思想可分为 3 个步骤：① 构造原问题的拉格朗日松弛问题并求解，得到下界；② 以求解得到的松弛问题的最优解为基础，构造原问题的可行解，将可行解代入原问题目标函数中得到上界；③ 根据步长迭代更新拉格朗日乘子，逐渐缩小上下界差（Gap），进而得到原问题的近优解 [12]。

第3章 中欧班列货运网络脆弱性分析与评估

3.1 中欧班列运输网络界定及脆弱性研究必要性

3.1.1 中欧班列运输网络的界定

运输网络是指在一定空间范围（国家或地区）内，由有一种或多种运输方式的运输线路和运输枢纽等固定设施，按照一定的原则和要求所构成的运输网络。运输网按组成要素不同，可分为由一种运输方式构成的运输网（如铁路网、公路网、水上航道网、航空网和管道网等）和由两种或两种以上运输方式联合组成的综合运输网。中欧班列货物运输系统是一个复杂系统，包含运输主体、运输通道、基础设施等多个关键要素。目前，中欧班列的运输组织依旧是以各地政府或民营企业以独资或合资的方式成立班列运营公司，然后由其提前向国铁集团上报开行计划及方案，审批通过后负责班列的运营工作，包括货源组织、境外议价等。在中欧班列整体建设规划之下，各班列已形成常态化运输路线，但依旧存在主线重复度高、支线分散、同质竞争严重等问题。

为了推动班列从“点对点”开行向“枢纽对枢纽”网络化开行转变，提升运输通道利用率，基于中欧班列统一品牌的视角，通过梳理现有各班列公司的运输通道以及计划开行的线路，整合运输资源，并根据运输网络的定义和组成要素，将中欧班列货物运输系统抽象为由节点以及运输通道组成的网络进行研究，把中欧班列运输网络定义为：由中欧班列途经城市节点和节点间运输通道构成的网络，表示诸多对象及相互关系。

3.1.2 中欧班列运输网络脆弱性研究必要性

随着国内国际双循环发展格局的形成，中欧班列作为推动“一带一路”建设的旗舰项目，运输里程不断增加，中欧班列货运网络覆盖范围日益扩大，中欧班列货运网络的稳定是保障中欧班列平稳高效运营的基础。但受某些内部因素以及外部环境的影响，例如口岸作业压力、场站拥堵、极端天气、恐怖主义等，将对中欧班列运输网络服务能力造成不同程度的损害。基于此，在中欧班列发展现状上开展中欧班列货运网络脆弱性研究，对于保障中欧国际物流通道畅通，促进沿线经济快速发展具有重大意义。

对中欧班列货运网络脆弱性进行研究，一方面可以为班列运营管理者揭示中欧班列货运网络中重要性较高的节点、线路和区域，使其准确把握货运网络中的关键部分，建立相应的保障机制，加强应急管理，提高货运服务质量和安全程度，从根本上规避风险，保障中欧班列货运网络的高效运行。另一方面，可以为班列线路规划设计者提供定量依据，有助于其了解网络特性及脆弱性相关规律，为今后运行线路铺画及相关国际铁路项目推进提供决策支持。

3.2 中欧班列货运网络节点

（1）主要始发城市及终到城市

中欧班列开行城市在国内 7 个区域均有分布，沿海区域分布较为密集，但该区域大部分班列发行量小、频次低，发行量大、运营质量较高的班列仍然集中于我国西部内陆地区。2023 年，西安成为全国首个中欧班列年度开行量突破 5 000 列的城市。除西安外，2023 年 1—11 月，中欧班列（成渝）累计开行量也已超过 5 000 列，四川成都、重庆两地中欧班列已稳定运行近 50 条线路。中欧班列国内主要始发城市统计见表 3-1。

表3-1　中欧班列国内主要始发城市统计表

区域	始发城市
西南地区	重庆、成都、昆明、贵阳、钦州
华东地区	上海、义乌、金华、宁波、苏州、南京、连云港、徐州、青岛、临沂、济南、烟台、日照、淄博、合肥、南昌、吉安、景德镇、鹰潭、赣州
华南地区	广州、东莞、深圳、厦门
东北地区	沈阳、营口、大连、哈尔滨、长春、赤峰、通辽、大庆
西北地区	西安、安康、兰州、武威、石河子、乌鲁木齐、库尔勒、奎屯、西宁、银川、中卫、巴彦淖尔
华中地区	郑州、武汉、长沙、襄阳、怀化
华北地区	北京、天津、太原、保定、唐山、石家庄、乌兰察布、呼和浩特

中欧班列中的公共班列的国外到达城市集中分布于俄罗斯、波兰、德国，定制班列和精品班列的到达城市则深入东欧、波罗的海等地区，具体统计见表 3-2。

表3-2　中欧班列欧洲主要到达城市统计表

欧洲国家	到达城市
德国	汉堡（Hamburg）、杜伊斯堡（Duisburg）、纽伦堡（Nürnberg）、柏林（Berlin）、斯图加特（Stuttgart）、慕尼黑（München）、法兰克福（Frankfurt）、罗斯托克（Rostock）、科隆（Köln）、曼海姆（Mannheim）
波兰	华沙（Warsaw）、罗兹（Łódź）、马拉舍维奇（Malaszewicze）、波兹南（Poznań）弗罗茨瓦夫（Wrocław）
捷克	布拉格（Praha）、帕尔杜比采（Pardubice）
斯洛伐克	布拉迪斯拉发（Bratislava）
法国	里昂（Lyon）、巴黎（Paris）、杜尔日（Dourges）
白俄罗斯	明斯克（Minsk）、布列斯特（Brest）
俄罗斯	莫斯科（Moscow）、车里雅宾斯克（Chelyabinskaya）、圣彼得堡（Saint Petersburg）、叶卡捷琳堡（Yekaterinburg）、乌法（Ufa）
荷兰	鹿特丹（Rotterdam）
英国	伦敦（London）
意大利	那不勒斯（Naples）、米兰（Milano）、罗马（Rome）、维罗纳（Verona)
西班牙	马德里（Madrid）、萨拉戈萨（Zaragoza）、巴塞罗那（Barcelona）
比利时	安特卫普（Antwerpen）、列日（Liège）、泽布鲁日（Zeebrugge）、根特（Gent）
拉脱维亚	里加（Riga）
立陶宛	维尔纽斯（Vilnius）
奥地利	维也纳（Wien）
乌克兰	基辅（Kyiv）
瑞典	哈尔斯贝里（Hallsberg）、马尔默（Malmö）
挪威	奥斯陆（Oslo）
匈牙利	布达佩斯（Budapest）
芬兰	赫尔辛基（Helsinki）、科沃拉（Kovola）

续表

欧洲国家	到达城市
塞尔维亚	贝尔格莱德（Beograd）
葡萄牙	里斯本（Lisbon）
罗马尼亚	布加勒斯特（București）

（2）沿线铁路口岸

除始发、终到城市之外，沿线铁路口岸也是中欧班列货运网络中的重要组成部分（见表 3-3）。按照不同国家的进出口运输作业要求，中欧班列在铁路口岸需要进行海关查验、消毒防疫等作业。

表3-3　中欧班列沿线部分铁路口岸

国家	铁路口岸	对接铁路口岸	对接国家
中国	霍尔果斯 阿拉山口	阿腾科里	哈萨克斯坦
		多斯特克	
	二连浩特	扎门乌德	蒙古国
	满洲里	后贝加尔	俄罗斯
	绥芬河	格罗迭科沃	
蒙古国	苏赫巴托尔	纳乌什基	俄罗斯
哈萨克斯坦	伊列茨克	卡尼塞	俄罗斯
	季内努尔佩索沃依	基加什	
俄罗斯	克拉斯诺耶	奥辛诺夫	白俄罗斯
白俄罗斯	布列斯特	马拉舍维奇	波兰
波兰	普热梅希尔	莫斯季斯卡	乌克兰
	苏瓦尔基	莫茨卡瓦	立陶宛
匈牙利	扎霍尼	乔普	乌克兰
斯洛伐克	马托夫采	乌日哥罗德	乌克兰
	切尔纳（蒂萨河畔）	乔普	
保加利亚	斯维伦格勒	卡皮库勒	土耳其

3.3 中欧班列货运网络运输通道

中欧班列货运网络运输范围横跨亚欧大陆，按照铁路轨距基本可以分为三段：中国境内为标准轨距（1 435 mm）段，独联体国家对应《国际货协》为宽轨（1 520 mm）段，西欧国家对应《国际货约》为标准轨距（1 435 mm）段。中欧班列货运网络所包含的国际运输通道主要为铁组运输走廊以及欧洲铁路货运走廊。

（1）铁组运输走廊

铁组针对各成员国铁路基础设施建设情况和国家间运输能力的匹配程度，规划了 13 条铁路运输走廊，各运输走廊的走向及情况见表 3-4。

表3-4 亚欧铁路运输走廊情况

铁组运输走廊	全长/km	主要经过国家	走廊情况说明
第1运输走廊	25 210	波兰—白俄罗斯—俄罗斯—中国	西伯利亚大铁路占走廊全长的60%
第2运输走廊	13 869	俄罗斯—哈萨克斯坦—中国	主要办理中俄货物联运
第3运输走廊	2 227	波兰—乌克兰—俄罗斯	电气化复线铁路
第4运输走廊	2 693	捷克—斯洛伐克—乌克兰	捷克、斯洛伐克、波兰和匈牙利边境内部不需要进行边境及其他检查
第5运输走廊	22 528	匈牙利—乌克兰—俄罗斯—哈萨克斯坦—中国	主要是中国等亚太国家的过境货流
第6运输走廊	4 145	捷克—斯洛伐克—匈牙利—土耳其	与欧盟第4走廊重合
第7运输走廊	1 551	波兰—乌克兰	主要运送波罗的海至黑海的过境货流
第8运输走廊	5 444	乌克兰—俄罗斯—哈萨克斯坦—乌兹别克斯坦	是第5走廊在东南方向的延伸
第9运输走廊	863	白俄罗斯—立陶宛—俄罗斯	连通欧洲铁路货运走廊
第10运输走廊	10 707	乌克兰、保加利亚—格鲁吉亚—乌兹别克斯坦—哈萨克斯坦	包含部分海运线路
第11运输走廊	7 690	俄罗斯—阿塞拜疆—伊朗	走廊的主要方向在俄罗斯境内
第12运输走廊	1 416	乌克兰—摩尔多瓦—罗马尼亚—保加利亚	经过改造，货物列车速度将提高到90 km/h

续表

铁组运输走廊	全长/km	主要经过国家	走廊情况说明
第13运输走廊	1 360	俄罗斯—爱沙尼亚—拉脱维亚—立陶宛—波兰	没有支线，主要满足运送至波罗的海以及圣彼得堡的过境运输需求

数据来源：铁路合作组织行业统计简报，2016.

（2）欧洲铁路货运走廊

RNE（Rail Net Europe）成立于2004年，拥有来自27个不同国家的38个正式会员，其中包括中欧班列的大部分境外承运商。截至2020年，RNE共铺设11条货运走廊，见表3-5。

表3-5 欧洲货运走廊情况

欧洲货运走廊	开始运营时间	全长/km	主要经过国家	走廊情况说明
RFC1 莱茵河—阿尔卑斯走廊	2013.11.10	3 900	荷兰—德国—瑞士—意大利	80%货物列车旅行速度为45~55 km/h，与RFC2、RFC4、RFC6、RFC8和RFC9相连
RFC2 北海—地中海走廊	2013.11.10	3 046	英国—荷兰—法国/比利时	与RFC1、RFC4、RFC6和RFC8相连
RFC3 斯堪的纳维亚—地中海走廊	2015.11.10	7 257	挪威/瑞典—丹麦—德国—奥地利—意大利	德国承担了48%的发送量和36%的到达量，与FRC5、RFC6、RFC7、RFC8和RFC9相连
RFC4 大西洋走廊	2013.11.10	6 200	法国—西班牙—葡萄牙	与RFC2、RFC6相连
RFC5 波罗的海—亚得里亚海走廊	2013.11.10	4 820	波兰—捷克—奥地利—意大利—斯洛文尼亚	与除RFC1、RFC2、RFC4之外的所有的货运走廊相连
RFC6 地中海走廊	2013.11.10	7 333	西班牙—法国—意大利—克罗地亚—匈牙利—乌克兰	与RFC8之外的所有货运走廊相连，可以通过延伸到乌克兰连向亚洲
RFC7 东部走廊	2015.11.10	8 700	德国—捷克—奥地利—匈牙利—罗马尼亚—保加利亚	与RFC3、RFC5、RFC6、RFC8、RFC9、RFC10和RFC11相连
RFC8 北海—波罗的海走廊	2015.11.10	超过8 000	荷兰—比利时—德国—捷克—波兰—立陶宛	与RFC1、RFC2、RFC3、RFC5、RFC7和RFC11相连

续表

欧洲货运走廊	开始运营时间	全长/km	主要经过国家	走廊情况说明
RFC9 捷克—斯诺伐克/莱茵河—多瑙河走廊	2015.11.10	1 248	德国—捷克—斯洛伐克	连接中东欧，可延伸到亚洲。与 RFC5 和 RFC7 相连
RFC10 阿尔卑斯—巴尔干半岛西部走廊	2020.1.13	—	奥地利—克罗地亚—塞尔维亚—保加利亚	与 RFC5、RFC6、RFC9 和 RFC10 相连
RFC11 琥珀走廊	—	—	波兰—斯洛伐克—匈牙利	与 RFC5、RFC6、RFC7、RFC8、RFC9 和 RFC10 相连

注：琥珀走廊（RFC11）原为古代运输琥珀的贸易道路。

（3）中欧班列运输通道

在铁组运输走廊和欧洲铁路货运走廊的基础上，中欧班列共有西、中、东三条运输通道，运输通道干线及支线具体情况见表 3-6。

表3-6　中欧班列货运网络主要运输通道

通道名称		通道路径	运行的中欧班列
西通道	北线	干线：中国（阿拉山口）—哈萨克斯坦（伊列茨克）—俄罗斯（莫斯科）—白俄罗斯（布列斯特）—波兰（马拉舍维奇）—德国（汉堡）	中欧班列（成都）、中欧班列（重庆）、中欧班列（郑州）、中欧班列（武汉）等
		支线 1：通过莫斯科向北连接芬兰、瑞典、挪威	中欧班列（郑州）
		支线 2：通过莫斯科连接波罗的海三国（立陶宛、拉脱维亚、爱沙尼亚）	中欧班列（库尔勒）等
		支线 3：通过乌克兰连接匈牙利、斯洛伐克、捷克、塞尔维亚等中东欧国家	中欧班列（营口）、中欧班列（武汉）、中欧班列（西安）等；
	中线	中国（阿拉山口/霍尔果斯）—哈萨克斯坦（阿克套）—阿塞拜疆（巴库）—格鲁吉亚（第比利斯）—土耳其（安卡拉）—欧洲各国，其中阿克套—巴库为海运，是跨里海运输通道中的一部分，BTK 铁路运输通道（巴库—第比利斯—卡尔斯）于 2017 年开通	中欧班列（西安）、中欧班列（库尔勒）、中欧班列（奎屯）等
	南线	径路 1：中国（阿拉山口/霍尔果斯）—哈萨克斯坦（阿拉木图）—乌兹别克斯坦（塔什干）—土库曼斯坦（捷詹）—伊朗（萨拉赫斯、德黑兰）—土耳其（伊斯坦布尔），班列通过马尔马拉海底隧道穿越博斯普鲁斯海峡到达伊斯坦布尔	中欧班列（巴彦淖尔）、中欧班列（义乌）、中欧班列（西安）等

续表

通道名称		通道路径	运行的中欧班列
西通道	南线	径路 2：中国（吐尔尕特）—吉尔吉斯斯坦（科克扬加克）—乌兹别克斯坦（安集延）—土库曼斯坦（土库曼巴希）—阿塞拜疆（巴库）BTK—土耳其（安卡拉）—欧洲各国	中吉乌铁路处于规划中
中通道		中国（二连浩特）—蒙古国（乌兰巴托）—俄罗斯（莫斯科）—白俄罗斯（布列斯特）—波兰（马拉舍维奇）—德国（汉堡）等	中欧班列（郑州）、中欧班列（长沙）等
东通道		中国（满洲里 / 绥芬河）—俄罗斯（赤塔）—白俄罗斯（布列斯特）—波兰（马拉舍维奇）—德国（汉堡）	中欧班列（苏州）、中欧班列（营口）、中欧班列（哈尔滨）、中欧班列（沈阳）等

3.4 复杂网络理论

复杂网络作为一种方法论，它以数学、统计学、计算机等科学为分析工具对现实中大量的复杂系统进行研究。它将系统中的元素抽象为节点，将元素之间的联系抽象为边，通过研究抽象网络的结构特性及变化规律揭示复杂系统内部规律及特点 [1]。

复杂网络的研究起始于 20 世纪 50 年代，两位数学家将概率论的理论方法应用到复杂网络统计性质的研究中。20 世纪末，Watts 和 Barabási 两位科学家根据现实中的网络创新性地提出了新的网络模型，点燃了学术界人士对复杂网络的研究热情，此后复杂网络理论广泛应用于生态网络 [17]、社会网络 [18]、互联网 [19]、交通网络 [20] 等领域。

3.4.1 复杂网络基本概念

复杂网络中节点众多，点线连接方式错综复杂，整体呈现高度复杂性。针对复杂网络的概念，学术界至今尚未给出一个统一的定义，不同学者基于研究对象的特点提出了各不相同的观点，有学者认为复杂网络就是具有复杂结构和行为动力的大规模网络 [21]，而钱学森曾给出一个较为具象化的定义：具有自组织、自相似、吸引子、小世界、无标度中部分或者全部性质的网络被称为复杂网络 [22]。

通过已有研究成果可知，复杂网络是呈现高度复杂性的网络，其复杂性体现在以下几个方面：

① 网络规模化。复杂网络中节点及边数量多，从而可以运用统计学相关的理论方法研究对网络的统计特征进行研究。

② 结构复杂性。网络中节点的连接方式复杂多样，不具备绝对规则但又有迹可循，节点间的连边可能存在权重差异以及方向性。

③ 节点多样性。不同的复杂网络中节点具有不同的含义，即便是同一个网络的节点也可能存在差异。

④ 网络结构动态演化性。复杂网络的拓扑结构不是固定的，受网络生成以及发展规律的影响，网络会随着时间和空间的变化展现出不一样的特性以及复杂行为。

⑤ 网络链接稀疏性。一个具有 N 个节点的全耦合网络的连接边数为 $O(N^2)$，然而实际网络中连接边数为 $O(N)$。

⑥ 多重复杂性融合。以上几种复杂性相互影响，将导致难以预料的结果。除上述因素外，复杂网络还将受到其他多种因素的影响和作用，从而加大对网络的分析难度。

以上六种特性反映了真实网络的复杂性，复杂网络作为21世纪发展较快的一门交叉学科，将其应用到真实网络研究中，得到的规律将有助于认识客观事物的发展规律。

3.4.2　复杂网络模型

复杂网络模型是研究分析复杂网络的基础，随着理论研究的纵向深入以及应用研究的横向拓展，复杂网络模型形式变化多样，越来越贴近真实网络，下面主要选取四种具有代表性的网络模型进行简要介绍。

（1）规则网络

规则网络中节点间的连接方式具有明确的规则可循，常见的规则网络主要为全局耦合网络、星形耦合网络以及最近邻耦合网络，如图3-1所示。

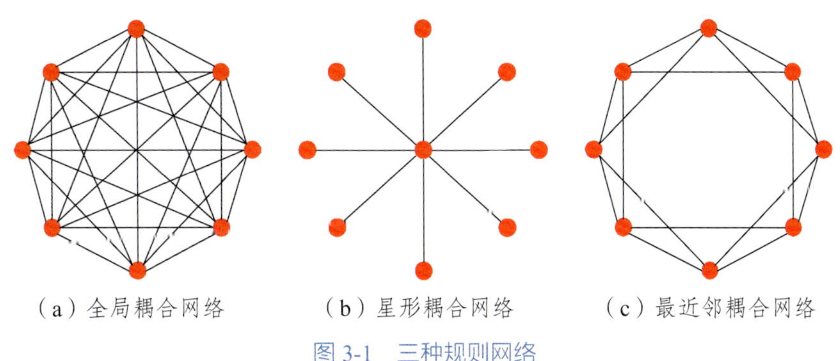

图3-1　三种规则网络

全局耦合网络中任意两个节点之间都存在连边。一个节点数量为 N 的无向全局耦合网络含有 $N(N-1)/2$ 条边，任意节点的度值相同且都为 $N-1$，平均路径长度和聚类系数均为 1。

星形耦合网络呈放射状，只有一个中心点同其余所有节点相连。一个节点数量为 N 的无向星形耦合网络含有 $N-1$ 条边，除中心点度为 $N-1$ 外，其余节点度均为 1，平均路径长度为 $2-2/N$，平均聚类系数为 $(N-1)/N$。

最近邻耦合网络中每个节点只与它最近的 K 个邻居节点相连，其中 K 为小于等于 $N-1$ 的整数。一个节点数量为 N 的最近邻耦合网络中任意节点的度均为 K，每个节点的聚类系数为 $3(K-2)/[4(K-1)]$。

（2）随机网络

20 世纪 50 年代，匈牙利数学家[23]将随机性引入网络中，提出随机网络模型，此后该模型以简单和随机连接的思想广泛应用于复杂网络研究中。

根据随机图理论，假设网络中存在 N 个节点，节点之间以 p 的概率进行连接，则产生 N 个节点的随机网络模型。随机网络演化示意如图 3-2 所示。

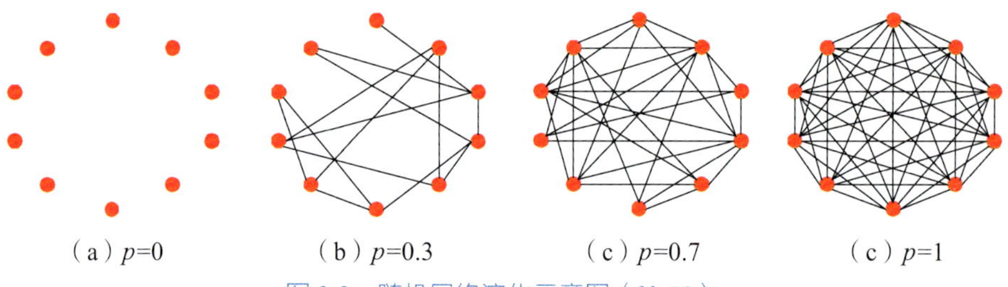

图 3-2　随机网络演化示意图（N=10）

在图 3-2 中，网络节点个数 N=10，当 p=0 时，网络中任意节点间不存在边相连，此时所有节点为孤立节点；当 p=1 时，网络中所有节点之间均有边相连，此时网络为全局耦合网络。随机网络中边的数量是一个随机变量，其平均值为 $pN(N-1)/2$，平均度近似为 pN，平均路径长度以及网络聚类系数具体计算公式为：

① 平均路径长度 L_{rand} 为：

$$L_{\text{rand}} \approx \ln N / \ln\langle k\rangle \tag{3-1}$$

② 网络聚类系数 C_{rand} 为：

$$C_{\text{rand}} \approx \ln N / \ln\langle k\rangle \tag{3-2}$$

根据上述公式可知，随机网络的聚类系数比真实复杂网络小很多，表明大规模随机网络一般不具有聚集特性。

（3）小世界网络

Watts 和 Strogatz[24] 于 1998 年提出小世界网络模型，即 WS 小世界模型，如图 3-3 所示，该模型具有较短的平均距离以及较大的聚类系数。

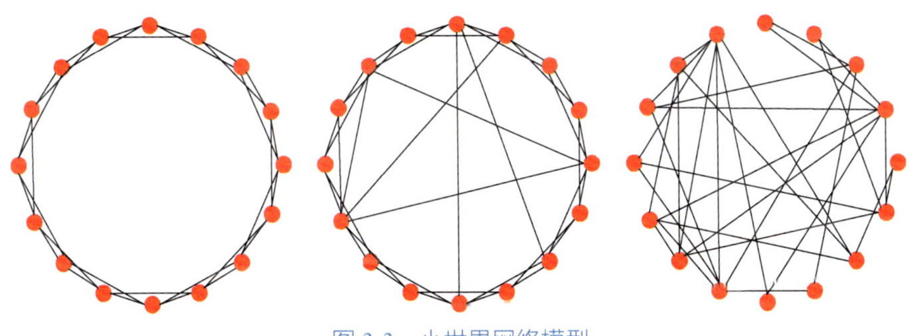

图 3-3　小世界网络模型

小世界网络由规则网络演变而来，假设有一个含 N 个节点的最近邻耦合网络，每个节点与它左右相邻的 $K/2$ 个节点相连，其中 K 为偶数。随后将某一节点保持不变，以概率 p 随机地在网络中选择节点并连边，以该种方式进行随机化重连，同时两节点之间有且仅有一条边，并且任意节点并不存在边与自己相连，由此生成小世界网络。通过调节 p 的取值就可以实现网络在规则模型与随机模型之间的转化。

（4）无标度网络

无标度网络是由美国两位物理学教授在 1998 年合作研究 WWW 项目时所提出的，他们在对 Internet、新陈代谢网等网络进行研究之后发现实际网络中节点度分布服从幂律分布 $p(k) \propto k^{-\lambda}$，根据该特性他们构建了无标度网络模型，即 BA 模型[25]。

无标度网络模型的构建方法为：

① 增长：假设初始网络包含 m_0 个节点，每次增设 1 个新的节点同网络中的 m 个节点相连，其中 $m \leqslant m_0$；

② 优先连接：1 个新节点与网络中原有的节点 v_i 相连的概率 $\prod(v_i)$ 同节点的度 k_i 成正比，即

$$\prod(v_i) = k_i / \sum_j k_j \tag{3-3}$$

经过 t 步之后，将形成一个具有 $N=t+m_0$ 个节点 mt 条边的网络，其基本统计特征为：

a．度分布。

无标度网络的度分布为[26]：

$$p(k)=\frac{2m(m+1)}{k(k+1)(k+2)}\propto 2m^2k^{-3} \tag{3-4}$$

b．平均路径长度。

无标度网络的平均路径长度为[27]：

$$L=\frac{\log N}{\log\log N} \tag{3-5}$$

c．聚类系数。

无标度网络的聚类系数为[28]：

$$C=\frac{m^2(m+1)^2}{4(m-1)}\left[\ln(\frac{m+1}{m})-\frac{1}{m+1}\right]\frac{(\ln(t))^2}{t} \tag{3-6}$$

3.5 中欧班列货运网络建模及复杂特性分析

在中欧班列货运网络结构梳理的基础上，运用复杂网络理论构建中欧班列货运网络拓扑模型，并对其度和度分布、平均路径长度、聚类系数、介数四项拓扑特性进行计算分析，研究中欧班列货运网络的复杂特性。

3.5.1 中欧班列货运网络复杂性

中欧班列货运网络是一个典型的复杂网络，经过近十年的发展，该网络的复杂性体现在以下几点：

（1）结构复杂性

截至 2023 年年底，中欧班列运输服务网络覆盖欧洲全境，节点数量多，结构复杂。网络中的节点除了始发、终到城市之外，还包含口岸城市及枢纽城市，根据不同节点在网络实际运营过程中的功能定位，班列将进行相应的技术作业并办理相关业务，具有作业复杂性，如班列在霍尔果斯铁路口岸将涉及换装、检验检疫、海关查验等作业。其中，某些节点的状态会随着时间的改变而改变，自身就可以视作一个子系统，具有非线性的动力学行为。同时，节点的布局以及节点之间的连接方式也存在一定的规则，具有自组织规律。

（2）动态演化性

目前中欧班列处于高质量发展时期，随着中欧贸易的发展和运输需求的上升，每年都有新的境内外城市开通中欧班列，成为货运网络中的节点城市，班列随之也会产生新的运输路径。可以看出，中欧班列货运网络是一个动态演化的网络。

（3）外部环境复杂性

外部环境复杂性主要包括政治、经济环境复杂性以及自然环境复杂性。不同于高铁网、城市轨道交通网络等某一区域或城市的网络，中欧班列货运网络涉及多方参与主体，横跨欧亚大陆，政治、经济复杂性体现在不同国家在国际贸易需求、运输发展策略等方面存在的差异，并且国家间的外交关系也处于变化发展中，这些因素都将对中欧班列货运网络的规模以及班列的运行路线产生影响。自然环境复杂性则体现在不同国家所处的地理区位下复杂多样的气候及自然条件对行经班列造成的影响，特别是极端自然天气对班列正常运营带来的严峻挑战。

（4）多重复杂性

中欧班列货运系统本身是一个包含多国家、多部门相互配合的复杂系统，以上三种复杂性相互影响、共同作用，构成中欧班列货运网络的多重复杂性。

3.5.2　中欧班列货运网络拓扑模型构建

3.5.2.1　拓扑网络构建方法

对中欧班列货运网络进行抽象描述能够简化网络结构，为研究中欧班列货运网络的特性、节点重要性以及网络脆弱性提供基础依据。在运用复杂网络理论对中欧班列货运网络进行研究之前，首先要对中欧班列货运网络的拓扑结构进行抽象和定义。

在道路交通网络研究中，网络建模方法主要为原始法和对偶法。原始法将实际路网中的交叉口视作节点，将连通两交叉口的道路视为边，以此构建网络拓扑模型。相反地，对偶法则将道路抽象为边，将交叉口抽象为节点进行建模。

在城市轨道交通网络研究中，常见的建模方法为 Space L、Space P 和 Space R 三种。Space L 法反映网络中站点之间的实际连通状态，将站点虚拟为网络中的节点，将两个站点之间的区段虚拟为边。Space P 法虽然也是将站点抽象为节点，但同一条线路上的站点两两相连，反映站点间的直达关系。Space R 将线路抽象为节点，当不同线路之间存在换乘站连接时，则用边将两个节点连接起来，反映线路之间的换乘关系。

为了精准刻画中欧班列货运网络的结构特性以及节点在网络中的地位，以《中欧班列建设发展规划（2016—2020 年）》中的中欧铁路通道规划图为蓝本，结合调研所得的班列开行线路及近期路线规划，将铁路站点所在城市抽象为节点，连接各站点之间的线路抽象为边构建中欧班列货运网络，反映各站点城市在地理空间中的实际连通关系。其中，节点包含始发、终到城市、枢纽城市以及铁路口岸所在城市，边包含铁路运输线路及海运线路，海运线路为跨里海运输通道。

3.5.2.2 模型假设

根据中欧班列货运网络的特点，为方便研究，对中欧班列货运网络拓扑模型做出如下假设：

（1）由于中欧班列以境内始发城市的名字进行命名，将中欧班列货运网络中的节点以站点所在城市进行表示，如集宁站用乌兰察布表示，临河站用巴彦淖尔表示。班列货运网络以城市为节点，反映国际城市间的货运网络结构。

（2）同一个城市如有多个隶属于不同运营商的场站，则将其视作同一个节点进行处理，如马拉舍维奇口岸有大小二十多个场站，分别由不同的代理商运营，这些场站在中欧班列货运网络中仅代表一个节点城市，即马拉舍维奇。

（3）大部分班列的运输线路已基本实现双向对开，将中欧班列货运网络抽象为无向网络。

（4）若在实际运营过程中，中欧班列在两个城市之间存在多条运输线路，在构建中欧班列货运网络时只显示一条边，即网络中不存在起讫点相同的两条边。

3.5.2.3 拓扑模型构建

根据对中欧班列货运网络组成要素的梳理，基于拓扑网络构建方法及模型假设，构建中欧班列货运网络拓扑模型。网络可由$G=(V,E)$表示，其中 V 是网络中的节点集合，代表始发及终到城市、枢纽城市、铁路口岸所在城市等实际意义的地点，若网络中存在 m 个节点，则$V=\{v_1,v_2,\ldots,v_m\}$。E 是网络中边的集合，代表连接两城市的线路集合，包括铁路运输线路及海运线路（跨里海运输通道），若网络中存在 n 条边，则$E=\{e_1,e_2,\ldots,e_n\}$。用邻接矩阵$A(a_{ij})_{m\times m}$表示网络节点之间的连接关系，若存在节点 v_i 和 v_j 相连，则$a_{ij}=1$，否则为 0。

根据前面所述的方法和 2020 年中欧班列网络情况，构建包含 293 个节点和 420 条边的中欧班列货运网络，运用 Pajek 软件绘制中欧班列货运网络拓扑模型，如图 3-4 所示。

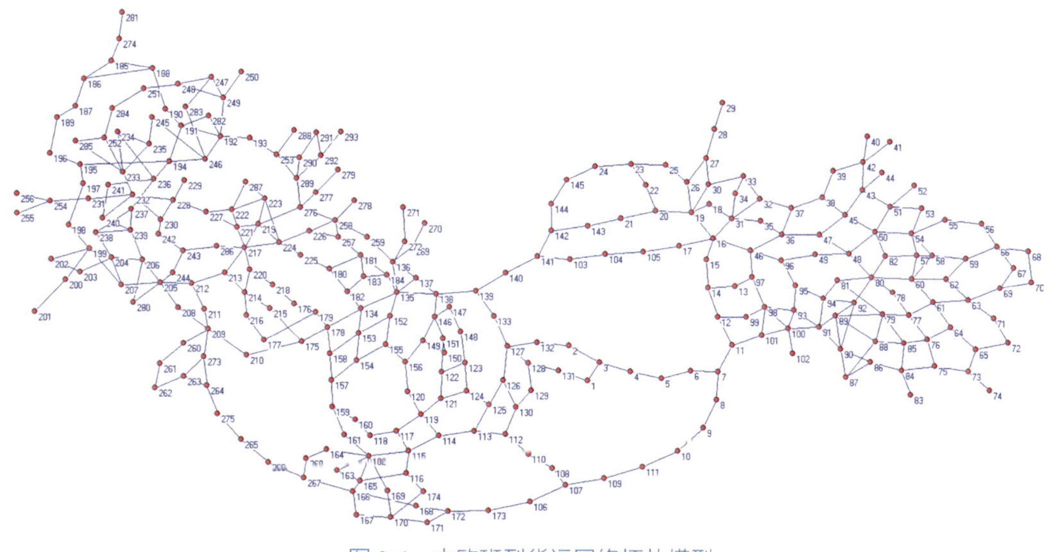

图 3-4　中欧班列货运网络拓扑模型

3.5.3　中欧班列货运网络复杂特性分析

3.5.3.1　度和度分布

度是描述单独节点属性的重要概念，在网络中节点 v_i 的度表示为同该节点相邻的边的数目 k_i，根据邻接矩阵则定义为：

$$k_i = \sum_{j \in N} a_{ij} \tag{3-7}$$

对网络中所有节点的度求平均值，得到网络平均度：

$$\langle k \rangle = \frac{1}{N} \sum_{i=1} k_i \tag{3-8}$$

由于关注的是中欧班列货运网络结构特性，所以中欧班列货运网络中节点的度只反映各车站同相邻车站的连通状况，度数越高的车站表明在网络中连接的方向越多，一定程度上反映出该节点在网络中的重要程度。根据上式计算得中欧班列货运网络平均度为 2.866 9，表明网络中平均每个节点与其余 2 个节点相连，境内外城市之间的连接不够紧密，网络中各个节点的度值如图 3-5 所示。

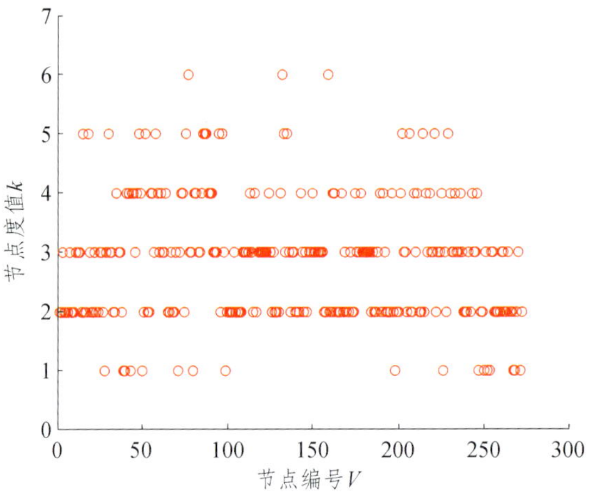

图 3-5　中欧班列货运网络节点度值大小

对网络中各个节点的度值进行统计，得到不同度值下节点的数量并绘制节点度分布图，见表 3-7 和图 3-6。

表3-7　中欧班列货运网络节点度统计表

节点度	1	2	3	4	5	6
节点个数	17	94	94	45	19	3
占比	6.25%	34.56%	34.56%	16.54%	6.99%	1.10%

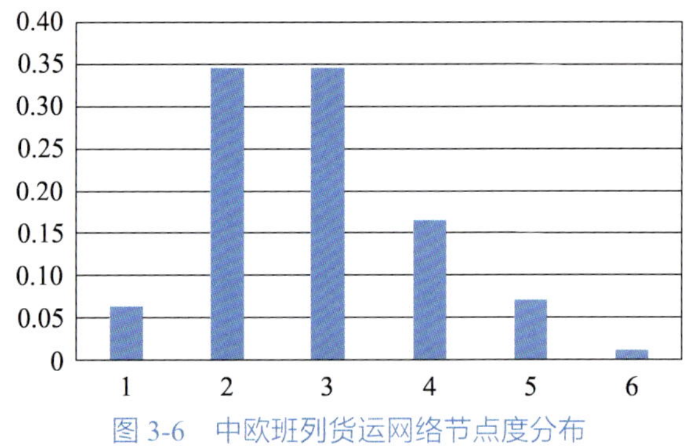

图 3-6　中欧班列货运网络节点度分布

中欧班列货运网络中节点度分布在 [1，6] 区间中，度值最大的节点为武汉、莫斯科以及巴库。度值位于 [5，6] 区间中的节点近半数是来自中国的城市，表明中国铁路线网密度大，站点之间联系紧密。除中国之外，度值较大的节点城市主要分布在俄罗斯和波兰，这两个国家在欧亚板块上占据良好的地理优势，同时在中欧班列开行之初，积极响应“一带一路”倡议，由此使得这两个国家区域内的终到城市多，境内线网运输资源利用率高。其余大部分节点的度值则集中分布在 [2，4] 区间，约占总节点数的 85.66%。节点度值为 1 的节点大多分布于港口城市，境内港口城市负责集散来自东亚、东南亚国家的海运集装箱，境外港口城市则负责集散来自欧洲沿海港口的货物。同时也反映出班列在欧洲的货运市场尚未开发完全，终到城市节点只局限在首都圈，班列货运网络尚未深入覆盖芬兰、挪威等北欧国家。

3.5.3.2　平均路径长度

网络中从节点 v_i 到 v_j 往往有多条走向不同、距离各异的路径，路径中边的数量用以衡量路径的长度，经过边数最少的路径被定义为最短路径。由此，节点 v_i 到 v_j 之间的距离 d_{ij} 定义为连接两点之间最短路径的边数。两点间距离越长，经过的节点数量越多，表明信息在这两个节点之间的传递需要更多节点的参与，可以将路径长度用于刻画网络节点间联络的难易程度。当两节点之间没有路径连接时，$d_{ij}=\infty$。网络中任意两个节点之间的距离最大值称为网络的直径，记作 D，即

$$D=\max_{i,j} d_{ij} \tag{3-9}$$

网络的平均路径长度 L 则定义为任意两点之间距离的平均值，其中 N 为网络节点总数，计算公式为：

$$L=\frac{2}{N(N-1)}\sum_{i=1}^{N}\sum_{j=i+1}^{N} d_{ij} \tag{3-10}$$

中欧班列货运网络的平均路径长度为 13.458 2，平均路径长度较大，表明网络中任意两个节点平均经过 14 个城市可以到达。中欧班列货运网络直径为 36，表明网络中任意两个节点最多经过 36 个城市必定能够到达，此时最长路径为深圳—里斯本。

中欧班列线路覆盖面积广，节点间实际运输距离较长，当考虑站点间实际里程 w_{ij} 时，令 $d_{ij}=w_{ij}$，中欧班列货运网络的平均路径长度为 5 143.43 km，此时网络中最长路径为深圳—里斯本，运输总距离为 13 173 km。同无权网络相比，考虑站点实际线路里程能直接识别出网络中距离最长的路径，反映站点间实际运输效率，更具现实意义。

3.5.3.3　聚类系数

聚类系数用来描述网络中节点的集聚程度，聚类系数越高，表明节点之间的连接更

为紧密，相互的沟通更高效便捷，当其中一个节点失效时依旧能够连通，维持网络的稳定性。假设网络中存在一点 v_i 有 k_i 条边同其余节点相连，则将这 k_i 个节点称作邻居节点，这些邻居节点之间实际存在的边数记为 E_i，可能存在的总边数为$k_i(k_i-1)/2$条，节点的聚类系数 C_i 为：

$$C_{\mathrm{i}}=\frac{2E_i}{k_i(k_i-1)} \tag{3-11}$$

平均聚类系数为网络中所有节点聚类系数的平均值，记作 C，即

$$C=\frac{1}{N}\sum_{\mathrm{i}=1}^{N}C_{\mathrm{i}} \tag{3-12}$$

聚类系数的取值介于 0 和 1 之间，当网络中不存在边时，所有节点都是孤立节点，此时 C=0；在网络是全局耦合的状态下，全网中任意两个节点都有边相连，此时 C=1。

根据上述公式，在 MATLAB 中计算得到中欧班列货运网络平均聚类系数为 0.063 8，表明中欧班列货运网络的聚集程度较低，需要加强网络中各节点之间的联系。网络中部分节点的聚集系数为 0，表明与这部分节点相连的三元组不是闭合的通路，主要是因为中欧之间的主通道呈横向分布，途经的中亚、西亚地带铁路基础设施薄弱，口岸节点能力有限，国际运输线网资源尚未开发完全。

3.5.3.4　介数

介数是一个重要的全局特征量，分为点介数和边介数两种，用于衡量节点或边在整个网络中的作用和影响力。假设网络中存在不相邻的两个节点 v_j 和 v_l，两节点之间的最短路径会经过其余节点，如果某个节点 v_i 被更多的最短路径经过，则该点的介数高。介数越高，节点在网络中的发挥的作用越大，重要性越高；边同理。由此点介数 B_i 的定义为网络中所有节点之间的最短路径经过 v_i 的数量比例，公式如下：

$$B_i=\sum_{1\le j<l\le N}\frac{n_{jl}(i)}{n_{jl}},j\ne i\ne l \tag{3-13}$$

其中，n_{jl} 节点 v_j 和 v_l 之间最短路径的条数，$n_{jl}(i)$为节点 v_j 和 v_l 之间最短路径经过的条数。

边介数$\widetilde{B}_{ij}$定义为网络中所有最短路径经过 d_{ij} 的数量比例，公式如下：

$$\widetilde{B}_{ij}=\sum_{1\le l<m\le N}\frac{N_{lm}(d_{ij})}{N_{lm}},(l,m)\ne(i,j) \tag{3-14}$$

其中，N_{lm} 为节点 v_l 和 v_m 之间的最短路径条数，$N_{lm}(e_{ij})$为节点 v_l 和 v_m 之间的最短路径经过边 d_{jl} 的条数。

节点或边的介数中心性是节点或边的归一化介数，为了后续研究的直观性，采用归一化后的值描述介数，其中 N_{node} 和 N_{edge} 分别为网络节点数量和边数量。

计算公式如下：

$$C_B(v_i) = 2B_i / (N_{node} - 1)(N_{node} - 2) \tag{3-15}$$

$$C_{\widetilde{B}}(e_{ij}) = 2\widetilde{B}_{ij} / (N_{edge} - 1)(N_{edge} - 2) \tag{3-16}$$

由于介数计算方式同最短路径有关，结合上文可知考虑节点间里程能更加准确地识别网络中的最短路径，所以在考虑节点实际距离的情况下，根据上述公式计算中欧班列货运网络的点介数及边介数。

（1）点介数

将上述公式代入 MATLAB，计算得到中欧班列货运网络点介数分布位于 [0，0.428 5] 区间，网络平均点介数为 0.365 8。中欧班列货运网络节点介数散点图如图 3-7 所示，中欧班列货运网络前 20 的点介数见表 3-8。

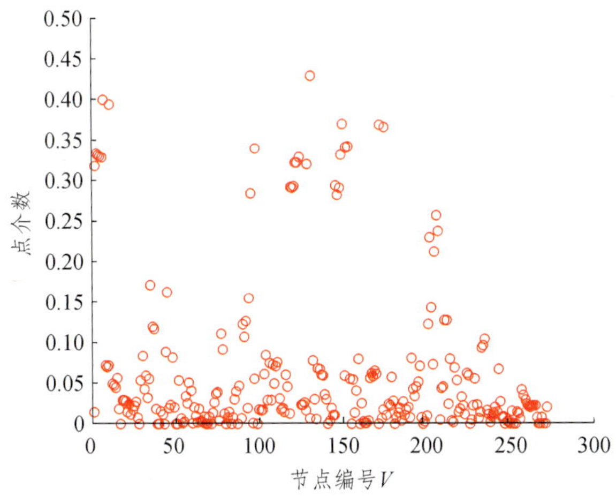

图 3-7　中欧班列货运网络点介数大小

表3-8 中欧班列货运网络前20的点介数

排序	节点编号	节点名称	介数	排序	节点编号	节点名称	介数
1	131	布良斯克	0.428 5	11	4	奎屯	0.331 4
2	7	吐鲁番	0.399 6	12	149	梁赞	0.331 2
3	11	哈密	0.393 0	13	5	石河子	0.329 6
4	150	科切托夫卡	0.368 8	14	124	阿克斗卡	0.328 2
5	172	乔普	0.368 3	15	6	乌鲁木齐	0.328 1
6	175	基辅	0.365 7	16	122	扎雷克	0.321 8
7	153	基涅利	0.340 9	17	123	莫因特	0.321 4
8	152	塞兹兰	0.340 1	18	129	多斯特克	0.319 7
9	98	武威	0.339 5	19	2	阿拉山口	0.318 0
10	3	精河	0.333 3	20	146	乌法	0.293 6

上表中点介数排名前20的节点城市大多分布于中国、俄罗斯、哈萨克斯坦以及乌克兰，占比分别为40%、30%、20%、10%。其中位于中国的节点城市集中分布于西部地区，位于其余三个国家境内的节点则集中分布于靠近国家间边境线的区域，这是因为靠近国境线的区域线网稀疏，大多区域有且仅有一条线路通向边境口岸站，如哈密就是中国境内西南、中原甚至华南地区城市通向西北边境的重要枢纽节点，是多数最短路径的"必经之路"，由此使得靠近边境的城市点介数较高。这些节点起到连通内外的关键作用，对中欧班列货运网络高效运营做出了极大的贡献。

（2）边介数

根据公式3-12和3-14进行计算，中欧班列货运网络各条边的介数分布于[0，0.1937]区间，网络平均边介数为0.1714，网络中边介数值排前20的边见表3-9。

表3-9　中欧班列货运网络前20的边介数

排序	起点编号	终点编号	边	边介数	排序	起点编号	终点编号	边	边介数
1	V_7	V_{11}	吐鲁番—哈密	0.193 7	11	V_6	V_7	乌鲁木齐—吐鲁番	0.161 4
2	V_{11}	V_{98}	哈密—武威	0.181 1	12	V_{122}	V_{123}	扎雷克—莫因特	0.158 5
3	V_{131}	V_{175}	布良斯特—基辅	0.179 0	13	V_{124}	V_{129}	阿克斗卡—多斯特克	0.158 0
4	V_{131}	V_{150}	布良斯特—科切托夫卡	0.179 0	14	V_{123}	V_{124}	莫因特—阿克斗卡	0.157 0
5	V_{172}	V_{175}	乔普—基辅	0.178 9	15	V_2	V_3	阿拉山口—精河	0.156 3
6	V_{152}	V_{153}	塞兹兰—基涅利	0.167 0	16	V_2	V_{129}	阿拉山口—多斯托克	0.156 3
7	V_3	V_4	精河—奎屯	0.163 7	17	V_{149}	V_{150}	梁赞—科切托夫卡	0.153 1
8	V_{149}	V_{152}	梁赞—塞兹兰	0.163 2	18	V_{121}	V_{122}	阿斯塔纳—扎雷克	0.144 1
9	V_4	V_5	奎屯—石河子	0.162 8	19	V_{153}	V_{146}	基涅利—乌法	0.144 0
10	V_5	V_6	石河子—乌鲁木齐	0.161 9	20	V_{120}	V_{121}	科克舍套—阿斯塔纳	0.142 8

将上表同表 3-8 进行对比，边介数大小排序同点介数排序高度一致，这些边在中欧班列货运网络中发挥着比较重要的作用。中欧班列货运网络中边介数排名前 20 的边集中分布在西通道上，这是因为相较于中、东通道，班列经由西通道到达欧洲的整体路径最短，不同始发城市的班列更加倾向于从阿拉山口或二连浩特出境，经由哈萨克斯坦、俄罗斯通往乌克兰及其余欧洲国家，缩短了班列在途运输时间，由此使得西通道上的线路边介数偏高。

3.5.4　中欧班列货运网络类型判定

3.5.4.1　无标度网络模型的判定

由第 2 章对无标度网络的介绍可知，无标度网络中少数节点具有较高的度值，度分布服从幂律分布[29]。除了度分布，人们还常用累积度分布函数$P(k)$来描述度的分布情况[30]。由于中欧班列货运网络中节点的数目仅为293，为提高结果的准确性，对累积度分布进行拟合。累积度分布$P(k)$表示度不小于k的节点的概率分布，公式为：

$$P(k)=\sum_{i=k}^{k_{\max}}p(i)\sim k^{-\gamma} \tag{3-17}$$

其中，$p(i)$为度值为i的节点的概率；$k_{\max}$为网络中节点度的最大值；γ为幂律指数，无标度网络的幂律指数一般为2~3[31]。

在MATLAB软件中对中欧班列货运网络累积度分布进行双对数坐标下的线性拟合，结果如图3-8所示。

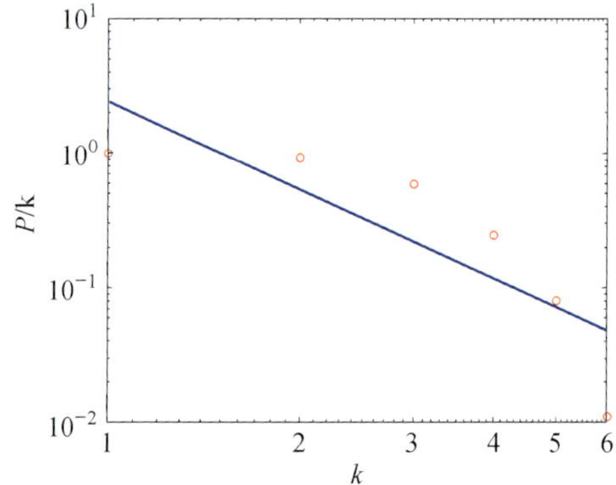

图3-8　中欧班列货运网络累积度分布双对数拟合曲线

双对数坐标下，中欧班列货运网络累积度分布近似服从线性分布，累积度分布服从幂律分布，其函数为$P(k)$=2.2291k$^{-2.0167}$，R^2=0.7402，拟合情况较好，幂指数γ=2.0617且$\gamma\in[2,3]$，由此可将中欧班列货运网络视作无标度网络，网络中度值高的节点只占小部分。

3.5.4.2　小世界网络模型的判定

根据学者的既往研究[32]可知，小世界网络的判定条件为：

$$\begin{aligned}L&\geqslant L_{\text{random}}\\C&\geqslant C_{\text{random}}\end{aligned} \tag{3-18}$$

其中，L_{random}和C_{random}分别为随机网络的平均路径长度及聚类系数，计算公式参照公式3-1和3-2。

按照公式3-1和3-2对与中欧班列货运网络等规模的随机网络的L_{random}及C_{random}进行

计算，其中同等规模是指随机网络和中欧班列货运网络具有相同的节点数、边数以及平均度，结果见表 3-10。

表3-10 中欧班列货运网络和同等规模随机网络复杂特性对比

网络类型	N	$\langle k \rangle$	L	C
随机网络	293	2.866 9	5.393 1	0.009 8
中欧班列货运网络	293	2.866 9	13.216 3	0.075 0

由上表可以看出，中欧班列货运网络的平均路径长度、聚类系数均大于等规模的随机网络，由此判定中欧班列货运网络具有较高聚类系数、较短平均路径长度的小世界特性。

3.6 中欧班列货运网络脆弱性分析

本节将对中欧班列货运网络脆弱性进行定义，构建脆弱性指标并进行量化描述。针对中欧班列货运网络 45 个国家中主要的 35 个国家在政治、经济、社会、交通运输四个层面的表现，构建评估体系并采用熵权 TOPSIS 法进行区域运营稳定性评估。引入 PageRank 算法，将运营稳定性作为 PageRank 算法的一个影响因子进行改进，并将改进算法应用在网络重要节点识别中。

3.6.1 中欧班列货运网络脆弱性定义及指标

3.6.1.1 脆弱性定义

脆弱性这一概念早期广泛应用于自然生态领域的研究中，学者针对地理生态环境或自然灾害管理进行相关研究。近年来，关于脆弱性的研究逐渐延伸至各个领域，如社会科学、电力通信和计算机科学等方面。根据研究内容的差异，不同的领域赋予脆弱性不同的定义。自然生态领域将脆弱性定义为自然系统遭受各类事件影响的程度；社会科学领域认为脆弱性反映系统对外界干扰的承受能力；电力通信领域[33]将脆弱性视作系统在整体和宏观角度上可能存在的薄弱环节；交通运输领域[34]则认为脆弱性是系统对可能导致运输服务质量显著降低的事件的敏感性。李鹤[34]将各个领域中脆弱性的含义整理为四类：① 描述系统遭受外部扰动而损害的可能性；② 描述外部扰动对系统产生的危害影响力；③ 描述系统应对外部扰动的承受力；④ 最后一类涵盖以上三类的特性。

在铁路交通领域，有的学者通过研究某一类自然灾害发生的特点来度量线网失效的概率，进而对网络的脆弱性进行研究。还有学者从线网失效后果层面进行考虑，研究网络失效后的修复对策。中欧班列货运网络属于跨境货物运输网络，其主要功能是快捷、安全地完成跨境货物运输任务，当网络中某个节点或某条线路发生故障时，将导致网络运输效能下降，货物运输时效降低。由此将中欧班列货运网络脆弱性定义为：突发事件发生情况下中欧班列货运网络中部分节点或线路失效后网络性能的下降程度。

3.6.1.2 脆弱性指标

为了准确刻画中欧班列货运网络脆弱性，需要选用一些特定的指标量化描述网络的变化情况，这些指标被称作脆弱性指标。构建的中欧班列货运网络包含车站和线网的全部设施，对网络的脆弱性评估主要是从网络结构角度出发探究网络的连通程度以及运营效率，所以选用最大连通子图相对大小和全局效率作为衡量网络脆弱性的指标。

（1）最大连通子图相对大小

假如一个网络中任意两个节点之间至少存在一条路径，则称网络是连通的，即网络中不存在孤立节点。当网络中某个节点或某条边发生故障失效时，网络可能被分裂成两个及其以上相互独立的子网络，网络规模逐渐缩小，此时包含节点数量最多的子网络就被称作最大连通子图。最大连通子图的相对大小则是指被攻击后当前网络最大连通子图规模同原始网络规模的比值，用来刻画攻击前后网络连通状态的变化，其计算公式为：

$$S=\frac{N'}{N} \tag{3-19}$$

其中，S 为最大连通子图的相对大小，N'为被攻击之后最大连通子图中节点数量，N 为原始网络节点数量。S 的取值范围为 [0，1]，当 S=1 时，初始网络为全连通的网络；当 S=0 时，网络中所有节点都为孤立节点。

（2）全局效率

全局效率是在最短路径的基础上衍生的用于刻画节点间传输效率的指标，同时能准确描述整体网络的通达水平。网络中节点 v_i 同 v_j 之间的效率 ε_{ij} 表示为：

$$\varepsilon_{\mathrm{ij}}=\frac{1}{d_{ij}} \tag{3-20}$$

其中，d_{ij} 为节点 v_i 同 v_j 之间的最短距离。由第 3 章对最短路径的分析可知，考虑节点间的实际里程 w_{ij} 能更加准确地识别网络中的最短路径，可将效率 ε_{ij} 定义为节点 v_i 同 v_j 之间的实际运输效率，其公式为：

$$\varepsilon_{ij}=\frac{1}{t_{ij}}=\frac{1}{w_{ij}/v}=\frac{v}{w_{ij}} \tag{3-21}$$

其中，t_{ij} 为班列在节点 v_i 同 v_j 之间的运行时间；v 为班列运输速度，根据调研情况，忽略班列在不同线路上的速度差异，统一取 v=45 km/h。当两个节点之间没有路径相连时，$w_{ij}=+\infty$，此时$\varepsilon_{ij}=0$。

网络中所有节点之间的平均效率为全局效率 E，表示为：

$$E=\frac{1}{N(N-1)}\sum_{i,j\in N}\varepsilon_{ij}=\frac{1}{N(N-1)}\sum_{i,j\in N}\frac{v}{w_{ij}},i\neq j \tag{3-20}$$

E 的取值范围为 [0，1]，当 E=1 时网络中任意两个节点之间都存在连边，而当 E=0 时网络中全部节点均为孤立节点。为了更直观地研究网络脆弱性变化程度，通过攻击前后网络全局效率的比例衡量网络脆弱性能，表示为：

$$E=\frac{E'}{E_0} \tag{3-20}$$

其中，E_0 为网络初始效率，E'为网络节点或边被攻击之后的效率。

3.6.2　中欧班列货运网络区域运营稳定性评估

3.6.2.1　区域运营稳定性评估指标体系

中欧班列运输路径规划以及网络布局除考虑线路运输时效之外，还需考虑途经地区的运营稳定性。区域运营稳定性体现一个国家参与国际运输通道建设的意愿程度，同时也在一定程度上反映了该区域内突发事件发生的可能性以及事件发生后国家保障国际运输网络正常运营的能力，结合世界银行数据库（WDI）和美国政治服务集团 PRS 跨国风险指南 ICRG 数据库的数据结构，将从经济、政治、社会及交通运输四个方面构建区域运营稳定性评估指标体系，对国家运营稳定性进行刻画。

（1）经济稳定性指标

经济基础决定上层建筑，经济发展是区域稳定的一个不可或缺的条件。同时，一国或地区经济发展速度以及贸易开放度都将影响该地区在国际运输中的参与度与积极性，选取人均 GDP、GDP 增速以及贸易开放度三个指标刻画区域经济稳定性，见表 3-11。

表3-11　经济稳定性指标

指标	含义	单位	类型
人均GDP	反映国家人均生产能力	美元	极大型
GDP增速	反映国家经济活力和潜力	%	极大型
贸易开放度	（进口+出口）/GDP，反映国际贸易依赖度和开放度	—	极大型

（2）政治稳定性指标

政治稳定性是一个国家在内外政治形势复杂的情况下维持国家稳定的能力，反映国家的综合治理能力以及维持国际运输通道正常运营的能力。一个国家政治稳定性越高，冲突事件发生的可能性越低，进而避免出现因地区局势动荡导致铁路口岸关闭的情况。从政局稳定性、政府腐败控制、政府效能和外部冲突指数四个角度对政治稳定性进行描述，见表 3-12。

表3-12　政治稳定性指标

指标	含义	单位	类型
政局稳定性	反映国家政治稳定程度	得分	极大型
政府腐败控制	反映国家政府对腐败行为发现和惩治力度	得分	极大型
政府效能	反映国家政府在政策制定、执行方面的能力	得分	极大型
外部冲突指数	反映国家受到他国政治影响的程度	得分	极小型

（3）社会稳定性指标

社会稳定性衡量的是区域内部社会秩序和整体治安情况。在一个国家内部社会极端不稳定的情况下，基础设施设备往往成为不法分子的首要攻击对象，因此选用营商便利指数、失业率以及内部冲突三个指标对社会稳定性进行刻画，见表 3-13。这能从一定程度上描述运输线网在恐怖袭击或人为破坏下发生故障的可能性。

表3-13　社会稳定性指标

指标	含义	单位	类型
营商便利指数	反映国家内部营商环境	得分	极大型
失业率	失业率高会造成社会不稳定	%	极小型
内部冲突指数	反映国家内部恐怖主义、内乱的严重性	得分	极小型

（4）交通运输稳定性

交通运输稳定性刻画区域整体运输服务能力及综合物流表现。一个国家的交通运输稳定性越高，其境内的铁路线网越密集，就有更多的运输资源可以纳入中欧班列货运网络中。同时，配套的基础设施设备的作业能力也能够满足跨境运输的需求，从而减少因基础设施故障或货流大幅波动导致线网崩溃的情况。交通运输稳定性指标见表3-14。

表3-14　交通运输稳定性指标

指标	含义	单位	类型
物流绩效指数	反映国家整体物流能力	得分	极大型
铁路总里程	反映国家铁路服务能力	公里	极大型
铁路货运量	反映国家铁路运输能力	百万吨/公里	极大型

3.6.2.2　基于熵权TOPSIS法的网络运营稳定性评估

常见的评估方法主要为层次分析法、神经网络法、模糊综合评价法、灰色系统评价法等。由于TOPSIS法适用于评估多指标、多评价单元的大系统，能够充分利用数据信息刻画多个指标的综合影响能力，所以选用TOPSIS法对中欧班列货运网络区域运营稳定性进行评估。同时为消除主观因素对结果的干扰，采用熵权法确定各项指标的权重，计算步骤如下：

① 构建决策矩阵。中欧班列货运网络中有 m 个国家，评价指标共有 n 个种类，第 i 个国家的第 j 个指标的值表示为 x_{ij}，由此决策矩阵为：

$$A=\left(x_{ij}\right)_{m\times n}=\begin{bmatrix} x_{11} & x_{12} & \cdots & x_{1n} \\ x_{21} & x_{22} & \cdots & x_{2n} \\ \vdots & \vdots & \vdots & \vdots \\ x_{m1} & x_{m2} & \cdots & x_{mn} \end{bmatrix} \tag{3-24}$$

通过查询世界银行数据库及 ICRG 数据库统计整理中欧班列货运网络中 35 个国家的 13 项评价指标数据，考虑到中欧班列在 2016 年才统一品牌以及 2020 年疫情对全球经济造成的打击，为降低不同年份数据波动对结果造成的影响，选用 2016~2019 年各国指标数据，取其平均值作为原始数据构建决策矩阵。

② 正向化处理。当指标类型不同时，为了使结果更加精准，需要统一指标的趋势。构建的指标体系中只涉及极大型和极小型两类指标，为了后续计算的方便，将极小型指标数据转化为极大型，公式如下：

$$x_{ij}'=\max\{x_{1j},x_{2j},\ldots x_{mj}\}-x_{ij} \tag{3-25}$$

③ 标准化处理。将正向化后的矩阵进行标准化处理，消除不同量纲对结果的影响。标准化处理之后的矩阵定义为$B(b_{ij})_{m\times n}$，计算公式为：

$$b_{ij}=x_{ij}\Big/\sqrt{\sum_{i=1}^{m}x_{ij}^{2}}\,(i=1,2\ldots,m,\ j=1,2,\ldots n) \tag{3-26}$$

采用公式 3-23 及 3-24 对原始数据进行正向化、标准化处理，处理后的数据见附录 A。

④ 熵权法确定权重。首先计算第 j 项指标下第 i 个国家的值占该指标的比重 p_{ij}，计算第 j 项指标的熵值，计算公式为：

$$e_j=-k\sum_{i=1}^{m}p_{ij}\ln(p_{ij}) \tag{3-27}$$

其中，$k=1/\ln(n)>0$，使得 $e_j\geqslant 0$，各项指标权重的计算公式为：

$$w_j=d_j\Big/\sum_{j=1}^{n}d_j \tag{3-28}$$

其中，$d_j=1-e_j$，根据结果得到权重矩阵$d_j=1-e_j$，将各个指标对应的权重与正向化标准化后的决策矩阵相乘得到加权决策矩阵$R=(r_{ij})_{m\times n}$。按照公式 3-25、3-26，在 MATLAB 软件中对附录 A 中的数据进行计算，求得 13 个指标的权重分别为 0.083 7、

0.032 8、0.040 0、0.019 4、0.037 4、0.027 0、0.045 1、0.022 8、0.015 4、0.054 9、0.035 9、0.143 3、0.442 2，由此可见人均GDP、内部冲突指数以及外部冲突指数三个指标权重最高，对区域运营稳定性影响最大。

⑤ 确定正理想解 C^* 和负理想解 C^0。设正理想解 C^* 的第 j 个属性值为c_j^*，负理想解 C^0 的第 j 个属性值为c_j^0，则

$$C_j^* = \begin{cases} \max\limits_i r_{ij}, \text{若第}j\text{个指标为正向指标} \\ \min\limits_i r_{ij}, \text{若第}j\text{个指标为负向指标} \end{cases}, j = 1, 2, L, n$$
$$C_j^0 = \begin{cases} \max\limits_i r_{ij}, \text{若第}j\text{个指标为正向指标} \\ \min\limits_i r_{ij}, \text{若第}j\text{个指标为负向指标} \end{cases}, j = 1, 2, L, n \tag{3-29}$$

⑥ 计算各个评价对象到正理想解S^*与负理想解S^0的距离，计算公式如下：

$$S_i^* = \sqrt{\sum_{j=1}^{n}\left(r_{ij} - c_j^*\right)^2}, i = 1, 2, L, m$$
$$S_i^0 = \sqrt{\sum_{j=1}^{n}\left(r_{ij} - c_j^0\right)^2}, i = 1, 2, L, m \tag{3-30}$$

⑦ 计算综合评价指数得分，公式为：

$$f_i = s_i^0 / (s_i^0 + s_i^*), i = 1, 2, ..., m \tag{3-31}$$

按照公式 3-29、3-30 以及 3-31 在软件中进行编程计算得到综合评价指数得分，为了使结果更加直观，将计算结果转化为百分制，35 个国家的区域稳定性得分及排序见表 3-15。

结果显示，中国以及欧洲地区国家整体稳定性较高，中亚、西亚地区国家稳定性较低。东通道经满洲里口岸或绥芬河口岸出境，经俄罗斯、白俄罗斯进入欧洲，俄罗斯排名仅次于中国，从线路运营的角度来看，东通道稳定性最高。中通道途经蒙古国至俄罗斯，在同中国接壤的边境国家中蒙古国排名相对靠前，中通道稳定性较高。西通道线路最多，广泛覆盖中亚、西亚地区，整体稳定性相对较差，其中西通道北干线（哈萨克斯坦—俄罗斯—白俄罗斯—欧洲）稳定性最高，也是网络中通过率最高的一条线路，受马拉舍维奇（波兰）铁路口岸作业能力的限制，该条通道时常产生拥堵，影响班列的运行效率。

乌克兰相较于白俄罗斯，运营稳定性更高，在实际运营过程中将部分班列分流至西通道北支线 3（哈萨克斯坦—俄罗斯—乌克兰—捷克等），有助于分散通道压力。

表3-15　区域运营稳定性排序

序号	国家	得分	序号	国家	得分	序号	国家	得分
1	中国	6.62	5	瑞典	3.36	9	奥地利	3.17
2	俄罗斯	6.23	6	英国	3.26	10	芬兰	3.16
3	德国	3.57	7	荷兰	3.26	11	比利时	3.09
4	挪威	3.51	8	法国	3.18	12	葡萄牙	3.01
13	土耳其	3.26	21	斯洛伐克	2.67	29	塞尔维亚	2.17
14	捷克	3.26	22	哈萨克斯坦	2.66	30	土库曼斯坦	2.15
15	爱沙尼亚	3.18	23	拉脱维亚	2.65	31	阿塞拜疆	2.04
16	立陶宛	3.17	24	意大利	2.64	32	格鲁吉亚	1.99
17	波兰	3.16	25	罗马尼亚	2.47	33	乌兹别克斯坦	1.90
18	西班牙	3.09	26	保加利亚	2.46	34	伊朗	1.80
19	乌克兰	3.01	27	白俄罗斯	2.39	35	吉尔吉斯斯坦	1.58
20	匈牙利	2.70	28	蒙古国	2.18			

3.6.3　中欧班列货运网络关键节点识别

3.6.3.1　传统 PageRank 算法

PageRank 算法由佩奇（Larry Page）和布林（Sergey Brin）于 1998 年提出，他们将学术界论文重要性的评估方法应用到网页重要性识别中，该算法的核心思想为：如果一个网页被越多的网页链接到，则表明这个网页的重要性很高，该网页的 PageRank 值（以下简称 PR 值）也会相对更高。同样的，如果一个 PR 值很高的网页链接到其他的网页，那么被链接的网页的 PR 值也提高。由于网络中网页是相互链接的，网页 PR 值的计算是一个迭代过程，最终网页的重要性由 PR 值决定[35]。

PageRank 的简化模型[36]为：

$$PR(i)=\sum_{j\in B_i}\frac{PR(j)}{C_{out}(j)} \tag{3-32}$$

其中，$PR(i)$为网页 i 的 PR 值，$PR(i)$为连接到网页 i 的网页 j 的 PR 值，$C_{out}(j)$为网页 j 的出链数量，B_i 为连接到网页 i 的集合。

为解决环状网络导致算法难以收敛、节点无出链致使最终权重为零等问题，对公式 3-32 进行修订，修订后的公式为：

$$PR(i)=(1-\alpha)\frac{1}{N}+\alpha\sum_{j\in B_i}\frac{PR(j)}{C_{out}(j)} \tag{3-33}$$

其中，N 为网页数量，α 为阻尼系数，取值介于 0 和 1 之间，表示用户浏览某网页之后继续跳转浏览的概率，系数越大，页面级别收益越大，通常取[37]α=0.85。

3.6.3.2　基于运营稳定性的改进 PageRank 算法

传统 PageRank 算法具有简洁、易实现的优点，但忽视了用户在网页浏览过程中的目的性以及个性化的浏览偏好对分配方式产生的影响。当用户在浏览 i 网页时，假设该网页能链接到 x_i 个子网页，按照 PageRank 的思想，用户在浏览完 i 网页之后浏览其余子网页的概率是相同的，映射到公式中即 i 网页将自己的 PR 值均匀分配给 x_i 个子网页。但在实际的应用场景中，用户对于链出页面的选择是带有偏向性和筛选性的。

无论是海运、空运还是陆运，货物安全都是运营方以及货主的首要考虑因素，他们倾向于选择稳定性更高的线路以保障货物的顺利交付。中欧班列搭载的货物大多具有较高的价值，在班列运行线路规划以及实际运营过程中，运营平台出于对服务质量以及货运安全的考虑，更愿意选择一条稳定性系数更高、可持续运营的路线。由此可以认为，若一个节点同其余节点之间存在多条路径时，哪一条路径稳定性越高，班列选择它的概率就越大，进而该条路径的后置节点的 PR 值越大。

借鉴 PageRank 算法将网页链接价值作为衡量其重要性的思想，将运输网络中的节点城市模拟成网页，将网络中的线路模拟为网络中的超链接，将班列对线路稳定性的偏好考虑进 PR 值分配过程，并引入中欧班列货运网络重要节点识别中，改进的算法模型如下：

$$PR(i)=(1-\alpha)\frac{1}{N}+\alpha\sum_{j\in B_i}PR(j)\frac{r_{ji}}{\sum_{k\in B_j}r_{jk}} \tag{3-34}$$

其中，B_j 为节点 v_j 链出节点的集合，r_{ij} 为节点 v_j 和节点 v_i 相连线路的稳定性。

根据上述原理，考虑运营稳定性的 PageRank 算法基本步骤如下：

Step1：定义稳定性矩阵$\boldsymbol{R}=\left(r_{ij}\right)_{N\times N}$，根据之前得到的 35 个国家稳定性的评估结果$G_p, p=1,2,\ldots,35$，将同一国家内的线路赋予相同的稳定值，若节点 v_i 同节点 v_j 都属于国家 P，并且两节点之间有边连接，则$r_{ij}=G_p$。若出现跨国线路则该条线路的权重为后置节点所属国的稳定值，若节点 i 属于 A 国，节点 j 属于 B 国且两者有链接，则$r_{ij}=G_p$，$r_{ji}=G_A$；若两节点之间不存在连线，则$r_{ij}=0$。

Step2：定义矩阵 $\boldsymbol{R}$ 的行和为：

$$row_i=\sum_{j=1}^{N} r_{ij} \tag{3-35}$$

Step3：定义矩阵 $\boldsymbol{S}$。将矩阵 $\boldsymbol{R}$ 进行归一化处理得到矩阵 $\boldsymbol{S}$，该矩阵表示一个节点到达另一个节点的概率，计算公式如下：

$$S=\left(\frac{r_{ij}}{row_i}\right)_{N\times N} \tag{3-36}$$

Step4：定义转移概率矩阵 $\boldsymbol{Q}$。当网络中出现孤立节点时，为了方便计算，用$(1/N)e^T$替换矩阵 $\boldsymbol{S}$ 中全为 0 的行 [38]，$\boldsymbol{Q}$ 计算公式为：

$$\boldsymbol{Q}=S+\eta\times(1/N)\ e^{\mathrm{T}}=\left[r_{ij}\Big/\sum_{j=1}^{N} r_{ij}+\eta\times(1/N)\right]_{N\times N} \tag{3-37}$$

其中，若节点为孤立节点，则η=1，否则η=1。

Step5：定义矩阵 $\boldsymbol{A}$。由于中欧班列货运网络节点 PR 值计算中主要关注节点的链入关系而不是链出，将概率矩阵 $\boldsymbol{Q}$ 的转置矩阵 $\boldsymbol{Q}^{\mathrm{T}}$ 代入公式进行计算，$\boldsymbol{A}$ 计算公式为：

$$\boldsymbol{A}=\alpha\times\boldsymbol{Q}^{\mathrm{T}}+(1-\alpha)\times\frac{1}{N}\times E^{\mathrm{T}} \tag{3-38}$$

其中，$E^{\mathrm{T}}=e\times e^{\mathrm{T}}$为全为 1 的行列式。

Step6：通过幂迭代法求解中欧班列货运网络中各节点 PR 值。初始向量$q(0)$设置为任意非零向量，按照式（3-38）进行连续迭代直到收敛，迭代公式为：

$$q(k+1)=Aq(k) \tag{3-39}$$

其中，收敛条件为$|q(k+1)-q(k)|<\varepsilon$，$\varepsilon$为一个大于 0 无限小的数[39]。当算法结束时，矩阵 $\boldsymbol{A}$ 的平稳分布对应的值就为网络节点的 PR 值。

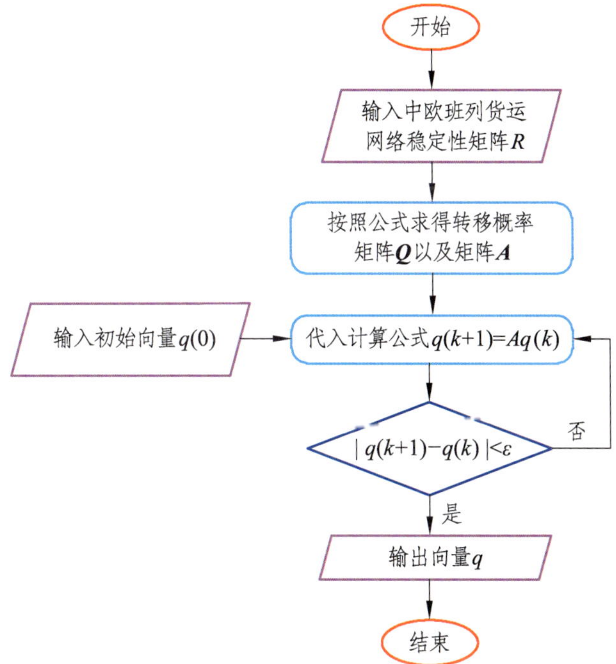

图 3-9　基于运营稳定性的 PageRank 算法流程图

3.6.3.3　改进 PageRank 算法在重要节点识别中的应用

根据前面提出的考虑运营稳定性的 PageRank 算法步骤，运用 MATLAB 软件对中欧班列货运网络中各节点的改进 PR 值进行计算，其节点改进 PR 值分布见表 3-16。

表3-16　中欧班列货运网络节点改进PR值分布

PR值范围	节点数量	比例
>0.008	1	0.003 7
[0.007，0.008)	3	0.011 0
[0.006，0.007)	7	0.025 7
[0.005，0.006)	34	0.125 0
[0.004，0.005)	54	0.198 5

续表

PR值范围	节点数量	比例
[0.003，0.004)	75	0.275 7
[0.002，0.003)	77	0.283 1
<0.002	21	0.077 2

根据上表可以看出，中欧班列货运网络节点的改进 PR 值分布规律同度分布相似，只有少数的站点具有较高的改进 PR 值，大多数节点的改进 PR 值仍然停留在较小的范围内。这些关键的少数也就成为了班列运营平台重点关注的对象，改进 PR 值排前 20 的节点见表 3-17。

表3-17　改进PR值排名前20的节点

排序	节点编号	节点名称	PR值	度	排序	节点编号	节点名称	PR值	度
1	V_{132}	莫斯科	0.009 1	6	11	V_{143}	车里雅宾斯克	0.006 1	4
2	V_{135}	叶卡捷琳堡	0.007 7	5	12	V_{18}	通辽	0.005 9	5
3	V_{276}	加里宁格勒	0.007 3	4	13	V_{230}	杜伊斯堡	0.005 9	5
4	V_{133}	圣彼得堡	0.007 2	5	14	V_{30}	北京	0.005 7	5
5	V_{156}	阿斯特拉罕	0.006 9	3	15	V_{77}	武汉	0.005 6	6
6	V_{3}	精河	0.006 8	3	16	V_{189}	里尔	0.005 6	5
7	V_{202}	维也纳	0.006 7	5	17	V_{206}	布达佩斯	0.005 5	5
8	V_{150}	科切托夫卡	0.006 4	4	18	V_{289}	伊明汉姆	0.005 5	4
9	V_{229}	汉诺威	0.006 3	5	19	V_{131}	布良斯克	0.005 5	4
10	V_{15}	乌兰察布	0.006 2	5	20	V_{52}	南京	0.005 4	5

由表 3-17 可知，改进 PR 值排名前 20 的节点中 90% 的节点的度值位于 [4，6] 区间，为进一步明确改进 PR 值同度值之间的联系，将两者结合分析，如图 3-10 所示。

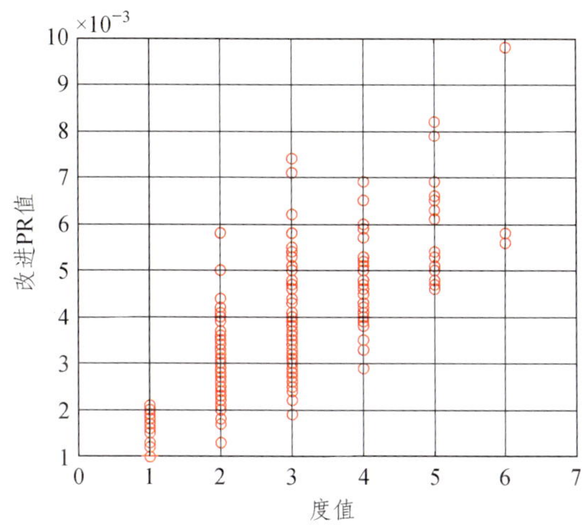

图 3-10　节点改进 PR 值同度值之间的关系

在图 3-11 中，横坐标为节点城市的度值，纵坐标为节点城市的改进 PR 值，随着节点度值的增加，改进 PR 值也随之增大，总体上节点度值和改进 PR 值呈正相关关系。度值较高的节点同改进 PR 值较高的节点重合率高，但是排名存在出入，这是因为 PageRank 算法受网络整体结构和运营稳定性双重因素的影响，其值是由节点在网络中的位置以及相邻节点所处区域的稳定性共同决定的。

在改进 PR 值排名前 20 的节点中，40% 的节点城市来自俄罗斯，30% 的节点城市来自中国，来自德国的节点城市占 10%，其余节点城市分别来自奥地利、匈牙利、法国和英国。改进 PR 值前五的城市均来自俄罗斯，莫斯科是俄罗斯境内最大的铁路枢纽，承担全国国际联运量的 80%，同时也是中欧班列的终到城市，在货运网络中占据重要地位。中国境内改进 PR 值较高的城市分布在北部及西部地区，根据分布特点可以将这些城市分为两类：一类是临近边境的枢纽城市，如精河、乌兰察布、通辽，这些城市同铁路口岸之间大多只有一条运输路径，它们不仅能获得来自上游铁路口岸的改进 PR 值，还将吸收国内其余路径分配来的值，由此使得靠近边境的枢纽站点重要性更高；另一类则是内陆区域枢纽城市，如北京、武汉、南京分别是华北、华中和华东区域的中心，在境内路网中占据重要位置，在中国境内具有较高的重要性。

其余重要节点城市多为国家的首都，如柏林、维也纳、布达佩斯、巴库等，这些城市本身就是区域路网中的交通要塞，运输资源丰富。欧洲国家的运营稳定性普遍偏高，首都大多位于多条运输走廊交会之处，使得这些城市具有较高的改进 PR 值。虽然安卡拉和锡瓦斯度值较低，但土耳其在西通道南线途经的国家中稳定性最高，并且这两个城市也是该条线路的必经之处，其重要性可见一斑。同上述国家相比，阿塞拜疆境内线网运营稳定性虽然不高，但巴库是外高加索地区第一大港口城市，东向通过海运高效连通里海沿线国家，西向则经由 BTK 运输通道通达土耳其进入欧洲，在网络中具有重要的连通作用。

3.6.4 中欧班列货运网络脆弱性仿真

本节将对中欧班列货运网络遭受的突发事件进行分类，根据事件特点制定攻击策略，在 MATLAB 软件中对不同情形下中欧班列货运网络脆弱性进行仿真模拟，并基于仿真结果提出网络优化策略。

3.6.4.1 突发事件概述

突发事件是指在某种因素的影响下意外发生的负面事件，具有突然性、危害性和处理紧急性。突然性是指对于事件的到来时间、危害程度以及造成的影响规模，运营者难以估计把握。危害性是指突发事件发生之后连带产生的负面影响，小则影响班列货物运到的时间，大则造成货物丢失或线网中断等情况；处理紧急性是指面对突发事件，工作人员应当及时处理，防止损失越来越大。

中欧班列货运网络空间分布广泛，影响班列正常运行的因素错综复杂，结合班列实际运营中面临的问题，将突发事件定义为在某种因素支配下发生的、影响班列货物运输任务顺利完成的事件。根据事件发生的成因，将突发事件分为内部突发事件及外部突发事件。

（1）内部突发事件

该类突发事件的成因来自中欧班列货运网络内部，主要包含基础设施故障和货流大幅波动两类。

① 基础设施故障。

基础设施故障包括车站、线网等设施的故障以及道岔、信号、装卸设备和运载工具的故障等。中欧班列货运网络中各个国家的经济实力、基础设施建设投入能力不同，中亚、西亚地区设施建设更为薄弱，导致在软件或硬件方面可能出现故障，进而影响设施设备的正常运作。马拉舍维奇就曾在 2018 年 3 月至 2019 年 4 月期间分批次开展铁路维修工作，影响班列在该路段的正常通行。

② 货流大幅波动。

随着中欧班列的发展，各班列公司主线重复率高导致部分通道货物流量增大，给铁路口岸带来巨大的作业压力。目前造成中欧班列在口岸拥堵的主要原因是境外铁路口岸换装车板保有量及作业能力难以满足开行数量激增带来的作业需求，从而导致接车迟缓，班列滞留。同时，站点拥堵也同重大节假日有关，在复活节前后欧洲场站会关闭两三天，进而导致节后作业积压。当货流量快速增加时，超过节点的承载能力，就容易导致节点过负荷崩溃，网络性能下降。

（2）外部突发事件

不同于内部突发事件，外部突发事件往往是在外界因素的随机扰动之下发生的，主要包含自然灾害和极端天气、公共安全事件以及外部攻击。

① 自然灾害和极端天气。

近年来全球大规模自然灾害频繁发生，如哈萨克斯坦境内频繁出现大风天气致使口岸短暂关闭，俄罗斯夏季易发生罕见暴雨导致城市内涝甚至交通中断，冬季欧洲以及西伯利亚地区时常遭遇极端严寒。自然灾害和极端天气极易导致网络瘫痪，会给跨境运输带来巨大的影响，降低货物全球供应时效。

② 公共安全事件。

公共安全事件包含国际公共卫生事件和武装冲突事件。国际公共卫生事件是指疾病的国际传播可能造成严重健康危害并需要采取国际应对措施的紧急事件。2020 年初突如其来的疫情席卷全球，为避免疫情在国内的蔓延，某些国家临时关闭部分甚至全部铁路边境口岸，导致货运网络中部分线路被迫中断。同样，无论是沿线国家内部还是两个国家之间发生武装冲突事件，也将影响到跨境运输的正常运行。

③ 外部攻击。

外部攻击是指运输网络受到人为恐怖袭击或蓄意破坏。该种攻击方式具有较强的目的性，攻击者按照铁路站点或线路的重要性进行针对性的破坏。线网损坏程度由攻击者的意志决定，但往往会造成站点完全崩溃，网络整体性能急剧下降的后果。

3.6.4.2 攻击策略及算法设计

根据中欧班列货运网络遭受的突发事件的特点，将突发事件下网络遭受的攻击类型划分为随机攻击及蓄意攻击。

（1）随机攻击及算法设计

随机攻击是指以某种概率对网络中的元素进行攻击，攻击方没有明确的攻击目标，致使该种攻击具有不确定性和不可控性。根据伤害影响范围的大小，又可以将随机攻击分为小范围攻击和大范围攻击。小范围攻击是指每一次攻击随机发生在网络中的某一个节点或某一条边上，用以模仿自然灾害、极端天气、基础设施故障以及货流大幅波动等偶发事件对中欧班列货运网络造成的影响，其中自然灾害是指发生在局部地区、伤害范围较小的灾害。小范围攻击从网络初始状态开始，每次攻击随机选择节点、边进行删除，逐次循环直至网络完全崩溃，仿真步骤如下：

Step 1：构建中欧班列货运网络邻接矩阵，网络以邻接矩阵形式储存并参与后续运算；

Step 2：计算网络各项脆弱性指标并保存；

Step 3：计算网络中的节点数，如果节点数为 0，则循环结束，跳转 Step 6，否则跳转 Step 4；

Step 4：随机删除网络中一个任意编号的节点 / 边，得到新网络；

Step 5：更新邻接矩阵，跳转 Step 2；

Step 6：输出计算结果。

小范围随机攻击策略下中欧班列货运网络脆弱性仿真算法流程如图 3-11 所示。

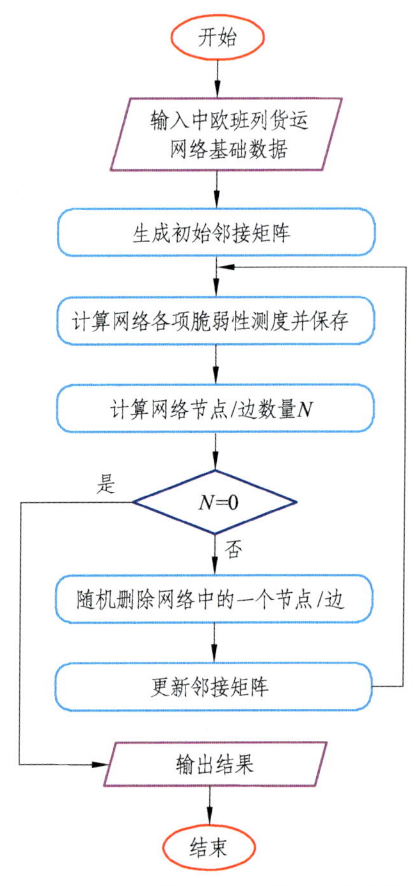

图 3-11　小范围随机攻击策略算法流程

大范围随机攻击是指攻击发生在某一区域范围内，使得该范围中的所有节点及边全部失效，用以模拟国际安全事件下某些国家临时实施铁路口岸封锁对中欧班列货运网络造成的影响，仿真步骤如下：

Step 1：构建中欧班列货运网络邻接矩阵，网络以邻接矩阵形式储存并参与后续运算；

Step 2：随机选择网络中的一个国家，删除网络中该国范围内所有节点及边；

Step 3：更新网络并计算各项脆弱性指标；

Step 4：输出计算结果。

（2）蓄意攻击及算法设计

蓄意攻击是具有明确目标并按照一定的策略进行的攻击，具有针对性强、伤害性大等特点，采用此种攻击方式模仿恐怖袭击、人为破坏等外部攻击对中欧班列货运网络造成的影响。将度值和改进 PR 值作为节点重要度的排序依据，衡量节点在网络结构以及网络运营两方面的重要性。由于第 3 章点介数和边介数排序重合度高，将边介数作为衡量边重要度的依据，探究运输线路失效对网络性能造成的影响。蓄意攻击从网络初始状态开始，节点及边按照重要度大小进行排序，根据顺序每次删除网络中重要性最高的节点或边，每移除一个元素，更新重要度排序，循环攻击直到网络完全崩溃，蓄意攻击仿真步骤如下：

Step 1：构建中欧班列货运网络邻接矩阵，网络以邻接矩阵形式储存并参与后续运算；

Step 2：计算网络中各节点改进 PR 值 / 度值或边介数，根据结果对节点 / 边重要性排序；

Step 3：计算网络各项脆弱性指标并保存；

Step 4：计算网络中的节点数，如果节点数为 0，则循环结束，跳转 Step 7，否则跳转 Step 5；

Step 5：按照节点 / 边重要性，依次删除一个节点 / 边，得到新网络；

Step 6：更新邻接矩阵，跳转 Step 2；

Step 7：输出计算结果。

蓄意攻击策略下中欧班列货运网络脆弱性仿真算法流程如图 3-12 所示。

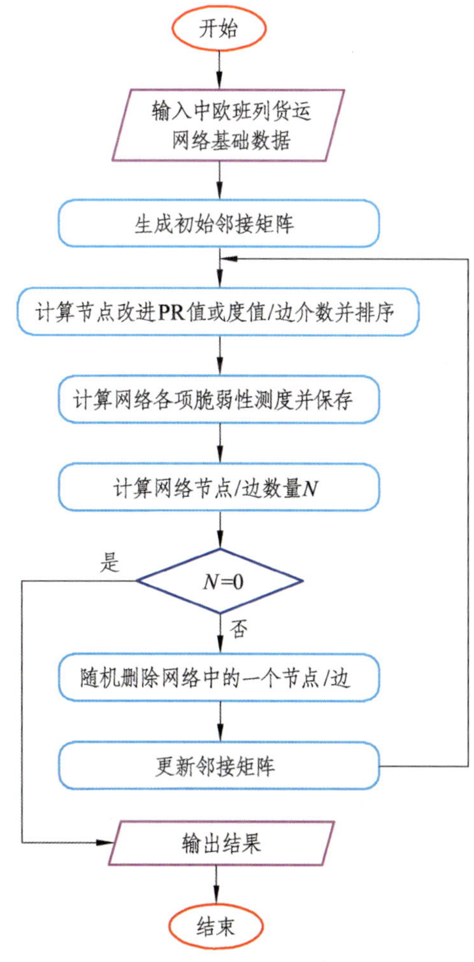

图 3-12　蓄意攻击策略算法流程

3.6.4.3　基于攻击策略的网络脆弱性仿真

MATLAB 软件具有编程效率高、数字图像处理高效、方便等优点，选用 MATLAB R2016b 软件对中欧班列货运网络脆弱性进行仿真模拟。根据之前针对节点、边以及区域三种攻击对象设计的不同攻击策略算法流程，将中欧班列货运网络数据写入软件中进行计算，绘制脆弱性指标变化趋势图，通过对比分析脆弱性指标的变化情况分别衡量网络在节点失效、边失效以及区域失效三种情况下网络的脆弱性。

为更加全面地了解不同攻击策略下的攻击效果，将随机攻击同蓄意攻击仿真结果放在同一张图内进行对比。同时，为了使不同攻击策略下网络的脆弱性对比更加明显，在随机攻击策略下进行 20 次仿真[40]，选择具有显著差异性的一组仿真结果作为随机攻击的仿真数据。

（1）节点失效下网络脆弱性仿真

中欧班列货运网络节点失效是对网络结构的破坏，会造成网络性能的变化，不同的攻击策略下节点的攻击顺序对网络整体性能的变化影响程度不同，通过对比攻击前后网络最大连通子图相对大小以及全局效率变化情况衡量中欧班列货运网络在节点失效情况下的脆弱性。

① 最大连通子图相对大小（*S*）仿真。

当网络中一些节点失效时，网络将从一张完整的图分割成多个子图，最大连通子图的规模大小从某种程度上体现了攻击前后网络整体连通性的变化。根据式（3-17），在 MATLAB 中进行编程计算，不同攻击策略下中欧班列货运网络最大连通子图相对大小变化趋势如图 3-13 所示，其中横坐标代表攻击节点失效比例（*f*）。

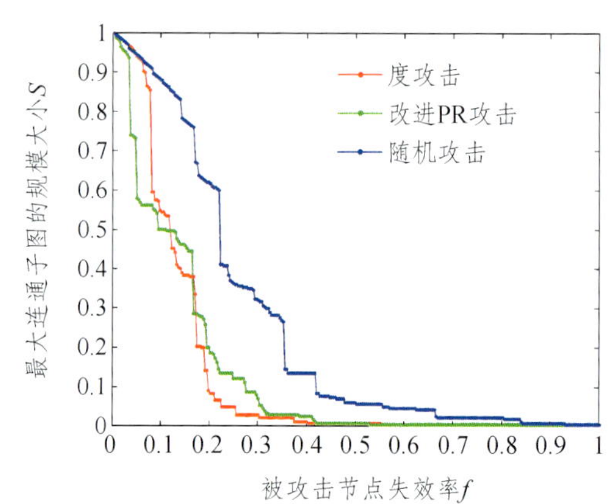

图 3-13　节点失效下最大连通子图相对大小变化情况

由图 3-13 可知，不同攻击策略下中欧班列货运网络的脆弱性存在较大的差异。在随机攻击下，网络的最大连通子图变化趋势相对缓慢，只在少数节点失效时出现明显的跳跃下降，网络中前 20% 节点失效时，*S* 仅下降 30%~40%，然而蓄意攻击同样数量的节点，*S* 下降率高达 90%；当网络中前 90% 节点失效时，*S* 趋近于 0，网络连通性遭到严重破坏，而蓄意攻击策略下，只需将网络中 40% 节点移除就能达到同样的效果。由此可见，网络在面对随机攻击时具有较强的稳定性和容错性，能抵御偶发事件对网络运营造成的影响。

在度攻击策略和改进 PR 值攻击策略下，S 均呈现急速下降的趋势，整体变化状态相似。攻击初期，两种方式下 S 的下降速度相近；当 $f \in (0.05, 0.1)$ 时，改进 PR 值策略下 S 的下降速度略快于度攻击策略，表明在此阶段改进 PR 值策略能更快识别对网络连通性影响大的节点；而当 $f \in (0.14, 0.4)$ 时，改进 PR 值策略下 S 的变化速度慢于度攻击策略。在此阶段，两种策略下均多次出现 S 变化率为 0 的情况，特别是在攻击后期，变化率为 0 的情况持续时间较长。这是因为随着攻击的深入，网络被分解为多个规模大小相同的独立子网络，班列只能在少数节点城市间进行点对点运输，无法实现跨区域运输。

② 全局效率（E）仿真。

初始状态下中欧班列货运网络全局效率比例为 1，网络中节点的失效必将导致与其相连的边失效，使得部分节点之间的最短路径变长，运输效率下降。网络全局效率比例下降幅度越大，表明网络面对攻击时越脆弱。根据式（3-20）、式（3-21）在 MATLAB 中编程计算，得到不同攻击策略下中欧班列货运网络全局效率比例变化趋势如图 3-14 所示，其中横坐标代表攻击节点失效比例（f）。

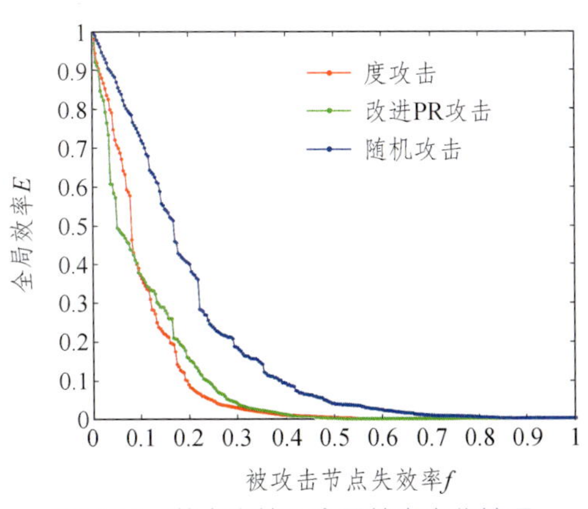

图 3-14　节点失效下全局效率变化情况

由图 3-14 可以看出，不同策略下网络全局效率的变化情况相近，但网络在面临随机攻击时全局效率变化曲线更加平滑，少有出现跳跃式变动的情况。随机攻击下，当网络中 20% 节点失效时，中欧班列货运网络 E 下降 60%，而蓄意攻击下 E 则下降 90%，由此可见，网络中重要性最高的关键节点失效将对网络的运输效率造成严重的影响。当 $f \approx 0.35$ 时，随机攻击同度攻击下全局效率相近，继续攻击剩余节点，曲线斜率逐渐变小，

E 下降速度放缓，最终归为 0。

在蓄意攻击策略下，中欧班列货运网络效率呈现出更为激烈的变化，网络稳定性较差。网络中少数节点失效时，网络整体结构没有遭到严重破坏，那么班列可以选择绕行的方式抵达目的地。当$f \approx 0.35$时，网络中关键节点的失效导致网络结构严重损坏，分裂成多个大小各异的子图，E 迅速下降 80%。蓄意攻击网络中一半数量的节点，E 基本趋近于 0，网络丧失运输功能。

对两种蓄意攻击策略进行横向比较，攻击伊始，按照改进 PR 值 / 度值两种移除节点的方式进行攻击，E 下降速度相近，此时两种攻击方式识别出的关键节点重合度较高。网络结构中重要性最高的节点被移除，全局效率呈跳跃式下降。当$f \in (0.1,0.35)$时，两种攻击策略在该攻击区间内呈现不一样的下降速度。此后，两种攻击策略保持相似的下降速率。其中，当$f \approx 0.1$和$f \approx 0.1$时，两条曲线出现交点，表明在两个交点出现的阶段内两种攻击策略识别出的节点相似，但排序不同，由此导致曲线呈现不一样的变化趋势。

（2）边失效下网络脆弱性仿真

中欧班列货运网络中边的失效同样会造成整个网络连通性能变差，随着网络中失效边的数量增加，网络各项性能也将下降。同节点失效情况相似，本节选用最大连通子图的相对大小以及全局效率作为网络脆弱性指标衡量网络性能。选用随机攻击以及介数攻击两种攻击策略，对中欧班列货运网络的边进行攻击，采用 MATLAB 软件对不同攻击策略下中欧班列网络脆弱性进行仿真。

在两种攻击策略下，网络最大连通子图相对大小以及全局效率的变化趋势如图 3-15 和图 3-16 所示，其中横坐标为攻击边失效比例（f）。

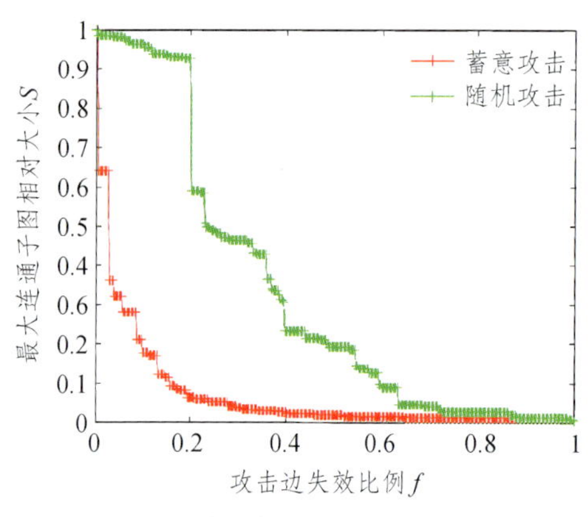

图 3-15　边失效下网络 S 变化情况

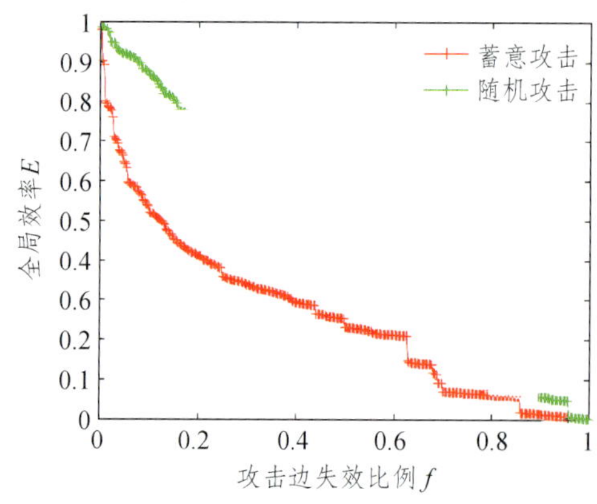

图 3-16　边失效下网络 E 变化情况

从图 3-15 和图 3-16 可以看出，网络在面对两种攻击方式时都表现出明显的脆弱性，但在蓄意攻击策略下 S 下降速率更快。随机攻击策略下，初始阶段 S 变化率较小，表明前期攻击的边失效对网络整体结构变化影响不大。当 $f\approx0.2$ 时，S 出现断崖式下滑，网络规模迅速缩小。在之后的攻击阶段，S 下降速率逐渐稳定，期间 S 出现短暂的变化率为 0 的情况，表明该时期的最大连通子图具有一定的稳定性，单条边的失效不影响节点间的连通。不同于随机攻击策略，蓄意攻击策略下，初始阶段 $f\approx0.03$ 时，S 迅速下降 65%，此时关键边的失效使得网络迅速分裂。当 $f\approx0.15$ 时，S 降低为 10%，此后曲线平滑下降，逐渐趋于 0。

在同种攻击策略下，相较于 S，E 的变化更加缓慢。由图 3-16 可知，蓄意攻击下，虽然 E 在攻击伊始呈现较快的下降速度，但下降速率仅为 S 的一半，并且整条曲线下降趋势相对缓和。将边失效的情况同点失效情况相比，点攻击对网络结构的损害性更大，会在更短的时间内使得网络完全瘫痪，由此网络在面对点攻击时脆弱性更高，在面对边攻击时稳定性更高。

（3）区域失效下网络脆弱性仿真

在中欧班列货运网络实际的运营过程中，当出现某些国家因偶发事件关闭边境口岸造成网络局部节点及边失效时，运营平台以及货主重点关心的问题是货物还能否从起点送至终点，以及如果能的话班列又将如何绕行。聚焦中欧班列货运网络中位于中部枢纽的国家，如哈萨克斯坦、吉尔吉斯斯坦等，针对区域失效实际场景，按照之前设计的大范围随机攻击策略算法流程进行仿真模拟，重点探究枢纽国家失效下中欧班列货运网络脆弱性变化以及对班列实际运营造成的影响。

中欧班列始发、终到节点城市集中分布在中国以及欧洲国家，虽然在俄罗斯、白俄罗斯境内也存在部分始发、终到节点，但这两个国家在中欧班列货运网络中起到的运输枢纽作用更加明显。结合各国在网络中的实际地理位置，将失效国家设定为俄罗斯、白俄罗斯、哈萨克斯坦、蒙古国、吉尔吉斯斯坦、土库曼斯坦、乌兹别克斯坦、伊朗、格鲁吉亚、阿塞拜疆、土耳其以及乌克兰 12 国。

铁路口岸是班列进出某一国家的必经之路，在某一国家尚未实现运输封锁的情况下，班列可通过该国的铁路口岸则表明班列可到达该国境内所有的终到城市，由此将中国的铁路口岸到欧洲区域的铁路口岸之间的距离作为中欧运输距离，用以衡量区域失效情况下对班列实际运营路径造成的影响。选取中国边境的 6 个口岸城市作为起始节点，波兰、匈牙利、斯洛伐克以及保加利亚境内共 6 个口岸城市作为终到节点，始发及终到节点城市见表 3-18。

表3-18　起始及终到铁路口岸城市汇总

	国家	口岸城市
起点	中国	吐尔尕特 V_{10}、阿拉山口 V_2、霍尔果斯 V_1、二连浩特 V_{16}、满洲里 V_{20}、绥芬河 V_{23}
终点	波兰	马拉舍维奇 V_{222}、普热梅希尔 V_{215}
	匈牙利	扎霍尼 V_{207}
	斯洛伐克	马托夫采 V_{213}、切尔纳 V_{212}
	保加利亚	斯维伦格勒 V_{261}

采用 Dijkstra 算法计算求得中欧班列货运网络初始状态下欧洲 6 个终到铁路口岸城市分别到中国 6 个起始铁路口岸城市之间的最短距离及路径，见表 3-19。

表3-19　中欧起始口岸城市间最短距离及路径

编号	路径	距离/km
路径1	阿拉山口—扎霍尼：V_2（阿拉山口）-V_{129}（多斯托克）-V_{124}（阿克斗卡）-V_{123}（莫因特）-V_{122}（扎雷克）-V_{121}（阿斯塔纳）-V_{120}（科克舍套）-V_{119}（外托博尔斯克）-V_{148}（金索普卡）-V_{147}（卡尔塔雷）-V_{146}（乌法）-V_{153}（基涅利）-V_{152}（塞兹兰）-V_{149}（梁赞）-V_{150}（科切托夫卡）-V_{131}（布良斯克）-V_{175}（基辅）-V_{172}（乔普）-V_{207}（扎霍尼）	5 373
路径2	阿拉山口—切尔纳：V_2（阿拉山口）-V_{129}（多斯托克）-V_{124}（阿克斗卡）-V_{123}（莫因特）-V_{122}（扎雷克）-V_{121}（阿斯塔纳）-V_{120}（科克舍套）-V_{119}（外托博尔斯克）-V_{148}（金索普卡）-V_{147}（卡尔塔雷）-V_{146}（乌法）-V_{153}（基涅利）-V_{152}（塞兹兰）-V_{149}（梁赞）-V_{150}（科切托夫卡）-V_{131}（布良斯克）-V_{175}（基辅）-V_{172}（乔普）-V_{212}（切尔纳）	5 368
路径3	阿拉山口—马托夫采：V_2（阿拉山口）-V_{129}（多斯托克）-V_{124}（阿克斗卡）-V_{123}（莫因特）-V_{122}（扎雷克）-V_{121}（阿斯塔纳）-V_{120}（科克舍套）-V_{119}（外托博尔斯克）-V_{148}（金索普卡）-V_{147}（卡尔塔雷）- V_{146}（乌法）-V_{153}（基涅利）-V_{152}（塞兹兰）-V_{149}（梁赞）-V_{150}（科切托夫卡）-V_{131}（布良斯克）-V_{175}（基辅）-V_{176}（利沃夫）-V_{174}（乌日霍罗德）-V_{213}（马托夫采）	5 353

续表

编号	路径	距离/km
路径4	阿拉山口—普热梅希尔：V_2(阿拉山口)-V_{129}(多斯托克)-V_{124}(阿克斗卡)-V_{123}(莫因特)-V_{122}(扎雷克)-V_{121}(阿斯塔纳)-V_{120}(科克舍套)-V_{119}(外托博尔斯克)-V_{148}(金索普卡)-V_{147}(卡尔塔雷)-V_{146}(乌法)-V_{153}(基涅利)-V_{152}(塞兹兰)-V_{149}(梁赞)-V_{150}(科切托夫卡)-V_{131}(布良斯克)-V_{175}(基辅)-V_{176}(利沃夫)-V_{173}(莫斯季斯卡)-V_{215}(普热梅希尔)	5 183
路径5	阿拉山口—马拉舍维奇：V_2(阿拉山口)-V_{129}(多斯托克)-V_{124}(阿克斗卡)-V_{123}(莫因特)-V_{122}(扎雷克)-V_{121}(阿斯塔纳)-V_{120}(科克舍套)-V_{119}(外托博尔斯克)-V_{148}(金索普卡)-V_{147}(卡尔塔雷)-V_{146}(乌法)-V_{153}(基涅利)-V_{152}(塞兹兰)-V_{149}(梁赞)-V_{150}(科切托夫卡)-V_{131}(布良斯克)-V_{179}(戈梅利)-V_{177}(布列斯特)-V_{222}(马拉舍维奇)	4 905
路径6	吐尔尕特—斯维伦格勒：V_{10}(吐尔尕特)-V_{108}(科克扬加克)-V_{106}(安集延)-V_{104}(哈瓦斯特)-V_{103}(纳沃依)-V_{170}(查尔朱)-V_{169}(捷詹)-V_{168}(阿什哈巴德)-V_{167}(别列科特)-V_{166}(土库曼巴希)-V_{159}(阿斯特拉罕)-V_{161}(第比利斯)-V_{265}(卡尔斯)-V_{264}(锡瓦斯)-V_{263}(安卡拉)-V_{261}(斯维伦格勒)	4 915

由表 3-19 可以看出，相较于其余 5 个起始铁路口岸城市，阿拉山口距离欧洲 5 个终到铁路口岸城市最近，其中路径 5（阿拉山口—马拉舍维奇）为中欧间最短运输路径，将该条路径长度 4 905 km 作为初始中欧最短运输距离 D_0。

① 单个区域失效下网络脆弱性仿真。

在 MATLAB 中进行编程，计算得到各国失效情况下中欧班列货运网络脆弱性指标以及中欧运输距离变化情况，结果见表 3-20，其中，D 为当前网络中欧最短运输距离，ΔD 为最短距离的变化率，$N_{起始}$为未失效的起点口岸城市个数，$N_{终到}$为未失效的终点口岸城市个数，N_{edge}为中欧间运输路径的条数。

表3-20　单个区域失效下网络脆弱性及中欧最短路径变化情况

序号	失效区域	ΔS	ΔE	D	ΔD	$N_{起始}$	$N_{终到}$	N_{edge}
1	俄罗斯	11.95%	30.46%	4 915	0.2%	4	5	3
2	哈萨克斯坦	7.51%	14.87%	4 915		4	6	24
3	乌克兰	1.71%	5.21%	4 905	0	6	2	12
4	白俄罗斯	1.71%	3.98%	4 915	0.2%	6	5	30

续表

序号	失效区域	ΔS	ΔE	D	ΔD	$N_{起始}$	$N_{终到}$	N_{edge}
5	土库曼斯坦	2.05%	3.72%	4 905	0	6	6	36
6	乌兹别克斯坦	1.71%	3.32%	4 905		5	6	30
7	土耳其	1.37%	2.64%	4 905		6	5	30
8	蒙古国	1.02%	2.68%	4 905		5	6	30
9	伊朗	1.37%	2.73%	4 905		6	6	36
10	阿塞拜疆	0.68%	1.95%	4 905		6	6	36
11	吉尔吉斯斯坦	0.34%	1.14%	4 905		5	6	30
12	格鲁吉亚	0.34%	0.70%	4 905		6	6	36

由表 3-20 可知，在俄罗斯失效的情况下，网络全局效率大幅下降至 69.54%，表明俄罗斯在保障中欧班列货运网络高效运营方面起到至关重要的作用。该区域失效除了导致满洲里、绥芬河铁路口岸失效外，将连带导致同蒙古国接壤的二连浩特口岸失效，班列只能从西部边境口岸出境，从斯维伦格勒进入欧洲，使得中国同中欧、北欧国家之间的运输距离变长。仅次于俄罗斯，哈萨克斯坦失效将导致网络全局效率下降 14.87%，班列仍可从吐尔尕特口岸出境，绕行通过跨里海运输通道进入俄罗斯，经白俄罗斯到达马拉舍维奇铁路口岸。乌克兰及白俄罗斯失效将分别使网络全局效率下降 5.21%、3.98%。除以上四个国家外，其余国家单个失效都会造成网络全局效率下降，虽然整体变化幅度较小，中欧之间仍然存在多条可达路径供班列选择，但这些区域失效将对单条运输通道造成严重影响，导致该线路运输时间增长甚至出现线路中断的情况，如蒙古国和乌兹别克斯坦失效将分别导致中通道及西通道南线全线中断。

② 多个区域失效下网络脆弱性仿真。

当偶发事件进一步恶化波及全球时，在某一时间阶段内，多个国家可能同时做出封锁国门的决定。为进一步探究该种情况发生时，中欧班列货运网络脆弱性变化情况以及对班列实际运营造成的影响，在上面单个国家失效的基础上进行多个区域失效下网络脆弱性仿真模拟。

由于最大连通子图相对大小的变化受单个国家失效区域内节点的数量影响较大，选用全局效率变化大小作为多个国家失效顺序的依据，仿真结果如图 3-17 所示，其中，横坐标表示区域失效的顺序，纵坐标表示某一区域失效时最大连通子图相对大小及全局效率的变化。

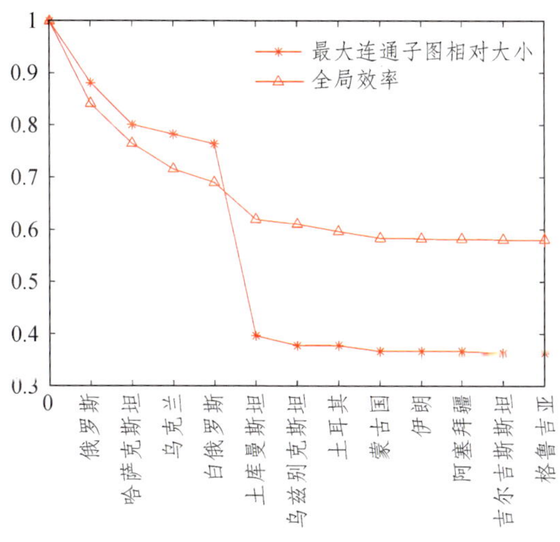

图 3-17　多个区域失效下网络脆弱性变化

由上图可以看出，当俄罗斯、哈萨克斯坦、乌克兰、白俄罗斯以及土库曼斯坦五个国家同时失效时，当前网络最大连通子图的规模约为初始网络的 40%，E 下降 38%，网络的连通性以及运输效率大打折扣，表明这五个国家同时失效将严重影响网络的正常运营，网络在该情况下具有明显的脆弱性。当中亚、西亚地区的国家接连失效时，无论是 S 还是 E 变化速率都明显减缓，表明网络在面临这些区域失效时具备一定的抵抗能力，能够承受局部节点及边失效造成的伤害。

采用 Dijkstra 算法在 MATLAB 中编程计算，得到多个区域失效下中欧运输距离及路径变化情况，见表 3-21。

表3-21　多个区域失效下网络脆弱性及中欧最短路径变化情况

阶段	失效区域	$N_{起始}$	$N_{终到}$	N_{edge}	中欧运输路径（距离/km）
1	俄罗斯	4	5	3	①阿拉山口—斯维伦格勒（5 924 km）； ②霍尔果斯—斯维伦格勒（6 068 km）； ③吐尔尕特—斯维伦格勒（4 915 km）

续表

阶段	失效区域	$N_{起始}$	$N_{终到}$	N_{edge}	中欧运输路径（距离/km）
2	俄罗斯、哈萨克斯坦	1	1	1	吐尔尕特—斯维伦格勒（4 905 km）
3	俄罗斯、哈萨克斯坦、乌克兰	1	1	1	吐尔尕特—斯维伦格勒（4 905 km）
4	俄罗斯、哈萨克斯坦、乌克兰、白俄罗斯	1	1	1	吐尔尕特—斯维伦格勒（4 915 km）
5	俄罗斯、哈萨克斯坦、乌克兰、白俄罗斯、土库曼斯坦	0	0	0	—

结合表 3-20 及表 3-21 可知，当网络处于第 1 阶段时，中欧间可达路径快速减少为 3 条，此时网络中只剩西通道中线以及南线还具备运输功能，班列均从西部边境口岸出境，通过土耳其从南部进入欧洲，此时中欧间最短运输路径为：吐尔尕特—吉尔吉斯斯坦—乌兹别克斯坦—土库曼斯坦—阿塞拜疆—土耳其及欧洲各国。在第 2、3、4 阶段，哈萨克斯坦、乌克兰以及白俄罗斯接连失效不会波及西通道南线的正常运营，中欧之间依旧存在可达路径。当区域失效持续进行到第 5 阶段，土库曼斯坦关闭国门将直接使得南向入欧通道中断，中欧之间不再存在可达路径，班列运营被迫中断。

根据以上单个区域失效及多个区域失效下网络脆弱性仿真结果，得到以下结论：

① 俄罗斯是中欧班列西中东运输通道上的关键一环，同时该国也在网络中具有较高的运营稳定性，该区域失效将使得班列无法从欧洲北部以及中部的边境口岸进入欧洲，严重影响网络的连通性能以及班列的正常运营。

② 哈萨克斯坦是西通道上重要的过境国，也是中亚班列的终到国之一。在中欧班列货运网络中，吐尔尕特口岸暂处于规划中，其所处的中吉乌铁路也尚未开始建设，由此哈萨克斯坦失效将导致西通道整体失效，班列只能从中通道及东通道出境，运输距离长，班列时效低。

③ 白俄罗斯是目前班列运营中通过率最高的国家，正在运营的对波口岸虽然只有一个，但该口岸所在路径是中欧班列通向欧洲北部城市的最短路径。乌克兰边境口岸数量较多，并且直接对接 RFC6、RFC8 以及 RFC9，班列经由乌克兰能直抵欧洲中部城市。白俄罗斯及乌克兰的开放与否将对网络实际运输效率产生较大的影响。

④ 土耳其是中欧班列南向通道上重要度最高的国家，其口岸的关闭将导致班列不能通过斯维伦格勒口岸进入塞尔维亚并通往其余欧洲国家。

3.6.4.4　中欧班列货运网络优化策略

基于以上仿真结果，结合网络实际运营情况，针对性地提出如下几点网络优化策略：

（1）从规划角度优化网络结构及性能

从仿真结果可以看出，当前网络即使包含规划线路依旧呈现较高的脆弱性，只有随着节点及线路的增多，才能提高其稳定性。针对已规划的线路，如中吉乌铁路，在做好前期风险调研工作的情况下，积极同吉尔吉斯斯坦、乌兹别克斯坦相关部门沟通协调，选择恰当时机稳步推进。在班列运输线路规划阶段，加强国家间国际运输通道规划沟通衔接，整合沿线国家运输资源，特别加强同乌克兰、俄罗斯以及哈萨克斯坦等对中欧班列货运网络连通性及效率影响较大的国家之间沟通。同时，积极同中欧班列货运网络中其余国家建立良好的国际关系，鼓励网络中的节点城市相互建立友好城市关系，从经济贸易、跨境运输等各个领域开展深入的交流合作，提高网络运营稳定性。

（2）提高重要节点和线路的稳定性

仿真结果显示，当攻击关键的节点或边时，无论是网络的连通性能还是整体效率都下降迅速，为了保障班列顺利完成运输任务，需要对这些重要的站点及边进行重点防护，提高其稳定性。针对国内重要站点，一方面加大对基础设施设备的转型升级，提高检查、保养及维护的频次与力度，防止因设备故障或作业能力不足导致无法正常运营的情况。另一方面提高中欧班列在该站点的优先作业顺序，根据实际货流灵活调整境内班列同国际班列的作业顺序，缩短中欧班列在该站点的作业时间。针对兰新线、集二线等关键线路，提高线路维修保养力度以及频次，降低因线路老化、信号设备损坏而导致线路故障的概率，必要时进行升级改造以适应货运需求。

针对国外重要站点及线路，积极支持俄罗斯、哈萨克斯坦以及蒙古国对其境内老旧线路进行改建扩能，优化沿线铁路口岸的场站布局，提升基础设施设备的保有量，促进中蒙俄、中哈俄在铁路点线能力以及口岸作业能力的匹配衔接，避免基础设施故障以及货流大幅波动对线网运输效率造成的影响。同时，要加大中国与境外友好城市之间的合作力度，保障节点间货运发展的可持续性。

（3）完善突发事件处理机制

突发事件发生前，应根据事件类型制定事前预防措施，如针对极端天气，应提前同境外口岸沟通交流，根据气象预报结果调整班列排期及路径安排，事先规避风险。同时，根据中欧班列货运网络节点及边的具体情况制定应急预案及恢复策略，与境外运营单位建立高效的沟通协商机制，灵活调整班列运输路径，争取在短时间内最大限度恢复网络运输功能。

参考文献

[1] 苏天欣，张铁．“一带一路”背景下中欧班列开行困境与对策分析 [J]．中国储运，2021（07）：75-76．

[2] 郭加佳．中欧班列物流网络中转枢纽选址鲁棒优化研究 [D]．大连：大连海事大学，2020．

[3] 全国经济专业技术资格考试用书编写委员，马天山．《运输经济（公路）专业知识与实务》[M]．北京：中国人事出版社，2008．

[4] 文思涵．中欧班列国际物流运输网络优化研究 [D]．重庆：重庆工商大学，2019．

[5] 王涛，王刚．一种多式联运网络运输方式的组合优化模式 [J]．中国工程科学，2005（10）：46-50．

[6] 孙丽娜．轴辐式多式联运枢纽网络优化研究 [D]．北京：北京交通大学，2015．

[7] Illia Racunicaa, Laura Wynter. Optimal location of intermodal freight hubs[J]. Transportation Research Part B: Methodological, 2004, 39（5）: 453-477．

[8] 庞继军．轴辐式物流网络的枢纽选址及路径分配研究 [D]．北京：北京交通大学，2015．

[9] 乔联宝．覆盖类选址问题分类及研究综述 [J]．物流科技，2015，38（03）：59-66

[10] Benders, J. F. Partitioning procedures for solving mixed-variables programming problems[J]. Computational Management Science, 2005,2（1）, 3-19．

[11] Geoffrion, A.M. Lagrangian relaxation and its uses in integer programming[J]. Mathematical Programming Study, 1974, 2: 82-114．

[12] Turgut Aykin. Lagrangian relaxation based approaches to capacitated hub-and-spoke network design problem[J]. European Journal of Operational Research, 1994, 79（3）: 501-523．

[13] 邱开忠，肖蘅．专利视角下我国轨道交通装备制造业 pest 分析 [J]．科技和产业，2020，20（05）：89-94.

[14] 周密．对接中欧战略，以切实合作实现2020规划目标 [J]．中国经济周刊，2015(26)：50-51.

[15] 周红云．利用好战略机遇期大力促进铁路集装箱多式联运发展《"十三五"铁路集装箱多式联运发展规划》解读 [J]．大陆桥视野，2017（06）：56-58.

[16] 王雪．基于复杂网络理论的区域煤炭运输公路网的可靠性研究 [D]．北京：北京交通大学，2012.

[17] 罗桂兰，郝鸿俊，王晓，等．昆虫种群生态网络普适特征研究 [J]．系统仿真学报，2020：1-11.

[18] 范如国．复杂网络结构范型下的社会治理协同创新 [J]．中国社会科学，2014(04)：98-120.

[19] 许丹，李翔，汪小帆．复杂网络理论在互联网病毒传播研究中的应用 [J]．复杂系统与复杂性科学，2004（03）：10-26.

[20] 熊静．基于复杂网络理论的交通网络可生存性分析 [D]．武汉：华中科技大学，2009.

[21] 杭家荣．基于复杂网络理论的铁路编组站脆弱性分析 [D]．北京：北京交通大学，2012.

[22] 胡海波，王林．幂律分布研究简史 [J]．物理，2005（12）：889-896.

[23] P. Erdos A R. On the evolution of random graphs[M]. Magyar Tud.Akad. Mat. Kutato Int. Koezl., 1960.

[24] WattsD. J S H. Collective dynamics of 'small-world' networks[J]. Nature, 1998（393）: 440-442.

[25] Barabási A, Albert R. Emergence of Scaling in Random Networks[J]. Science, 1999, 286: 509-512.

[26] Dorogovtsev S N, Mendes J F F. Structure of growing networks with preferential linking[J]. 2000, 21（85）: 4633.

[27] Bollobas B R O M. Mathematical results on scale-free random graphs[J]. Handbook of graphs and networks: from the genome to the internet, 2003: 1-34.

[28] Fronczak A F P H J. Mean-field theory for clustering coefficients in Barabasi-Albert networks[J]. Physical Review E, 2003, 4（68）: 46-126.

[29] Barabási A, Albert R. Emergence of Scaling in Random Networks[J]. Science, 1999, 286: 509-512.

[30] 汪小帆，李翔，陈关荣. 复杂网络理论及其应用 [M]. 北京：清华大学出版社，2006：260.

[31] 杜斐，黄宏伟，张东明，张帆. 上海轨道交通网络的复杂网络特性及鲁棒性研究 [J]. 武汉大学学报（工学版），2016，49（05）：701-707.

[32] WattsD. J S H. Collective dynamics of 'small-world' networks[J]. Nature，1998(393): 440-442.

[33] 王雪冬. 基于 EEAC 方法的电网脆弱性评价研究 [D]. 北京：华北电力大学，2004.

[34] 李鹤，张平宇，程叶青. 脆弱性的概念及其评价方法 [J]. 地理科学进展，2008(02): 18-25.

[35] 姜盛波，杨军，吴赋章，谭本东，谢培元，李军. 基于改进 PageRank 算法的电网关键节点辨识方法 [J]. 电力建设，2018，39（11）：34-41.

[36] 明玮. 城市轨道交通网络重点车站辨识及连通可靠性分析 [D]. 北京：北京交通大学，2015.

[37] Arasu A C J G H. Searching the Web[J]. ACM Transactions on Internet Technology, 2001, 1（1）: 2-43.

[38] 张琨，李配配，朱保平，胡满玉. 基于 PageRank 的有向加权复杂网络节点重要性评估方法 [J]. 南京航空航天大学学报，2013，45（03）：429-434.

[39] 陈思，邓晓臻. 自然灾害下节点失效的运输网络关键节点识别 [J]. 中国安全科学学报，2019，29（06）：177-183.

[40] 李丽. 基于复杂网络理论的城市轨道交通网络可靠性研究 [D]. 北京：北京交通大学，2015.

[41] 李阳. 轴辐式网络理论及应用研究 [D]. 上海：复旦大学，2006.

第二篇

中欧班列欧洲运营中心建设运营关键技术及应用

海外运营中心的建设与优化是完善运输网络、拓展海外市场、打造中欧班列品牌的重要抓手，本书从中欧班列海外营销现状、场站与运营中心建设模式、功能配置、运营网络构建等方面展开，对中欧班列运营中心建设关键技术及应用进行深入研究，为提高运营中心营销水平，拓展欧洲端货源，促进中欧班列产品升级提供思路与方向。

市场营销是中欧班列欧洲运营中心的重要功能之一。本篇首先从国际货运代理商、境外营销机构、跨境电商、企业合作等方面分析中欧班列海外营销现状，为运营中心建设模式、功能配置方案、运营网络构建奠定研究基础。

然后，分析欧洲马拉舍维奇内有 PKP、EUROPORT、AGROSTOP、ADAMPO 四大场站的地理位置、运转能力、场地规模等内容，为研究中欧班列运营中心的场站方案、建设模式、功能配置方案等提供依据，进而从运营模式、资源配置、融资方案、盈利模式等方面探讨运营网络构建方案，为中欧班列运营中心的建设与优化提供参考。

第 4 章 中欧班列海外营销现状

中欧班列跨越欧亚大陆，实际运输过程采用分段运输模式，这导致国内班列公司对班列的掌控力不足。加上中欧贸易顺差的大环境，中欧班列回程货源组织一直限制着中欧班列的高质量发展。如何优化中欧班列营销模式，扩充回程货源，进而实现班列去、回程平衡，成为中欧班列当前迫切需要解决的问题。

4.1　国际运输代理商合作营销

国际运输代理公司不仅承担中欧班列境外段的运输任务，在回程货源组织上也具有非常重要的作用。国际运输代理在国外拥有较多的长期客户、营销机构和成熟的营销策略，在回程货源组织工作上更具优势。因此，班列公司制定相应的营销策略和报价，与国际运输代理商进行合作，利用其揽货优势，为中欧班列吸引欧洲货源。

与国际运输代理商合作开展海外营销，是中欧班列开行初期最容易实施的营销模式，也是目前各班列公司采用最多的模式，国际运输代理揽货占回程货源相当大的比例。目前中欧班列合作的主要境外运输承运公司有：RTSB、波兰铁路货运公司（PKP CARGO）、德铁货运（DB CARGO）、PKP LHS 等。

4.1.1　RTSB

RTSB（Rail Transportation Service Broker）是成立于 1996 年的一家德国家族企业，最初以从欧洲到中亚国家的铁路运输为主要业务，是知名的铁路集装箱运输的货运代理公司。2011 年，RTSB 是第一家与俄罗斯铁路直接签订代理合约的德国公司并进而成为俄罗斯铁路的官方代理。与此同时，RTSB 还与大部分中亚国家铁路（如白俄罗斯、乌克兰、哈萨克斯坦、蒙古国、乌兹别克斯坦、格鲁吉亚、拉脱维亚等）签有官方代理合同。RTSB 提供集装箱班列运输服务、多式联运服务、物流与信息技术联结、集装箱供应与管理和仓储等服务。截至 2018 年，RTSB 的两个主要铁路产品是往返于汉堡 / 杜伊斯堡—布雷斯特的班列，两列往返列车平均每周往返两次。经由布雷斯特节点具有多种线路选择，前往白俄罗斯、中亚、蒙古国、中国等多个站点的东向运输。对于西向运输，也可提供同样的服务。

RTSB 与白俄铁路合作良好，白俄铁路于 2012 年在德国腓特烈斯多夫设立了 Belintertrans-Germany GmbH 公司。由于与海关的直接沟通，使得处理口岸关务问题更加快速，尤其是在马拉舍维奇、布雷斯特口岸。“Gateway to the East”已在德国腓特烈斯多夫启用，所有涉及俄罗斯、哈萨克斯坦及白俄海关联盟的问题都可提前加以了解。

4.1.2 PKP CARGO

PKP CARGO 是欧洲第二大铁路运营商，同时也是波兰最大的铁路运营商，占波兰铁路货运市场份额的 52% 以上。PKP CARGO 的优势是多式联运和国际运输服务，该公司和八个欧盟国家开展独立的运输活动。由于波兰得天独厚的地理位置，在中欧班列的跨境运输中，PKP CARGO 具有极大的优势。

PKP CARGO 在波兰拥有 25 个货运场站，包括两个专门的物流中心：靠近白俄罗斯边境的马拉舍维奇（Małaszewicze）和靠近乌克兰边境的梅迪卡（Medyka）。并且 PKP 还在格利维采（Gliwice）、波兹南弗拉诺沃（Pozna ń Franowo）和华沙（Warszawa）经营集装箱码头。

（1）Małaszewice 是与白俄罗斯接壤的物流中心，配备了现代化的宽轨、标准轨换装场站。该中心提供转发、存储和包装服务。

（2）Medyka-Żurawica 是与乌克兰接壤的物流中心，位于 Medyka-Mościska 过境点。该中心拥有比较全面的基础设施，可以提供铁路和公路运输以及装卸、仓储、分拣、包装等服务。

（3）Pozna ń -Franowo 是后备集装箱中心，PKP CARGO 最新的多式联运投资项目就是 Poznań-Franowo 中心，位于主要交通路线的交汇处，该中心是 Wielkopolska 最大的货运站，中心面积达 20 000 m^2，轨道总长度为 1 570 m，有能力处理 60 000 个集装箱。

4.1.3 DB CARGO

在欧洲网络中，DB 提供与单一货源（Single Source）、拼装运输（Combined Transport，

以下简称 CT）相关的所有服务，包括半挂车（Semi-Trailers）、集装箱（Containers）或交换车体（Swapbodies）。CT 网络每周有超过 1 500 列国内和国际列车连接欧洲主要交通枢纽。在海运 CT 中，DB 将欧洲北部和西部港口与延伸至土耳其的欧洲腹地连接起来，例如，连接汉堡与东欧或鹿特丹与瑞士的路线，沿着欧洲大陆的主要运输走廊，还可以将斯堪的纳维亚与意大利或德国与波兰连接起来。此外，DB 也可以提供德国境外交通的设计和组织等服务。

DB Cargo 提供的服务包括：计划和订购服务（Planning and Ordering）、提供空车、装卸、预订及揽货（Collection And Provision）、运输、结算及商业服务。

此外，Deutsche Bahn 的子公司 TFG Transfracht 还开发了集装箱预订平台，集装箱发运只需三个步骤：运输查询、报价、预订。预订查询也只需提供四项信息：港口、目的地、发货日期和集装箱类型，系统立即生成报价，无须注册。

DB 货运网络覆盖丹麦、法国、意大利、荷兰、波兰及东南欧。2017 年年初，DB Cargo 开通了连接比利时、荷兰、德国和南欧的产品：常规和多式联运铁路运输班车，每周运营五天（周一至周五），并连接西部港口和在莱茵、内卡 24 小时之内可到达的区域。从那里，它提供与 DB Cargo 欧洲网络的快速连接，主要是到意大利、瑞士、奥地利、法国、西班牙和东南欧。自 2018 年 4 月以来，由于南北连接的优化，来自南欧的货物现在通过曼海姆以相同的频率和运输时间到达西部港口。

4.1.4　PKP LHS

PKP Broad Gauge Railway Line Ltd 是一家管理 LHS 系列宽轨基础设施的公司，提供牵引服务和转运服务。PKP LHS 执行整列、单车、集装箱和半拖车多式联运，并提供全方位的门到门转发服务。

LHS 线（宽轨道）是波兰铁路宽轨列车线路中最长的铁路（轨距 1 520 mm）。它连接波兰—乌克兰铁路，穿过 Hrubieszów、Izow 与西里西亚，终点在 Dąbrowski 盆地的 Sławków（距离卡托维兹 25 km），线路长度近 400 km（确切长度为 394.650 km）。该线路具有特定的区域覆盖范围：贯穿波兰东南部和 Lubelskie、Podkarpackie、Świętokrzyskie、MałopolskieiSilesia 省。LHS 线路运输的特点是无须在边境处理货物，并可以运行重载列车。

其可提供的服务有：

（1）货运代理

PKP LHS 公司为货物运输提供专家咨询，以选择最佳运输方式、路线和装卸方式。通过以下方式提供全面的服务：① 按照门到门的原则，将货物送到目的地；② 起草运输单据；③ 货物保险；④ 货物储存；⑤ 转运。

（2）提供与货物运输相关的附加服务

LHS 线路的集装箱转运站包括：① Zamość - Bortatycze；② Szczebrzeszyn；③ Wola Baranowska；④ Sławków。

（3）报关行

PKP LHS 海关署为处理国际贸易货物转运的经济实体提供一系列专业服务。LHS 海关代理服务包括：① 代表海关当局；② 准备海关入境所需的文件；③ 关税安全保证；④ 签发 SMGS 托运单；⑤ 货物到达和离开通知；⑥ 发出抽样订单（issuing sampling orders）。

此外，PKP LHS 公司还具有以下特点：海关报关在放行程序中实行特殊程序；施行简化的海关申报手续，能够在税收中核算增值税；代表客户提交海关安全通关手续，以便过境和进入市场；在质量、卫生、动植物检疫方面受边境部门管制；就海关事务提供专业意见；准备运输单据；签发和核实原产地证书。

4.2 中欧班列境外营销机构现状

除与国际运输代理商合作营销，中欧班列各平台公司自身也在探索海外营销的模式与方法，在一些重要的枢纽城市设置营销机构，配合国内完成回程货源组织工作。其中，马拉舍维奇—布列斯特（Malaszewicze-Brest）边境口岸连接着波兰和白俄罗斯，是连接宽轨和准轨铁路的重要交通枢纽，也是中欧班列运行线路上最受欢迎和最繁忙的跨境铁路口岸。优越的地理位置使得当前大部分中欧班列都途经或终到马拉舍维奇，大量的班列和集装箱在这里集结、分拨，所以它自然而然地成为了中欧班列营销的优先选择，通过在马拉舍维奇口岸设置办事处或联络点，可以起到很好的营销作用。

在众多中欧班列的终到城市中，罗兹、汉堡、纽伦堡、蒂尔堡等地的终到班列最多，同时这些城市也是欧洲重要的枢纽城市，具有较强的经济实力和优越的地理位置。通过在这些城市设立海外联络处，开展境外营销，能够起到较好的效果。

4.2.1 中欧班列（成都）

成都国际铁路港 2018 年开始逐步建立海外营销与招商体系，截至 2020 年，中欧班列（成都）在纽伦堡、蒂尔堡、布拉格、汉堡、华沙等地均设立了海外联络处，开展境外营销、运输组织协调等工作，境内外工作时间保持一致，保障班列作业对接“零时差”。为改善海外段客户体验，港投集团上线中欧班列全程追溯系统，通过物联网技术与班列生产系统的结合，实现国际班列去程 100% 的实时位置追踪，并与罗兹、蒂尔堡、纽伦堡场站建立“信息每日传递”机制，及时协调处理运行异常情况。全面提高境外服务能力，成为保障中欧班列（成都）高质量开行和提升核心竞争力的基础。

2019 年 9 月，中欧班列（成都）波兰马拉运控中心投运，标志着班列海外段建立了完备的运行机构。马拉运控中心是中欧班列（成都）为了推动班列海外段高效运行，设立的海外段工作机构，拥有独立办公地点、清晰的工作框架和工作目标，承担部分营销职能，为中欧班列（成都）做相应的宣传工作，也会直接与当地关务、线路供应商等机构进行沟通，第一时间处理班列在场站的异常情况。班列关务文件将由马拉运控中心递交，若文件有任何问题，运控中心可马上实现“零时差”操作。同时，运控中心可对班列在马拉、布列斯特的换装操作和海外段运行情况进行实时、实地监控，将最准确的海外段信息直接反馈给集团，当换装过程中出现异常情况时可立即联系线路供应商处理。精确计算到目的站的时间，提前准备回程货物，在班列到站后即刻组织回程，首次实现中欧班列无缝对接的“对称往返”模式开行，大大提升了班列运营时效，降低了运营成本。

从 2013 年 4 月 26 日首趟蓉欧快铁（现为中欧班列）开通至 2023 年 4 月，成都国际班列 10 年来累计开行已超 2.2 万列，联通境内外 130 余个城市，在波兰马拉舍维奇、老挝万象、越南河内 3 地设有运控中心，形成了中欧（亚）班列、西部陆海新通道、中老（越）班列、东部铁海联运班列等多个国际班列协同运行的体系，助力四川构建了全方位、多层次、宽领域的内陆开放新格局。

4.2.2 中欧班列（重庆）

2011 年，我国首趟中欧班列（渝新欧）在重庆始发，牵引机车的轰鸣声奏响了中欧班列的序曲，也唤醒了沉睡千年的古丝绸之路，“渝新欧”国际铁路联运大通道由此诞生。2014 年 5 月，重庆市物流办驻欧洲联络处在德国杜塞尔多夫成立，专门负责推广中欧班列（重庆）及组织回程货源，荷兰的牛奶、奶粉及一些进口食品，欧洲沿线的汽车零部件、医药、机械设备、化工产品等高附加值产品都成为了中欧班列（重庆）的重要回程货源。中欧班列（重庆）的发展并不局限于一个站点。2015 年 11 月，在充分调研客户需求的基础上，渝新欧汉堡联络处在德国北部城市新明斯特成立。汉堡作为德国最大的港口城市，周边客户潜力巨大，尤其是对建设重庆汽车整车进口口岸，为中欧班列（重庆）提供了充足的回程货源。

为确保中欧班列（重庆）两端资源匹配、遥相呼应，2017 年渝新欧公司整体收购了 6000 m^2 德国杜伊斯堡的仓库，作为境外分拨集散中心。渝新欧公司将以德国杜伊斯堡仓库为基准点，不断拓展境外分拨点范围，包括马拉舍维奇、米兰、乔普等地。2018 年，渝新欧公司位于杜伊斯堡港的 MATES 仓库投入使用，借此建立班列运输境外中转集拼运营中心，打造渝新欧境外自有仓储物流体系，为广大客户提供优质的海外分拨、仓储、运输、报关清关、保险、金融和采购等专业配套服务。

在海外仓建设方面，重庆大力支持跨境电商企业在境外租赁、建设海外仓和快递物流分拨中心，鼓励和引导企业积极围绕“一带一路”合作伙伴拓展海外市场。截至目前，重庆市共 9 家企业在土耳其、越南、荷兰、德国等 9 个国家（地区）设立海外仓，总面积超过 200 000 m^2。

成渝地区是中欧班列开行最早、运行最稳定、影响力最大的地区。2021 年 1 月 1 日，成都、重庆两地同时发出 2021 年首列中欧班列（成渝）号列车，这是由成都和重庆共同创立的全新中欧班列品牌，也是全国首个两地合作开行的中欧班列品牌，它翻开了中欧班列发展新篇章，也为成渝地区双城经济圈建设注入新动力。统一班列品牌三年来，中欧班列（成渝）已联通“一带一路”共建国家 80 多个、境内外城市 130 余个，年度开行量超过 5 000 列，占全国中欧班列开行总量的三分之一。

为保障中欧班列（成渝）稳定畅通，成渝两地海关联合打造了中欧班列集结中心示范工程，促进两地现有线路与口岸资源共享互通。在全国率先落地铁路进出境快速通关业务模式，缩减单列班列口岸通关作业时间 24 小时以上。三年来，两地海关累计监管中欧班列（成渝）进出口货物 820 万吨，货值超过 3 500 亿元。依托中欧班列（成渝）等干线通道，成渝地区双城经济圈正构建起以“一带一路”为引领，陆海互济、四向拓展、综合立体的国际大通道。

截至 2022 年，中欧班列目前在重庆已稳定运行近 50 条成熟线路，通达亚欧 100 余个城市和地区，历年累计开行国际班列近 1.4 万列，运输货物品类超万种。

4.2.3　中欧班列（郑州）

郑欧班列主体运行线路为郑州—汉堡 / 慕尼黑 / 列日，经阿拉山口和二连浩特两个口岸出（入）境，途经哈萨克斯坦、蒙古国、俄罗斯、白俄罗斯、波兰、德国 6 个国家，境外合作伙伴达 780 多家。境内向东与沿海港口对接，并通过空运与韩、日、台、港等亚太国家和地区实现空铁、海铁联运，形成以郑州为中心的境内核心物流集疏枢纽，境内覆盖全国四分之三省区市，集疏范围达到 1 500 公里；境外向西以哈萨克斯的坦阿拉木图、蒙古国的扎门乌德等边境口岸形成辐射亚洲及其周边国家的中亚运输通道，还以汉堡、慕尼黑、列日为关键枢纽形成影响欧洲及周边区域的中欧运输通道，持续推进中途上、下货多点密布常态发展。在境外，中欧班列（郑州）以汉堡、慕尼黑、列日、莫斯科为一级枢纽，以巴黎、布拉格、华沙、马拉舍维奇、布列斯特等为二级集疏中心，截至 2021 年 7 月，中欧班列（郑州）国外集装箱场站增至 46 个，网络遍布欧盟、俄罗斯及中亚地区 30 多个国家的 130 多个城市。

开行十年以来，中欧班列（郑州）发货量逐步增大，车次不断增多，从每周“单趟对开”到如今每周最高往返 34 列，业务范围覆盖 40 多个国家的 140 多个城市，境内外合作伙伴达到 6 000 多家。截至 2023 年 9 月，中欧班列（郑州）已累计开行超 8 000 列，成为河南省“陆上丝绸之路”至建设的重要载体，助力中原内陆省份打造开放新高地。

4.2.4　中欧班列（武汉）

中欧班列（武汉）于 2012 年 10 月开通，2014 年开启常态化运行模式，已成为湖北武汉扩大对外开放的重要窗口、改善营商环境的重要载体、发展外向型经济的重要平台。截至 2021 年 12 月，中欧班列（武汉）已形成了途经新疆阿拉山口、霍尔果斯，内蒙古二连浩特、满洲里，广西凭祥五个口岸进出境的格局，共计拥有 29 条稳定的跨境运输线路，辐射欧亚大陆 30 多个国家、70 多个城市。中欧班列（武汉）开通了武汉至德国公共班列，武汉至捷克富士康、武汉至波兰冠捷、武汉至法国迪卡侬、俄罗斯至汉口木材、武汉至乌克兰基辅、武汉至波兰罗兹烽火科技等特色专列和“日本—武汉—欧洲”“日本—武汉—蒙古国”集装箱海铁联运国际中转线路。“武汉—钦州—东南亚”铁海联运新通道，初步形成了“联通欧洲、覆盖中亚、衔接日韩、连接东盟”的国际多式联运服务网络，为客户提供优质高效的国际供应链一体化物流服务。

2016年4月，武汉顺利开通至法国里昂的国际铁路货运班列，为加强市场推广，组织回程货源，尽快实现中法班列双向对开，同年6月，中法双方决定在巴黎设立中欧班列（武汉）办事处，旨在共同推动班列在法国境内营销网络、货物集并、分拨转运体系的建设，服务好中法之间的经贸往来。2021年5月14日，汉欧德国公司与德国安宁斯公司就杜伊斯堡地区拼箱服务合作进行线上签约，合作包括欧洲境内集装箱到港运输、拼箱业务、回程班列服务等方面的内容。德国安宁斯公司是一家专业提供海外仓、本地仓库、拖车物流服务的物流公司，本次合约的签署有助于汉欧德国公司提升境外服务能力，更好地为客户提供境外拼箱、拖车、回程操作等服务。

经过十年努力，武汉"陆上丝绸之路"已经实现由"连点成线"到"织线成网"。截至2023年年底，中欧班列（武汉）已拥有52条稳定的跨境运输线路，辐射欧亚大陆40个国家、115座城市，逐步形成"通道并行、多点直达"的国际物流网络体系。

4.2.5 中欧班列（长满欧）

中欧班列（长满欧）是从长春始发，由满洲里出境，经布列斯特、马拉舍维奇，直至欧洲十国30个铁路节点站的国际列车。其北接满洲里口岸，南连辽宁港口集群，海铁联运覆盖华北、华东、华南各港及日韩主要港，提供铁路加集装箱或散货的公路运输服务，覆盖西欧、南欧和中东欧的主要城市。围绕吉林省汽车产业服务，"长满欧"通过优质高效的物流配套服务，利用内外资源引导本地企业增产扩能、加大出口，为本地企业深度参与国际产能合作提供助力，推动吉林省产业配套半径合理化，增强产业链供应链的韧性。2018年6月，中欧班列（长满欧）纽伦堡枢纽暨吉林"海外仓"货物发车仪式在德国纽伦堡举行，为电子商务、外贸进出口企业提供物流集散和贸易中转等"一站式全程"供应链物流服务，以解决跨境电商物流痛点。"海外仓储基地"不仅助力吉林企业走出国门，走上国际舞台，还为全国中欧班列提供调配、仓储等服务，打造中欧班列"多式联运中枢"和中欧进出口商品"双向流通集散中心"，更为"引进"欧洲企业提供产能对接与服务的窗口。

"长满欧"中欧班列自2015年开通以来，一直高频往返于长春和欧洲之间，以长春为枢纽的中欧班列已连接"一带一路"沿线10个国家，贯通俄罗斯境内近百个铁路站点及欧洲腹地的30个城市站点，使吉林省与欧洲之间有更深、更广、更有速度的经贸往来。"长满欧"不仅打破了吉林省进出口产品只能依赖沿海沿边和空港口岸转关的现状，更扩大了东北老工业基地对外开放的半径，使吉林省支柱产业优势不断放大，为吉林省融入“一带一路”，发展外向型经济，打造内陆开放高地，建设东北亚区域性中心城市提供了全新路径。

4.3　跨境电商线上线下营销

除传统营销渠道外，跨境电商近年来受到消费者的追捧。为发展电商业务，各中欧班列平台公司纷纷开行跨境电商班列，将欧洲的优质商品采购回国，搭建中欧班列保税商城。中欧班列常态化组织开行为跨境电商包裹实现随到随走提供了实体依托和保障，可间接实现海外营销的效果。同时，通过线下进口超市，与旅游业、运输业相结合，使消费者接触到更多的进口商品，通过消费者体验问卷的形式拓展了更多的进口货物品类，这对建立中欧班列长期客户、优化回程货源组织具有非常重要的意义。

4.3.1　中欧班列（成都）

中欧班列（成都）的始发地青白江，不仅开设了进口商品超市，还建设了众多国家（城市）馆，进一步加强了中欧班列（成都）的品牌影响力。2018 年，成都国际铁路港第一个国家馆——意大利馆正式运营。截至目前，亚蓉欧国家（商品）馆占地 107 亩，场馆建筑面积约 3.4 万平方米，以欧亚经贸往来为基础，搭建了“一带一路”沿线国家商品展销及文化交流的开放平台，共展示了欧洲、中亚、东南亚、大洋洲等地区的近 30 个国家特色场馆。

作为新消费场景下的国际化沉浸式体验集群，亚蓉欧国家（商品）馆展示了欧洲、中亚、东南亚、大洋洲等地区近 30 个国家的特色场馆，引入了日用日化、特色食品、酒类饮品，轻奢皮包、特色工艺品等 100 余个品类商品。法国红酒、德国精酿啤酒、意大利皮具、哈萨克斯坦地毯等极具国别特色的商品也将同步上架，使市民零时差、零距离享受全球优质商品。

2021 年 6 月，成都首趟中欧班列跨境电商 B2B 出口专列开行。随着“中欧班列 + 跨境电商”物流新模式的开启，跨境电商业务需求的不断增多，成都中欧班列一直积极探索跨境业务服务能力的提升，针对跨境电商中三种特殊海关监管方式：直邮出口、跨境电商 B2B 直接出口、跨境电商出口海外仓的产品特性和需求，制定了“一对一”国际班列通道方案，以求拓展更多运输品类、服务更多贸易客户。

4.3.2 中欧班列（重庆）

2015 年 6 月 26 日，渝新欧国际班列首批跨境电商回程货运抵重庆，是跨境电商史上首次采用铁路运输方式从国外运回商品，打破了跨境电商以往通过海运和空运方式运输的现状。2015 年 7 月 16 日，首趟“渝新欧”后谷咖啡国际专列成功发运，丰富了渝新欧货源组织的多样性，有助于重庆把海上丝绸之路、长江黄金水道、陆上丝绸之路连为一体，以重庆为中心枢纽，以咖啡为主要载体，将重庆打造为“中国咖啡集散中心”，努力推进国家“一带一路”倡议实施。

重庆保税港区率先在全国搭建了政府主导的“零审批、零收费”的跨境电商公共服务平台；率先建成了跨境电商“单一窗口”，实现跨境电商企业、订单、支付、物流、个人身份等信息的“一口接入”；利用贸易功能区政策功能优势，率先在重庆实现了跨境电商“7×24 小时”的通关措施，提升了跨境电商货物出区效率，综合效率达全国一流水平，为保税区内跨境电商业务放量创造了优质环境。

此外，渝新欧公司还在“加工”方面发力，通过中欧班列（重庆）将哈萨克斯坦等地区的面粉运回后，加工成为自身品牌的“重庆小面”，以互联网形式销售，市场口碑良好。

4.3.3 中欧班列（郑州）

在郑欧班列持续保持领先优势的基础上，公司增值业务不断拓展。除开展班列整柜、散货业务外，其还拓展了过境中转、铁海空公多式联运，以及依托特色口岸的汽车进口、跨境电商、国际运邮、国际贸易、冷链物流等业务。依托遍布欧洲、中亚和日韩等地的业务网络，通过“直采、直运、直营”的方式，全程冷链溯源，与“一带一路”沿线国家制造商等建立了直接合作关系，以经营郑欧班列沿途国家特色产品为主，积极开展跨境电子商务业务，打造陆港跨境电商通关服务平台和“班列购”电商平台，以自营和招商入驻并举，“运贸一体化”战略全面铺开。公司通过搭建商品展示、体验、交易中心，为国内外客户提供全面的产品供应链、线下 O2O 体验中心、完善的线上交易平台以及大规模自有保税跨境电商一体化仓库，努力打造电商流通环节全程资源汇集一体的服务和产品供应商。现已有 50 多家电商企业入驻，并吸引波兰、韩国、德国、白俄等越来越多的境内外电商企业主动上门寻求合作，发展跨境电商势头迅猛。线上线下销售网络同步发展，已经形成“以运带贸，以贸促运”产业互补良性发展格局，促进物流枢纽向产业中心转变。“运贸一体化”作为中欧班列的郑州模式，成为中欧班列带动产业发展的旗舰项目，在全国中欧班列中广泛推广。

郑欧班列自2014年运营以来，不仅建成了郑欧商品展示体验中心，还开设了一批郑欧进口商品专营店。中欧班列（郑州）与河南中原铁道旅游集团合作，创新了“旅游+进口商品超市”的经营模式，进口商品种类丰富、购买便捷，使得“家门口、全球购”成为现实。作为经营主体单位，河南中原铁道旅游集团积极探索市场化运营模式，深入市场广泛调研，对中欧班列进口商品自营超市实行品牌化、连锁化规模经营，充分发挥了铁路行业优势和高铁成网优势，在新建高铁站和铁路小区复制拓展。

在中欧班列（郑州）的引领带动下，郑州汽车、肉类、粮食、跨境电商等实现快速发展。郑州已构建起“多站点多口岸”国际物流网络和“1+N”境内外物流枢纽体系，打通了至欧洲、中亚、东盟等方向的国际物流干线通道。

截至2023年9月，中欧班列（郑州）业务范围已覆盖40多个国家140多个城市，境内外合作伙伴达到6 000多家，已成为不沿边、不靠海、不临江的河南打造内陆开放新高地的重要载体。

4.3.4　中欧班列（西安）

中欧班列（西安）国际货运班列自2013年开始运营以来，已开通44条运输线路，可到达俄罗斯、德国、波兰、芬兰、匈牙利、意大利和比利时等20多个国家的40余个城市，已实现对欧洲地区的全覆盖。运送的货品种类从最初的果汁、大型机械设备等，到如今所载货物品类已涵盖日用品、农产品、重卡、整车、液晶电视等各类产品，几乎覆盖了生活的各个方面，而且进出境数量不断增长。2023年，中欧班列（西安）全年开行达到5 351列，占全国中欧班列开行总量的四分之一，从西安国际港站始发的中欧班列（西安）国际线路基本实现中亚、南亚、西亚及欧洲地区主要货源地全覆盖。中欧班列（西安）的开行量、重箱率、货运量等核心指标稳居全国前列，初步构建了内陆地区效率高、成本低、服务优的国际贸易通道。

2019年1月，由“长安号”中欧班列运载的生活用品、酒水饮料、粮油等6个大类的进口商品，通过西安国际港务区举办的长安号优选进口商品周末集市与西安市民见面。该集市汇集了40多个国家和地区的5 000多种产品，使市民享受到在“家门口”购买全球商品的便捷。进口货物通过中欧班列长安号运抵西安，再分拨转运至上海、天津、武汉、深圳等地。长三角、珠三角、京津冀、晋陕豫黄河三角洲等主要货源地的货物则在西安集结，通过中欧班列长安号出口至中亚、南亚、西亚及欧洲，一来一回间，实现了前置集货仓与海外仓、跨境电商企业与产业上下游企业、西安与其他国内外城市的联动。

近年来，依托中欧班列长安号物流通道优势，西安国际港务区以跨境电商和直播电商为抓手，吸引了阿里巴巴、京东、亚马逊等电子商务及配套企业 2 500 余户、电商人才 1 万多人，打造了“一带一路”电商中心，形成集国内直播、跨境直播、短视频制作和主播培训于一体的直播电商生态圈，跨境电商、直播电商上下游产业链布局也逐步完善。

4.3.5 中欧班列（南昌）

中欧班列（南昌）作为向塘国际陆港的精品线路，自 2018 年 4 月 18 日正式开通。于 2019 年 1 月 5 日正式成为图定班列，车次为 X8218 次，形成每周两列、每列 40~50 节车的图定化运行格局，并于 2019 年 3 月 19 日成功实现双向对开。其货物结构不断丰富，货物来源辐射全省，从最初的生活日用品如服饰、鞋帽、胶带、食盐拓展到太阳能组件、防疫物资、白色家电、地铁基建设备、汽车整车散件等高附加值产品，真正实现了“深耕本土、货畅欧亚、物通全球”的目标。截至 2022 年 2 月，南昌向塘国际陆港累计到发中俄班列 300 余列。截至 2021 年 10 月，南昌中欧班列运营线路 8 条，覆盖 5 个国家，共计开行 105 列 /10 252 标准箱（TEU），总货值超 3 亿美元。2021 年 2 月 20 日，江西省首家中欧班列进口保税品门店“南铁易购”店宣布正式营业。“南铁易购”中欧班列进口保税商品门店采用“全球直采” + “1210 保税跨境电商合作”的方式，所售商品采用全球最先进的 RFID 防伪技术，从到岸至消费者手中，整个环节全流程监管，实现每一个单品全程追踪、溯源。此外，中欧班列（南昌）进口商品还进入了高铁，乘客在高铁上就可以买到中欧班列的进口商品，进一步扩大了中欧班列的营销效果。

4.4 企业合作项目

有长期稳定运输需求、货量大货值高的客户是长距离运输的重点客户，因此各班列平台公司营销的一个关键是与重点客户建立稳定的合作关系，保障中欧班列回程货源。

目前，各班列公司通过与欧洲汽车厂商合作，开行整车进口班列，加快国际陆港产业园建设，目的就是推动国际铁路联运、国际贸易、供应链金融、企业咨询等融合发展，增强中欧班列在境外的影响力，扩大中欧班列的“朋友圈”。

4.4.1　中欧班列（成都）

成都国际铁路港综合保税区正式封关运行后，已累计签约入驻顺丰、厦门建发等项目 84 个，总投资达 256.3 亿，已形成智能家电、汽车零部件、冷链物流等产业链品类，打造了面向亚欧大陆桥和满足国际陆海贸易新通道开放需求的“一带一路”外向型产业聚集区。

2020 年 9 月 25 日，长久物流与青白江区签订投资协议，在成都国际铁路港投资建设“长久青白江汽车进出口产业中心”项目，包含汽车进出口西南总部基地及汽车进出口西南结算中心。长久物流已中标德国宝马整车进口物流项目“丝绸之路 2021—2024”，将与德国宝马开展为期 3 年的整车运输合作。“丝绸之路 2021—2024”项目为长久物流与德国宝马总部的首次大规模合作，也是长久物流在成都青白江投资建设的“长久汽车进出口产业中心项目”落地后结出的首批硕果，同时也是目前德国宝马通过铁路运输对华整车出口的最大单。

2023 年 12 月，成都国际铁路港投资发展有限公司与老中铁路有限公司签署“共建中老班列”有关协议，与中国铁路南宁局签署“越桂蓉欧快线”协议，渝新欧公司与顺丰完成“东南亚—中国·重庆—欧洲”国际多式联运通道签约协议。

4.4.2　中欧班列（重庆）

2016 年 7 月，海关总署批准重庆成为渝新欧班列运邮试点城市，重庆率先启动至俄罗斯和德国的渝新欧运邮测试。重庆改写了铁路不能运邮的历史，中欧班列（渝新欧）是全国首个双向运邮的中欧班列，且实现常态化运邮。经中国邮政调配，重庆、天津、南昌、长沙、南宁等 8 个口岸的国际邮件开始向重庆团结村中心站集结。通过中欧班列（渝新欧），重庆成为全国国际邮包紧急疏运的重要地区之一。据统计，截至 2020 年底，全国欧洲向国际邮件的六成是通过中欧班列（渝新欧）疏运的，共计超 2 000 万件，位居全国第一。

2017 年 2 月 26 日，中新（重庆）战略性互联互通示范合作项目集中签约仪式在北京举行，渝新欧与新加坡环通物流签署多式联运合资合作项目。2017 年 4 月 7 日，渝新欧公司新加坡环通物流集团成立的中新合资公司 YPL 首个出口拼箱成功发运，标志着“中新（重庆）战略性互联互通合作”又一示范项目顺利落地和启动运营。

2015 年，网易考拉海购落户重庆两路保税港区，并很快与中欧班列（重庆）建立了合作关系。2017 年 9 月，渝新欧首趟跨境电商专列抵渝开箱，并与网易考拉、乔达国际达成战略协议。这是中欧班列（重庆）首次以专列的形式运回跨境电商商品，对促进重庆成为跨境电商行业在西部地区的集散分拨中心具有非常重要的意义。

2018 年 9 月，传化集团首次测试通过中欧班列（渝新欧）将白俄罗斯的工业乳制品运至重庆。取得成功后，传化集团开始大展拳脚，便有了 11 月 8 日抵达重庆的 1025 吨工业乳制品。自 2018 年 11 月起，中欧班列（渝新欧）“白俄罗斯—重庆”已实现常态化运行，下一批次，他们会从白俄罗斯运回上万吨货物至重庆。

截至 2018 年年底，传化物流、中白农业有限公司、白俄罗斯乳肉制品公司、中国商贸国际有限公司已与渝新欧（重庆）物流有限公司签署战略合作协议，未来将持续推动中欧班列（渝新欧）的发展。

2019 年 4 月，一趟中欧班列（重庆）顺利抵达团结村中心站。这趟列车上满载了 41 个集装箱，共 82 辆保时捷整车。此后，中欧班列（重庆）成为保时捷抵达中国的重要运输方式之一。自 2019 年 5 月起，每周至少有一列中欧班列将保时捷汽车从德国运至重庆，这已形成常态化运输。

除了整车，进口药品也成为中欧班列（重庆）回程的高价值产品。经过前期测试运输，2019 年通过中欧班列（重庆）运输的用于治疗哮喘的吸入剂和用于治疗原发性高血压的药物，单箱平均货值超过 1 000 万元，最高货值达 5 900 万元。

2019 年 8 月，一批产自德国的巴斯龙润滑油在重庆整车进口口岸完成开箱。这是该品牌润滑油首次尝试通过中欧班列（重庆）从德国运往中国，也标志着中欧班列（重庆）的运输货物名册中又多了一项。下一步，重庆方面将进行汽车售后件的分装、检测、装配等简单保税加工，再分拨至全国 4S 店，预计常态化后年进口货值 300 亿元。同时，依托整车口岸功能和南山国际汽车港项目，重庆逐步引入维修、改装、加工、4S 店、结算等功能，在 2021 年年底初步形成百亿级进口汽车后市场产业链。

2020 年，重庆邮政承担疫情期间全国邮政欧向邮件疏运任务，首创“整箱转关模式”，以集装箱为单位将外省国际邮件集结至重庆，形成了一套标准化的集货模式。重庆海关则不断优化现场监管流程，实施“同屏比对 + 智能审图 + 自动分拣 + 系统管控”，让出口邮包在海关作业环节“零等待、零延迟”。

2022 年，在德国杜伊斯堡市 DIT 场站，一个个标有“中欧班列”的集装箱被机械臂夹起，整齐码放，等待下一步运输。这些集装箱来自中国首条中欧班列线路——中欧班列（重庆）的第 10 000 列重箱折列（即 41 个 40 尺重箱折算为 1 个折算列）。杜伊斯堡与重庆、武汉、西安、深圳等中国多地连通，中欧班列带来的多元化商品和中间产品，有效拉动了当地交通运输、仓储、批发零售、租赁商业和服务业需求。

4.4.3 中欧班列（郑州）

郑州国际陆港覆盖及辐射范围广、开行频次高、运送货类多，综合竞争力强，发挥自身的交通区位优势和综合竞争力，吸引了不少境外货代企业与其进行合作。郑州陆港公司与欧洲、俄罗斯、中亚、东亚等地区 150 多家世界著名物流公司建立了良好合作关系，与班列沿途波兰、哈萨克斯坦、白俄罗斯等国家的铁路公司合作顺利，与土耳其、卢森堡、保加利亚、立陶宛等国家铁路公司正紧密洽谈，推进双方以两地互设分拨集疏中心、开发班列南欧新线路、建设中外合作物流产业园区等形式开展多领域国际贸易合作。雅达物流（A.R.T.Logistics）是国际知名的货代公司，在全球多个国家设有公司，核心业务涵盖多式联运物流项目和大型货物运输，在欧盟和蒙古国一线启动了新型的公路零担物流服务。2016 年 8 月，雅达物流与郑州国际陆港在加大拼箱、整柜、进出口贸易等业务合作的基础上，广泛探索仓储、报关、公路物流等多领域合作。

截至 2022 年 8 月 31 日，中欧班列（中豫号・郑州）总累计开行 788 班，位于中欧班列“第一方阵”，成为了开行质量领先、市场化程度领先、创新能力领先、硬件设施领先、信息化程度领先和国内国际双物流枢纽网络布局领先的中欧班列典型。它从最初的单向去程开行，达到了目前每周去程 16 班、回班 18 班的常态化往返均衡对开，从单一出境口岸、单一线路到构建了“多站点多口岸”国际物流网络和“1+N”境内外物流枢纽体系，实现了线路多元化、网络广覆盖，境外业务网络遍布欧盟、中亚、俄罗斯及亚太地区 30 多个国家的 130 多个城市，境内外合作伙伴超过 6 000 家。

4.4.4 中欧班列（西安）

西安铁路局联合西安国际港务区和西安国际陆港集团，依托中欧班列（西安）积极打造集整车进出口、二手车出口、平行车进口、零配件集散分拨、仓储运输、改装整备、检测维修、展览展示、市场拓展等功能于一体的汽车全产业链服务体系。自 2018 年首列中欧班列“沃尔沃整车进口专列”开行以来，已累计进出口整车达 47 192 台，已发运整车 22 812 台，占全国内陆铁路整车口岸年发运量的 87%。首列中欧班列“奥迪整车进口班列”的顺利抵达进一步拓宽了中欧班列（西安）的回程货源，大大降低了内陆汽车进口企业的综合物流成本。

2020 年 11 月，西安国际港中林产业园项目在西安国际港务区西安国际港站启动建设，产业园以西安和西北地区木材加工企业为基础，打造了集木材经营、农副产品交易、自动化立体仓储物流、木业研发与加工、供应链金融等综合服务于一体的国际木材加工交易中心。

2023 年，西安国际陆港多式联运有限公司与兰州国际港多式联运有限公司在以下三个方面展开合作：一是依托中欧班列（长安号）国际物流大通道，为客户提供全流程国际物流解决方案，节约客户物流成本，提高运输效率；二是依托西安港汽车整车口岸、西安综合保税区等平台优势，共同推进整车国际运输合作；三是双方共同探索推动产业健康发展。

4.4.5 中欧班列（合肥）

2021 年，合肥市重点加快构建海内外营销网络体系，以吸引更多企业产品搭载“合新欧”国际货运班列。合肥中欧班列创新营销方式，变“坐商”为“行商”，由“等货”向“找货”转变，主动对接省内开发园区等重点区域，优化“门到门”的全流程、保姆式、定制化服务，开行“江淮号”“奇瑞号”“美的号”“美菱号”“康宁号”等企业定制专列 200 余列，安徽企业本土化率达 60% 以上，切实推动本土企业走出去；坚持“立足合肥、服务安徽、辐射长三角”的总体定位，先后开辟合肥中欧班列“+ 阜阳”“+ 芜湖”“+ 宣城”“+ 黄山”等城际定向班列，服务范围已覆盖全省 16 个市。

截至 2022 年 2 月底，合肥中欧班列已覆盖 16 个国家、70 个国际城市站点，通过加强与欧盟市场、中西亚、西伯利亚和东南亚地区的密切联系，合肥中欧班列不断织密班列运营网络。另外，随着开行数量的提升，合肥国际陆港积极组织货源，加快前进步伐，与铁路、海关等部门紧密配合，进一步加密班列发运频次，丰富运输货物品类，不断拓展线路网络，扩大全方位高水平开放。合肥中欧班列运输的产品品类也愈发多元化，从最初的服装、鞋帽、轮胎等低附加值产品渐渐发展到如今的汽车、智能家电、液晶显示器、智能机器人、稀土永磁体、精炼铜等高货值产品。

关于中欧班列海外营销情况，在中欧班列开行初期，班列公司主要与RTSB、PKP CARGO、DB CARGO、PKP LHS等境外运输承运公司合作开展海外营销，随着中欧班列的稳定开行，平台公司开始在马拉、纽伦堡、蒂尔堡、布拉格、汉堡、华沙、杜塞尔多夫、慕尼黑、列日等海外重要枢纽城市设置境外营销机构及联络处，配合国内完成回程货源组织工作，促进中欧班列在海外的营销作用。除此以外，中欧班列各平台公司发展电商业务，开行跨境电商班列，将欧洲优质商品采购回国，通过搭建线上电商平台，为国内消费者购买进口商品提供便利渠道。为巩固欧洲汽车厂商等运输需求稳定、货量大、货值高的重点客户，班列公司通过与其建立长期合作关系，开行整车进口班列，提高中欧班列在海外市场的综合竞争力。

第 5 章
运营中心建设及场站概况

5.1 运营中心相关理论

5.1.1 运营中心概念

运营中心是商业领域中为了减少企业成本、提高信息质量、增加分析可用性以及帮助运营者做出正确决策的一种运营组织。铁路运营中心来源于铁路物流中心[1]，而铁路物流中心是物流中心的一种，它依托于铁路货运站、以从事货物运输为核心，同时经营货物的仓储、包装、流通加工、配送、信息服务及其他增值服务活动。

一般来说，铁路货运站只提供铁路运输和货物暂存服务，其作业内容相对单一，无法满足顾客的所有物流需求。铁路货运站发展成铁路物流中心以后，由于物流功能增强、顾客范围拓宽、中间作业环节减少，降低了物流费用，减少了顾客的流通费用，方便了顾客，因此更有吸引力。

中欧班列运营中心的区别在于，作为中欧班列在欧洲端的重要节点，是整个运输网络体系的流通中心、分销中心、集配中心和信息处理中心，不仅承担着传统的物流运输职能，还将承担指挥调度、信息处理、作业优化、报关作业等关键职能[2]。

5.1.2 运营中心发展需求

（1）资源整合需求

平台公司自主发展造就了中欧班列一段时间内的无序发展，而建立中欧班列欧洲运营中心，可通过其信息平台功能实现各班列公司间的资源整合，组织班列有序开行，促进中欧班列的可持续发展。

（2）快速响应需求

中欧班列境外段的运输、仓储和配送等服务由境外承运商、境外场站等提供，因此国内班列公司对境外段的运输作业的掌控力不足，出现异常情况时无法第一时间进行处理，也无法实现境外运输的实时监控。这就要求通过欧洲端运营中心，实现与国内的实时信息沟通，及时处理异常情况。

（3）闲散货源组织需求

中欧班列当前面临的主要挑战之一是回程货源不足，境外端营销影响力较小，无法有效组织回程货源，导致中欧班列去回程班列组织不平衡。建立欧洲端运营中心，可对闲散的回程货源进行组织，增加中欧班列的回程可运产品数量。

（4）物流作业标准化需求

国际货协组织与国际货约组织的存在，使得中欧之间作业标准、信息标准等不统一，以中欧班列欧洲运营中心为标准化基点，推行整个中欧班列系统各节点逐步标准化，形成统一的铁路国际运输标准[3]。

运营中心需要在功能配置、建设方案、运营模式、作业流程等方面进行充分研究。

5.1.3　运营中心的作用

针对铁路货运领域，运营中心集铁路集装箱中心站与集拼中心功能于一体，主要设置统筹组织、货流组织、车流组织三大功能对铁路货物运输进行全过程的组织优化，通过整合货源及物流信息，优化运输作业流程，达到降本增效、高质量发展的目的。

（1）铁路集装箱中心站

铁路集装箱中心站具有先进的技术装备和仓储设施，是集装箱铁路集散地和班列到发地，具有编组、仓储、集装箱作业以及多式联运办理功能[4][5]。

① 编组功能极大缩减集装箱在站滞留时间，削减集装箱运输周期，并且能够与本地货物运输以及其他铁路运输项目建设项目相互促进、相辅相成，从而提高铁路货运量，提升铁路货物运输占比，从根源上提高集装箱的整体铁路运输比例。

② 仓储功能是中心站必须具备的功能，建设标准化的仓储区可以适应集装箱日益增长的运输需求，进而解决集装箱大量堆放、组织管理混乱以及资源因堆存而浪费的问题。国外的铁路网发展相对简单，以完善的主干网为核心，周边兼顾建设支线网络以及特种运输线，能够快速形成班列编组，进而提升转运量，因此铁路中心站仓储功能尤为重要，对班列运输以及铁路效率提升有着显著意义。

③ 作业功能是现有中心站的扩展功能，中心站应该拓展集装箱作业功能，具有将零散货物或在站货物进行分拣打包的能力，并能够实现集装箱拆装箱作业以及集装箱洗箱

修箱功能，因此作业区也是铁路中心站面向货运客户需求终端的服务延伸区，有利于集装箱运输流通及普及拓展，利于实现集装箱集中到发，整体提升运输效率。

④ 多式联运办理功能是新时期下办理站应具备的功能，多式联运作为国外比较成熟的协作运输方式，我国现阶段也在大力发展铁水、海铁集装箱多式联运。因此，集装箱铁路中心站一方面应该具备集装箱多式联运办理功能，能够协调集装箱的联运方式，简化手续办理，规范联运流程。另一方面，在中心站也可以通过加强相关政府部门以及企业的协调配合，缩短集装箱在站滞留时间，以多种方式承担站内集装箱集散作业以及联运“最后一公里”的运输[7]，降低物流成本。

（2）集拼中心

在“一带一路”背景下，中欧班列正朝着高质量发展的方向前行，在运输过程中由于货源不足、线路重复等问题，衍生出了一种集拼模式，即将货主无法凑成一标准集装箱的散货在运输中与其他货主的货物合并运输[8]，也因此产生了集拼中心这一概念，即专门进行货物集拼的货源组织中心，实现揽货、中转分拨、集装箱拼箱等功能。

5.2 中欧班列欧洲运营中心建设必要性及功能定位

5.2.1 中欧班列欧洲运营中心设想及设立必要性分析

中欧班列在进一步发展过程中，出现了一些亟待解决的问题。一方面，中欧班列在对班列进行运输组织时，难以掌握在境外段集装箱堆存、车底调配、吊装线占用等关键物流信息，导致在运输服务和运输效率上仍无法进一步提高。另一方面，由于对欧洲端货源信息掌握不足，使得回程货源较少，去程与回程货源需求存在一定差距。针对这些情况，提出了在欧洲端建设中欧班列运营中心，使中欧班列能在境外尤其是欧洲掌握主动权，更好地为中欧班列运输服务。基于此，本书以中欧班列为例分析在欧洲端设立运营中心的必要性：

（1）优化欧洲端运营组织需要

中欧班列（成都）与白俄铁公司合作，白俄铁公司对欧洲端的运营组织进行管理，而中欧班列（成都）则是被动地接受白俄铁公司传递的消息，无法及时了解列车动态，难以进行欧洲端的运营管理。仅依靠协议约束的代理伙伴远远无法满足去程班列开行的仓储、清关等增值服务要求，也无法满足回程班列揽货、操作等工作需要。例如，若列车出现状况，中欧班列（成都）不能采取措施解决，而只能等待白俄铁公司进行处理。因此，若在欧洲端建立运营中心，通过运营中心的介入，中欧班列（成都）能对欧洲端的运营过程有细致的了解，有效加大运营组织过程中的控制力度，同时优化欧洲端的运营组织，提供更高品质的班列服务。

（2）整合海外资源的需要

中欧班列全程运行时间大约为10~15天，但是其清关报关花费时间较多，拖延了整体运行时间。目前，货物在口岸的平均滞留时间占全程时间的30%，其中因单证、海关查验的原因而滞留的占60%，运力衔接等其他原因滞留的占40%。若在欧洲端建立欧洲运营中心，可加强同各国海关、检验检疫部门间的沟通协调，有利于提高中欧班列（成都）的通关效率。

（3）提高通过能力的需要

马拉舍维奇是部分中欧班列入欧的第一站，是中欧班列运行线路的核心节点，虽然目前该地区有23个场站，但是只有4个场站有换装功能，而80%的中欧班列要在该地区进行换轨，马拉舍维奇的换装十分紧张，接运能力和集装箱专用平车严重不足，这些问题极大地限制了整个运行线路的通过能力。为满足中欧班列列数增长的需求，应在欧洲端建立运营中心，通过购买场站、扩能改造以及优化运输组织等方式提高换装场站的通过能力。

（4）减少运营成本的需要

中欧班列的运营成本居高不下，需要高额补贴来维持其生存，特别是中欧班列欧洲端的运行成本约占总成本的70%，但欧洲端的成本不透明。如在欧洲端建立运营中心，通过深入欧洲运营环境来了解运行成本，可优化中欧班列欧洲端运输组织方式，改变欧洲端的集运模式，减少运行成本。

（5）欧洲端货源组织、货运营销的需要

以中欧班列（成都）为例，其货源中心主要有汉堡港、纽伦堡港、布达佩斯港、杜伊斯堡港、波兰罗兹、蒂尔堡站，回程班列适箱货类较多，主要有汽车整车及零部件、高档汽车、纸质品、高新技术产品、红酒、啤酒（零食）等饮食品、服装百货等。而且2022年中欧双边货物贸易总额达8 473亿美元，中国是欧洲第一大进出口市场。中欧班列（成都）有潜在的丰富货源，但是回程班列的组织依然是个难题。若在欧洲端建立运营中心，便使其能够在欧洲端更高效地进行货源组织、货运营销和降低空载率。

5.2.2 中欧班列欧洲运营中心设立可行性分析

本节将基于 PEST 分析法，从政治、经济、社会、技术四个角度分析影响欧洲端设立运营中心可行性的因素，基于各影响因素之间的关系，结合欧洲与我国的实际情况，构建一个针对欧洲运营中心的评价指标，该指标体系主要包括 4 个一级因素和 7 个二级指标，如图 5-1 所示。

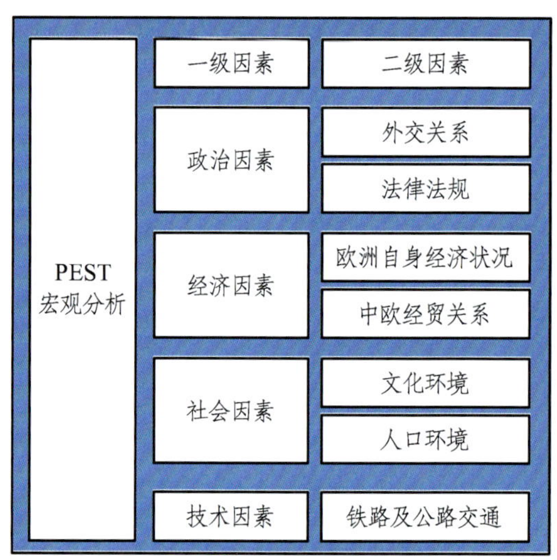

图 5-1 评价指标

5.2.2.1 中欧班列欧洲运营中心设立的政治环境分析（P）

（1）外交关系

目前，除梵蒂冈外，中国与欧洲各国都建立了外交关系。并且早在 1998 年，中国与欧盟建立了面向 21 世纪的长期稳定的建设性伙伴关系。2001 年，双方建立全面伙伴关系。2003 年，中欧建立全面战略伙伴关系。2003 年，中国发表首份针对欧盟的政策文件。2014 年，中欧提出打造和平、增长、改革、文明四大伙伴关系，中国发表第二份针对欧盟的政策文件。双方已建立近 70 个磋商和对话机制，涵盖政治、经贸、人文、科技、能源、环境等各领域，具有稳定的外交关系。中国欧盟领导人年度会晤机制是双方最高级别的政治对话机制，建立于 1998 年，截至 2023 年年底，已顺利举行二十四次。中欧高级别战略对话是中欧就宏观战略问题进行深入沟通的重要平台，截至 2023 年已举行十二轮。

（2）法律法规

① 中欧合作 2020 战略规划。

2013 年，中欧双方共同发布了《中欧合作 2020 战略规划》，这一全面战略规划确定了中欧在和平与安全、繁荣、可持续发展、人文交流等领域加强合作的共同目标，将促进中欧全面战略伙伴关系在未来数年的进一步发展。该规划对安全与和平、繁荣、可持续发展、人文交流这四个方面进行了规划。国家层面积极推动中欧合作相关文件的签署，为中欧对话合作提供了蓝图和框架。

② “十四五”现代物流发展规划。

“十四五”现代物流发展规划中提出，要优化完善中欧班列开行方案统筹协调和动态调整机制，加快建设中欧班列集结中心，持续推动中欧班列“关铁通”项目在有合作意愿的国家落地实施。这将使各班列在欧洲进行网运资源整合的需求变得更大，是中欧班列（成都）欧洲运营中心的难得机遇。

5.2.2.2　中欧班列欧洲运营中心设立的经济环境分析（E）

（1）欧洲自身经济状况

2008 年金融危机以来，欧洲经济陷入长期的低迷状态，但是随着欧洲经济改革，欧洲经济逐步进入了稳定的复苏阶段。2020 年由于受疫情影响欧洲经济又短暂陷于低谷，但随着疫情进入常态化，欧洲经济又逐渐得到恢复，主要表现在以下三个方面：

① 欧元区 PMI 表现良好。

欧元区制造业采购经理人指数（PMI）较为直观地反映了经济复苏势头。2021 年年初，欧元区 PMI 持续保持增长。受制造业订单增长和需求强劲的影响，综合 PMI 指数不断上升，在 7 月份到达顶峰之后小幅下跌并在 11 月份重新上升。制造业 PMI 在 2021 年 6 月份达到上半年高点之后小幅下跌。服务业 PMI 变动情况类似于综合 PMI，7 月份达到最高点后小幅下跌。但值得注意的是，除了服务业 PMI 2021 年前两个月的值低于去年同期外，2020 年欧元区 PMI 都高于去年同期。

② 失业率再创新低。

随着经济持续复苏，欧元区失业率水平不断降低，截至 2023 年 6 月，欧元区失业率为 6.4%。这一数据说明了欧元区的劳动力市场在经历了疫情的冲击后，已经逐步恢复到接近疫情前的水平，反映了欧洲经济不断向好的趋势。

③ 贸易同比增长较高。

2021 年以来，欧盟对外贸易总量不断上升，且进口量的增速略快于出口量，远高于 2020 年同期，显示出欧盟内部复苏势头以及外部环境都趋于稳定。

目前，欧洲经济逐渐走向复苏之路，欧洲与我国贸易也逐年增长。此时，中欧班列（成都）在欧洲建立运营中心，能搭上欧洲经济复苏的顺风车。

（2）中欧（经贸关系）贸易情况

① 货物贸易。

2020 年，欧盟与中国货物贸易在疫情中逆势双向增长。中国首次取代美国成为欧盟最大的贸易伙伴，欧盟同中国和美国的贸易额分别为 5 860 亿欧元和 5 550 亿欧元。2021 年上半年，欧盟货物贸易出口额为 10 489 亿欧元，同比增长 13.8%；进口额为 9 645 亿欧元，同比增长 13.9%。其中，欧盟向中国出口商品 1126 亿欧元，同比增长 20.2%；从中国进口商品 2 101 亿欧元，同比增长 15.5%，中国继续保持欧盟第一大贸易伙伴地位。

② 服务贸易。

据统计，2021 年我国货物和服务净出口对经济增长的贡献率达到了 20.9%。在货物贸易同比增长 30% 的同时，我国服务贸易总额达到 52 982.7 亿元，服务贸易逆差缩窄到 2 112.7 亿元，为 2011 年以来的最低值。2022 年 1—2 月，我国服务贸易同比增长 33.5%，达 9 534.8 亿元。其中，服务出口增幅大于进口 11.1%，带动服务贸易逆差下降 57.6% 至 183.1 亿元。

③ 双向投资。

20 年来，欧盟对华直接投资存量从 2002 年年底的 331 亿美元增加至 2022 年年底的 1 572 亿美元。2022 年，欧盟对华直接投资额 100 亿美元，同比增长 96.7%。2023 年前 9 个月，作为欧洲对华投资主要来源，法国、荷兰对华直接投资分别同比增长 121.7% 和 32.6%，继续保持强劲增长。中国和欧盟已经是世界上最大的贸易伙伴之一。

从上述分析可以看出，良好的中欧商贸环境为中欧班列提供了潜在的货源，为运营中心的建立打下了坚实的基础。

5.2.2.3　中欧班列欧洲运营中心设立的社会环境分析（S）

（1）文化环境

近年来中欧文化交流频繁，中国在欧洲多地开设了孔子学院，向欧洲人民展示我国的优秀文化，为中欧人民搭建了友谊之桥。但是中国文化与西方国家的文化还是存在较大的差异，具体表现在：

① 中国的文化主要强调整体性，而西方文化则更加重视个体性。在企业进行并购整合的过程中，中国的工作人员可能十分重视团队的一致性，而西方工作人员则不能理解这种行为，他们更愿意表达自己的愿望，而不是团队的愿望。

② 中国与西方文化在价值观上也存在较大的差异。西方人重视个人成就感，独立意识强，而中国人则认为谦虚才是美德，要懂得中庸之道，这在西方人眼中可能是一种没有决断力的表现。

③ 在社会关系方面，中国也与西方文化有着不同的见解。中国人受到传统的等级观念影响很深，如父子、师生等关系，而西方人则认为人人平等，只要努力就能成功。

④ 语言表达方面是中西方文化背景及价值观差异的重要表现形式。这里所说的语言表达，主要包括口语表达与书面表达两个方面。首先，在口语表达方面，中国人显得既含蓄又排外，而西方人却表现得直接又简单。究其原因，主要是由思想观念差异导致的。在中国，儒家思想的影响根深蒂固，而儒家思想又以“礼”与“仁”著称。在此影响下，中国人的口语表达就表现得谦虚而谨慎。而在西方，人们受资产阶级思想的影响更大，再加上自身果断与直爽的文化特性，使得他们的口语表达显得开门见山。在建设初期，国家文化的差异会造成欧洲运营中心建设、运营过程中的文化冲突，这可能会阻碍欧洲运营中心的发展。

（2）人口环境

截至 2022 年 7 月底，欧洲总人口数达到了 748 571 960 人，占世界总人口数的 9.78%，是世界第三大人口大洲，仅次于亚洲和非洲，欧洲人口增长率为 0.12%。欧洲居民绝大多数为白种人，受教育程度较高，74.2% 的人至少完成了高中学业，为中欧班列欧洲运营中心的建设提供了优质的人力资源。

5.2.2.4　中欧班列欧洲运营中心设立的技术环境分析（T）

欧洲在 1825 年 9 月 27 日修建第一条铁路，随后欧洲铁路进入蓬勃发展阶段，其铁路技术一直处于世界领先状况。在 1999 年，已初步建立泛欧洲铁路运输系统，铁路总长 153 600 km，其中高速铁路 2 500 km。拥有车头与客车车厢 34 454 辆，货车车厢 523 400 辆，并且欧洲各国都意识到铁路是国家的重要基础设施和大众化的交通工具，具有运力大、占地少、能耗低、污染小、安全性好等特点。为加快铁路发展，与其他运输方式相互衔接，形成便捷、通畅、高效、安全的综合社会交通运输体系，欧洲每年平均投资近 10 亿欧元用于铁路技术的研发。因为目前欧洲各国的铁路体系不一，特别是各国采用的铁路信号系统不同，所以，2008 年 7 月 4 日，欧洲委员会同代表铁路部门和铁路行业的 6 个欧洲协会签订快速应用 ETCS 系统（欧洲列车控制系统）的意向书。欧洲委员于 2008 年还制定了具有法律约束力的 ETCS 系统应用计划，旨在实现欧洲铁路网的互联互通。

从以上分析可以看出，欧洲铁路网发展较为完善，拥有完备的基础设施，并且欧洲十分注重铁路技术的发展以及欧洲铁路网的构建，这为中欧班列欧洲运营中心的建设打下坚实的基础。

通过 PEST 分析，中欧班列欧洲运营中心所处的整体外部环境是有利的，在政治法律因素方面，中欧良好的外交关系以及中国的“一带一路”建设给欧洲运营中心的建设打下了坚实的基础。在经济环境方面，欧洲经济从欧债危机中渐渐复苏，中欧班列欧洲运营中心搭上其顺风车快速发展。在社会环境方面，中欧文化存在一定的差异，但随着中欧文化交流的增多，中欧班列欧洲运营中心的建设会在曲折中前进。在技术环境方面，欧洲拥有完备的基础设施，这为中欧班列欧洲运营中心的建设提供了有力的保障。

5.3 马拉舍维奇各场站概况

5.3.1 马拉舍维奇概况

Małaszewicze（马拉舍维奇）位于波兰 Lublin（卢布尔）省 Gmina Terespol 区管辖下的 Biala Podlaska（比亚瓦—波德拉斯）县。它在波兰东部与白俄罗斯西部的边境交界附近，处在 Terespol 西南 9 km，Biala Podlaska 28 km 以及波兰首府 Lublin 东北 108 km 的位置。

5.3.2 马拉舍维奇场站概况

马拉舍维奇主要有四家具备换装能力的场站，分别是 PKP（波兰国营）、EUROPORT（私人场站）（中欧班列（成都）目前正在使用，主要用于蒂尔堡方向的往返换装）、AGROSTOP（私人场站、中欧班列（成都）目前在使用，主要负责罗兹方向的去程换装，罗兹方向的回程换装主要在白俄罗斯的布雷斯特，纽伦堡方向的往返换装主要在白俄罗斯的布雷斯特）、ADAMPO（私人场站）。

① PKP 场站是马拉舍维奇场站中设施最齐全、操作能力最强的场站。场站面积为

14.06 m^2，与 E30 国道相距 1 km，与 60 铁路线相距 2.1 km，内有 4 条窄轨（铁轨宽度 1 435 mm）和 4 条宽轨（铁轨宽度 1 520 mm）。堆场的集装箱堆存量为 1 600~2 000 个 TEU，拥有 4 台龙门吊和 2 台载重 45 吨的正面吊，当前最大年转运量为 223 380 标箱。场站每天可处理 5 趟班列的换装操作，平均一趟班列车板对车板的换装时间大约 3~4 个小时，一趟班列的车板落地再装车的换装时间大约 6~7 小时。

② EUROPORT 的堆场占地面积 130 000 m^2，与 2 号国道（E30）相距 1 km，与华沙—捷列斯波里（Terespol）标准轨距铁路线相距 1.3 km，与 Kovylar-Terespol 宽轨距铁路线相距 6 km。支持 20、30、40、45 英尺的大型集装箱，可拆卸车体，当前最大年转运量为 80 000 000 标箱。铁路专用线包含一条全长 2 400 m 的窄轨段（铁轨宽度 1 435 mm），一条全长 3 600 m 的宽轨段（铁轨宽度 1 520 mm）。物流中心有一栋占地面积为 1 050 m^2 的 2 层行政办公楼，装备有最新通信设备和电脑网络，并在海关总署批准下实施所有符合海关法条款规定程序的操作。物流中心拥有 1 个火车头、1 台龙门吊、1 台载重 45 t 的正面吊车和相应的 24 小时监控和安保服务等辅助设施。场站每天可处理 4 趟班列的换装操作，平均一趟班列车板对车板的换装时间大约 3~4 个小时，一趟班列的车板落地再装车的换装时间大约 6~7 小时。

③ AGROSTOP 公司建立于 1991 年，1999 年拥有 12 公顷的占地面积，经过多年发展，仍在不断扩建中。该场站位于波兰东部，为该地区第一大场站，靠近 E30 国道和铁路线，场站目前拥有 4 条各长 400 m 的标轨，5 条宽轨（其中 3 条各长 600 m，2 条各长 250 m）。在正常情况下，班列的车板对车板换装耗时大约为 2 小时，每日可对两趟班列进行换装操作。场站 24 小时的装卸能力为 1 万吨，目前，每年的装卸能力为 250 万 t，当前最大年转运量为 60 000 标箱。场站无龙门吊机，目前拥有 2 个负荷量为 60 t 的电动吊车和 3 辆普通吊车，燃料运输设备，还拥有石蜡等化工矿山原料运输设备。场站可以承接煤炭、大型钢管、大型预制板、天然气等货物运输。在物流配送方面主要覆盖欧盟和东南欧。

④ ADAMPO 场站面积为 700 000 m^2，位于 Terespol 的自由关税区（WOC）内，距离欧盟边境 5 km，在 2 号国际公路上，与 E30 国道相距 1 km，与铁路线相距 2.1 km，两列轨道延伸至白俄罗斯境内。场站内拥有 6 条标轨和 4 条宽轨，可同时进行 3 个班列的换装，每趟火车的平均换装时间为 4~5 小时，当前最大年转运量为 25 000 标箱。场站内拥有提供对于汽车成品予以拆散的“半散装件”（SKD）和对新车在交车前必须通过的检查的“售前检测证明”（PDI）服务的仓库。

5.4 场站方案分析

场站作为换轨、集货、集装箱堆存及调配等重要作业环节的关键支撑，场站及其相关资源的使用及获取方式是中欧班列运营中心建设的关键问题。

5.4.1 场站的功能

场站作为集装箱集中堆放的场地，一般位于运输线路节点处，是旅客和货物的集散地、各种运输工具的衔接点、办理客货运输业务和运输工具作业的场所，是运输企业对运输工具进行保养、修理的技术基础，是交通运输网络的重要组成部分。运营中心作为国际货物运输的枢纽地点，在整个运输线路中扮演着举足轻重的角色，不仅需要计划日常的货物运输车辆的到发工作，满足货物的往返运输作业，同时更需要进行国际货物运输由于轨道差异而产生的换轨作业，成为了中欧班列货物运输的重要节点和换装环节。结合对出入境货物、班列以及日常作业的综合分析，场站为满足基本需求，应当满足以下作业功能：

（1）货运配载功能

场站需要根据潜在的货物运输的需求量进行自身的建设与完善，针对出入境的货物运输量，该线路上的关键节点要求具备货运生产组织管理、货源组织与管理、运力组织与管理、运行组织及管理以及市场货运管理等功能。

① 货运生产组织管理。主要包括承运货物的发送、中转、到达等作业，组织与其他运输方式的换装运输和联合运输及货物的装卸、分发、保管、换装作业，进行运力的调配和货物的配载作业，制订货物运输计划，进行货物运输全过程的质量监督与管理等工作。

② 货源组织与管理。货源是运输市场中的基本要素，是货运经营者在市场中竞争的焦点。场站通过货运生产组织与管理、货源信息和货流变化规律等资料，及时掌握货源的分布、流向、流量、流时等特点，实现货物的合理运输。场站应加强与物资单位的联系、商洽，并协助物资单位选择合理的运输方式和运输线路，签订有关运输合同和运输协议，为货运业务的有序运作提供可靠的保证。

③ 运力组织与管理。场站通过货源和货流信息，组织各种类型的车辆从事货物运输，运用市场机制协调货源与运力之间的匹配关系，尽可能使运力与运量保持相对平衡。

④ 运行组织与管理。根据货流特点确定货运车辆行驶的最佳线路和运行方式，制定运行作业计划，使货运车辆有序运转。

⑤ 参与货运市场管理。场站应协同行业管理部门，通过运输管理把货主、货运经营者和运输管理部门机构有机地联系起来，运用经济杠杆和有效的管理手段，充分满足货主和参营者的需求，促使分散的社会车辆和物流组织化，运输秩序正常化，能源和资金利用合理化，从而达到管理的目的，使货物运输各个环节和储运、装卸工具协调灵活地运转。

（2）列车编组功能

货物到达场站后由于特定的运输要求可能要进行一系列的附加作业，尤其一些中间场站需要汇集来自不同方向的货物再进行运输作业，即需要办理货物列车解体和编解作业。因此，一些中转场站需要为此设置比较完善的调车设备，主要任务是：编解不同类型包括运转本地区车流在内的各种货物列车；供应列车动力（机车）；整备、检修、保养机车；处理机车临时故障；货车的日常技术检查和摘车或不摘车修理等。为适应编解作业需要，场站要求设有较多的线路（到发线、牵出线、机车走行线和待避线、站修线等）和各种车场（编组场、到发场、货场、辅助车场等）、机械化或自动化调车驼峰、机车整备和检修、车辆检修等设备，才能满足基本的货物列车解体及编组作业。

（3）中转功能

场站的货物运输将以集装箱运输为主。货运站不仅要完成公路、水运、铁路集装箱的中转换装，而且在不同的运输方式、不同企业之间的货物联合运输过程中，有时会产生货物中转换装的需求。所以，货运站应为货物中转和因储运需要而进行的换装运输提供服务。利用货运站内部装卸设备、仓库、堆场、货运受理点以及相应的配套设施保证中转货物安全可靠地完成换装作业，及时地运送到目的地。

同时，中欧班列线路上的货运作业还需要考虑国际运输大背景下的轨距差异，因此，一些场站还需要进行换轨作业。为了保证换轨作业的高效性，场站应当建立相应的换轨区域，并配备完整的换轨作业设施设备和工作人员。

（4）信息中心

建立“中欧班列”作业通信信息中心，通过计算机及现代通信设施，使场站与该地区有关单位，以及有关的邻接国家的场站形成信息网络，获取和运用有关信息，进行货物跟踪、仓库管理、运输付款通知、运费结算、托运事务处理、发货事务处理和运输信息交换等。通过网络系统，使场站与港口、码头等交通设施有机联系，相互衔接，实现联网运输与多式联运综合运输，并面向社会提供货源、运力、货流信息和车、货配载信息等服务。同时，还可建立完善的货物运输编组计划信息网络，支撑日常的工作和编组计划，保证货运工作的效率。

（5）辅助功能

作为国际运输班列的中转站，中欧班列的场站在满足基本的货运要求的基础上还应当考虑基本的生活辅助功能。由于班列运行时间较长，场站换班交接周期较一般货运站更长，因此在场站附近应当建立相应的生活区，配备生活设施，满足值班人员的基本生活需求。

5.4.2 场站建设方案

方案一：收购现有场站

这个方案是指收购已有的场站，利用其已有的基础设施为中欧班列服务，并在后期根据发展需要和资金情况等对场站进行改扩建，在后期为其他中欧班列服务，从而盈利。这个方案的优点是可以在较短的时间内为中欧班列服务。对于中欧班列后期的发展，可根据实际情况进行改、扩建。该方案属于渐进式发展，通过后期的改、扩建使其逐步地满足中欧班列的发展需求，并在后期为其他中欧班列企业提供服务。但此方案在初期收购已有的场站时需要投入较多的资金，在资金量充足时具有一定可行性。虽然该方案的初始投资比较大，但是在拥有自己的场站之后，会形成行业内较高的准入门槛，短期内很难被超越，易形成行业内的垄断地位。

方案二：维持现状

该方案是指将场站的相关业务继续交给代理公司，由代理公司和场站进行协调。该方案的目的是在公司没有更多的资金来管理国际和其他复杂的运输要求时，交给运输代理公司来处理，可达到减少公司在场站方面的资金和精力投入的目的，使得班列公司能够合理分配主要的人力、物力资源，充分做好承运人的角色，提供高质量的运输服务。因为国际运输代理企业有着全世界范围内的客户网络优势和人员优势，能够帮助班列公司合理安排有优势的作业场站，从而进行换装、掏拼箱等场站作业活动，提供完善的场站作业服务，提高运输效率，节省时间，能在短时间内迅速弥补中欧班列在此方面的不足。因此在资金量不充足、降低企业运作成本时，该方案有一定的可行性。

方案三：新建场站

该方案是指公司在波兰购买土地，建立一个新的场站。相比于前两个方案，该方案的构想可以更加全面、系统地为中欧班列服务。但是新建一个场站存在很多问题，并不适用于发展初期的中欧班列。新建场站存在以下问题：

通过购买来获取土地方面。在波兰，每个公民在自己出生的同时就合法拥有自己的土地，而且是私有财产，受法律保护，是不能买卖的，但是可以出租。如果要再获得土地，就必须通过租赁公民的土地使用证，付给出租者租金。

从购买土地，获得场站建立许可，建立场站到场站建成投入使用，不仅需要大量的时间，更需要大量的资金和精力，这一系列问题使得新建一个场站的模式不适合于目前中欧班列的发展。

5.4.3　可行场站方案优缺点分析

5.4.3.1　维持现状可能存在的优缺点分析

（1）优点

① 初始资金投入少，可降低企业目前的运作成本。在资金量不充足时有较好的适用性。

② 利用运输代理公司的客户网络优势、人员优势以及硬件设施优势，可快速形成服务能力，弥补中欧班列在此方面的不足，抢先占有市场。

③ 由于在场站投入资金较少，有利于企业在低风险下集中精力于核心竞争力的提升。

④ 可以增加场站服务的灵活性，可以根据客户的需求调整作业的场站。

（2）缺点

① 场站可能在后期成为企业发展的较大短板。随着中欧班列货运量增加，场站容易成为作业环节的瓶颈，造成运输协调性差等问题，同时后期扩充运能困难。

② 后期市场份额扩大困难。有无场站设施可能是客户考虑的一个重要因素，在无场站的情况下，不利于和其他班列公司进行竞争。

③ 相比于收购场站，维持现状是一种纯现金流出，同时，后期运输代理公司可能提高收费，不利于成本控制。

④ 对运输代理公司的依赖性高，不利于流程优化与成本降低。

5.4.3.2 收购已有场站可能存在的优缺点分析

（1）优点

① 以场站作为运输时效性的保障，不仅有利于提高运输服务质量，而且有利于吸引客户，增加企业收入。

② 建立可自控的场站后，运营中心可以依托场站延伸供应链，提供一体化和网络化的完整供应链服务，有助于形成场站、运营中心运营管理一体化，实现行业扩张，扩大市场份额。

③ 利用场站培育新的经济增长点，通过一二级节点和场站的建设，开展短途运输、仓储、包装、流通加工、配送等服务，通过合理的组织与协调，为企业提供全程运输代理服务和综合物流服务，逐步降低对于运输代理公司的依赖。

④ 对欧洲端的作业活动进行全面控制，增加企业的自主经营性，可灵活调配场站的设施设备。

⑤ 在后期货运量增大时，能够自主地进行运能扩充，同时，在货运量较小时可以通过出租场站的设施获得租金，增加额外收入。

（2）缺点

① 初期投入资金大，会造成企业一段时间内的资金紧张。同时，后期的改扩建也需要较多资金。

② 场站后期的管理费用和维护成本可能会给企业运营带来一定的负担。

③ 需要承担较大的投资决策风险，在发展初期可能因为车板和集装箱以及业务操作不熟悉等其他因素，使得运输效率的提高不明显。

表5-1 中欧班列场站可行方案优缺点分析

	优点	缺点
收购已有场站	利于提高运输服务质量，利于吸引客户； 有助于管理一体化，扩大市场份额； 利于培育新的经济增长点； 增加企业的自主经营性	初期投入资金大； 后期需要承担管理费用和维护成本； 需要承担较大的投资决策风险
维持现状	初始资金投入少； 利用运输代理公司资源抢先占有市场； 利于企业在低风险下集中精力于核心竞争力的提升； 增加场站服务的灵活性	场站可能在后期成为较大短板； 不利于后期市场份额的扩大； 后期运输代理公司的收费可能提高，不利于成本控制； 对运输代理公司的依赖性高，不利于进行流程优化

对于场站的获取方式主要有两种，第一种是维持现状，第二种是收购现有场站，其优缺点见表 5-1。通过对场站方案的优缺点和可行性分析知，前者的优点主要是短期内资金投入少，同时可利用现有的人员、车板等资源，在短期内形成中欧班列的场站业务服务能力来抢占市场。因此，在发展初期和资金量不足时，可以采用方案一。但是若长期维持现状，会给企业降低成本和扩大市场份额造成困难。故在企业发展到一定阶段或者资金量充足时，可以采用方案二，收购已有场站，这样更有利于班列公司提高运输服务质量。

5.4.4 场站经营方式

场站经营方式主要有以下四种方式：个人独自经营、合伙经营、有限责任公司以及股份有限公司。

5.4.4.1 个人独自经营

个人独自经营是由一个自然人投资，企业财产为个人所有，投资人以其个人财产对企业债务承担无限责任的企业。这类企业由一个自然人独自出资，且必须为中国国籍，一般资本数额较少，企业规模较小，承受风险能力较差。其在组织上的设立、终止条件和程序比较简易，在经营管理上出资人依法享有独立的经营自主权，所得利润归出资人独立享有，同时出资人要独立地承担无限责任。这种形式是相当普遍的，尤其是在一些小型生意中。独资企业是企业制度中最初始的形态，也是民营企业主要的企业组织形式。

（1）主要优点

① 企业资产所有权、控制权、经营权、收益权高度统一。

② 企业业主自负盈亏和对企业的债务负无限责任成为了强硬的预算约束。企业经营好坏同出资人个人的经济利益紧密相连，因而，出资者会尽心竭力地把企业经营好。

③ 企业的外部法律法规等对企业的经营管理、决策、进入与退出、设立与破产的制约较小。

（2）主要缺点

① 资金筹集难度大。个人资金有限，以个人名义借贷款难度也较大，一定程度上限制了企业的扩展和大规模经营。

② 投资者风险较大。企业业主对企业负无限责任，在硬化了企业预算约束的同时，

也带来了业主承担的风险过大的问题，从而限制了业主向风险较大的部门或领域进行投资，这对新兴产业的形成和发展极为不利。

③ 企业连续性差。企业所有权和经营权高度统一的产权结构，使企业拥有充分的自主权，但企业是自然人的企业较为受限。

④ 企业内部的基本关系是雇佣劳动关系，劳资双方利益目标的差异，构成企业内部组织效率的潜在危险。

5.4.4.2 合伙经营

合伙经营企业是由各合伙人订立合伙协议，共同出资、合伙经营、共享收益、共担风险，并对合伙企业债务承担无限连带责任的营利性组织。合伙经营企业有如下特征：

① 生命有限。合伙企业比较容易设立和解散。合伙人签订了合伙协议，就宣告合伙企业的成立。新合伙人的加入，旧合伙人的退伙、死亡、自愿清算、破产清算等均可造成原合伙企业的解散以及新合伙企业的成立。

② 责任无限。合伙组织作为一个整体对债权人承担无限责任。按照合伙人对合伙企业的责任，合伙企业可分为普通合伙和有限合伙。普通合伙的合伙人均为普通合伙人，对合伙企业的债务承担无限连带责任。有限责任合伙企业由一个或几个普通合伙人和一个或几个责任有限的合伙人组成，即合伙人中至少有一个人要对企业的经营活动负无限责任，而其他合伙人只能以其出资额为限对债务承担偿债责任，因而这类合伙人一般不直接参与企业经营管理活动。

③ 相互代理。合伙企业的经营活动由合伙人共同决定，合伙人有执行和监督的权利。合伙人可以推举负责人。合伙负责人和其他人员的经营活动，由全体合伙人承担民事责任。换言之，每个合伙人代表合伙企业所发生的经济行为对所有合伙人均有约束力。因此，合伙人之间较易发生纠纷。

④ 财产共有。合伙人投入的财产由合伙人统一管理和使用，不经其他合伙人同意，任何一位合伙人都不得将合伙财产移为他用。只提供劳务而不提供资本的合伙人仅有权分享一部分利润，而无权分享合伙财产。

⑤ 利益共享。合伙企业在生产经营活动中所取得、积累的财产，归合伙人共有。如有亏损则亦由合伙人共同承担。损益分配的比例，应在合伙协议中明确规定，未经规定的可按合伙人出资比例分摊，或平均分摊。以劳务抵作资本的合伙人，除另有规定者外，一般不分摊损失。

合伙经营企业的特征决定其有如下主要优缺点：

（1）主要优点

① 与个人独资企业相比较，合伙企业可以从众多的合伙人处筹集资本，合伙人共同偿还债务，减少了银行贷款的风险，使企业的筹资能力有所提高。

② 与个人独资企业相比较，合伙企业能够让更多投资者发挥优势互补的作用，比如技术、知识产权、土地和资本的合作，并且投资者更多，事关自己的切身利益，大家共同出力谋划，集思广益，能提升企业综合竞争力。

③ 与一般的公司相比较，由于合伙企业中至少有一个负无限责任，使债权人的利益受到更大保护，理论上来讲，在这种无限责任的压力下，更能提升企业信誉。

④ 与一般的公司相比较，从理论上来讲，合伙企业盈利更多，因为合伙企业交的是个税而不是企业所得税，这也是其高风险成本的收益。

（2）主要缺点

合伙企业是很难做大做强的，其发展规模受到限制。由于合伙企业的无限连带责任，以及有限责任人与无限责任人的利润分配和责任本身等问题，都容易造成企业内部矛盾。理论上连带责任有利于保护债权人，但在现实生活中操作起来往往不然。如：一个合伙人有能力还清整个企业的债务，而其他合伙人连还清自己那份债务的能力都没有时，按连带责任来讲，这个有能力的合伙人应该还清企业所欠的所有债务。但是，在实际情况中，他是不会这样独立偿还所有债务的，还有可能连自己的那一份都等大家一起还。

5.4.4.3 有限责任公司

有限责任公司是由两个以上、五十个以下股东共同出资设立，各股东以其出资额为限对公司承担责任，公司以其全部资产对公司的债务承担责任的企业。有限责任公司是一种常见的公司形式，它的主要特征是：股东责任的有限性，股东出资的非股份性，股东人数的限制性，公司资本的相对封闭性，公司设立程序的简便性，以及公司组织机构设立的灵活性。

有限责任公司的这些特征决定了其具有一定的优点和缺点。

（1）主要优点

① 设立条件低，设立简便。这与有限责任公司特征中的公司设立程序的简便性相同。有限责任公司只有发起设立，而无募集设立。一般只要有公司章程，股东出资达到要求，登记即可设立。

② 股东变动小，内部凝聚力强。有限公司股东人数有最高数量的限制。我国《公司法》规定，有限责任公司由 50 人以下股东出资设立。因为股东人数较少，所以股东之间容易协调。同时，公司资本具有相对封闭性，不公开发行股份募集资本，股东之间可以相互转让其部分或者全部股权，但股东向股东以外的人转让股权，应当经过其他股东半数同意。这使得股东的人员流动不会很大。

③ 公司机构精简，经营效率高。由于有限公司的股东人数比较少，所以，并不要求有限公司必须设立股东会，甚至可只设立一名执行董事，所以其必设机构极其简单。

④ 股东风险小，仅负有限责任。有限责任公司的股东以出资额对公司债务承担责任，公司以其全部财产对其债务承担责任，这是有限责任公司的重要特征。

（2）主要缺点

① 发展规模受限制。有限责任公司只能以发起人集资方式筹集资金，不能公开发行股票，且人数有限，不利于资本大量集中，因此筹集资金的范围和规模一般都比较小，难以适应大规模生产经营活动的需要。

② 股权转让不易。股东股权的转让受到严格的限制，资本流动性不足，不利于用股权转让的方式规避风险。有限公司的出资转让不像股份有限公司转让那样自由，通常须获得其余股东的同意。对股东而言，这不利于其实现投资的流动性和增强投资的变现能力，故投资风险相对较高。

③ 对债权人利益保护有限。首先，公司一般自由资本较少，抗风险能力较差，且全体股东均负有限责任，当严重亏损时破产的可能性较大。其次，由于缺乏社会公众的监督，难免会出现个别股东逃避责任和风险的情况，从而损害公司债权人的利益。

5.4.4.4 股份有限公司

股份有限公司是指由 2 人以上 200 以下为发起人，其全部资本分为等额股份，股东按其所持股份为限对公司承担责任，公司以其全部资产对公司的债务承担责任。

股份有限公司的特征有以下几点：

① 公司的股本全部分为等额股份，其总和即为公司资本总额。

② 股东以其所持股份享有权利、承担义务。

③ 公司信用的基础是资本而不是股东的个人信用，是典型的资合公司。

④ 公司的重大事项必须向社会公开。

⑤ 公司的设立有发起设立和募集设立两种，股份以股票的形式表现。

⑥ 股东的股份可以自由转让，但不能退股。发起人认购的股份自公司成立之日起三年内不得转让，公司董事、监事、经理在任职期间也不得转让所持有的本公司的股份。

股份有限公司的特点决定了其有以下优缺点：

（1）主要优点

① 可以广泛筹集资金。这不仅仅是因为它可以对外公开发行股份和债券，更因为其股份每股金额小，为那些即使只拥有少量资金的人也可以参与投资奠定了基础，所以，能广泛吸收社会上的闲散资金，有充足的资金作为后援。

② 适应了所有权与经营权相互分离的现代生产方式的需要。由于现代企业制度要求企业必须由具有专门经营管理才能的人员来进行经营管理，而股份有限公司的股东只通过股东大会参与公司的重大决策，大部分股东不参与公司的日常决策与管理，因而经营者有较大的经营自主权。

③ 公司股票上市后可以自由转让。股东如有急需或者对公司的经营发展不看好，都可以将持有的股票转让出去，收回投资。此外，开办股票交易市场，既可以增加国家的税收，又可在客观上起到自发调节生产结构、平衡各行业投资比例的作用，有利于国家从中掌握有关信息，自觉地采取相应的宏观调控措施。

④ 股东投资风险较小。股份有限公司总股本一般较大，一方面抗经营风险的能力相对较强，另一方面，有可能获得规模经营所带来的高收益。因此，单个股东有可能以较小的投入分享规模经营所获得的高收益。

（2）主要缺点

① 公司设立条件、程序比较严格、复杂，发起人设立责任比较重，审批环节多。

② 公司易被少数大股东操纵和控制。为减少大股东的操纵和控制，使小股东也有反映他们需求的董事或监事，一般选择实行累积投票制，这样可以使得利益相对均衡，不会因为利益冲突而造成公司内部矛盾的激烈化。

③ 中小股东对公司缺乏责任感。公司股东流动性较强，不容易控制。若公司经营状况好，投资者就多；若公司经营不佳，股东便抛售股票，转移风险。

对于以上四种经营方式各方面进行的对比分析见表 5-2。

表5-2　经营方式对比分析表

经营方式	个人独自经营	合伙经营	有限责任公司	股份有限公司
发起者国籍	中国公民	不限	不限	不限
是否具有法人资格	否	否	是	是
责任	无限责任	无限连带责任	有限责任	有限责任
是否可发行股票	否	否	否	是
是否可发行债券	否	否	是	是
股权证明形式			出资证明书（不能转让、流通）	股票（可以转让、流通）
发展规模是否受到限制	是	是	是	否
发展规模	一般较小	一般较小	一般较大	一般较大
财务公开	否	否	否	是

对于场站的经营方式，由于场站本身属于重资产，需要大量的资金，同时在国外经营场站，为避免运营调度车底和管理场站的困难，需要吸收国外的资本。同时，场站在后期为整个中欧班列服务，需要提高其知名度，需要以一定的资本以及财务公开的形式作为其信用基础。

对于个人独资经营方式，由于其发展规模以及发起人国籍的限制的原因，使得这种经营方式不适合场站的经营。

由于合伙经营这种方式限制企业的发展规模，同时不具有法人资格，以及其适合发展规模较小的企业等原因，不适合场站经营。

对于有限责任公司，虽然其具有法人资格而且股东承担有限责任，但是只有发起人集资方式筹集资金，不能公开发行股票，且人数有限，不利于资本大量集中，因此筹集资金的范围和规模一般都比较小，在后期场站要为整个中欧班列服务的，该种经营方式会使得场站的发展规模受到一定程度的限制，因此其也不适合场站的经营。

对于股份有限公司，其具有有限责任公司的优点，同时可以弥补有限责任公司的经营方式的缺点。虽然其设立程序比较复杂，设立条件比较严格，但是其财务公开，并且可以吸收大量的资本，使得其适合场站的经营。在股份有限公司的经营方式下，有利于吸收收购场站所需的资金以及提高知名度，因此其适合场站的经营。

关于运营中心建设模式分析，以马拉舍维奇作为中欧班列海外枢纽的典型代表，对其下属的PKP、EUROPORT、AGROSTOP、ADAMPO四家场站的地理位置、作业能力、设施水平进行分析，为设计中欧班列海外场站的功能配置、建设方案、经营模式提供参考。综合分析中波关系发展历程、外国投资波兰的市场准入政策、波兰投资政策、波兰企业注册基本程序、波兰外籍人员劳动许可制度、在波兰并购企业后的劳工制度、保税区和自贸仓库的规定等内容后，结合中欧班列（成都）的实际运营情况，分析了中欧班列（成都）欧洲运营中心不同的建设模式。

第6章 中欧班列欧洲运营中心选址及相关

6.1 中欧班列欧洲运营中心功能定位

6.1.1 班列组织功能定位

目前中欧班列（成都）欧洲端的班列统筹组织主要由RTSB（白俄铁）公司代理，在建成欧洲端的运营中心后，应具备班列统筹组织功能。具体功能如下：

① 欧洲端班列运输组织协调功能。欧洲端目前网运分散，需要运营中心与欧洲端的各路网公司、场站、运营公司统筹协调，保持欧洲端各运输环节的通畅。

② 班列在欧洲端的清关、交接等功能。之前这些业务由RTSB公司代理，在成立运营中心后应该具有此功能，提高通关效率。在运营中心成立后，短时期内继续借用RTSB公司进行海关清关相关作业，当运营中心发展较为成熟后，利用猎头公司挖掘相关关键员工，并对核心员工进行培训，实现对欧洲端具有清关功能的运营中心的完全控制。

③ 班列的取送车作业和空车对位功能。在确保配空车符合集装箱装运条件的同时，欧洲运营中心负责班列在欧洲的换装、取送车、站内短驳、集结成列、整备、发车，提高装卸效率，减少在马拉舍维奇的作业时间。

④ 班列的组织调度功能。运营中心主要负责欧洲运营端班列的整体运行，去程与回程班列的货物集结和中转以及班列的对接和调度等作业都需要在良好的组织下进行。因此，运营中心需要建立起合理的调度管理体系，在基于货物运输需求计划的基础上进行整体的组织调度作业，针对货运量需求计划进行集装箱的组织安排工作，并结合具体情况调度车板，实现运输效率最大化。同时，对组织调度工作进行日常的监督并结合实际情况完成调整，保证货物运输的时效性和规范性。

⑤ 货源和列车的信息共享和反馈功能。在中欧班列形成统一品牌后，欧洲运营中心在整个班列的开行过程中扮演着中转节点的角色，需要对去程班列货物运输和回程班列货物集结提前进行信息收集，并在各级节点完成传递，同时及时接收反馈信息，针对货

运需求计划和班列信息建立相应的信息网络平台。除此以外，欧洲运营中心还要汇总实时的集装箱、车板和班列的组织调度计划，将相应的信息上传到共享信息系统上实现整个线路的运输信息的共享。这些共享的信息以供各节点针对自身的具体情况进行运输计划的调整，并为类似的运输活动提供经验基础，并保障基本需求和最高需求的协调。这些举措可保证整个调度计划的有效性，真正实现信息的无障碍传递和共享，并促进中欧班列（成都）的高效开行。

⑥ 营销功能。在运营中心的发展中，可针对境内外货运需求特征，学习借鉴成熟的营销策略并进行修正，对欧洲端的运营工作进行组织实施。

6.1.2　货流组织功能定位

（1）货流组织功能

① 货源集散。2020 年，中欧班列累计开行 1.24 万列、运送 113.5 万标箱，分别同比增长 50%、56%，综合重箱率达 98.4%，年度开行数量首次突破 1 万列，单月开行数量均稳定在 1 000 列以上。随着时间的推移，中欧班列（成都）的开行数量会持续增多。此时，中欧班列（成都）欧洲运营中心需发挥货物集散的作用，积极开拓欧洲货运市场，保障成都至欧洲进出口班列运输组织的稳定。并且，还可依靠欧洲国际货物的集散、分拨网络，进一步加强与欧洲国家的商贸交流与合作。

② 统筹货物集散点。和其他国际班列相比，中欧班列（成都）在欧洲的货物集散点既多且分布广泛。现阶段，东欧的华沙、罗兹，西欧的蒂尔堡，中欧的纽伦堡，南欧的布达佩斯以及北欧的卡尔斯港等都是其集散基地。中欧班列（成都）欧洲运营中心需要对欧洲的这些集散点进行统一筹划，构建物流网络，以此提高货源组织的效率与效益，增强中欧班列（成都）的市场竞争力，从而提升经济效益和社会效益。

③ 回程班列箱源的调配、组织。因为中欧、中亚往返程班列的开行数量存在不平衡的情况，导致在境外有较多的空箱滞留。在此情况下，中欧班列（成都）应当做好箱源的调配和组织工作。具体而言，可以通过与国际海运等集装箱租赁公司开展合作，设立海运和班列共享的还箱点，从而有效降低班列箱源调配组织的成本。

④ 集装箱拼箱功能。中欧班列（成都）采用集装箱运输，整箱货物中有部分是由不同货主的货物拼箱构成，因此，运营中心可提供拼箱功能，这有利于提升对于中小货主的吸引力。

⑤ 集装箱集疏功能。对于中欧班列（成都）运营中心而言，“集”意味着吸收来自欧洲腹地的货物，让这些货物在运营中心或二三级节点周边的仓库、堆场集中起来。而“疏”则是在货物卸装后，借助各种交通方式，从运营中心向经济腹地以及收货人目的地发散的过程。集装箱的集疏运功能能够提升运营中心的综合效能，强化运营中心与欧洲腹地之间的联系。

⑥ 储存功能。中欧班列（成都）运营中心可以建设必需的仓储设施，以此尽可能减少库存占压资金，降低储存成本。同时，运营中心需要完善货物的出入库流程和制度，并配备高效率的自动化分拣运输设备，以辅助仓储作业高效进行，进而提升运营中心的仓储增值服务。

⑦ 装卸搬运功能。为了实现货物在运营中心的快速流通，运营中心应当配备专业化的装载、卸载、提升、运送、码垛等装卸搬运机械。这样做能够提高装卸搬运作业的效率，同时减少作业过程中对货物造成的破损。

⑧ 流通加工功能。运营中心的流通加工作业以满足顾客需求为目标，方便其生产或销售。中欧班列（成都）欧洲运营中心常常与固定的制造商或分销商进行长期合作，为制造商或分销商完成一定的加工作业。运营中心在远期可增加贴标签、制作并粘贴条形码等流通加工等功能，通过对销售包装进行组合、拼配、加固，形成适于物流和配送的组合包装单元。

（2）货流组织流线

分析中欧班列（成都）运营中心货流组织功能可知，其把中欧班列（成都）运营中心货流组织分为回程货流组织（货流的集运）和去程货流组织（货流的疏运）。运营中心回程货流组织如图 6-1 所示，去程货流组织如图 6-2 所示。

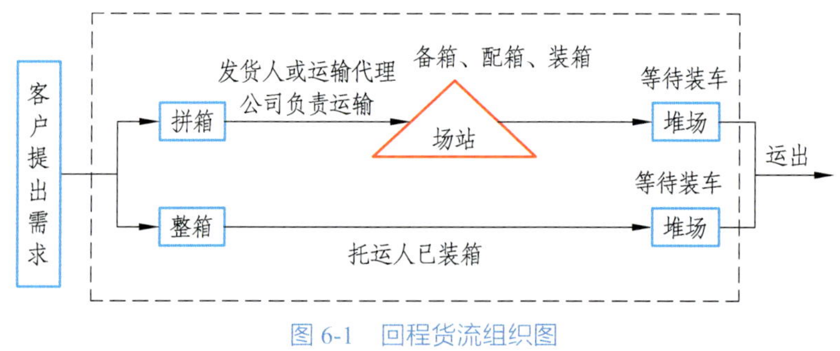

图 6-1　回程货流组织图

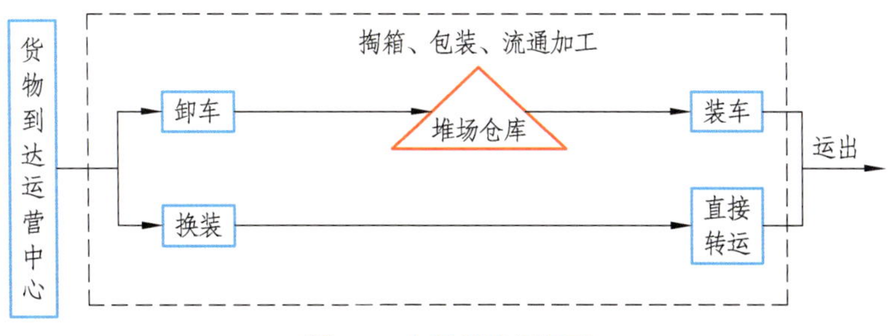

图 6-2　去程货流组织图

6.1.3　车流协调功能定位

运营中心应具备如下一些基本功能：

（1）中欧班列（成都）列车解并功能

中欧班列（成都）进入欧洲端或离开欧洲端时，会产生不同方向的列流。因此，运营中心应具备列流的解并功能、车流的集散功能。

（2）不同轨距换装功能

中欧班列（成都）往返经过运营中心，由于两侧轨距不同，列车运能不同，在由准轨换到宽轨时可能会出现三列并两列的情况（见图 6-3），在由宽轨换至准轨时会出现两列变三列的情况（见图 6-4），因此应该具备不同轨距的换装功能。同时，在运营中心能力紧张时，将整车通过二级节点进行编组。

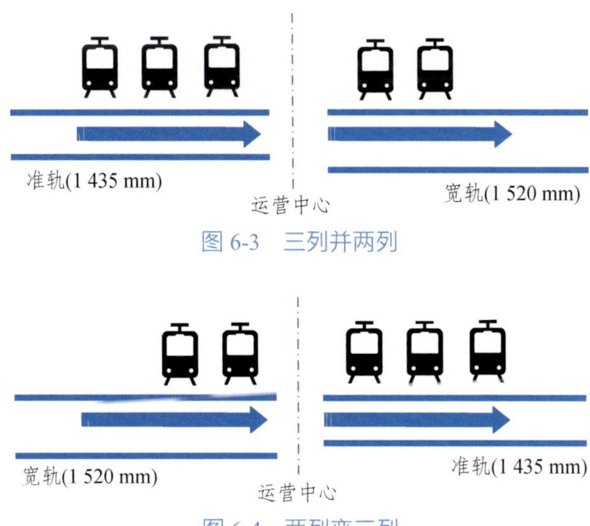

图 6-3　三列并两列

图 6-4　两列变三列

（3）车流开行方案优化

对中欧班列（成都）的运营中心与二级节点的运输网络进行优化，改变目前班列单一的点对点直达运输现状，对同来源、同目的地、同方向货源 OD 进行统筹整合，根据情况选择开行时效性更高的列车，提高班列频次，缩短货物集结时间，可助力班列发挥时效性优势。

（4）车流集并优化

班列（不论目的地相同与否）经过运营中心时进行车流集并，可以减少集结等待时间，给车流组织及寻找合作方等带来便利，还能减轻始发站的货源组织压力。

基于中欧班列（成都）欧洲端运营中心的近期及中远期功能发展目标，得到运营中心统筹功能图如图 6-5 所示。

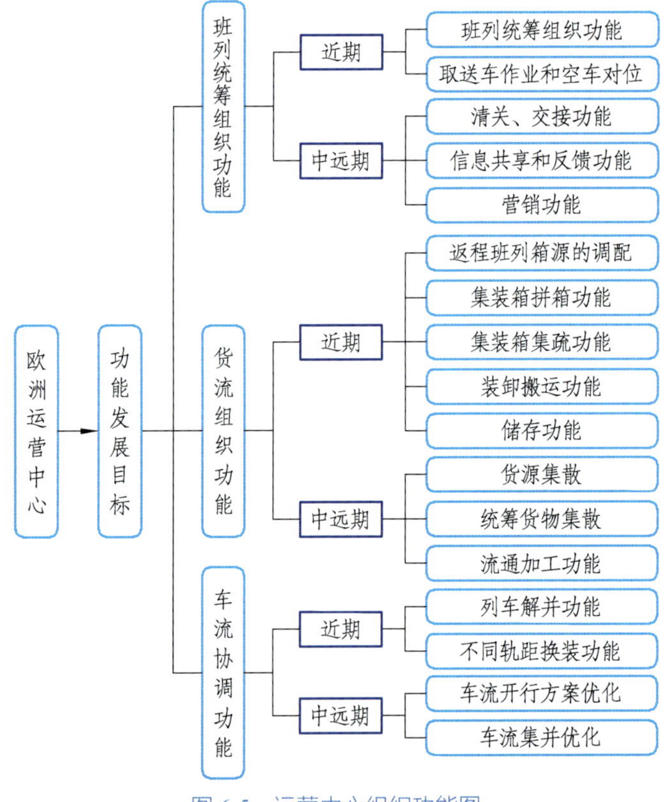

图 6-5　运营中心组织功能图

6.1.4　运营中心功能配置

欧洲运营中心的主要功能有换装功能、货物集散功能、流通加工功能（未来具备）、仓储功能、配送功能、运输功能以及信息服务功能。根据运营中心的功能，确定其有以下功能区：

（1）换装功能区

进行来往于白俄罗斯方向的宽轨及欧洲腹地的标准轨之间班列的解体、集并等换装作业，白俄罗斯到欧洲的班列在这个区进行解体、换装，欧洲到白俄罗斯的班列在另外一个区进行解体、换装。

（2）集卡停放区

主要进行马拉舍维奇附近的地区直接采用公路运输的货物集散，对于距离运营中心较远的欧洲腹地则在综合考虑时间成本及经济成本的前提下采用铁路运输或水路运输往返于二级节点。将到达及发送的集装箱进行存储的同时，按照货物性质、方向等属性进行发运。

（3）流通加工功能区

在远期将具有这个功能，将有特殊需求的货物进行包装整理、加固、换装、改装、条形码的印制、粘贴等，提高商品价值，便于运输。

（4）仓储功能区

建立集装箱堆场、标准仓库、专用仓库等，以便根据集装箱或货物种类的不同进行分类储存。

（5）办公区

进行中欧班列（成都）运营过程中与各方的协调组织，此处的主要功能包括：向客户提供货物状态查询、货物过程跟踪、建立客户关系管理的信息服务功能，同时还可以发展市场交易、货物仓储、运输状态的查询等功能。

6.2　中欧班列欧洲运营中心运营模式

6.2.1　运营中心商业模式

商业模式主要指企业与企业之间、企业的部门之间乃至与顾客之间、与渠道之间都存在各种各样的交易关系和联结方式。通过提供低成本、高效率的公铁联运物流服务，运营中心将不断吸收运营中心所在地马拉舍维奇以及波兰、东欧地区的客户，形成物流、商贸和产业聚集。未来随着运营中心商贸功能的开发和实施，还将吸引北欧、中欧、西欧、南欧等区域的客户并且实现多区域联合互动，最终实现大物流与大商贸相互促进、共同发展的良性循环商业模式。

（1）大物流促进大商贸

中欧班列（成都）运营中心重点建设以换装功能为核心的公铁联运物流中心，整合仓储、中转、公铁联运、配送等物流服务。通过中心先进的物流设施、设备以及优越的地理、交通优势，吸引周边地区的物流、生产制造、商贸等企业及其配套产业入驻本物流中心或者使用相关物流服务，形成物流和商贸聚集基地，在充分发挥中欧班列铁路骨干运输优势和公路灵活快速运输特点基础上，实现多地区互动，不断扩大客户辐射范围，增强商贸的吸引和聚集能力，促进运营中心大商贸发展。

（2）大商贸带来大物流

未来随着中欧班列（成都）欧洲运营中心商贸项目部分的开发和实施，一批服务于商贸、工业企业等的基础设施和平台将建设完成。在运营中心成功形成物流、商贸聚集基地的基础上，这些基础设施和平台，将进一步吸引来自欧洲其他国家或区域的客户，形成中国—欧洲物资商贸基地。通过商贸基地的成功运营，进一步给运营中心带来物流，最终形成大商贸和大物流相互促进、共同发展的良性循环商业模式。

6.2.2 运营中心物流模式

中欧班列（成都）运营中心物流模式分析涉及去程物流链（成都至欧洲）及回程物流链（欧洲至成都），以下将对这两类物流模式进行分析。

（1）去程物流运送的货物

主要包括电子产品、汽车、机电设备、服装等，主要来自于四川本地、云贵地区、东南沿海等地。以集装箱的形式通过铁路进入本运营中心并进行掏箱入库，然后根据不同欧洲各国目的地和不同需要，进行中转、包装、流通加工和存储等作业。对于目的地较远的西欧、南欧等地区的货物，通过铁路进行运输，到达目的站之后再采用公路配送或运输的方式。对于其他距离较近的欧洲地区，在综合考虑运输费用及时间成本等因素的基础上，可以通过公路进行运输。其具体物流模式如图 6-6 所示。

（2）回程物流运送的货物

主要包括高档汽车整车及其零部件、先进机械设备、高新技术产品、奢侈百货、奢侈品等。来源地为德国、意大利、西班牙、法国等发达国家。主要以散装、箱、托盘和

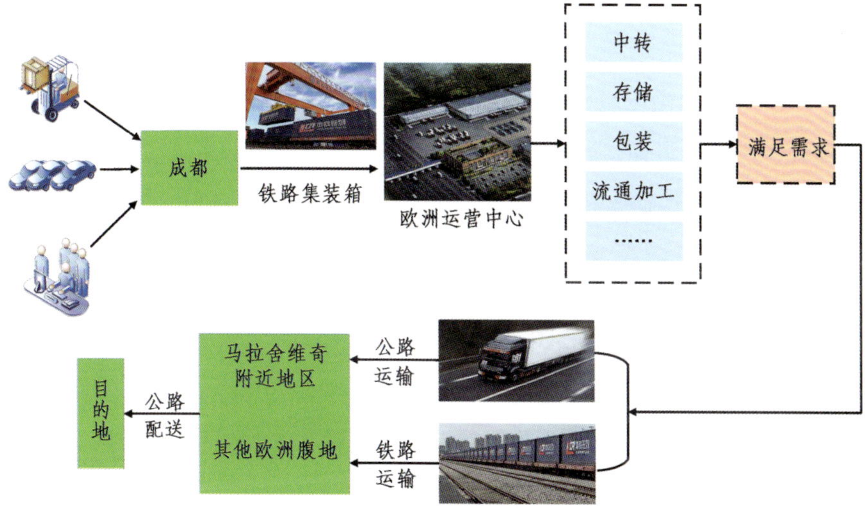

图 6-6 去程物流模式

集装箱等多种形式，通过公路、铁路运送到中欧班列（成都）运营中心。经过中转、存储、包装、流通加工等物流作业，主要以集装箱形式运送至成都。其具体物流模式如图 6-7 所示。

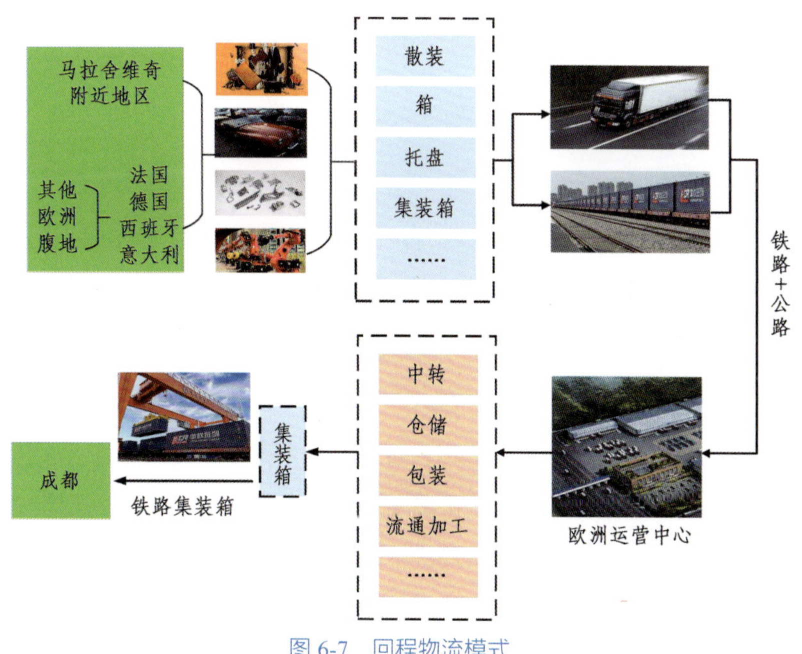

图 6-7 回程物流模式

6.2.3 运营中心运作模式

欧洲运营中心具体作业流程、内部运作流程是欧洲运营中心建设的重要环节之一。这些运作模式的实施，可使运营中心提供以换装作业为核心的多式联运、综合仓储、城市配送、物流中转、保税物流等服务。

（1）运营中心作业流程

① 托运。托运人填写全程运输服务委托单，在运营中心办理货物托运手续。

② 受理。运营中心在确认能满足托运人运输要求后与托运人签订运输服务合同并填写货物运单，同时向托运人收取全程的运输费用。

③ 制定货物集配计划。集配货运员根据受理运单的时间先后、去向、货物性质、数量及运营中心情况进行货物的集配。运营中心组织短途集运车队到发货人处，再由发货人自行组织装箱或运营中心代为装车后，将货物运回运营中心。

④ 货物验收保管。货物送回货场后，货场人员对货物进行验收，并在货物运单上签字。

⑤ 在途运输。列车到达后，运营中心相关人员根据票据与现车的核对情况，办理重车及货运票据的交接签证。

⑥ 卸车及交接。在货物运到运营中心后，由第三方公路运输企业或运营中心自备集卡，凭货物运单的提货联向运营中心提取货物。

⑦ 货物交付。第三方公路运输企业或运营中心自备集卡，组织短途疏运车队将集装箱送到收货人处，并组织空车返回。

（2）运营中心内部运作流程

运营中心运输的货物主要是集装箱货物。货物来源地主要有国内的四川、云贵地区以及东南沿海，欧洲的西欧及南欧等。这些货物主要通过货车和列车到达运营中心。货物到达后有以下作业流程（见图 6-8）。

① 换装、卸货。

依据货物的不同，采用相应的方式和设备进行换装或者卸货。

② 堆放、仓储或直接出货。

不同流向的货物将分别进入不同的集装箱货物堆场和综合性仓库进行堆放或仓储，若是直接转运的货物可办理相关手续直接出货。

③ 堆场或库内作业。

集装箱货物进入堆场后，一部分货物可能需掏箱放入综合性仓库进行仓储，另一部分仍以集装箱形式存放于集装箱堆场。进入综合性仓库的货物中，一部分是需进行流通加工作业的货物，经过流通加工后返回综合性仓库存储；一部分是需用集装箱运走的货物，经过装箱作业后进入集装箱堆场；其他货物则一直存储于综合性仓库内。

④ 装货运出。

根据货物的不同，采用相应的方式和设备进行装货。其中，综合性仓库的货物需经过分拣后再装货。货物运出方式可能有三种：第一种是通过铁路运出至西欧、南欧等欧洲腹地；第二种是通过公路货运车辆运输至距离马拉舍维奇距离相对较近的区域；第三种是货主直接到运营中心取货。

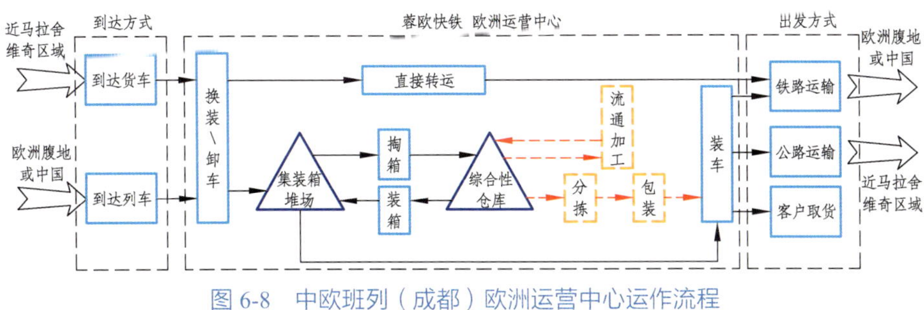

图 6-8　中欧班列（成都）欧洲运营中心运作流程

中欧班列（成都）欧洲运营中心在短期内的运作重点将以实现中欧班列（成都）及部分中欧班列在欧洲的换装作业、掏拼箱作业及转运装车作业为主，中远期内的运作重点将逐步转移为完善运营中心作为区域物流中心的流通加工、分拣及包装等功能。

6.3　中欧班列欧洲运营中心选址理论及技术

中欧班列各班列公司采用独自运营方式，在整个案例的选取过程中，以中欧班列（成都）欧洲运营中心建设为例，来说明中欧班列欧洲运营中心选址理论及技术。

6.3.1　中欧班列欧洲运营中心功能定位

通过对欧洲运营中心的规划进行研究可知，欧洲运营中心的发展目标是疏导中欧运输通道，解决运输瓶颈问题，实现欧洲端铁路运输组织及运营；同时加强中欧班列货源组织，有效组织开行中欧班列的回程班列，提高中欧班列的满载率；加强协调组织，统筹中欧班列各条线路以及中欧班列在欧洲端的网点，减少中欧班列之间的无序竞争，提高班列通关效率，优化欧洲端中欧班列的网点布局；实现国际货物运输的信息共享，建立信息共享网络平台，帮助完成货源信息和班列信息的及时更新和流通，实现信息在货主、运营中心以及班列公司三层节点之间的有效传递。基于此，欧洲运营中心的最终功能应包括车流协调、货流组织、班列统筹组织等。以中欧班列（成都）为例，其欧洲运营中心将以中欧班列（成都）欧洲端运营为主要工作，在中远期发展阶段则以建设中欧班列在欧洲的运营中心，统筹中欧班列在欧洲的运营为主要目标。

中欧班列运营中心的组织功能围绕班列统筹、物流组织和车流协调三大核心领域展开，旨在通过近期的运输协调、集疏存管理、列车解并等基础功能，以及中远期的信息共享、货源统筹、车流优化等高级功能，全面提升运营效率，优化物流流程，增强市场竞争力，以实现可持续发展。

6.3.2 中欧班列欧洲运营中心备选点概况

中欧班列欧洲运营中心的功能决定了运营中心宜建在城市边缘、交通条件较好、用地充足的地方，在空间布局时要综合考虑建在投资环境稳定、基础设施完善、经济环境稳定和自然环境良好的地方。结合实际运营需求，确定蒂尔堡、纽伦堡、罗兹、华沙、马拉舍维奇、布雷斯特、米兰、维也纳、克拉科夫等九座城市作为运营中心备选地，具体情况见表 6-1。

表6-1 欧洲运营中心备选点概况

投资环境	蒂尔堡	自 2000 年以来，荷兰连续保持中国在欧盟的前三大贸易伙伴地位。2020 年，中荷双边贸易总额仍达到 918 亿美元的历史最高水平，同比增长 7.8%。截至 2020 年，中国对荷投资存量 257 亿美元，荷兰对中国投资存量 238 亿美元，荷兰是中国在欧盟内第一大投资目的地和第二大引资来源地
	纽伦堡	中德 1972 年 10 月 11 日建交；1993 年德国制定以中国为重点的亚洲战略；2004 年 5 月双方在中欧全面战略伙伴关系框架内建立具有全球责任的伙伴关系和两国总理年度会晤机制；2010 年 7 月双方发表《中德关于全面推进战略伙伴关系的联合公报》，建立政府磋商机制；2014 年 3 月中德关系进一步提升为全方位战略伙伴关系。德国作为中国在欧洲的最大贸易伙伴，2020 年双边贸易额为 2 509 亿美元，同比增长 3%

续表

<table>
<tr><td rowspan="7">投资环境</td><td>罗兹</td><td rowspan="3">1949 年 10 月 7 日两国建立大使级外交关系；2004 年两国元首共同签署了《中华人民共和国和波兰共和国联合声明》，提升为友好合作伙伴关系。2015 年，波兰与中国签订了共同支持“一带一路”倡议的备忘录。近年来，两国在“一带一路”框架下合作稳步推进，波兰是中国在中东欧地区最重要的经贸合作伙伴之一，是本地区首个对华贸易额突破 100 亿美元的国家。2021 年 1—8 月两国双边货物进出口总额为 267.6 亿美元，同比增长 41.7%，其中，中国对波兰出口商品总值为 230.9 亿美元，同比增长 42.9%；中国对波兰的进口商品总值达到 36.7 亿美元，与上年同期相比增长了 34.7%</td></tr>
<tr><td>克拉科夫</td></tr>
<tr><td>华沙</td></tr>
<tr><td>布雷斯特</td><td>1992 年 1 月 20 日两国建交；2013 年 7 月，两国元首签署联合声明，宣布中白建立全面战略伙伴关系；2016 年 9 月，双方建立相互信任、互利共赢的全面战略伙伴关系。截至 2020 年底，中国成为了仅次于俄罗斯的白俄罗斯第二大贸易伙伴国，白俄罗斯与中国的贸易额为 46 亿美元，比 2019 年增长了 80 万美元。白俄罗斯产品出口增长了 9.4%（7 769 亿美元），进口下降了 1.7%（38.4 亿美元）。贸易差额有利于中国，差距缩小了 4.1%</td></tr>
<tr><td>米兰</td><td>1970 年 11 月 6 日中意两国正式建交；2004 年，两国建立全面战略伙伴关系。意大利是首个与我国签署“一带一路”协议的 G7 国家。意大利是中国在欧盟的第五大贸易伙伴，中国是意大利在亚洲的第一大贸易伙伴，2020 年中国与意大利双边货物进出口额为 551.851 73 亿美元，同比增长 0.4%。其中，中国对意大利出口商品总值为 329.374 97 亿美元，同比下降 1.7%，中国自意大利进口商品总值为 222.476 76 亿美元，同比增长 3.8%</td></tr>
<tr><td>维也纳</td><td>中国与奥地利于 1971 年 5 月 28 日建交；1964 年 9 月，中奥签订关于互设商务代表处的换文；1972 年 10 月两国签订《贸易和支付协定》，两国民间贸易关系上升为政府间贸易关系；进入 21 世纪，中奥关系全面发展，2018 年 4 月双方建立中奥友好战略伙伴关系。2020 年中国与奥地利双边货物进出口额为 100.481 06 亿美元，同比增长 −5.8%。其中，中国对奥地利出口商品总值为 34.067 39 亿美元，同比增长 11.8%；2020 年中国自奥地利进口商品总值为 66.413 67 亿美元，同比增长 −12.9%</td></tr>
<tr><td colspan="2"></td></tr>
<tr><td rowspan="3">基础设施</td><td>蒂尔堡</td><td>荷兰南部地区的商业中心和交通枢纽，是中欧班列的去回程班列的终点站和始发站，其 Brabant 场站是多功能三式联运场站，实现铁路运输与船舶运输、公路运输的相互衔接</td></tr>
<tr><td>纽伦堡</td><td>中欧中部繁忙的交通枢纽，该城市火车站坐落于德国从北往南及从东往西的交通干线中央，设有 25 条通过式正线及其中的 23 条到发线，成为欧洲最大规模的通过式车站。日均开行 166 班列车，每日有超过 18 万人次到发，是纽伦堡大区的交通枢纽中心</td></tr>
<tr><td>罗兹</td><td>地处波兰和欧洲中心的铁路、公路枢纽，交通设施齐全，距离波兰各大城市约 200 km，是华沙—乐斯瓦夫铁路的运输中心</td></tr>
</table>

续表

基础设施	克拉科夫	位于波兰南部维斯瓦河上游左岸，距华沙约250千米，是重要的铁路枢纽，毗邻拥有斯瓦夫库夫货运站的卡托维兹市，是乌克兰至波兰卡托维茨宽轨铁路终端，也是“欧亚铁路运输走廊”终端之一
	华沙	全国交通中心，欧洲公路铁路交通网枢纽之一，波兰主要航空港
	马拉舍维奇	处于波兰边境，欧洲端标准轨第一站，拥有PKP Cargo（货运和转运设施），Gaspol（波兰最大的LPG经销商）等众多物流、货运、关务公司，是中欧班列线路上最重要的过境点和集散点
	布雷斯特	与马拉舍维奇相邻，是标准轨与宽轨的换轨站
	米兰	拥有100多个火车站，其中米兰中央火车站是欧洲及意大利规模最大的铁路车站，也是全欧洲最大的铁路枢纽之一，有24个站台，日平均客流量达42万人，年客流量2亿人
	维也纳	奥地利的铁路枢纽，拥有50个火车站，其铁路网与欧洲一些国家相连，多瑙河经过维也纳，其水运也较为发达
经济条件	蒂尔堡	位于荷兰北布拉邦省的中心，威廉米娜运河畔，荷兰第六大城市，而且地价较高，人均工资为3 947美元
	纽伦堡	德国工业中心，地价极高，人均工资为4 685美元
	罗兹	波兰第二大城市，罗兹省首府，地价一般，人均工资为2 000美元
	克拉科夫	波兰经济特区，累计投资额41.9亿兹罗提，创造就业2.34万个，IT、通信、商务流程外包、化学、汽车等为主要投资领域，主要投资来源于美国、波兰、法国等。地价较便宜，人均工资为2 008美元
	华沙	波兰共和国首都，政治、经济、文化中心，是波兰第一大城市，地价较高，人均工资为2 641美元
	马拉舍维奇	地处偏僻，地价极其便宜，只要16元/m^2，人均工资为1 400美元
	布雷斯特	地价较为便宜，人均工资为2 850美元
	米兰	地价较为昂贵，人均工资为3 920.4美元
	维也纳	地价较贵，人均工资为4 219美元
自然条件	蒂尔堡	全境为低地，四分之一的土地海拔不到1米，四分之一的土地低于海面。温带海洋性气候，沿海地区夏季平均气温为16℃，冬季平均气温为3℃，内陆地区夏季平均气温为17℃，冬季为2℃

续表

自然条件	纽伦堡	潮湿的大陆性气候，与海洋气候接壤。冬季天气变化多端，平均温度约为 -3℃至4℃，而夏季通常温暖，大多数温度为13~25℃。全年气温均匀分布，7月降雨量更多
	罗兹	潮湿的大陆性气候，平均气温为8.6℃，平均每年降水量为582 mm
	克拉科夫	位于波兰南部的维斯瓦河上，喀尔巴阡山脉山脚下的山谷中，海拔219 m，潮湿的大陆性气候，季节温差大，夏季平均温度为17.0~19.2℃，冬季为 -2.0℃至 -0.6℃，年平均气温为8.7℃
	华沙	温带大陆性气候，平均气温为17℃，其中，一月平均气温为 -5℃，七月平均气温为30℃。平均雨量每年680 mm，7月是降水最多的月份
	马拉舍维奇	天气相对寒冷，降水比较少，但是阳光充足，全年平均温度为7℃，平均每年降水量为547 mm，夏季为351 mm，冬季为196 mm
	布雷斯特	潮湿的大陆性气候，年平均温度8.2℃，年平均降水量591 mm，年平均日照时数为1 822小时
	米兰	副热带夏干气候，米兰市中心1月的平均温度是3℃，最低温为 -2℃；7月份的平均温度为25℃，最高温为30℃
	维也纳	过渡性气候，降水量很小，干旱期长，冬季较其他奥地利城市温暖，城市中心平均气温10.4℃，城市郊区约9.8℃，平均降水量约600 mm，一年约有60天是夏天，70天是冰冻期，天气寒冷异常

6.3.3　中欧班列运营中心选址影响因素

中欧班列欧洲运营中心的功能决定了运营中心在空间布局时要考虑：

（1）投资环境

运营中心的生存和发展都与投资环境息息相关，所以选址应考虑较稳定的投资环境，主要包括两国的双边贸易量、贸易增速和两国的法律政策等方面。对选址投资环境的分析，可以充分地了解市场供求状况、国家的经济政策以及国内外政治等。只有了解这些因素后，才能选择较优的运营中心地址。

（2）基础设施

有效舒缓交通运输节点的拥堵情况是欧洲端运营中心设立的主要功能，所以选址首要考虑的就是基础设施，其主要评价指标包括交通条件、铁路网位置、辅助基础设施建设等。良好的交通条件和铁路网位置是欧洲端运营中心选址的必要条件，其与便利的设施设备相结合，能够有效地缓解运输节点的拥堵情况，提高运输效率，极大地缩短运输时间，从而提高中欧班列的运作效率。

（3）经济环境

为保证运营中心长久稳定地运行，选址应考虑经济因素，其主要包括土地价格、人员成本等。其中，土地价格和人员成本是选址的先决条件，这是由企业的发展状况和经济实力决定的，也是企业在选址时很关心的指标。

（4）自然条件

自然环境是影响运营中心选址的重要因素之一，主要包括自然气候条件、地质地理条件、水文条件等。运营中心选址时，应优先考虑满足地势平坦、气候适宜产品存储、地址承载力较高等条件的地理位置。除此之外，选址还要考虑对生态环境的影响、对周边居民生活的影响、发展的可持续性等因素。

根据运营中心选址的影响因素，运用 AHP 层次分析法建立了运营中心选址指标体系，如图 6-9 所示。

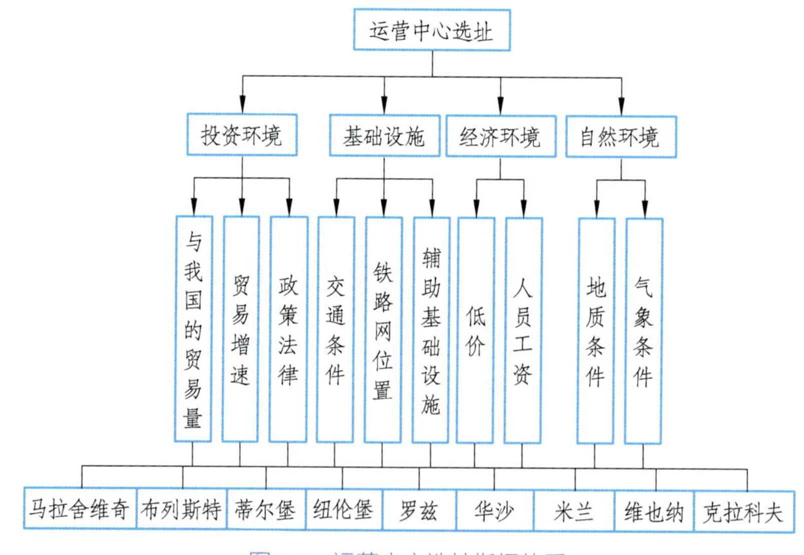

图 6-9　运营中心选址指标体系

6.3.4　中欧班列欧洲运营中心选址技术

依据已建立的运营中心选址指标决策体系，运用层次分析法来确定各个评价指标的权重，针对中欧班列运行的相关因素特点，将所有因素划分为三层，上一层元素作为准则对下一层元素起支配作用，见表 6-2。结合国内外运营中心选址经验，通过主客观评分构造判别矩阵，并对判断矩阵的各层次进行单排序计量和一致性检验计算各指标权重。

表6-2　运营中心选址三层模型

A层	B层	C层
运营中心选址	投资环境	与我国的贸易量
		贸易增速
		政策法律
	基础设施	交通条件
		铁路网位置
		辅助基础设施
	经济环境	地价
		人员工资
	自然环境	地质条件
		气候条件

（1）一级指标权重

根据 1—9 比例标度法，构造运营中心选址的一级指标判断矩阵 A—B 层，见表 6-3 和表 6-4。

表6-3　判断矩阵A—B

运营中心选址	投资环境	基础环境	经济环境	自然环境
投资环境	1	1/5	2/5	2
基础设施	5	1	2	9
经济环境	5/2	1/2	1	5
自然环境	1/2	1/9	1/5	1

注：CI=0.000 47；CR=0.000 520<0.1，满足一致性检验。

表6-4 判断矩阵A—B总排序

运营中心选址	最终排序	综合排序
投资环境	0.113	3
基础设施	0.548	1
经济环境	0.281	2
自然环境	0.058	4

注：权重向量$w=(0.113,0.548,0.281,0.058)$，最大特征根$w=(0.113,0.548,0.281,0.058)$。

从表 6-4 可以看出，基础设施的权重最高，经济环境相对较低，投资环境次之，自然环境的权重处于末尾。这是因为建立欧洲运营中心的目的主要是优化中欧班列的运营组织，提高国外段列车的通过能力以及把控力度，所以基础设施对中欧班列欧洲运营中心的建设尤为重要。其次，建设成本也是决定运营中心选址的一个重要限制因素，当地的经济环境权重处于第二位。同时，运营中心虽然建立在欧洲，但是目前我国与欧洲各国的外交关系较为稳定，自中国取代美国成为欧盟最大贸易伙伴之后，中欧之间的合作愈发紧密，投资环境较好，所以投资环境权重位于第三位。

（2）二级指标权重

根据 1—9 比例标度法，对 B—C 层的评价指标的相对重要性进行定性描述，并量化确定判断矩阵，见表 6-5~ 表 6-8。

表6-5 判断矩阵B_1—C_{1j}

投资环境	与我国贸易量	贸易增速	政策法律
与我国贸易量	1	5/4	5/6
贸易增速	4/5	1	2/3
政策法律	6/5	3/2	1
单层权重	0.333	0.267	0.4
综合排序	2	3	1

表6-6　判断矩阵B_2—C_{2j}

基础设施	交通条件	铁路网位置	辅助基础设施
交通条件	1	1/2	5/4
铁路网位置	2	1	3
辅助基础设施	4/5	1/3	1
单层权重	0.258	0.548	0.194
综合排序	2	1	3

表6-7　判断矩阵B_3—C_{3j}

经济环境	地价	人员工资
地价	1	6/5
人员工资	5/6	1
单层权重	0.545	0.455
综合排序	1	2

表6-8　判断矩阵B_4—C_{4j}总排序

自然环境	地质条件	气象条件
地质条件	1	2
气象条件	1/2	1
单层权重	0.667	0.333
综合排序	1	2

由计算可知，上述矩阵均满足一致性检验，不再进行计算结果展示。

各因素权重：

$$w=(0.0376,0.0302,0.0452,0.1414,0.3003,0.1063,0.1531,0.1279,0.0387,0.0193)$$

各个城市得分矩阵：

$$t=\begin{bmatrix} 0.0543 & 0.1402 & 0.0578 & 0.0312 & 0.2712 & 0.2222 & 0.2140 & 0.2072 & 0.0432 & 0.0432 \\ 0.0288 & 0.0358 & 0.0578 & 0.0312 & 0.2712 & 0.2222 & 0.1028 & 0.0995 & 0.0432 & 0.0432 \\ 0.2388 & 0.1106 & 0.0241 & 0.1234 & 0.0292 & 0.0556 & 0.0535 & 0.0518 & 0.1246 & 0.1246 \\ 0.3594 & 0.0716 & 0.3985 & 0.0924 & 0.0553 & 0.0741 & 0.0357 & 0.0345 & 0.1277 & 0.1277 \\ 0.0543 & 0.1402 & 0.0578 & 0.1667 & 0.0950 & 0.1111 & 0.2140 & 0.2072 & 0.2352 & 0.2352 \\ 0.0543 & 0.1402 & 0.0578 & 0.0924 & 0.0451 & 0.0556 & 0.0947 & 0.0995 & 0.1277 & 0.1277 \\ 0.1166 & 0.1106 & 0.2569 & 0.2037 & 0.0553 & 0.0741 & 0.0357 & 0.0518 & 0.1277 & 0.1277 \\ 0.0389 & 0.1106 & 0.0315 & 0.0924 & 0.0553 & 0.0741 & 0.0357 & 0.0414 & 0.1277 & 0.1277 \\ 0.0543 & 0.1402 & 0.0578 & 0.1667 & 0.1226 & 0.1111 & 0.2140 & 0.2072 & 0.0432 & 0.0432 \end{bmatrix}$$

将权重矩阵与各个城市得分相乘得到选址：

$(0.1801,0.1452,0.0676,0.0885,\ 0.1457,0.076,0.0921,0.0619,0.1428)$

通过层次分析法对选址进行分析计算，得到最优选址排列顺序为：马拉、罗兹、布雷斯特、克拉科夫、纽伦堡、华沙、蒂尔堡、米兰、维也纳。而目前中欧班列的欧洲运营中心更关注班列运作及运输瓶颈的缓解，同时兼顾未来发展的可能，所以将基础设施建设作为重要的考虑因素。马拉舍维奇作为欧洲铁路网的关键节点、欧洲标准轨的第一站，拥有得天独厚的位置、较完善的基础设施以及经济性的地价和人员工资，并且波兰是我国友好合作伙伴，贸易逐年增长，2022 年中国与波兰双边货物进出口额为 4 322 275.82 万美元，相比 2021 年同期增长了 108 866.17 万美元，同比增长 2.7%，为中欧班列欧洲运营中心提供了良好的商贸条件，成为最优选址地点，所以最终确定在马拉舍维奇构建欧洲运营中心。

6.4 中欧班列欧洲端运营中心分拨节点双层运输网络构建理论及技术

（1）中欧班列欧洲端二级节点选址技术

多数中欧班列入欧洲境内都通过马拉舍维奇换装和分拨货物，其通过和换装能力已经饱和甚至出现无法满足运输需求的情况。结合中欧班列发展趋势和欧洲端的铁路运输调研情况等，同时考虑到马拉舍维奇后续无法满足日益增长的换装、过货能力需求等因素，要求在建设一级运营中心的基础上对二级物流节点进行节点选址和建设，通过二级节点对货物进行分拨。

在遵循合理分工、有机衔接原则、经济合理性原则和环境合理性的基础上，对克拉科夫、华沙、罗兹、米兰、维也纳、蒂尔堡、纽伦堡、马德里、杜伊斯堡、慕尼黑、汉堡和布达佩斯几个备选节点关于地理位置、货运需求量、运输距离和节点能力的调研数据进行综合比选，见表 6-9~ 表 6-12。

表6-9　二级节点备选城市经纬度坐标

备选城市	纬度/度	经度/度
克拉科夫	50.083 3	19.916 7
华沙	52.25	21
罗兹	51.75	19.466 7
米兰	45.464 2	9.190 34
维也纳	48.212 6	16.373 4
蒂尔堡	51.57	5.07
纽伦堡	49.452 8	11.077 8
马德里	40.416	3.75
杜伊斯堡	51.43	6.76
慕尼黑	48.133	11.583
汉堡	53.55	9.983
布达佩斯	47.476	19.065

表6-10　二级节点备选城市中欧班列到达列数

备选城市	到达列数
克拉科夫	1
华沙	8
罗兹	19
米兰	1
维也纳	1
蒂尔堡	19

续表

备选城市	到达列数
纽伦堡	19
马德里	1
杜伊斯堡	26
慕尼黑	5
汉堡	21
布达佩斯	1

表6-11　二级节点备选城市节点能力

备选城市	场站运营方	场站面积/m^2	场站堆存能力/TEU
克拉科夫	Euroterminal Sławkow	93 000	1 800
	METRANS (Polonia) sp. z o.o.	225 000	1 300
	Karpiel Sp. z.o.o.	100 000	1 000
华沙	Cargosped Sp. z o.o.	2 400	1 200
	Spedcont	18 600	1 000
	Loconi Intermodal	68 000	2 000
罗兹	Terminal Kontenerowy Spedcont	70 000	5 000
	Loconi Intermodal	21400	2 000
米兰	Gruppo Spinelli	65 000	1 000
	Sogemar S.p.A.	165 000	无
维也纳	TSA Terminal Service Austria	19 000	1 760
	ÖBB-Güterzentrum Wien Süd Betriebsgesellschaft m.b.H. & Co KG	无	3 260
	WienCont Container Terminal GesmbH	135 000	5 000
蒂尔堡	Barge Terminal Tilburg BV	60 000	3 000
	Rail Port Brabant	40 000	1 500

续表

备选城市	场站运营方	场站面积/m²	场站堆存能力/TEU
纽伦堡	TriCon Container-Terminal Nürnberg GmbH	83 093	1 044
马德里	Renfe (Madrid Abronigal)	204 000	8 000
杜伊斯堡	DKT Duisburg Kombiterminal GmbH	60 000	1 800
	DUSS_Duisburg-Hub	无	无
	Samskip Van Dieren Multimodal	140 000	无
	Rhein- Ruhr Terminal Gesellschaft für Container- und Güterumschlag mbH (GWW)、Rhein-Ruhr Terminal Gesellschaft für Container- und Güterumschlag mbH	77 900	3 600
	Rhein- Ruhr Terminal Gesellschaft für Container- und Güterumschlag mbH	53 000	8 000
	DUSS_Duisburg - Ruhrort Hafen PKV	140 000	500
	Duisburg Trimodal Terminal GmbH	37 500	1 800
	DeCeTE Duisburger Container Terminal Gesellschaft mbH	170 000	无
慕尼黑	DUSS_Münche-Riem	无	1 000
汉堡	HHLA Container-Terminal Altenwerder GmbH	无	335 000
	DUSS_Hamburg-Billwerder	无	1 400
	HHLA Container Terminal Burchardkai	164 242	无
	Eurokombi Terminal GmbHGmbH	128 311	3 000
	HHLA Container Terminal Tollerort GmbH	无	无
布达佩斯	Rail Cargo Terminal - BILK Zrt	223 000（仓库区域 20 000m²）	22 000
	MAHART Container Center	105 000	6 400
	METRANS Danubia	165 000	7 500

表6-12　二级节点备选城市得分

备选城市	得分
克拉科夫	0.94
华沙	1.04
罗兹	1.36
米兰	0.71
维也纳	1.03
蒂尔堡	1.25
纽伦堡	1.19
马德里	0.59
杜伊斯堡	1.96
慕尼黑	0.89
汉堡	1.78
布达佩斯	1.15

根据表 6-12 的计算结果，选择得分前五的城市进行一步筛选分析，见表 6-13。

表6-13　备选城市优劣势

备选城市	优势	劣势
杜伊斯堡	地处欧洲腹地，交通便利，节点能力较大，货源较多	同时为中欧班列（重庆）、中欧班列（武汉）、中欧班列（郑州）的终点站，存在较大竞争
汉堡	地处欧洲腹地，节点能力大，靠近沿海，能开展海铁联运，货源较多	同时为中欧班列（重庆）、中欧班列（武汉）、中欧班列（郑州）的终点站，若在此选址会面临较大的竞争压力
罗兹	位于东欧，与马拉舍维奇较近，为中欧班列（成都）的终到站，与中欧班列（成都）的合作较多	节点能力一般，附近的货源较少
纽伦堡	地处欧洲腹地，交通便利，货源较多，为中欧班列（成都）的终到站	节点能力较小
蒂尔堡	位于西欧，靠近海洋、交通便利，能开展海铁联运，货源较多，为中欧班列（成都）的终到站	节点能力中等

对得分前五的城市进一步筛选可以看到：杜伊斯堡、汉堡、纽伦堡都处于德国，将选择这三个城市其中一个作为二级节点。杜伊斯堡是中欧班列（重庆）、中欧班列（郑州）、中欧班列（武汉）的终到站，而且中欧班列（重庆）已在该处购买场站，若在该处选址则会存在较大竞争，而纽伦堡为中欧班列（成都）的终到站，相对于汉堡、杜伊斯堡节点能力略差，而汉堡节点能力较大，且靠近沿海能开展海铁联运，可选择汉堡作为二级节点。而罗兹、蒂尔堡分别位于东欧、西欧两大片区，蒂尔堡位于沿海，开展海铁联运进行空箱调运，而罗兹靠近马拉舍维奇，并且最先与中欧班列（成都）展开合作，可以将罗兹、蒂尔堡作为二级节点，选择汉堡、罗兹和蒂尔堡作为中欧班列欧洲端二级分拨节点，其中汉堡覆盖中欧的节点城市，蒂尔堡覆盖西欧的节点城市，罗兹覆盖东欧节点城市。

（2）源终到点以及始发点覆盖城市选址

确定二级节点后需对二级节点所管辖的城市进行划分，构建考虑运输距离以及运输货运量的城市覆盖模型：

$$\min Z=\sum_j \sum_i x_{i,j} * d_{i,j} * n_i \tag{6-1}$$

$$\sum_j x_{i,j}=1 \tag{6-2}$$

式中，$d_{i,j}$——二级节点到其所属节点的距离；

n_i——城市的需求货运量；

$x_{i,j}$——选择在城市 i 属于二级节点 j 的管辖则为 1，否则为 0。

对模型计算得出慕尼黑、纽伦堡属于汉堡的下属节点，克拉科夫、华沙、维也纳、布达佩斯属于罗兹的下属节点，米兰、马德里、杜伊斯堡属于蒂尔堡的二级节点，二级节点及其管辖范围计算及调整见表 6-14。

表6-14　二级节点管辖城市

二级节点城市	管辖范围	
	覆盖城市	运输方式
汉堡	汉堡	公路、铁路
	慕尼黑	公路、铁路
	杜伊斯堡	公路、铁路

续表

二级节点城市	管辖范围	
	覆盖城市	运输方式
汉堡	纽伦堡	公路、铁路
罗兹	罗兹	公路、铁路
	克拉科夫	公路、铁路
	华沙	公路、铁路
	维也纳	公路、铁路
	布达佩斯	公路、铁路
蒂尔堡	蒂尔堡	公路、铁路
	米兰	公路、铁路
	马德里	公路、铁路

目前，中欧班列在欧洲端的二级分拨节点为杜伊斯堡、汉堡以及布达佩斯，相较于选出的节点，增加了蒂尔堡覆盖西欧的节点城市，选择汉堡作为二级节点覆盖中欧的节点城市，将罗兹替代布达佩斯覆盖东欧节点城市。

基于此，中欧班列应构建以马拉舍维奇为枢纽中心，以汉堡、蒂尔堡、罗兹为二级节点的欧洲端“干支结合”三级综合运输网络，选择将慕尼黑、纽伦堡、杜伊斯堡设为汉堡对应的源终到点以及始发点，马德里、米兰确定为蒂尔堡对应的源终到点以及始发点，克拉科夫、维也纳、华沙、布达佩斯设置成罗兹所对应的源终到点以及始发点。

6.5　中欧班列欧洲端主辅运输通道线路设计关键技术

基于中欧班列欧洲运营中心选址结果以及基于马拉舍维奇完成的运营中心—分拨节点双层结构运输网络，欧洲端的运输线路将以“干支结合”的运输形式进行运输组织。结合运输费用构成构建最短路模型，并结合 Dijkstra 算法与 Deletion 算法进行求解，以中欧班列（成都）为例，根据求解结果对中欧班列主运输路线和辅助运输路线进行设计。

（1）主运输通道

通过中心和二级节点选址结果，马拉舍维奇场站作为运营中心承担主要的中欧班列进入欧洲的换装作业任务，二级节点罗兹、汉堡和蒂尔堡承担货物分拨的任务，集装箱主要经由的运输路径，主要设计路线如图 6-10 所示。

① 中国（成都）—中国（阿拉山口）哈萨克斯坦（多斯科特）—俄罗斯—白俄罗斯（布列斯特）波兰（马拉舍维奇）—波兰（罗兹）—匈牙利（布达佩斯）/ 奥地利（维也纳）/ 波兰（克拉科夫）；

② 中国（成都）—中国（阿拉山口）哈萨克斯坦（多斯科特）—俄罗斯—白俄罗斯（布列斯特）波兰（马拉舍维奇）—德国（汉堡）—德国（慕尼黑）/ 德国（杜伊斯堡）/ 德国（纽伦堡）；

③ 中国（成都）—中国（阿拉山口）哈萨克斯坦（多斯科特）—俄罗斯—白俄罗斯（布列斯特）波兰（马拉舍维奇）—荷兰（蒂尔堡）—西班牙（马德里）/ 意大利（米兰）。

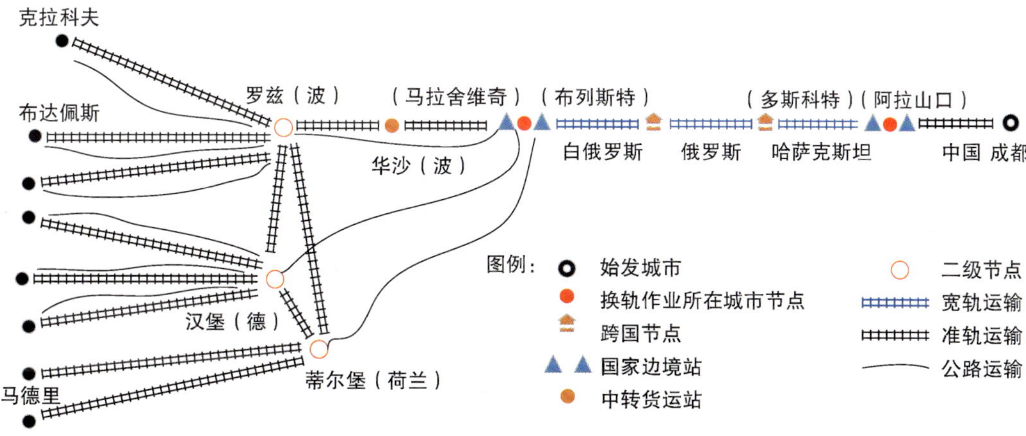

图 6-10　中欧班列（成都）主运输路径

中欧班列（成都）经成都青白江港发送，通过阿拉山口到达欧洲波兰马拉舍维奇运营中心进行班列换装作业，可由运营中心合理调配所经班列集装箱，根据所到目的地进行货流分配作业，减小各线路运行压力，可对不同二级节点覆盖范围的运输情况进行分流分配，见表 6-15。

表6-15　中欧班列（成都）主运输通道分流分配建议

<table>
<tr><th>目的地城市</th><th>建议</th></tr>
<tr><td rowspan="2">罗兹</td><td>通过集卡运输到目的地，则通过公路进行集装箱运输集结到罗兹</td></tr>
<tr><td>通过集结成列的铁路运输的方式运送到布达佩斯、维也纳或克拉科夫，则需要途经华沙货运站到二级节点罗兹进行所服务覆盖区域的集装箱按目的地货流分配运输</td></tr>
<tr><td rowspan="2">汉堡</td><td>若是集卡运输，则直接从运营中心运输到汉堡</td></tr>
<tr><td>如果采用铁路运输方式，那么需要先经过罗兹进行中转，然后再到达二级节点汉堡，在汉堡进行相关集装箱按照目的地货流的分配运输</td></tr>
<tr><td rowspan="2">蒂尔堡</td><td>若是集卡运输，则直接从运营中心运输到蒂尔堡</td></tr>
<tr><td>倘若选择铁路运输，那就得经过罗兹中转，继而抵达二级节点蒂尔堡，在蒂尔堡针对相关集装箱依据目的地货流来开展分配运输工作。</td></tr>
<tr><td colspan="2">集装箱在到达各二级节点以后，根据与集装箱目的地之间铁路和公路通达情况合理安排运输，也可通过集卡或铁路进行集装箱到目的地的运输</td></tr>
</table>

（2）辅助运输通道

在主运输通道的规划确定前提下，为了缓解主运输通道的作业压力，进一步进行辅助运输通道设计。

①中国（成都）—中国（阿拉山口）哈萨克斯坦（多斯科特）—哈萨克斯坦—乌克兰—乌克兰（乔普）/匈牙利（扎洪）；

②中国（成都）—中国（阿拉山口）哈萨克斯坦（多斯科特）—哈萨克斯坦—俄罗斯—白俄罗斯—白俄罗斯（斯维斯洛奇）/波兰（谢米亚努夫卡）；

③中国（成都）—中国（阿拉山口）哈萨克斯坦（多斯科特）—哈萨克斯坦—俄罗斯—白俄罗斯—白俄罗斯（布鲁兹吉）/波兰（库兹尼察）；

④中国（成都）—中国（阿拉山口）哈萨克斯坦（多斯科特）—哈萨克斯坦—俄罗斯—乌克兰—乌克兰（伊佐夫）/波兰（赫鲁别舒夫）—波兰（克拉科夫）；

⑤中国（成都）—中国（阿拉山口）哈萨克斯坦（多斯科特）—俄罗斯—拉脱维亚—拉脱维亚共和国（里加）—德国（汉堡）；

⑥ 中国（成都）—中国（阿拉山口）哈萨克斯坦（多斯科特）—俄罗斯—拉脱维亚—立陶宛共和国—俄罗斯—俄罗斯（加里宁格勒）（海运）—德国（汉堡）；

维亚—立陶宛—俄罗斯—俄罗斯（加里宁格勒）（海运）—德国（汉堡）。

参考文献

[1] 何兴国．铁路物流中心运营管理研究 [D]．成都：西南交通大学，2004．

[2] 冯雪芳．基于价值链的西安铁路物流中心运营规划研究 [D]．西安：长安大学，2010．

[3] 于忠霞．公路货运枢纽型物流中心的建设运营模式与成本效益研究 [D]．成都：西南交通大学，2008．

[4] 徐瑞华，杜世敏，陈百磊．城市铁路枢纽布局的调整优化研究 [J]．同济大学学报（自然科学版），2005（05）：631-635．

第三篇

中欧班列运输组织模式优化理论及技术

近年来，中欧班列发展迅猛、成绩斐然，但是也面临诸多问题。中欧班列现行运输组织模式为以各地方班列公司为主体进行的点对点直达模式，其优势在于组织模式简单，便于操作，利益主体划分明确，适合发展初期货运量不高的情况。而此模式也造成了货源区域大幅重叠，各地方班列依靠地方政府补贴，各自为政，无序竞争，运输资源利用效率较低，市场竞争能力较低，整体服务质量不高，缺乏统一调度能力等问题。随着中欧班列进一步深入发展，这些问题可能越发激化，甚至产生更多潜在问题。在中欧班列实际运输过程中，货源组织模式、营销策略、运输组织模式、国境口岸站作业、路径选择等关键问题都会影响中欧班列运输组织效率。

货源组织工作是货物运输的基础环节，通过对中欧班列货源的时空分布特征、货源结构的分析，对货物以及市场进行细分，并挖掘中欧班货源组织存在的问题与瓶颈所在，在梳理中欧班列货源组织流程的基础上，提出了中欧班列货源组织优化技术与货运营销策略，为货源组织优化与营销策略实施提供参考。

国境口岸站作业是中欧班列运输过程中重要作业环节之一，国境口岸站作业效率很大程度影响着中欧班列整体运输效率。本书将对中欧班列五大国境口岸站内外部环境进行分析，借助 Petri 网仿真技术对国境口岸站进出口作业流程进行梳理，并通过灵敏度分析、识别流程中的关键节点，为口岸站作业流程优化提供参考。

路径选择也关系到中欧班列的运输效率，本书对中欧班列运输通道现状、路径选择的影响因素进行研究，并构建以运输费用为边权重的中欧班列多式联运网络，筛选运输路径备选集，提出基于混合型多属性决策的路径选择优化技术，为中欧班列路径选择提供参考。

综上，本篇将围绕口岸站货源组织、作业流程、路径优化等展开研究，为中欧班列运输组织模式创新提供参考。

第7章 中欧班列货源组织理论及技术

7.1 中欧班列货源组织理论研究现状

货源组织工作是货物运输的基础环节，也是运输企业吸引货源、提升市场竞争力的关键。随着我国铁路供给侧结构性改革的不断推进，铁路货源组织工作质量逐步提升，货源组织相关研究不断丰富。并且，铁路运输企业货源组织相关研究主要集中在货源组织策略与货源组织计划，一般是通过分析影响货源组织效率的各类因素，进而提出货源组织策略。

对货源组织理论的研究最早涉及货场布置形式对货物配送效率的影响，提出提高车辆利用率，组织均衡进出货场将有效缓解货场拥堵，提升货源组织效率[1]。之后货源组织主要围绕货源分配的问题展开，针对货运中心货源分配问题提出重点物资优先、大客户优先等原则，并根据车站能力、货物品类等要素建立货源分配的优化模型，进一步对其进行研究[2]。一方面，相关货源组织理论的研究中考虑的影响因素多为设施设备、货物品类、地区差异、货主需求等。在考虑设施设备方面，曾有案例对郑州东—青岛铁路双层集装箱班列货源结构分析，提出建立有效的市场营销机制、开发新的集装箱专用平车与箱型等货源组织策略[3]。在考虑货物品类方面，相关学者以我国铁路快捷货物运输特点为基础，设计了铁路货源集结系统，并对集结能力做出说明[4]。还有学者以零散白货为研究对象，制定零散白货货源组织计划[5]。在考虑地区差异方面，相关研究通过对华东、华南地区宏观经济条件分析，得出这些地区有较高层次物流潜在需求，进而提出针对高附加值货源的货源组织和市场经营对策[6]。在考虑货主需求方面，随着理论研究的深入，研究越来越注重货主的需求，根据货源组织负责人不同，提出货改背景下铁路快捷货源组织方法，探讨各种方法的适用性，并提出统筹考虑货主需求和铁路效益的快捷货物货源组织策略[7]。另一方面，相关货源组织研究从发展现状与问题入手，通过对我国集装箱班列发展现状分析，指出目前我国集装箱班列存在问题，并提出相关海铁联运和国际联运班列等货源组织策略[4]。

目前针对国际班列货源组织策略的研究涉及中欧班列的货源组织工作与中欧班列国内端中转集结站点选址问题，以及中老铁路国际联运的目标市场和货源组织策略等[8][9]。

在货源组织策略与计划中，相关研究主要针对货运市场需求预测、目标市场划分、货运物流发展模式、货运营销等方面进行了具体策略的研究。

（1）货运市场需求预测方面，存在较多适用模型与方法。相关研究分析了线性回归、SESM 模型、直线趋势法、AR 模型四种应用于铁路煤炭运量预测的经典模型在计算中带来的误差对预测结果的影响，结果发现一元线性回归及直线趋势法并未考虑影响煤炭运输的主要因素，导致预测结果误差较大，而 SESM 模型和 AR 模型对于煤炭运量的综合预测误差影响较小[10]。还有相关研究使用灰色预测模型对武汉物流中心在战略发展及规划研究时出现的相关问题进行了针对性研究[11]。在建立模型时，分析影响该地区未来货运量发展的相关因素，货运量预测结果显示未来武汉物流中心发展迅速，在其辐射区域内的影响力不断增强。其他类似物流园区的货运量预测也可作为参考。但是灰色预测也存在自身的局限性，研究发现灰色 GM（1，1）预测法在后期的预测中，由于不能充分考虑到影响因素变化所产生的绝对误差，其预测结果将不够准确。因此在后期预测时加入新陈代谢模型，可以及时根据影响因素变化而对效用值做出改进，提高了预测的准确度[12]。BP 神经网络也是预测方法之一，但是也存在自身的局限性，可以通过改进 BP 神经网络在铁路货运量预测中的不足，建立基于 RBF 的神经网络预测改进方法。结果发现，改进的预测法精度更高。同时，对货运量的研究提出了种间竞争自适应模型，该模型通过提高时效性使得对训练数据精度要求降低，同时提高预测结果精度[13]。

预测货运量的模型与方法有 SESM 模型、AR 模型、灰色预测模型、一元线性回归、直线趋势法、BP 神经网络等，模型与方法之间的适用性与优缺点不尽相同，需要根据实际情况进行选择。

（2）目标市场细分方面，对于市场细分的方法与研究比较广泛，相关研究认为按照影响货主选择市场的主要因素对铁路市场进行划分更具有现实意义[14]，主要包括货物运输种类、列车开行频率及时长、货物运输价格等，同时在“多元异质性理论”的基础上对铁路货运市场进行划分。或是按照市场种类进行分类，曾有研究将鞍山市铁路货运市场按照一定标准分成制造业市场、钢铁建材市场、能源化工市场、农产品市场等，运用层次分析法对该目标市场进行评价，最后得到该细分市场的重要度排序，为铁路货运企业对于目标市场的选择提供依据[15]。另有研究从货运市场发展形势与现状进行研究，例如运用 SWOT

法分析我国主要的铁路货运线路及物流园区的内外部环境及发展情况，为我国目前的铁路货运市场的发展形势及铁路货运目标市场的选择提供选择依据[16]。在运输方式对比方面也有相关研究，研究发现随着我国公路运输网络发展迅速，铁路运输的市场份额不断下降，从铁路货源、运输质量、运输能力等方面进行分析，对未来我国铁路运输发展进行功能定位。

市场细分可以站在货主角度或者按照市场分类进行细分，考虑的影响因素不同或是市场细分标准不同导致市场细分的结果也不相同。总而言之，开展市场细分工作，依据对顾客需求差异精准定位，进而获取更大的经济效益。

（3）货运物流发展模式方面，随着铁路货运改革的逐步深入，铁路应采用的物流模式成为热点，各项研究针对不同方面提出了不同的物流发展模式。通过研究我国铁路货运模式向现代物流模式的发展具有必要性和可行性，给予了不同方案与模式[17][18][19][20]。一方面研究铁路货运站如何向现代物流中心发展，提出不同的发展方案；另一方面研究如何构建物流产业集团，将除铁路货运之外的物流资源进行整合，通过资源共享来实现铁路货运物流的发展。另有相关研究提出了转型所适用的扩展货运场站式、货代企业转型式、战略联盟合作式、建设物流基地式等发展模式，并分析了各种模式的使用条件和优缺点；还分析了货运物流常见的自营物流、物流联盟、第三方物流模式，对自营物流和物流联盟的使用条件及优势劣势进行详细分析，得出铁路货运运输在发展过程中可以引用这两种模式，根据不同发展阶段制定不同发展策略。

相关学者对于货运物流发展模式的研究比较丰富，发展模式多样化。铁路货运以现代物流为导向发展，进而提升铁路货运的服务质量与效率，进一步深化铁路货运改革。

（4）货运营销方面，研究主要有以下几方面。针对集装箱运输，从设备设施、市场营销、铁水联运方面阐述我国铁路集装箱运输发展现状，提出相应的铁路集装箱运输对策[21]。针对货运营销方法，相关研究采用蚂蚁捕食营销作业法理论，提出铁路货运地毯式营销、网格式营销、循环式营销方法[21]。针对相关铁路客户，在对铁路大客户营销现状及存在问题进行分析的基础上，以提高铁路大客户关系管理水平为突破口，提出针对铁路大客户的营销对策[22]。针对未来发展及策略，分析研究当前我国铁路货运营销模式发展的现状，并制定对应的货运营销发展策略。

铁路货运营销要考虑运输质量、产品价格、运输手段以及服务质量等方面，针对不同的市场需求，及时调整销售技巧，制定合理有效的价格和不同的销售策略，提升消费者服务质量的同时增加铁路企业的经济效益。

7.2 中欧班列货源分布时空特征

中欧班列的开行为国内外的商品贸易提供了新的通道选择，而货物的货源是班列运行的基础。分析中欧班列的货源分布时空特征，掌握货源的时间与空间变化规律，对于加大中欧班列去回程货源市场开发力度、提升中欧班列吸引货源与培育市场的能力具有重要意义。

7.2.1 中欧班列货源时间分布

2020 年，我国货物贸易进出口总值 32.16 万亿元人民币，较 2019 年增长 1.9%。其中，我国对“一带一路”沿线国家进出口总额达 9.37 万亿元，较 2019 年增长 1%。而欧盟作为最发达区域的经济集团，是中国主要的贸易对象。中欧贸易发展迅速，中国是欧盟 27 国第二大出口市场和第一大进口来源地，预计到 2025 年与“一带一路”国家间的贸易总额会突破 2.5 万亿美元，与欧洲的双边贸易额将达到 1.5 万亿美元。从宏观层面分析，中欧之间强劲的贸易往来直接产生大量的班列运输需求，在未来一段时间将直接刺激班列运输服务的稳定增长。

从时间分布特征来看，中欧班列去程货源发展整体可分为三个时间阶段：起步增长（2011—2013 年），高速增长（2014—2017 年）和稳步增长（2018—2020 年）。其中 2020 年受疫情影响，去程班列增长较多，如图 7-1 所示。

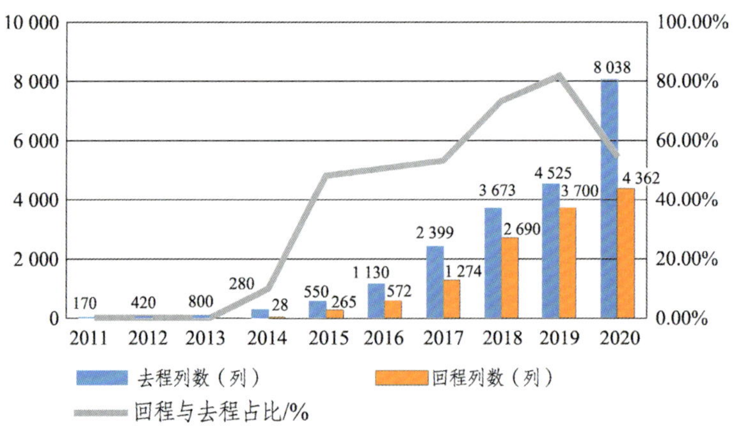

图 7-1 中欧班列历年去回程开行情况

数据来源：《探索新丝路》微信公众号。

（1）去程货源时间分布

经由阿拉山口口岸出境的中欧班列数量占到整体的 70%，通过统计 2018 年一年内班列出境数量的分布情况（见图 7-2），发现尽管在常态化开行过程中形成了班列出境每周定点定量开行的模式，但出境货物总量还是出现一定起伏。整体上的节奏呈现先加速后减速的情形，反映出生产消费品出口的季节性动向。出口方面，整体的工作量全年较为均衡，偏重后三个季度，集中于第三季度，一方面由于夏秋季节的环境温度等自然条件较为适宜，高纬度地区的铁路设施可利用性较高，中欧班列跨境铁路运输得到比较好的开展；另一方面是因为节假日等较少，商品生产企业的停工次数较少，从而削弱了启停损耗，节省了服务启动阶段的预热过程，货源生产供应较为稳定，使得班列运输工作能得到比较有效、连续的保障。并且历年来通过阿拉山口口岸站进出境的中欧班列数量是持续增长的（见图 7-3）。2019 年，阿拉山口铁路口岸过货运量完成 1 334.7 万吨，其中进口完成 1 015.8 万吨，出口完成 318.9 万吨，较去年同期增长了 18.4%；中欧、中亚班列进出境 3 564 列，较去年同期增长了 19.5%。2020 年，经阿拉山口口岸进出境的中欧班列完成货运量 358.06 万吨，同比增长 64.94%；经阿拉山口口岸进出境的中欧班列累计 5 027 列，同比增长 41.8%。

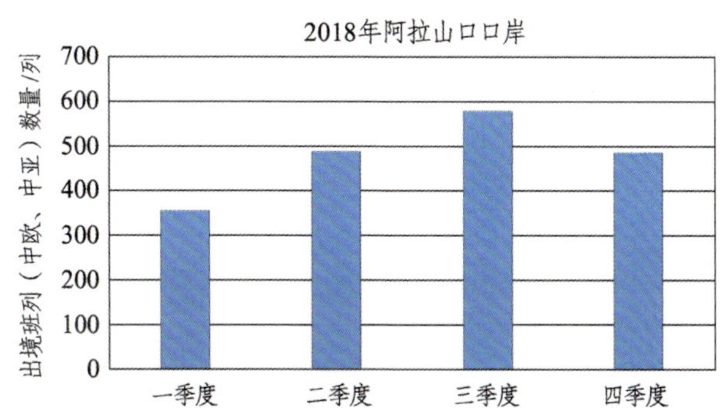

图 7-2　阿拉山口口岸 2018 年出境班列数量统计

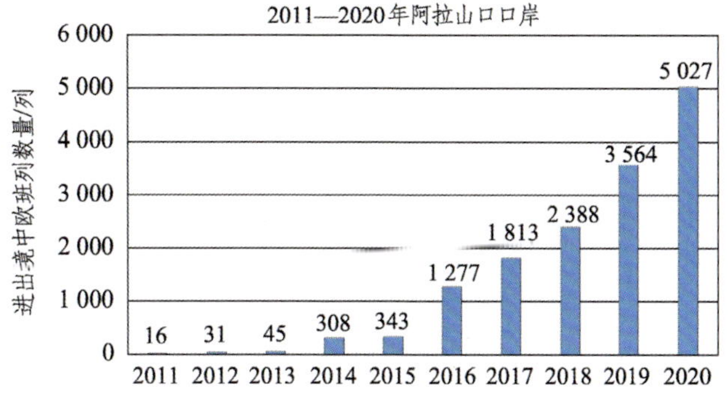

图 7-3　2011—2020 年阿拉山口口岸站进出境中欧班列数量统计

数据来源：《探索新丝路》微信公众号。

（2）回程货源时间分布特征

中欧班列的回程货源伴随着班列的逐渐成熟，实现了从无到有以及逐渐优化的过程。整体上回程班列呈逐年递增趋势，根据中国国家铁路集团有限公司货运部相关负责人介绍，2019 年 1—8 月，中欧班列去程一共开行 2 845 列，回程开行 2 421 列。2011—2014 年回程货源较少，几乎没有回程班列；2015—2017 年，回程班列占去程班列之比基本在 50% 左右，中欧班列基本可以保持“去二回一”的频率，已经有相对稳定的回程货源；2018 年至今，回程班列占去程班列之比逐步提升，基本形成“去三回二”甚至向“去一回一”迈进。

通过对满洲里回程货源数量的统计（见图 7-4 和图 7-5），发现其季节波动性不大，

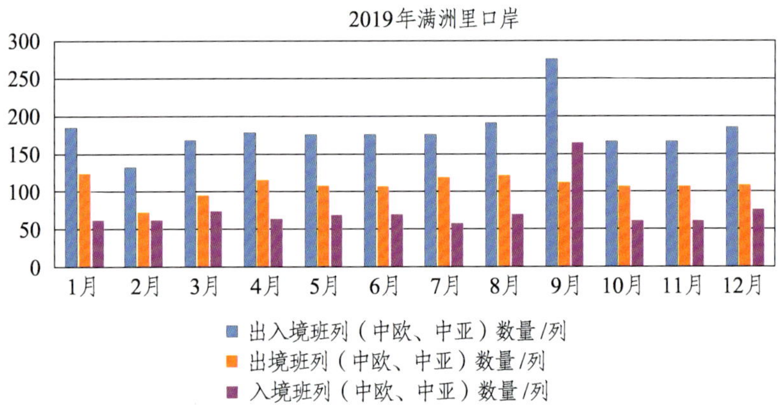

图 7-4　满洲里口岸 2019 年出入境班列量统计

图 7-5　2013—2020 年满洲里口岸站进出境中欧班列数量统计

数据来源：《探索新丝路》微信公众号。

维持在相对稳定的水平。中欧班列在不断发展的过程中，积极寻求回程货源，回程班列数量在逐年递增的较好趋势下实现年周期内的均衡运输，表明班列公司和境外货源供应商的合作越发稳定，且欧盟对华出口的商品数量和运输需求比较稳定，间接反映出中欧之间的运输环境、营商环境得到了比较好的保障，未来双边贸易将会有持续的稳固增长。

7.2.2　中欧班列货源空间分布

（1）去程货源空间分布特征

从空间分布特征来看，中欧班列去程货源主要来源于沿线的省份及其吸纳的货源，中部地区运送出的货源除了电子产品外，主要包括了汽车配件、纺织品。东部地区的货源一般通过重庆、成都、郑州、西安等地集结发出，最后经由阿拉山口、霍尔果斯、二连浩特、满洲里等口岸出境。

（2）回程货源空间分布特征

2020 年中欧双边贸易总额为 6 495.28 亿美元（剔除英国数据），与欧盟的贸易占中国对外贸易的 13.9%；其中，中国对欧盟出口 3 909.78 亿美元，中国从欧盟进口 2 585.5 亿美元。自中欧班列开行以来，受到中欧贸易结构差异性的影响，往返程货源的数量整体上存在一定差距，回程货源不足一直是突出问题。并且欧洲各国对外出口更喜欢使用海运，这加剧了中欧班列回程货源不足的情况。

由于中欧班列在时效性上比海运有优势，在价格上比空运有优势，所以中欧班列回程货源拓展空间还比较大，且一直在积极拓展回程货源。目前中欧班列回程最主要的货类就是以食品为主的最终消费品、医疗器械和以整车和汽配为主的汽车。

从各国回程班列来看，中欧班列从德国出发的回程货源主要是汽车及汽配、机电产品、啤酒等；从西班牙出发回程货源主要是生鲜食品、加工食品；从法国出发的回程货源主要是红酒、汽车零配件；从波兰出发的回程货源主要是机械产品、牛奶、奶制品；从捷克出发的回程货源主要是汽车整车、水晶制品等；从白俄罗斯出发的回程货源主要是牛奶、肉类；从俄罗斯出发的回程货源主要是木材、食用油。从各国通过中欧班列运输的货物来看，汽车整车、欧洲产食品、酒类等为主要类别，具体分布如图 7-6 所示。

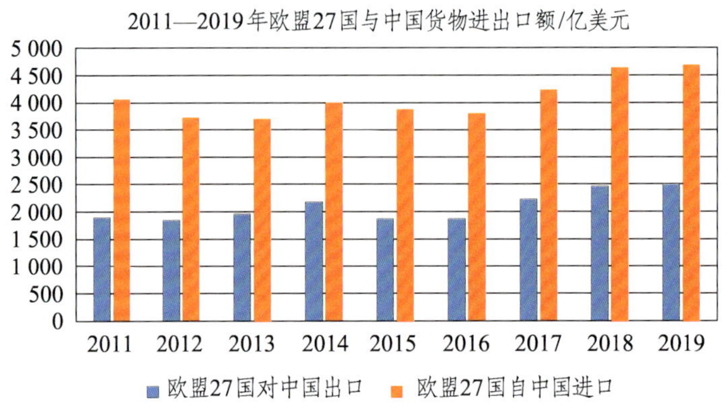

图 7-6　历年欧盟 27 国与中国货物进出口额统计

数据来源：商务部综合司《国别（地区）贸易统计》。

7.3　中欧班列货源结构与市场细分

随着产业结构的不断调整，货源结构将持续改变，明确中欧班列的货源结构特点对中欧班列的功能定位和发展规划意义重大。通过对中欧班列市场进行细分，有利于选择目标市场和制定市场营销策略，对于开拓新市场有积极作用。

7.3.1　中欧班列货源结构

中欧班列的适箱货物主要为高附加值货物。机电产品、运输设备和化工产品是欧盟 27 国（奥地利、比利时、保加利亚、塞浦路斯、克罗地亚、捷克共和国、丹麦、爱沙尼亚、芬兰、法国、德国、希腊、匈牙利、爱尔兰、意大利、拉脱维亚、立陶宛、卢森堡、马耳他、荷兰、波兰、葡萄牙、罗马尼亚、斯洛伐克、斯洛文尼亚、西班牙、瑞典）对中国出口的主要产品，这三类产品合计占欧盟 27 国 2019 年 1—9 月对中国出口总额的 63.0%。

欧盟 27 国自中国进口的商品主要为机电产品、纺织品及原料和家具玩具等制品，这三类商品进口额合计占欧盟 27 国 2019 年 1—9 月自中国进口总额的 67.5%。中国在欧盟 27 国多类商品进口来源地位列首位，包括：机电产品、纺织品及原料、家具玩具杂项等制品、贱金属及制品、塑料橡胶、鞋靴伞等轻工产品、皮革制品和箱包，分别占欧盟 27 国同类产品进口市场份额的 40.8%、31.8%、68.6%、22.6%、23.8%、46.9% 和 45.0%。

具体情况见表 7-1、表 7-2 和图 7-6。

表7-1　欧盟27国对中国出口主要商品构成

（2019 年 1—9 月）金额单位：百万美元

海关分类	HS编码	商品类别	2019年1—9月	上年同期	同比%	占比%
类	章	总值	182 322	183729	−0.8	100
第16类	84-85	机电产品	56 881	57296	−0.7	31.2
第17类	86-89	运输设备	36 902	40757	−9.5	20.2
第6类	28-38	化工产品	21 100	19361	9.0	11.6
第18类	90-92	光学、钟表、医疗设备	12 222	12 317	−0.8	6.7
第15类	72-83	贱金属及制品	9 748	10 913	−10.7	5.4
第5类	25-27	矿产品	7 440	6 376	16.7	4.1
第7类	39-40	塑料、橡胶	6 416	6 982	−8.1	3.5
第14类	71	贵金属及制品	6 391	6 607	−3.3	3.5
第1类	01-05	活动物、动物产品	5 361	3 511	52.7	2.9
第4类	16-24	食品、饮料、烟草	4 797	4 876	−1.6	2.6
第11类	50-63	纺织品及原料	3 521	3 508	0.4	1.9
第10类	47-49	纤维素浆、纸张	2 875	3 144	−8.5	1.6
第9类	44-46	木及制品	1 874	1 358	38.0	1.0
第20类	94-96	家具、玩具、杂项制品	1 734	2 006	−13.6	1.0
第8类	41-43	皮革制品、箱包	1 560	1 671	−6.6	0.9
		其他	3 500	3 045	14.9	1.9

表7-2　欧盟27国自中国进口主要商品构成

（2019 年 1—9 月）金额单位：百万美元

海关分类	HS编码	商品类别	2019年1—9月	上年同期	同比%	占比%
类	章	总值	346 563	340 689	1.7	100
第16类	84-85	机电产品	170 603	168 346	1.3	49.2
第11类	50-63	纺织品及原料	32 535	33 125	−1.8	9.4
第20类	94-96	家具、玩具、杂项制品	30 656	29 424	4.2	8.9

续表

海关分类	HS编码	商品类别	2019年1—9月	上年同期	同比%	占比%
第15类	72-83	贱金属及制品	23 522	22 757	3.4	6.8
第6类	28-38	化工产品	17 120	17 382	-1.5	4.9
第7类	39-40	塑料、橡胶	13 425	13 066	2.8	3.9
第18类	90-92	光学、钟表、医疗设备	11 337	10 544	7.5	3.3
第17类	86-89	运输设备	10 608	10 398	2.0	3.1
第12类	64-67	鞋靴、伞等轻工产品	10 588	10 472	1.1	3.1
第8类	41-43	皮革制品、箱包	5 954	5 967	-0.2	1.7
第13类	68-70	陶瓷、玻璃	5 072	4 848	4.6	1.5
第10类	47-49	纤维素浆、纸张	2 975	2 758	7.9	0.9
第9类	44-46	木及制品	2 430	2 361	2.9	0.7
第1类	01-05	活动物、动物产品	2 300	2 200	4.5	0.7
第4类	16-24	食品、饮料、烟草	2 015	1 907	5.7	0.6
		其他	5 425	5 134	5.7	1.6

数据来源：商务部综合司《国别贸易报告》，2019 年 1—9 月欧盟 27 国货物贸易及中欧双边贸易概况，2019 年第 4 期。

目前中欧班列所承运的集装箱货物主要来源于班列开行沿线的各省（区、市）以及欧洲国家，部分常态化运营的班列线路承运货物见表 7-3。

表7-3　中欧班列部分常态化开行线路承运货物情况

中欧班列	起点站	终点站	回程货物	去程货物
中欧班列（重庆）	重庆	马拉舍维奇 杜伊斯堡	汽车配件（30%~40%） 机械设备（10%~20%） 食品（8%）	电子产品（40%） 服装（10%） 汽车配件（20%）
中欧班列（成都）	成都	罗兹 纽伦堡 蒂尔堡	电子产品（30%~40%） DHL承运（20%~30%）	日消品（30%~40%） 汽车（10%）
中欧班列（武汉）	武汉	里昂 汉堡/杜伊斯堡	汽车配件（40%） 医疗器械（20%）	科技产品（50%） 化工品（30%）

续表

中欧班列	起点站	终点站	回程货物	去程货物
中欧班列（长春）	长春	从波兰辐射18个城市	汽车生产件（>60%）	汽车零配件（>60%）
中欧班列（长沙）	长沙	汉堡/杜伊斯堡 华沙/马拉舍维奇 明斯克	医疗器械（10%） 工程机械（20%~30%） 电子产品（20%）	纺织品（10%） 食品（10%） 工艺品（10%）
中欧班列（西安）	西安	华沙/马拉舍维奇 汉堡/杜伊斯堡 莫斯科	机械配件（10%~20%） 汽车配件（15%） 石油装备（10%）	重晶石粉（20%） 工业盐（15%~20%）

可以看出，中欧班列的目标货源品类主要锁定在除高附加值货物以外的时效优先型货物上，去程货物主要集中在电子产品、运输设备类、皮革及制品类、纺织类、鞋帽制品类以及化工类产品，回程主要集中在运输设备类、机械设备类以及电子设备类等，具体见表 7-4。

表7-4　中欧班列去回程主要货物种类

	主要货物种类
去程	电子产品、运输设备类、皮革及制品类、纺织类、鞋帽制品类以及化工类产品
回程	运输设备类、机械设备类以及电子设备类

受贸易市场需求的影响，去程货源与回程货源、本地货源与外地货源在结构上呈现一定差异。班列开行初期，去程货源以电子产品、汽车零配件为主，货源结构简单，品类较为单一。但随着中欧班列的发展，运输市场的开发使得货源品种也由单一的高附加值产品逐渐拓展至化工品、生鲜食品、纺织品等，实现了运输产品多元化，货源结构日渐丰富。由于班列暂未形成统一的管理，加之各个地方政府的补贴情况各异，导致班列之间货源竞争激烈，在全国范围内进行揽货依然是主要的集货方式。目前，中欧班列去程货源已覆盖全国 3/4 的城市，货源结构依旧以高价值的电子产品、机电产品等资本技术密集型产品为主，以轻工类、食品类产品为辅。去程货源结构见表 7-5。

表7-5　去程货源结构

货源品类	具体产品
电子产品	手机、笔记本电脑等
机电产品	液晶显示器、家用电器、化工设备等
汽车及零部件	汽车整车、轮胎、发动机、组件等
纺织类	服装、布料、鞋帽等
食品类	咖啡豆、果蔬、白酒等
建材	钢材、贱金属及其制品等
日用百货	牙刷、雨伞等

另一方面，中欧班列的回程货源问题一直备受关注。开行之初，从各个省市开出的中欧班列都面临着“去程满载回程放空”的尴尬局面。根据初期（2016年前）中欧进出口贸易和中欧班列的开行情况，其中中欧每年陆路运输量超过7 000万吨，但大部分商品都是由中国出口至欧洲，欧洲经铁路出口至我国的货物很少，部分班列公司在做汽车整车的进境口岸，但效果不太理想，使得回程货源不足。而今，这种局面在较大程度上有了改善，回程货源日益丰富，回程空载问题解决，基本实现“去4回3”。回程货源由只有汽车配件和板材的单一结构，发展到如今的以汽车及其配件、板材为主，日常食用品、农产品、服饰、机械设备等为辅的日益丰富的回程货源结构，其回程货源结构见表7-6。

表7-6　回程货源结构

货源品类	具体产品
汽车及其配件	沃尔沃、奥迪、宝马、奔驰等汽车整车及零部件
板材	俄罗斯板材等
农产品	波兰水果、哈萨克斯坦小麦等生鲜农产品
日常食用品	红葡萄酒、俄提拉米苏和小麦粉、液态奶、红花籽油、葵花籽油等日常食用品等
服饰	手表、珠宝、时装、名牌鞋包等奢侈百货
机电产品	机械设备等机电产品

另外，疫情期间诸多物流链中断，铁路货运的优势更加凸显。中欧班列与其他运输方式相比，节省人力且降低人员感染风险，提供了可靠的物流保障。疫情背景下的中欧班列发展不仅维持稳定运营，而且还呈现逆势上扬的新趋势，运送防疫物资成为亮点。其中 2020 年中欧班列共运送防疫物资 939 万件、7.6 万吨，2021 年上半年中欧班列累计运送防疫物资 1 232 万件、9.6 万吨，为中国与“一带一路”共建国家的防疫合作提供了重要支撑。

在疫情期间，各班列公司对全球抗疫都做出了重要贡献。2020 年 3 月 21 日，全国首趟搭载出口欧洲防疫物资的中欧班列从义乌西站发车，驶向西班牙马德里驰援疫情。2020 年 4 月 26 日，载有 2 100 万只防护手套的中欧班列从山东济南发往匈牙利首都布达佩斯。2020 年 5 月 31 日，满载防疫物资的中欧班列从重庆团结村中心站出发，从阿拉山口出境，运往波兰波兹南。专列共计 86 标箱，货值 1 343 万欧元，全为国外疫情防控中急需的口罩、隔离衣、手套等防疫物资。2020 年 8 月 12 日，中欧班列（西安—米兰）防疫物资专列，从中国铁路西安局集团有限公司新筑车站发出，经阿拉山口口岸驶向意大利米兰。中国中央人民政府网站 2020 年 5 月统计显示，中欧班列运送防疫物资情况中，2020 年全年中欧班列（武汉）累计承运防疫物资超 5 500 吨。

截至 2021 年 8 月，中欧班列（成都）累计向波兰、德国、荷兰等国发运防疫物资总重量 2.5 万吨、货值约 3 亿美元。中欧班列发挥了国际铁路联运的独特优势，尤其是成都、重庆、西安、义乌、武汉等地创新开行中欧班列防疫物资专列，目的地主要是意大利、德国、西班牙、捷克、波兰、匈牙利、荷兰、立陶宛等国，并以这些国家为节点，分拨到更多欧洲国家。中欧班列逐渐成为运送防疫物资的重要通道，对助力全球抗疫和经济复苏、保障国际产业链供应链稳定具有重要意义。

7.3.2 中欧班列市场细分

中欧班列的快速发展，使得国内各开行城市逐渐趋于两极分化，部分中欧班列线路去程货源已达到稳定，甚至出现了供不应求的现象，但是通过地方政府的补贴，互相争夺或吸引其他地区的货源，甚至在全国范围内进行揽货依然是主要的营销方式，导致中欧班列国内货源规模较小且分散，许多班列在每周仅开行一班的前提下仍然货源不足，难以支撑常态化运营。

另一方面，中欧长期处于贸易逆差状态，其贸易结构特点是回程货源较少的主要原因，还有一个原因就是中欧班列尚未形成影响力较大的品牌效力，其在欧洲各国的知名度还需进一步提升。这种不均衡运输将导致部分集装箱空箱返回，造成运输上的浪费，也将制约中欧班列可持续发展。

通过市场细分，可进一步明确中欧班列市场中不同的客户群体，从而为优化货源组织，制定合理的营销策略提供依据。本书依据不同的市场细分标准，对中欧班列货源市场进行了不同形式的划分。

（1）基于货物价值特性的货物分类

货物时间价值是指在运输过程中，货物价值随着时间的流逝而发生的变化。这种变化可以是正面的，也可以是负面的，具体取决于货物的特性和市场需求，本书主要将其考虑为客户因货物在运输过程中发生贬值或占用资金所导致的货币损失量。而货物性质是货物时间价值的主要影响因素，体现在其自然性质及价值特性两个方面。

自然性质不同的货物具有不同的时间敏感性。易腐货物如鲜花、水果等，生命周期较短，必须在限定时间范围内完成销售。若运输过程耗时较长，可能导致货物的腐烂、变质以及迅速贬值，因此其时间敏感性较强。而建筑材料、化工用品等本身不存在腐烂、变质问题，且市场价格相对稳定，因此其时间敏感性较弱。

一部分高价值货物更新速度快、市场竞争激烈，贬值速度较快，因此急需压缩生产至销售过程的运输时间，尽快投入市场。第一部分高价值货物虽然不易贬值，但由于对资金造成了大量占用，压缩运输时间有利于资金提前释放，从而降低因运输时间延长而产生的额外成本。

一般根据货物自然性质及价值特性，可将货物品类分为高价值时间敏感性货物、高价值时间不敏感货物、低价值时间敏感性货物、低价值时间不敏感货物等 4 种类型，具体见表 7-7。

表7-7　基于货物自然性质及价值特性的货物分类

商品类型	高价值	低价值
时间敏感型	货物价值较高且其价值随时间推移将迅速贬值。如电脑、手机、电子配件、时装、机电产品等	货物价值较低但其价值随时间推移将迅速贬值。如鲜花、果蔬、快速消费品等
时间不敏感型	货物价值较高但其价值随时间推移变化较小。如家具用品、日用电器、工艺制品、高档家具等	货物时间价值较低且其随时间推移变化较小。如钢铁、矿石、建筑材料、塑料、橡胶、化工用品等

（2）基于客户需求规模的市场细分

大客户是相对中小客户而言的重要客户，客户的“大”与“小”不仅指客户规模或实力的绝对大小，更准确地说是指该客户对运输企业长期发展和利润贡献价值的大小。根据帕累托法则，20% 的客户创造了 80% 的利润。因此，可以根据客户的具体需求规模将运输市场划分为大规模货运市场和零散货运市场。大规模货运市场货源稳定，对运输需求要求较高，有较强的周期性；零散货运市场发货周期不稳定，但出货频率较大，连续性较强。

大客户根据其不同属性也可分为货代型客户和直客。对于货代型客户，根据托运货品的类别、托运量稳定程度，可将其分为大中小三类，考虑给予批量优惠，并提供一对一的专人服务。对于直客，一般是由固定运输需求的生产或贸易企业直接与班列公司进行协商，签订合同，建立比较稳定的运输合作关系。

对于大客户来说，应制定合理营销方案，从而与之建立良好的客户关系。对于零散客户来说，应积极开展拼箱业务，从而达到化零为整的目的，满足中小运量客户的运输需求。

（3）基于货源地的市场细分

根据发货地的区域性特点，可以将中欧班列运输市场划分为东北市场、华北市场、华东市场、华中市场、华南市场、西北市场、西南市场（见表 7-8）。目前各中欧班列公司在政府补贴的情况下，在全国各地进行货源争夺，从全国各地揽货成为一个普遍现象，造成了目前中欧班列公司之间无序竞争的问题。从中欧班列的长远发展来看，目前的揽货方式国内段运输成本偏高，甚至出现货物倒流的情况，一旦政府补贴退出，将会因为成本过高而限制中欧班列的进一步发展。

因此，基于货源所在地对市场进行划分，各个班列公司制定合理的货源组织范围，同时根据客户所在地不同进行个性化服务，有利于降低国内段运输成本，提高中欧班列的服务质量和品牌形象。

表7-8　货源地市场细分

市场划分	包含地区	主要商品
东北市场	黑龙江、吉林、辽宁	机电产品、高新技术产品、汽车汽配、原油、胶合板及类似多层板、农产品
华北市场	北京、天津、河北、山西、内蒙古	成品油、钢材、电话机、汽车等运输设备、机电产品、贱金属及其制品

续表

市场划分	包含地区	主要商品
华中市场	河南、湖北、湖南	钢材、扬声器、陶瓷产品、箱包、贵金属及首饰、农产品、肉类、汽车及其零配件
华东市场	上海、江苏、浙江、山东、安徽、江西、福建、台湾	机电产品、化学成品及有关产品、家具及其零件、纺织品、金属制品、农副产品
华南市场	广东、广西	机电产品、高新技术产品、服装及衣着附件、自动数据处理设备、手持或车载无线电话、家具及其零件
西南市场	四川、重庆、贵州、云南、西藏	机电产品、车辆及运输设备、化学工业及其相关产品、贱金属及其制品、矿产品、塑料制品
西北市场	陕西、甘肃、宁夏、青海、新疆	机电产品、高新技术产品、自动数据处理设备及其零件、半导体器件、金属矿产品、蔬菜水果

（4）基于客户属性的市场细分

中欧班列的客户一般由货运代理型客户和直客构成。货代需要与实际发货人沟通核实其物流运输需求，进而揽取其托运货物并代理实际发货人完成与运输公司的接洽，并监督被托运货物能按照约定到达实际发货人指定收货地，以此收取相应的服务费用。货代也可从事运输过程中的相关活动，如报关、仓储、验收等。直客即为一般意义上的客户，可以是个人也可以是集团公司，其具备一定数量的货运需求。

对货代型客户，由于其从业过程中掌握的客户资源比较丰富，具备充沛的揽货能力，能够输出相对稳定的运输需求，班列公司可以考虑提供更为优质的附加值服务，也可根据托运货品的类别、托运量稳定程度不同，将货代型客户按规模分类提供差别服务。对散客和直客，可采取大厅接触办理业务的形式，无须预约，提供实时服务。

因此，中欧班列的目标客户就可以理解为具有直接发货需求的公司或个人和具备揽货能力的货运代理，对两者应采取差异化的营销策略。客户属性市场细分见表 7-9。

表7-9 客户属性市场细分

客户属性	货源特点	需求特点	角色差异	服务策略
货运代理型	1. 代理收运货物、揽货 2. 货源种类分散 3. 整体货源量大 4. 部分具备集装箱等运输设备	1. 寻求稳定合作关系 2. 运输需求整体较稳定且统一 3. 需要拼箱业务 4. 价格议定	1. 处于货主与承运人之间，作为代理人或独立经营人 2. 以货主或自己的名义办理有关业务 3. 代办报关、报验、保险、集装箱运输、拆装箱、签发提单、结算运杂费、交单议付和结汇等业务	1. 围绕国际集装箱运输服务寻找合作伙伴 2. 给予货代型客户价格优惠 3. 在货代企业派驻班列公司代表 4. 专人对接、专人负责
直接客户	1. 自产商品 2. 不同客户的货源量大小不一 3. 单个客户的货源种类单一 4. 货源输出稳定性不能保证	1. 不同客户的需求呈现差异化 2. 单个客户的运输需求存在波动 3. 偏向整箱运输	1. 实际货主即托运人，一般为个人或者公司 2. 与运输公司等单位直接接洽 3. 自行办理跨境货物运输过程中的流程手续 4. 直接向相关部门缴纳费用	1. 设置业务受理数量上限 2. 采取公共窗口对接方式 3. 搭建公共服务平台 4. 差异化货运产品

7.4 中欧班列货源组织瓶颈识别

中欧班列当前货源组织面临着班列货源分散、信息沟通时效性不高、拼箱流程烦琐等问题（见表7-10），不仅导致中欧班列货源组织启动难，同时更为后续车流组织安排带来了极大的挑战。

表7-10 中欧班列货源组织问题

问题	问题分析
货源分散且量小	目前中欧班列以高附加价值商品为主要运输对象，货源缺乏，货源往返不均衡现象突出，箱车回空率和班列运营成本较高。另外，中欧贸易电商的迅速发展为中欧班列带来巨大货源，但是电商B2C模式订单量小，频次高，中欧国际铁路货物运输尚未对其实施常态化运输
拼箱困难，供应链过长，运输成本高	当单批次运输量达不到中欧国际班列标准箱的运输量时，若向服务平台供应商提出申请，则需要凑齐40英尺集装箱的货物，经过服务平台供应商的拼箱中间环节较多，时效性差。如果拼箱不成功按照整箱走货，单位运输成本高，由于无法实现整箱货运输的低成本效果以及时效性，企业用户将不得不选择空运

续表

问题	问题分析
现有拼箱流程繁琐	铁路货物运输拼箱货源都由各地货运代理人提供，各货运代理人将需要拼箱的货物信息发送给铁路服务平台，由铁路服务平台确认可拼货后，再各自将需要拼箱的货物送往集货中心
信息沟通时效性差	目前中欧班列拼箱是经过各货运代理这一中间人来完成的，这加长了业务链长度，企业与中欧铁路服务商之间信息传达与沟通不能直接进行，第三方的参与导致上游货源与下游物流供应商之间信息沟通不畅、业务处理不及时等问题，成为中欧铁路拼箱业务发展的瓶颈
货运代理难度大	当前，铁路公司提供中欧国际铁路直达班列，铁路货运代理直接购买铁路公司直达班列运力，将直达班列服务销售于托运人，货运代理的各自为政也给货源的组织和管理带来一定难度

国内开行中欧班列的城市不断增加，各地班列运营公司在货源组织阶段面临激烈竞争，揽货较困难。通过将集装箱进行中转集结的方式可有效解决国内端货源组织工作中的恶性竞争问题，提高中欧班列运输效率。

7.5 中欧班列货源组织技术

7.5.1 中欧班列货源组织流程分析

中欧班列货源组织工作是完整运输过程的基础与关键环节，高效的货源组织能增加一部分企业利润，同时缩短两端准备工作时间，进而达到降低全程运行时间的效果。中欧班列的货源组织工作一般可分为以下环节：

（1）客户提出货运需求

根据客户关系的不同可分为以下两种情况：

① 该客户是与某中欧班列运输企业建立长期合作关系的大客户，其运输需求较为固定，运输企业可根据其发货规律优先为其组织运输工作。

② 该客户是临时产生跨境运输需求，通过相关方式联系中欧班列运输企业并提出运输要求。在这种情况下，中欧班列运输企业应根据当前自身运力状况与客户要求决定是否承运，如果承运，需为该客户制定货源组织方案。

根据货运需求形式不同可分为以下两种情况：

① 线下发出货运需求，适用于本地货源与开行城市周边货源，客户亲自到达中欧班列平台公司，平台公司根据当前运力情况并比对《国际货物运输协定》《国际铁路货物运送公约》等文件后决定是否承运，谈判后签订运输合同，平台公司根据合同条款为客户制定货源组织方案。

② 线上发出货运需求，适用于距离开行城市较远的外埠货源，通过平台公司官方网站与电话等渠道，客户可根据互联网上提供的发车时刻与运力情况进行订舱，平台公司接到运输需求后根据所承运货物品类查询《国际货物运输协定》等文件后及时给予反馈，若交易达成，运输企业需为该客户制定货源组织方案。

（2）端部物流运输组织模式

客户在与中欧班列运输企业签订运输合同时，就运输过程中的一些增值服务进行博弈协商，进而开展端部物流运输，这一环节将会产生不同的运输组织模式：

① 客户不需要运输企业提供端部物流运输，组织企业内部物流团队或联系第三方物流企业负责将货物准时运送至指定装车站。在这种情况下，中欧班列运输企业在端部物流环节中不会产生盈利。

② 中欧班列运输企业为了增强市场竞争力，扩大揽货半径，无偿负责货物端部物流运输，将货物从客户所在地运至指定车站。在这种情况下，对于本地货源或开行城市周边货源来说是一种有效的营销策略，并同时达到进一步吸引本地货源的目的。但对于距离开行城市较远的外埠货源来说，虽然中欧班列运输企业在一定程度上提升了市场占有率，但企业将长期处于亏本经营状态，对其发展十分不利，所以，这种营销策略只适用于开行之初的市场培育期。

③ 由中欧班列运输企业提供“门到站”增值服务，并向运输企业收取相应的增值服务费用。在这种情况下，运输企业负责制定全程货源组织运输组织模式，不需要第三方运输企业介入，工作组织效率也将相应提升，并可以通过开展增值服务获得更多的利润。

（3）货物装箱及装车工作

根据集装箱归属企业分为以下两种情况考虑：

① 使用运输企业（平台公司）自行采购的自备箱。此种情况下由平台公司联系指定的铁路车站将企业自备箱运至该车站并同时将承运货物运送至发车站，在发车站对货物进行装箱作业后可直接装车进行运输，如重庆与成都班列运输公司为保证冬季运输正

常进行，由平台公司自行采购若干保温箱，无须租用中铁集装箱运输有限责任公司的集装箱。

② 若租用中铁集装箱运输有限责任公司的集装箱：班列发车站为集装箱中心站（如成都城厢集装箱中心站），货物直接在集装箱中心站进行装箱作业；班列发车站非集装箱中心站（如重庆团结村车站），货物运送至与发车站临近的集装箱中心站，并在该集装箱中心站进行装箱与编组工作，之后将车列开行至发车站等待运输。

集装箱装车工作是将货流转变为列流的生产过程。该工作性质相对简单，铁路车站运用相关起重设备，如门式起重机、叉车等，将装入货物后的集装箱放入对应类型的货车中，值得注意的是，若涉及班列“二并三”等开行方案，需制定相应的装车方案。

（4）集装箱中转集结

传统意义上的铁路货源组织到装车工作完成后结束，进入运输组织阶段。但由于中欧班列运营主体的特殊性，铁路运输企业在整个过程中仅仅提供运力，故对于中欧班列平台公司而言，可进一步通过铁路运输、水路运输等方式集结货源及箱源，如厦门与成都合作开行中欧班列（厦蓉欧），先通过“喂给班列”的形式将“厦门造”货物通过铁路运至成都，后搭载成都始发班列经阿拉山口出境后到达欧洲，极大地缩短了运输时间。

根据以上分析，绘制中欧班列货源组织流程图，如图 7-7 所示。

7.5.2 中欧班列货源组织优化技术

中欧班列平台需深入了解目前所吸引地区内的货源情况，全方位掌握目前货主的货源情况，了解潜在货主的需求，充分挖掘辐射区域内的货源情况，掌握货源、货流规律，配合具体车流情况，完成整体意义上的全方位货流组织。为了拓展货源，均衡组织去回程班列，中欧班列平台可从以下几个方面开展：

（1）优化服务模式

为了吸引更多的货源特别是国外的货源，优化中欧班列自身服务模式显得犹为重要。例如，可以提供全流程“门到门”服务，创新优化物流服务模式。郑州国际陆港公司首创“一票式”物流供应链模式，其中包括上门收货、拼箱、短导、报关报检，到站后的吊装、清关、分拨、配送到指定地点等服务。优化后的服务模式可以吸引国内外客户前来搭乘班列，能够有效实现有去有回、去回平衡。

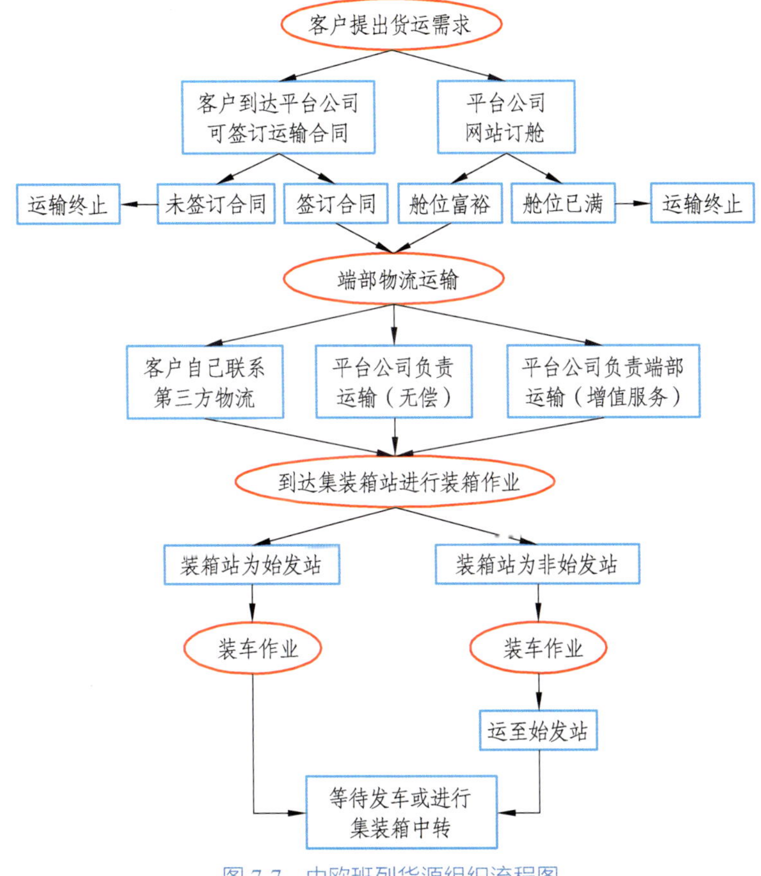

图 7-7 中欧班列货源组织流程图

（2）建立多点集疏格局

在国内外建立枢纽以及形成沿途多点的集疏格局，由此可以组织起广而密的货物集疏网络。比如在国外，可以通过成立某分公司以及在沿线各地建立专门的仓库、堆场，形成以该公司所在地为枢纽，以其余重要城市为二级集疏中心的格局，争取将网络遍布欧亚主要国家，实现多点密布，常态开展中途上下货。比如针对成都对“一带一路”和长江经济带的衔接作用及其经济腹地覆盖范围，中欧班列可构建“一主多辅、多点直达”的跨境班列运输网络，国内依托成都至厦门、上海、广州、深圳等地的快速直达列车，开通“厦蓉欧”“甬（宁波）蓉欧”和“深蓉欧”点对点快速列车。

（3）发展多元业务

除了日常的运输业务，中欧班列也可以拓展自身业务领域，比如开展整箱、拼箱、过境中转、铁空多式联运、依托特色口岸的汽车进口、跨境电商、国际运邮、冷链物流等业务。多元业务的开展可提升中欧班列的竞争力，以便吸引更多货源，为货源均衡打下坚实的基础。

（4）加强市场细分

中欧班列货源市场可根据货物的时间价值特性、客户规模的大小、货源地的区域性差异、不同的客户属性等进行细分，针对细分目标市场开展针对性营销。

（5）实施集装箱共享

班列公司之间共享集装箱，在回程货源有限的情况下可以有效减少空箱的无效堆存，避免集装箱资源的浪费从而提高集装箱利用率，也能提高中欧班列之间的协调性，打造中欧班列的统一品牌。

7.6 中欧班列货运营销策略

在中欧班列货源组织优化的基础上，还需要进一步丰富其营销策略。由于中欧班列货运营销工作在运价制定、客户构成等方面存在特殊性，基于其货运营销特征提出以下中欧班列货运营销策略：

（1）打造班列统一品牌，形成品牌效应

借助多种营销手段，打造特色中欧班列品牌，结合国内外贸易形势及中欧班列运输组织特点，明确品牌定位，精准定位客户群体，并针对不同客户群体采取不同的推广策略，提升客户对于品牌的认可度、信赖度和忠诚度，形成品牌效应。

（2）厘清客户倾向性，调整营销策略

聘用精通中欧班列业务流程，熟悉中欧班列产品特色优势，了解班列沿线国家社会法律制度的人才，加强对于跨境铁路运输、报关通关、检验检疫、冷链运输、集装箱装运等业务知识的培训，定期组织“一带一路”及“中欧班列”相关政策条例的学习。针对现有货运服务的问题，通过实地调研、数据收集等方法及时收集客户需求数据，了解客户选择运输方式的倾向性，对现有货运产品进行创新、改进，对下一次开行的方案进行优化，对现有的问题及时总结反馈。

（3）加强货运市场细分，优化货运产品

依据不同的市场细分标准，设计满足不同货运需求的货运产品。根据货物的时间价值特性，在保证货物运输质量的同时，减少货物因运输过程中发生贬值或占用资金而承担的货币损失的情况。依据客户规模的大小，设计差异性的合同协议与拼箱业务，共同满足大中小客户的运输需求，建立良好的客户关系。根据货源地的区域性差异，设置符合当地货源结构和文化的特色班列，同时合理制定揽货策略，降低班列的运输组织成本。依据不同的客户属性，建立不同的对接模式，制定不同的服务策略。寻找中欧班列合适的定位，设计合理的货运产品，提高中欧班列的品牌形象。

（4）完善客户关系管理，提高服务质量

中欧班列可持续发展需要面对两条基本市场规律。第一，寻找中欧班列适配产品。拥有适度附加值、非价格或速度敏感型产品是中欧班列运输的适配产品，应做到有目标地争取“优质货源”，重视客户关系管理，将营销的重点转移到客户关系的开发和维护上。第二，离海较远的内陆城市或地区是班列的主要目的地之一。中欧班列是内陆城市“沿海化”的重要渠道，可以节省海运目的港与最终目的地之间的接驳费用，满足内陆城市打造交通枢纽的内在需求。在此基础上，未来可进一步发挥中欧班列的纽带作用，探索以班列运输促产业合作的政策扶持体系，促进我国与欧洲国家间的贸易投资往来，深化双边产业合作，培育中欧班列的市场竞争优势。

（5）拓展增值服务，完善产业两端衔接

中欧班列不应仅仅局限于干线运输，应由干线运输向产业链两端延伸，聚集优质服务商为客户提供货源地集散、干线运输、目的地清关、短驳、仓储、保税等服务，还可以拓展国际代理采购、国际保险理赔、货物质押等多样化的增值服务，并且应当根据客户需求制订个性化运输服务方案，充分发掘欧洲及班列沿线国家高附加值产品、特色产品的运输，整合商贸流通领域的线上、线下资源，发挥进口商品展销会、进口商品展示馆等线下渠道的作用，充分发挥我国跨境电商优势，推动中欧班列发展。

（6）完善信息平台和物流中心建设

可通过整合国内相关行业、部门、企业信息资源，建设中欧班列信息服务平台，逐步实现与沿线国家铁路、海关检验检疫等信息系统的电子数据交换与共享，打通物流信息链，推行海关、检验检疫、铁路、港口单据电子化，打造数字化中欧班列。客户通过平台能及时、准确地了解中欧班列的具体信息（开行时间、运输时长、运输价格等），根据自身需求选择合适的班列，并且客户能在平台上实时了解中欧班列运行状况（所在地、所需时长等）。更新和改造基础设施，筹建一批现代化水平的仓库和配送中心，提供相关的增值服务。增值服务的范围包括诸如收购、分类、排序、包装、定价和加标签等。对中欧班列线上受理平台进行打造和完善，简化货运手续，提高受理效率。

（7）分析货源时间分布规律，合理调控配置运输资源

通过分析以年为周期对中欧班列运输线路上的口岸出境情况的统计，发现出境货运量有比较明显的季节波动特性，主要表现为夏秋季运输需求旺盛、运量大、业务较繁忙，而冬春季的业务量有所收缩。因此在季节性律动比较明显的情况下，中欧班列运输业务的开展可以根据这种时间波动规律进行适应性调整，即在业务繁忙阶段多投入运输资源，以及加强这些时段的运输监管与工作衔接协调，从而避免意外事故引发较长时间的流程拥堵，导致比较严重的经济损失的情况出现。具体措施可以考虑准备机动员工团队来适应运输业务量的浮动，并且实现与客户的约定性默契协商等。

（8）适时分析预测运输需求，及时增减运力人力

在2020年全球突发疫情事件的影响下，中欧班列的出境运输需求猛增，但受出境口岸数量和通过能力的限制，在业务量激增的局面下就会出现严重的积压、拥堵，导致大量班列积压在口岸无法准时出境。因此国铁集团下发通知，要求多个班列公司削减6、7月份的部分运力，以“缓堵保畅”，其中反映出中欧班列在运输需求预测与运力调整方面的步调不协调问题。除了这类突发事件，班列公司自身也应加强对运输需求的预测，不仅包括年度的长期预测，也应该对以月、周为周期的短期需求进行预测，从而根据需求来增补运力人力，避免出现“过犹不及”的尴尬局面。

（9）对症下药，提高中欧班列市场竞争力

寻找行业痛点，对于不同层次影响中欧班列国际运输需求的因素，进行不同程度的策略优化。对于直接影响层，合理制定运价，提高自身竞争力与品牌影响力，是现目前最明显且最需要解决的问题。对于间接影响层和根本影响层，应该做好长期规划，加强中欧班列自身建设，提升其在中欧贸易中的地位。

第 8 章 中欧班列运输组织理论及优化技术

8.1 中欧班列运输组织研究综述

随着经济全球化的发展推进以及“一带一路”倡议的深入实施，以中欧班列为主要载体的国际集装箱运输业务迅猛发展，中欧班列的国际集装箱运输组织优化逐渐成为国内外学者的研究焦点。下面分别从中欧班列运输组织对策建议、铁路集装箱运输组织计划优化、中欧班列运输组织优化、中欧班列开行方案四个方面的相关研究进行简要综述。

8.1.1 中欧班列运输组织对策建议

《中欧班列建设发展规划（2016—2020 年）》首先提出将国内段运输通道划分为西通道、中通道、东通道，并基于三大通道得出相应的货源吸引区。其次，按照“干支结合，枢纽集散”的运输组织方式在内陆主要货源地、主要铁路枢纽、沿海重要港口、沿边陆路口岸等地规划设立一批中欧班列枢纽节点。此外，还将中欧班列运行线分为直达线和中转线以提升运输组织效率和加大资源整合力度。在中欧班列运营发展初期，相关专家、学者[23]-[25]针对中欧班列存在的问题，结合相关发展规划，提出要改善物流节点布局和提升枢纽节点设施设备能力、推进节点间合作、将直达班列和集结班列结合开行等建议。而各地货源、场站能力、人员专业化程度、资源整合力度等不同，导致不同开行的班列运输组织模式、开行情况不同，有学者提出需要在开行数据的基础上进行相关定量研究以支撑未来中欧班列可持续发展[26]。

8.1.2 铁路集装箱运输组织计划优化

铁路集装箱运输组织计划优化是指在集装箱运输网络的范围内，在现有运输时空资源约束条件下，依托场站各种运输资源，提出优化集装箱运输组织作业计划，提高设备利用率和资源整合效率，获得对运输服务的最大满意度，对中欧班列运输组织计划优化具有一定参考意义。专家学者多从设施设备、集装箱运输组织、多式联运主体间数据交换、市场营销的角度进行分析[27][28][29][30][31]。在设施设备方面，强调加大铁路物流基地和集装箱办理站建设力度，加速升级集装箱办理站叉车、门吊、起重机、轨道衡等设施设备以满足集装化运输、机械化装卸要求。在集装箱运输组织方面，强调集装箱运输组织管理、推进集装箱门到门运输，规范收费标准，同时注意运输生产安全的有效控制。在多式联运主体间数据交换方面，强调尽可能与货主、货代、港口、航运等物流企业实现信息共享和追踪查询，同时完善电子支付单证等对外服务功能，实现铁路集装箱多式联运信息化发展。在市场营销方面，强调提高集装箱货源市场调研的主动性，定期挖掘货源所在地区已流失或潜在的集装箱适箱货源，并积极对集装箱运输作业行车组织管理人员进行系统培训，提高集装箱运输网络综合服务质量。总体上，对铁路集装箱运输组织计划优化体现在设施设备能力、市场营销、数据交换和运输组织等服务层面。

8.1.3 中欧班列运输组织优化

随着中欧班列运输规模不断扩大，在大量研究的探索下，中欧班列目前存在的问题以及班列发展的对策逐渐清晰。与此同时，从定量的角度优化中欧班列的组织模式成为当前研究的重点。中欧班列的组织优化研究主要集中在班列运行线路优化以及集结中心选择方面。大部分中欧班列的路径选择问题[32][33][34]，是将研究重点对准运输时间与运输费用或将两者结合考虑，利用启发式算法对构建的数学模型进行优化求解，得出最经济或最具时效性的运输方案。集结中心选址问题[35][1][2][36][37][38]同样从运输经济性和时效性出发确定集结点，解决了不同线路恶性竞争、国内货源分散等问题。不同的是模型构建中通常加入了发货周期约束条件，目的在于减少车流集结成列流的时间，同时减少集装箱在场站堆积的问题，节省货物时间价值成本。选址问题和路径选择问题的研究，为未来中欧班列运输组织效率的提升提供参考，也为中欧班列开行方案制定提供一定依据。

8.1.4 中欧班列开行方案

中欧班列运输组织，主要解决的关键问题之一则是其开行方案。基于选址和路径选择研究，专家学者进一步探索集装箱在各趟车次的分配数量、开行列车的种类（直达班列或集结班列）、列车开行频率、数量、去向等问题。随着中欧班列网络化运输进程的加快，如何设计中欧班列开行方案，降低运输时间和成本以及未来可能考虑的碳排放成本，成为了中欧班列运输组织优化亟待解决的问题。针对中欧班列开行方案[39][3]，大部分学者研究如何开行直达班列和集结班列以及怎样集结使得总运输成本或总运输时间最低，也有部分研究将时间转化为经济成本分析其综合运输成本。其提出的集结模式主要有：分级集结、轴辐式网络、干支结合等。近年来，有学者在班列直达和集结开行的基础上提出阶梯直达班列组织模式，即不足以满轴开行的班列可以不去集结中心解体再编组开行，而是去具有相同去向货源的临近城市进行车流合并，减少集结中心的编组压力和列车中转成本。

8.2　中欧班列国内段运输组织模式及方法

8.2.1　中欧班列枢纽节点集并的必要性

各地方班列存在线路重复，资源利用率不高，关键节点规划困难，统一品牌建设困难，缺乏对外竞争竞价的统一主体等问题，因此需要对中欧班列现有网络进行分析，通过选取枢纽进行班列集并等方法优化中欧班列集并方案。

现阶段，中欧班列存在口岸站、枢纽以及腹地城市三类运输节点，枢纽与腹地城市之间存在铁路、公路和水路等运输方式，枢纽可作为公路、铁路、水运等不同运输方式进行衔接、转运换装的中转节点，同时腹地城市的货物也可以不经过枢纽而直达目的地。因此选定特定枢纽站点进行班列集并，通过枢纽站点将集装箱运往口岸目的地，既可满足集装箱班列编组和货物整合的需求，也利于保证中欧班列运输时效性、提高车流组织效率以及实现客车化组织管理。

在运输过程中，枢纽节点一方面能够吸引腹地周边的集装箱货源，另一方面可以根据集装箱运输需求开展和其相关的业务，例如货物仓储、集装箱货物装箱、换装、堆码、拆箱、海关代办和“三检”有关业务乃至集装箱集疏运组织等。枢纽节点的主要功能包括运输组织、中转换乘、运输代理、信息通信等，它连接交通道路支线，把所有服务区域业务由点及面囊括在内。其本质是口岸站功能扩展延伸到内陆地区，可进行集装箱集散和中转，是各种交通工具进行调度，各种运输方式进行衔接和联运的节点。集装箱口岸站、各腹地城市和枢纽节点之间在通信技术快速发展的大背景下可实现货物运输信息共享，进而使三者有机结合，实现运输网络的信息化。如此，可缩短集装箱货物运输时间从而提高运输效率，具体作用体现在以下几方面：

（1）选定中欧班列枢纽节点进行班列集并，可使运输效率得到显著提升，同时加速货物中转。针对发往内陆地区的集装箱，枢纽节点能够实现集装箱货物的查询以及追踪，进而对其实现高效运营管理，提高口岸站与腹地城市之间的中转速度、运输效率，降低物流运输成本，提升集装箱运输的服务水平。

（2）中欧班列的枢纽节点是口岸站与经济腹地相互联系的关键节点，具有沟通桥梁的作用，还能提升各个运输环节的集装箱化水平，也是集装箱班列的集散点，具有联系内陆重要作用。一方面可以快速集疏运进出口货物，同时提供稳定可靠的货源；另一方面还可以实现港口功能延伸改善交通条件和投资环境，加速对外开放水平，促进区域经济发展。

（3）中欧班列枢纽节点在吸引货流的同时可增加集装箱换乘的便捷性，提升多式联运发展的水平，并且能够满足个性化的需求，有效降低整个运输网络中的社会成本和经济成本。

点对点直达模式与枢纽集并模式的对比见表8-1。

表8-1 点对点直达模式与枢纽集并模式对比

运输组织模式	内涵	优点	缺点
点对点直达模式	①各地政府成立班列公司独立组织、集货、议价 ②开行境内、境外点对点直达列车	①组织模式简单 ②运营主体明确 ③在途时间较短	①货源规模难以保证 ②班期不定频次不高 ③过分依赖政府补贴 ④议价谈判各自为战 ⑤同质竞争争抢货源
枢纽集并开行模式	①设立枢纽集并网络 ②统筹运营、集货、议价 ③在枢纽中心作用下整合货流 ④开行直达、阶梯直达、摘挂等多种形式列车	①货源规模得以保证，班列开行常态化提高 ②提高各个运输环节的集装箱化的水平 ③班期确定，班次提高，货物集结时间缩短，班列时效性提高 ④统筹运营、同一品牌，提高多式联运水平、班列影响力和市场吸引力稳步提升	①组织模式复杂 ②额外装卸作业成本高 ③枢纽集结压力大

通过对中欧班列两种开行模式的比较可知，在货源充足的条件下，点对点直达模式具有运输组织简单等优点，但在货源不充分和线路重复时，点对点直达开行模式具有运

输成本高、同质竞争严重、开行频率低等缺点。而枢纽直达模式则能保证货源规模，缩短班列集结时间和统筹规划同一品牌，减少同质竞争。

随着国家顶层协调力度的加大和各地中欧班列的深入合作，枢纽集并开行模式是未来中欧班列的发展趋势。短期内除少数货源充足城市适合采用直发开行模式外，大多数中欧班列开行城市采用枢纽集并开行模式较为合适。随着各地中欧班列货源增加，直发线路可能逐步增多，但枢纽集并开行模式仍然是货源不足地区的最佳选择。枢纽集并开行模式能有效地解决目前中欧班列综合成本高、货源不足的问题，选择合适的中心枢纽是枢纽集并开行模式运行的基础。

8.2.2　中欧班列轴辐式枢纽集并作业方案形式

8.2.2.1　轴辐式网络结构理论

轴辐式运输网络可以看作是树形结构的延伸。与点对点式运输网络相比，轴辐式网络将节点分为一般节点和枢纽节点，其中枢纽节点承担集散非枢纽节点货流的功能。货物首先通过支线从一般节点运送到枢纽节点，再通过干线从枢纽节点运输到下一个枢纽节点，最终根据目的地通过支线将货物运送到第二枢纽节点或目的地。轴辐式运输网络的优势在于有效减少了路径数量，并通过枢纽之间的干线运输实现规模经济，降低单位流量的运输成本，提高运输资源的利用率。此外，枢纽节点对非枢纽节点货源的吸引力还能带来集群效应，促进区域经济发展。

轴辐式运输网络根据枢纽数量不同可分为单枢纽和多枢纽轴辐式网络；根据一般节点和枢纽节点的分配关系可分为单分配和多分配两种类型。在单分配轴辐网络中，每个非枢纽节点只能分配给一个枢纽节点；而在多分配轴辐网络中，非枢纽节点可以分配给多个枢纽节点。根据非枢纽节点可否直通又可分为纯轴辐和混合轴辐式网络。

8.2.2.2　中欧班列枢纽节点集并作业方案

轴辐式网络的核心在于轴辐式网络通过其流量在时间和空间上的集中提高运输效率，并通过优化运输工具及运输方式提高满载率，从而使得干线运输产生规模经济效应，节约单位运输成本。轴辐式网络系统具有系统化、网络化、协同化和集成化以及便捷性、准时性、灵活性等特点，能最大化地利用资源和降低成本，发挥各个城市的不同效用。

乌鲁木齐集结中心集结开行模式的网络结构就是一种轴辐式网络，该网络节点分为两部分：国内节点和欧洲节点。欧洲节点均是“轴心”枢纽节点，国内节点只有乌鲁木齐集结中心一个“轴心”。这种网络结构及其对应的开行模式在一定程度上改善了直通式网络和“点对点”直达开行模式的不足，但其网络节点划分粗放，没有充分利用我国铁路线网的拓扑结构，充分发挥我国各大枢纽节点的集结能力。

中欧班列枢纽节点集并作业方案是将非枢纽节点的货源在枢纽节点进行集结中转，再由枢纽节点编发班列的组织模式。在建立两级轴辐式网络时，可以将欧洲节点设为“轴心”枢纽节点，而国内节点则选择铁路网中的若干枢纽节点作为各自的“轴心”枢纽节点。其他非枢纽节点则根据网络拓扑结构划归到相应枢纽的影响范围内。考虑到一些非枢纽节点货源充足，短时集结就可以开行出口班列的可能，规定国内的非枢纽节点的货物除向枢纽节点集结外，也可以直接向国外枢纽节点开行班列。

8.2.2.3 枢纽节点集并模式的车流组织形式

在中欧班列集并作业方案下，车流组织形式总体上可以分为两类：装车地直达列车和中转集结列车。

（1）装车地直达列车

装车地直达班列的始发站为货源所在车站，终到站为货源目的地，编组内容为终到站去向的当地货源，编组方式为单组编组，途中不解编、不摘挂，除了班列途中所必需的换轨作业、转关作业外，不进行任何其他的途中技术作业，装车地直达班列由装车地直接开行至终到站。

装车地直达列车类似于现有“点对点”直达组织模式，适用于中欧班列始发站货源充足、集结时间较短、作业能力较大的站点，能够减少货物在途时间，提高运输效率。

（2）中转集结列车

中转集结列车的第一阶段始发站为装车站，终到站为装车站所属的区域枢纽节点，编组内容较为灵活，可以是同一去向或不同去向的货源。到达枢纽节点后进行解体，按照货物到站情况重新编发，第二阶段始发站为枢纽节点，终到站为货物目的地。

8.2.2.4 中欧班列轴辐式枢纽集并节点选择模型

本书构建中欧班列开行城市至终到城市间轴辐式运输网络，采用“干支结合、枢纽集散”的班列组织模式，优化了传统“点对点”直达模式带来的弊端。

（1）模型假设

① 不考虑国际政治关系变化、战争、公共卫生事件、企业竞争等因素对枢纽选择及节点分配关系的影响；

② 网络中节点与节点之间相互畅通，构成全连接网络图；

③ 某节点向其他节点运输时，均采用最短路径运输；

④ 网络中非枢纽节点之间不互连，即非枢纽之间的流量必须至少经过一个枢纽点进行转运；

⑤ 网络流在枢纽节点的排队符合 M/M/1 排队模型，即到达过程服从泊松分布，枢纽节点服务过程服从负指数分布；

⑥ 假设口岸间通道线路固定，此时将包含两端口岸的通道视为带有时间及成本参数的节点，即不考虑“三并二”“二并三”问题；

⑦ 本书研究对象为运输网络，考虑长周期内的货物流量，因此不考虑班列班期及编组数量的影响。

（2）变量描述（见表 8-2）

表8-2　变量描述

参数	描述
α	枢纽间折扣系数
w_{ij}	节点 i 到节点 j 的流量
c_{ik}	节点 i 和节点 k 之间单位流量运输费用
p	枢纽节点数量
N	轴辐运输网络中节点集合，$N=\{1,2,\ldots,n\}$
Ω	枢纽节点间每单位距离运输成本函数
θ	枢纽间运输成本折扣参数
β	指数参数
Φ	折扣系数函数
f	枢纽间流量函数
a_q	枢纽间折扣系数（分段函数q的斜率）
FC_q	固定成本（分段函数q的截距）
R_{qkm}	使用a_q折扣系数的枢纽$k\rightarrow m$的总流量
Ψ	枢纽$k\rightarrow m$间每集装箱单位距离运输成本
Ω_{ij}	节点$i\rightarrow j$通过枢纽$k\rightarrow m$转运时每单位距离成本

续表

参数	描述
T_{ij}	运输环节中枢纽部分总成本
TC_{ij}	路径运输总成本
M	非枢纽至枢纽平均集结编组数
t_{ik}	节点i和节点k之间单位流量运输时间
T_k	枢纽k处理单位流量所需要的时间
C_k	枢纽k服务速率
δ	枢纽编组辆数与平均编组辆数的比例
χ	目标函数权重比例
y_{qkm}	枢纽节点$k\to m$间流量收取固定费用FC_q
x_{ijkm}	0-1变量，若$i\to j$的集装箱流经过枢纽$k\to m$则取1，否则取0
z_{ik}	0-1变量，节点i分配到枢纽k时取1，否则取0

（3）固定折扣系数轴辐网络经典模型

轴辐式网络的核心在于将起始节点流量汇集至枢纽节点，然后通过枢纽转运至终点，从而减少节点间连接，产生规模效应降低网络总体运输成本。无容量约束固定折扣单分配 p-Hub 中位模型是一种较为经典的选址模型，该模型以最小化网络运输成本为目标，同时确定枢纽节点的选择及非枢纽节点与枢纽节点的分配关系。

$$\min \sum_i \sum_j \sum_k \sum_m w_{ij}(c_{ik} + \alpha c_{km} + c_{mj}) x_{ijkm} \tag{8-1}$$

s.t.

$$\sum_k z_{ik} = 1, \forall i \tag{8-2}$$

$$z_{ik} \le z_{kk}, \forall i \tag{8-3}$$

$$\sum_k z_{kk} = p \tag{8-4}$$

$$\sum_m x_{ijkm} = z_{ik}, \forall i, j, k : i \ne j \tag{8-5}$$

$$\sum_k x_{ijkm} = z_{mj}, \forall i, j, m : i \ne j \tag{8-6}$$

$$\sum_m x_{ijkm} = z_{ik}, \forall i, j, k : i \ne j \tag{8-7}$$

模型中规模经济效应由枢纽间运输成本的折扣因子$\alpha \in (0,1)$来表示，枢纽间折扣随着α的减小而增大，同时折扣因子α适用于任意枢纽对之间的连接，无论其流量大小如何。

8.2.3　中欧班列国内段货运班列组织优化策略

受自然条件、经济条件和地缘政治因素等多方面的制约，中欧班列的车流组织面临着开行与运输需求之间差距大，班列运输组织方式和模式单一，车流组织不灵活等问题。基于以上问题，本书提出两阶段优化策略：第一阶段设计网络化开行模式并提出同一班列公司、不同目的地的班列进行集并；同一班列公司、相同目的地的班列进行集并；同一代理公司、不同班列公司、相同目的地的班列进行集并；同一代理公司、不同班列公司、不同目的地的班列进行集并的四种集并模式。第二阶段从中欧班列整体角度出发，提出构建轴辐式网络。目前，从已投入使用的9个集装箱中心站中选择作为集结枢纽的节点站，未来，从规划的18个集装箱中心站中选择作为集结枢纽的节点站。

8.2.3.1　第一阶段——基于网络化开行模式车流组织策略

（1）集并模式优化策略

中欧班列从我国进入宽轨段换装时，进行标准轨三列换装成宽轨段两列（三并二），待宽轨段进入欧洲端时，再由两列换装成三列（二并三）。研究通过合理的集并模式优化策略可实现班列降本增效，减少时间和费用成本，见表8-3。

表8-3　集并模式优化方案

集并模式	集并班列属性	作业效果
模式1	同一班列公司、不同目的地	便于车流组织工作的开展和协调，方便及时掌握三列车的最新动态
模式2	同一班列公司、相同目的地	对始发站的货源组织提出了较高要求，需在较短时间内组织三列相同目的地的车流
模式3	同一代理公司、不同班列公司、相同目的地	减少了车流在始发站的集结等待时间和始发站的货源组织压力。为减少班列公司竞争，应尽量避免目的地同质化现象
模式4	同一代理公司、不同班列公司、不同目的地	为寻找车流组织和合作方带来一定便利，是“三并二”集并模式的发展方向

（2）车流接续与开行时间

铁路集装箱班列的开行时间应与口岸站的作业时间以及货源发生到达地相适应，根据实际需求确定开行时间。阶梯式和集散式组织方式的车流组织模式，在基本组车流不足的情况下，按照“日历进货、分散装车、定点成组挂运”的原则，以始发站为基点，结合口岸站作业时间，倒铺中欧班列列车运行图，减少接续等待时间，加速各站班列车流的接续，提高运行效率，保证班列正常开行。

8.2.3.2 第二阶段——基于轴辐式网络车流组织策略

（1）构建系统化网络，打造货物集散枢纽

建立两级的轴辐式网络，考虑将欧洲节点均设置为“轴心”枢纽节点，国内节点选取一些铁路网中的枢纽节点作为国内节点的各个“轴心”枢纽节点，其他非枢纽节点根据网络拓扑结构划归到对应的枢纽影响范围内，具体见图 8-1。各地共享班列号进行组合运输，满载后再运往口岸通关，保障运输班列的高频率常态化运营；打造多式联运大型综合物流基地，完善冷链物流基地、城市配送中心布局，支持在物流基地建设具有海关、检验检疫等功能的铁路口岸；加强铁路口岸与港口、机场、公路货运站以及产业园区的统筹布局和联动发展，形成水铁、空铁、公铁国际多式联运体系；优化布局各班列的运输路线及分销线路，制定各地之间的物流发展规划并实现协同发展，实现大规模成本收益。

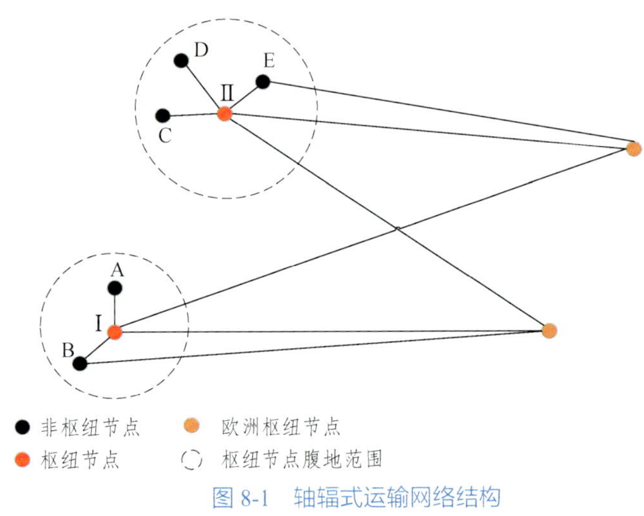

图 8-1 轴辐式运输网络结构

（2）加大资源整合力度，打造世界级品牌

优化运输组织，加大中欧班列组织力度，稳定既有直达班列，加强调度指挥和监督考核，完善过程组织，实现全程盯控，强化应急处理，提高班列正点率；根据市场需求增加班列线，结合中欧通道实际运输能力，组织制订中欧班列开行及优化调整方案；加强与国外铁路协作，建立班列运行信息交换机制，强化班列全程监控，联合铺画全程运行图，压缩班列全程运行时间；地方政府、企业要按照《中欧班列品牌建设方案》的要求共同推进中欧班列品牌建设，中国铁路总公司制定出台管理办法加强中欧班列品牌管理。

（3）着力推进中欧班列网络化开行模式

由中国国家铁路集团有限公司统筹班列运营全局，统一班列品牌，以市场需求为导向，以提高班列运行时效性和稳定性为目标，设立班列集结中心网络、设计班列网络化开行方案；在集结中心作用下对同来源、同目的地、同方向货源 OD 统筹整合，根据情况选择开行时效性更高的列车，提高班列频次，缩短货物集结时间，助力班列时效性优势的发挥。

8.3　中欧班列境外端运输组织模式及方法

8.3.1　国外主要铁路货运经销商运营现状

由波兰铁路运输办公室数据可知，在波兰取得许可的铁路货运经营商包括 PKP CARGO S.A.、DB Cargo Polska S.A. 等 111 个公司。

PKPCARGO 是波兰最大的铁路运营商，也是欧洲第二大铁路运营商，控制着波兰铁路货运市场超过 52% 的份额。该公司在多式联运和国际运输服务方面具有明显优势，且与八个欧盟国家开展独立的运输业务。得益于波兰的独特地理位置，PKPCARGO 在中欧班列的跨境运输中占据了显著的优势。

PKP CARGO 在波兰拥有 25 个货运场站。PKP 经营两个专门的物流中心，分别位于靠近白俄罗斯边境的马拉舍维奇（Małaszewicze）和靠近乌克兰边境的 Medyka-Żurawica。此外，PKP 还在格利维采（Gliwice）、波兹南 Franowo 和华沙（Warszawa）运营集装箱码头。

Małaszewice 是一个与白俄罗斯接壤的物流中心，配备了现代化的宽轨与标准轨换装设施。该中心提供转发、存储和包装服务。

Medyka-Żurawica 是一个与乌克兰接壤的物流中心，位于 Medyka-Mościska 过境点。该中心拥有完善的基础设施，提供铁路、公路运输以及装卸、仓储、分拣、包装等服务。

Pozna ń -Franowo 战略集装箱中心是 PKPCARGO 最新的多式联运投资项目，位于主要交通路线的交汇处。该中心是 Wielkopolska 地区最大的货运站，占地 20,000 平方米，轨道总长度为 1,570 米，具备每年处理 60,000 个集装箱的能力。

在欧洲网络中，DB 提供与单一货源拼装运输（Combined Transport，简称 CT）相关的全方位服务，包括半挂车、集装箱和交换车体。每周，CT 网络通过超过 1,500 列国内和国际列车连接欧洲主要交通枢纽。在海运 CT 方面，DB 将欧洲北部和西部港口与延伸至土耳其的欧洲腹地连接起来。例如，连接汉堡与东欧或鹿特丹与瑞士的路线，沿着欧洲大陆的主要运输走廊，也可以将斯堪的纳维亚与意大利，或德国与波兰连接起来。此外，DB 也可以提供德国境外交通的设计和组织等服务。

DBCargo 提供的服务涵盖了从计划与订购、空车调度、装卸、揽货与预订，到运输、结算和商业服务等各个环节，确保全方位满足客户需求。

同时，Deutsche Bahn 旗下的子公司 TFG Transfracht 推出了一项创新的集装箱预订平台，简化了集装箱发运流程。用户只需通过三个步骤即可完成预订：运输查询、报价和最终预订。在查询过程中，仅需提供四个信息：港口、目的地、发货日期和集装箱类型，系统便会即时生成报价，无需任何注册程序，大大提升了效率和便捷性。DB 货运网络覆盖丹麦、法国、意大利、荷兰、波兰及东南欧。

8.3.2 中欧班列境外端运输组织优化策略

基于目前从中国口岸站至境外端目的地的这一段运输过程完全委托于国外运输代理公司，运输路线选择难以控制，成本难以控制的情况，本书从增强国外端掌控力度方面考虑，对中欧班列在境外端实际运输情况进行调研，针对欧洲各国铁路准入要求的差异性，提出了中欧班列在境外端的三种运输方式：一是采用欧洲各铁路货运经营商现有货运班列进行运输；二是自购或者租赁车底加挂于欧洲各铁路货运经营商现有货运班列进行运输；三是自购或租赁车底组建班列，进行自主运营班列运输，具体如表 8-4 所示。基于三种运输组织方式的特点，分别建立不同方式下运输组织流程。

表8-4　境外端车流优化方案

	优化方案	实施路径
方案一	使用欧洲公共班列	跨过既有的运输代理、直接选择欧洲铁路货运班列进行中欧班列的运输
方案二	自购自营货运班列	结合货运及车辆具体需求合理确定所需购买和租赁的集装箱车辆的数目，在保证运输需求的情况下减少不必要的浪费
方案三	自购车底加挂欧洲班列	将车辆从始发站运送到公共班列停靠站点及时挂运或将自购车板临时停放在境外端各主要节点的车站停车场，在货物运输需要时进行加挂运行

8.3.2.1　方案一：使用欧洲公共班列

欧洲各货运经营商运输腹地范围各不相同，综合调研信息，得到欧洲货运班列运营情况表见表 8-5。

表8-5　欧洲公共班列情况

运输企业	运输货物种类	主营业务	运输范围
PKP Cargo	汽车 集装箱 矿渣 钢坯/板坯 钢产品	多式联运服务 专用线路服务 机车车辆维修 运输服务 转运服务 场站修建	波兰、意大利、法国、德国、斯洛文尼亚、捷克等
DB Cargo Polska	固体燃料 液体燃料 化工产品 钢铁产品 建筑材料 集装箱 超大货物	货物运输 铁路侧线运输 交通位置操作 铁路基础设施维护与维修 技术咨询以及支持	波兰、德国、捷克、西里西亚
Lotos Kolej	石油产品 粮食 金属板 钢制品 生物制品 集装箱 汽车	货物运输 铁路租赁服务 机车车辆维护 铁路油罐车清洁	白俄罗斯、乌克兰、罗马尼亚、土耳其、荷兰、捷克共和国、斯洛伐克、比利时、澳大利亚、匈牙利
PKP LHS	散货 固体货物 农产品 危险货物 集装箱	货物运输	波兰、乌克兰
CTL Logistics	大宗货物 钢 化学制品 木材 容器 家用电器 页岩气	货物运输和关税服务 铁路侧线服务 铁路基础设施建设与服务 机车车辆租赁服务 大宗商品供应物流	南欧、西欧、俄罗斯、白俄罗斯、乌克兰、哈萨克斯坦、波兰、德国
Freightliner PL	集料 煤炭 粮食 集装箱	货物运输 转运 边境和海关手续	波兰、德国、白俄罗斯、乌克兰、捷克共和国、斯洛伐克、匈牙利、荷兰、比利时

续表

运输企业	运输货物种类	主营业务	运输范围
Orlen Kol-Trans	石化产品 危险品	货物运输 车辆租赁、维修、 清洗侧线调车 铁路基础设施维护	捷克共和国、德国、 罗马尼亚

（1）采用欧洲公共班列的优点

① 丰富的路网资源以及政策优势。公共班列在欧洲境内拥有复杂的运行网络资源，如 Orlen Kol-Trans 公司能够为客户提供村庄轨道实现危险品的安全运输。长期跨境的运输服务使得国家或地区之间建立了稳定的合作机制，如 Freightliner PL 公司运营的班列在波兰和德国之间的任何过境点运行而不改变边界处的牵引装置，由此该公司的班列运行时间以及费率之间具有优势。

② 获得专业的货运服务。欧洲本土货运企业发展成熟，具有丰富的线路运行经验以及相应的配套物流基础设施设备，能够提供全面的物流服务如调车、车辆租赁与维修、车辆清洗、侧线调车等，并且为货物运输提供创新的技术和组织方案，为货运安全提供保障。将货物集散作业交给欧洲公共班列能使班列公司专注于核心业务，降低侧线维护的成本。

③ 减少固定资产投入。采用公共班列能够避免在机车车辆购入、养护、维修以及基础设施使用等方面投入大量费用，减少固定资产的投入，降低设备闲置的风险。

（2）采用公共班列的缺点

① 运输覆盖范围有限。欧洲几个大型的运输公司线路铺设覆盖面积有限，难以同瑞典、法国等国家形成稳定的跨境运输，运行灵活性较差，不利于班列后期的发展。

② 公共班列存在大量时间窗。中方运往欧洲的货物具有流向分散的特点，采用公共班列进行运输必将产生货物集结等待时间，并且随着沿线停靠站点的增多将延长货物在途时间。

8.3.2.2 方案二：自购自营货运班列

欧洲运营公司的集装箱车辆主要通过购买和租赁两种方式进行获取，具体见表 8-6。调研资料显示，欧洲铁路车辆市场的主要供应商有罗马尼亚的 IRS 工厂、斯洛伐克的 Tatravagonka 工厂以及北美的 Greenbrier 工厂三家公司，它们占据了欧洲市场的绝大部分份额。因此，欧洲运营中心的采买将主要通过与这三家供应商进行联系，完成集装箱车辆的采购活动；而针对集装箱车辆的租赁，由于波兰的 PKP 公司在当地具有绝对的垄断地位，所以在进行集装箱车辆租赁活动时，运营中心需要同 PKP 公司进行沟通，进而与就近的运营分公司建立联系，根据自身的需求进行车辆租赁，实现集装箱车辆的迅速调用。与此同时，除了波兰本土的 PKP 公司以外，欧洲的机车车辆租赁市场常年由 Beacon Rail Leasing、GATX Corporation、Touax Rail、VTG 四家公司占据着主要份额，其在租赁市场有着极高的信誉，能够为相关的租赁服务提供专业的技术支持，运营中心需要综合考虑这四家公司与 PKP 在信誉、服务能力以及经济效益等方面的综合能力，根据特定的需求择优建立合作关系，解决集装箱车辆的空缺调度问题。

表8-6　集装箱车辆购买渠道

<table>
<tr><td></td><td colspan="2">购买</td><td colspan="2">租赁</td></tr>
<tr><td rowspan="4">渠道</td><td>工厂</td><td>地区</td><td rowspan="4">PKP</td><td rowspan="4">Beacon Rail Leasing、GATX Corporation、Touax Rail、VTG</td></tr>
<tr><td>IRS</td><td>罗马尼亚</td></tr>
<tr><td>Tatravagonka</td><td>斯洛伐克</td></tr>
<tr><td>Greenbrier</td><td>北美</td></tr>
</table>

一般来说，采用购买集装箱车辆的方案，能在保证日常的运营调度的基础上，方便车辆的配置和使用，并且还能在车辆运用富余的条件下对短时间闲置的车辆对外进行租赁，以此获得额外的收入。但运营中心对集装箱车辆的投资较高，可能会出现车辆闲置时间过长致使运用效率低下，无法获得理想收益等情况。相反，如果采用租用集装箱车辆的方案，运营中心对集装箱车辆的资金投入就会较少，投资形式比较灵活，运营中心可以根据相应的运输计划和运输需求选择租赁的车辆数目以及相应的资金投入量。相较于购买集装箱车辆而言，租赁集装箱车辆可以有效降低车辆闲置情况的出现，提高车辆的使用率。但在非正常情况，例如货运量由于某种原因运量大增，车底不足且无法短时间向租赁平台租用车辆时，可能产生运营中心无法及时集疏货物，集装箱堆积滞留的可能。

因此，运营中心在编制购买和租赁时需要结合上述对购买和租用车辆的分析，在考虑到货运量正常与非正常的情况下，根据车辆的具体需求情况进行统计分析，合理确定所需购买和租赁的集装箱车辆的数目，在保证运输需求的情况下防止浪费。

8.3.2.3 方案三：自购车底加挂欧洲班列

将中欧班列自购车底加挂在欧洲公共班列上，涉及两个经营主体：中欧班列运营商和欧洲公共班列运营商，所以从管理层面分析，此种加挂方式需要两个公司协商达成一致，同时必须获得欧盟所经由运输国家的铁路部门许可。在此仅探讨加挂的运输组织必要条件，从运行径路、作业站点、车辆连挂等方面进行分析。

（1）运行径路有重叠

中欧班列到达欧洲端后，要保证集装箱在欧洲端的起始点能加挂公共班列，需要满足其运行径路与欧洲端各大运营商组织的运输组织径路有运输重叠部分，但根据在欧洲端的调研可以了解到，几大铁路运营商运输网络是包含了其中欧班列正在运输或具有发展潜力的几条线路，从这一点上，加挂车辆是可行的。

（2）作业站点能够满足条件

在仅考虑欧洲各国内主要运输线路和各国间主要城市运输线路的情况下，中欧班列加挂的列车都为能够运载集装箱车辆的列车，且其作业站点均能够满足装卸集装箱及临时存储集装箱车辆。从调研结果来看，中欧班列集装箱在欧洲端的始发点大部分在各国主要城市，其主要城市的车站都配有较为完备的集装箱作业设备及作业点，且大部分都有编组站，能够较好地处理加挂车辆的问题。

（3）所有车辆能够保证连挂运行

中欧班列在欧洲端的自购车辆一定是满足欧洲运输要求的车辆，其满足加挂的欧洲公共班列也须是其能进行牵引车辆加挂的列车。从这点来说，需要与各车站进行沟通和商榷后才能确定其车站是否能停靠加挂。

（4）采用自购车底方式输送段的车底可以实现均衡周转

加挂欧洲公共班列涉及车底购买费用和加挂费用，且如果欧洲端货流方向较为单一或者往返流不均衡，容易导致车底周转不畅，这种情况的产生从运输成本方面来看是极不划算的。因此，自购车底加挂欧洲公共班列方案应在自有货流或者欧洲本地反向货流充足，并且采用所购买的车底进行运输以实现车底合理周转的情况下采用。

由于在中欧班列入境欧洲端后，需要根据最终目的地对集装箱进行进一步的分拨，不同目的地的集装箱需要集结达到开行数量后才能发出，这一过程导致了分拨集结的等待，从而产生不必要的时间浪费。考虑加挂在欧洲公共班列上，可以极大限度地保证将货物准时运送到目的地，其运输组织模式为：当发现无法及时集结到集装箱目的地时，与该集装箱途径上或较近的车站联系沟通，询问是否有到集装箱目的地的公共班列，若存在且其班列运输中转节点较少，则将目的地集装箱与其他相同运输方向的集装箱集结成列运输到该站，再在该站进行加挂自购车辆运输到目的地。

设计自购车底加挂公共班列的接驳方式如下：

① 当公共班列停靠站满足集装箱装卸条件时，将自购车辆从发站挂运公共班列，到终到站时从快速货物列车上摘下。

② 当公共班列的停靠站无法满足集装箱装卸条件时，优先考虑增设附近满足集装箱装卸条件的车站作为公共班列的停靠站点（这需要与欧洲端运营商相协调），在无法增设站点的情况下，加挂车辆只能在停靠站附近满足装卸条件的车站进行装卸作业，然后通过以下两种区域短途运输组织方案运输至停靠站点加挂：

第一种方案：在起点处，将加挂车辆以驼背运输方式用集卡运送至停靠点进行解编，将加挂车编入公共班列。在终点处，将自购加挂车从公共班列摘下，采用集卡运输将集装箱运输至目的地，该方法能使集装箱货物及时运送到目的地，但其相应的运输费用会提高。

第二种方案：在起点处，编入其他相同运输方向的集装箱班列中，运送至最近的编组站进行解编，采用摘挂列车向公共班列的停靠站点运送自购车辆，在终点处与上述同理。

8.4　中欧班列（成渝）多主体多点开行模式

成都和重庆两地中欧班列运输的产品很相似，比如中欧班列（成都）运输的产品有戴尔、联想、TCL、沃尔沃等，中欧班列（重庆）运输的产品为惠普、长安汽车等，但产品品牌不同，货物发送到境外后的去向也不同。双方融合发展后，将进一步顺畅成都和重庆之间的多式联运网络，实现海外网络共享，建立利益共享机制。组织货源后，企业也可以先算一笔经济账，看哪条线路更快、更省钱。

重庆和成都合力推动中欧班列发展，未来将通过信息共享、模式共建、规则共定、仓位共享、线路互补、场站共用等方式，全面提升中欧班列（成渝）市场化运营水平，提高海外议价和应对能力。

中欧班列（成渝）号同时也是践行班列统一品牌的有效版本。成渝也会围绕这一品牌，在宣传、打造、推广方面形成合力，将其打造成为全国中欧班列第一品牌，提高其国际影响力。

8.5 中欧班列（成都）“欧洲通”运输模式应用

为了充分利用欧洲铁路网络和多式联运资源，继续扩大境外站点覆盖网络，加强和优化运输组织，降低物流成本，实现货物在欧洲境内分拨点的多点直达、集结，建立覆盖欧洲主要枢纽及贸易城市的线路网络，在欧洲运营中心 + 分拨节点双层结构运输网络下，中欧班列（成都）于 2020 年 6 月正式推出具有成都开行特色的“欧洲通”运输模式。不同于以往点对点的运输模式，“欧洲通”根据客户需求，可针对整列组织困难而又有运输需求的站点实行按箱报价，接受整列、多箱、单箱订舱，以满足不同客户群体的多种运输需求，推动班列开行向“节点 + 枢纽 & 枢纽 + 节点”转变。

“欧洲通”主要有两种运输模式，一是通过以马拉为枢纽节点，组织了华沙、杜伊斯堡、汉堡、米兰、巴塞罗那、马德里、布达佩斯、维也纳等站点单个集装箱货物经马拉的分拨、集结；二是推进以波兹南为枢纽节点的班列开行，利用当地铁路运输网络衔接弗罗茨瓦夫、卢森堡、杜伊斯堡、鹿特丹等地区。“欧洲通”项目一经推出，立即受到广大客户的欢迎，反响热烈，“欧洲通”已为 DHL、中远海、顺丰等大型物流企业提供运输服务，且实现了稳定组织、双向开行，月均发运量可达到约 900 车。

通过推行“欧洲通”项目，客户需求受理的灵活性得到了极大提升，班列受众面也得到了拓宽，有效缓解了新增站点零散货源组织的困难，拓展并加密了欧洲支线网络，提升了班列组织运行效率，辐射范围拓展至欧洲全境，推动了中欧班列（成都）高质量开行，满足了国际贸易对欧洲物流通道的需求。

在“欧洲通”项目推行的基础上，中欧班列（成都）将进一步提高国内外货源集结能力，吸引更多对运输时效要求高的高附加值产品，扩大整体容量、运输走廊，不断延伸班列多元增值业务，满足中欧班列（成都）未来的发展需求，不断强化中欧班列品牌建设，进一步提升品牌美誉度和影响力。

第9章 中欧班列国境口岸站作业流程优化理论及技术

国境铁路口岸作为国际铁路联运的关键节点，是对外开放的重要基础设施之一，是参与国际商贸交往的重要平台。近年来，我国国境铁路口岸在“一带一路”倡议与中欧国际铁路联运的不断深入推进过程中，迎接着巨大的发展浪潮，也暴露出一系列亟待解决的问题，限制着以“中欧班列”为代表的国际铁路联运便利化发展。

首先，中欧班列运输全程沿线国家及地区的铁路轨距存在差异，并分别遵守《国际铁路货物联运协定》和《国际铁路货物运送公约》两大不同的国际铁路运输协定，为完成班列集装箱接续运输，列车需在国境口岸站进行换装等操作；其次，由于各国铁路政策、调度能力、运作方式上的差异，铁路货物运输时间和效率都在不同程度上受到了影响。

在联运作业方面，受国际货运量的不断上涨以及场站能力有限的供需矛盾限制，国境口岸站出现拥堵，疫情期间尤甚，由海运、空运转移而来的大量货源，致使我国国境口岸站作业压力激增，拥堵更加明显。

在通关流程方面，由于各国的海关、商检、边检等规定不同，存在通关手续繁琐、重复检验等问题，同时受软硬件条件限制，全程电子通关模式发展滞后。

在联运凭证方面，运单格式和数据化信息程度不统一，不同的铁路承运人适用不同的国际联运规章，存在需多次更换运单的情况。

对中欧班列国境口岸站作业流程进行分析，针对其中存在的问题进行优化研究，可提升口岸运作效率，提高口岸数字化水平，打造高效、便捷的国境铁路口岸，稳步推进中欧班列联运便利化、高质量发展进程。

9.1 流程优化相关研究

对流程优化理论的研究最早涉及流程的结构重组问题，起初集中在管理学界，由西方学者在20世纪90年代对业务流程重组／再造概念的本质进行了定义，即通过对现有流程的重新设计，实现企业绩效优化提升的目标。在流程再造之前，往往需要对既有流程实施步骤评估，利用事故审查、客户反馈等评估方法对业务流程进行评价分析，找出流程中存在问题与不足。总体来说，流程优化一般是在客观评估结果的基础上进行的，分析评估是前提与基础，优化是关键与核心。

流程优化理论在逐年发展中形成了包含 BPR（Business Process Reengineering）理论、ESIA（Eliminate Simply Integrate Automate）分析法、ECRS（Eliminate Combine Rearrange Simply）分析原则、Petri 网仿真等在内的一系列标准理论方法或分析模型。其中，BPR 理论在 20 世纪 90 年代发展快速，强调对现有的业务流程进行根本的再思考和彻底的再设计，对该理论的应用延续至今，既有研究表明其在医院工作、高效管理、政府审计、固定资产管理等工作中仍然适用；ESIA 分析法包含消除（Eliminate）、简化（Simply）、整合（Integrate）和自动化（Automate）四个步骤，可根据上述每个方面列出有改进可能的内容清单，甚至可以对流程的必要性和贡献度进行质疑，从而在多方面对既有流程进行优化，该方法多在产品开发、信息化建设、信息系统构建等工作中使用；ECRS 分析原则与 ESIA 分析法类似，具备取消（Eliminate）、合并（Combine）、调序（Rearrange）和简化（Simply）四个步骤，可用以寻找工序流程的改善方向，构建新的工作方法；而 Petri 网仿真区别于上述方法，是对离散并行系统的数学表示，适合于描述异步的、并发的离散事件，能对现实作业流程生成直观的图形表达，具备丰富的系统描述手段和系统行为分析技术，近年来在业务流程优化、最优控制、故障诊断、应急联动处置、系统调度优化等领域应用广泛。

在流程标准方法与模型的研究基础上，专家学者对流程优化的影响因素也展开了相关研究，试图针对不同问题的差异性选择更适用的流程优化方法。一方面，强调流程优化应更加重视企业所投入的物料成本、时间成本和客户满意度，通过优化企业业务流程，最终实现企业整体效益的提升；另一方面，伴随着信息技术的不断发展，研究中更强调信息化技术的投用，从而更好地提升业务流程的效益与效率。其中信息化水平、企业组织架构、人员综合能力是影响企业流程重组再造的关键因素。

虽然业务流程优化最初在分析企业架构、管理模式、工作流程等方面展开应用研究，但逐渐向其他领域扩展。铁路运输作为一个需要众多部门协调配合，涉及大量操作环节，且操作接续及部门间衔接具备相互依赖性和“牛鞭效应”的行业，其业务流程的优化一直是实现提高铁路运输效率、降低操作风险等目标的重要手段。一方面，既有研究针对铁路快运路径选择、调度指挥、机车走行作业等问题，利用启发式算法建立了多种优化模型；另一方面，还对铁路货运业务流程进行优化，从发送作业、途中作业、到达作业三个方面分析铁路货运业务流程，并基于流程分析重构铁路货运业务流程以降低作业总时间、减少中间环节。并在电子商务背景下，寻求搭建铁路货运信息系统，采用渐进式再造法对其进行优化。此外，在对铁路口岸作业流程的优化中，部分研究利用 Petri 网实现对全程作业环节的网络拓扑提取，并使用仿真技术直观发掘作业拥堵问题的成因。

目前，在国境口岸站作业流程研究方面，主要针对口岸站出、入境客货运作业的具体流程进行分析与优化，一些早期研究以主观从业经验的角度对整列到发 / 换装作业、大宗货物换装 / 换轮作业、信息资源共享研究、旅客列车换乘等作业提出优化措施，缺乏明确的数值支撑；或者以经验判断的方法解析口岸站作业流程的功能性需求，提出新建口岸站平面布置优化形式，为作业流程顺畅奠定基础。

为增加流程优化的客观性，其后多采用流程图法、IDEF 模型法、事件流程链模型以及 Petri 网等方法对现有业务流程进行建模优化。其中 Petri 网在铁路进出口货运业务流程优化中应用最为广泛。在中欧班列场站作业模式研究上以 Petri 网为基础进行问题剖析，以精简环节、规范作业和提供个性化服务为目标，对班列发到站和过境站分别展开研究，对业务流程的瓶颈进行分析，借用仿真技术验证 Petri 网模型优化效果。在对口岸站等铁路场站的研究中，大多以提升在站作业效率为目的，在场站作业流程分析的基础上，以全作业流程平均周期时间最短为目标，建立作业流程的 Petri 网模型，并进行优化仿真研究。

总的来说，对铁路场站作业的既有研究是在 Petri 网模型性能分析的基础上提出的优化方案并给出相应的改进措施及策略。而专门针对口岸清关流程的研究相对较少，主要集中在基于进出口业务的清关流程中，如以广义随机 Petri 网为建模工具，描述港区内进口法检货物的通关过程，通过 ExSpect 仿真模拟进口法检货物在口岸的平均逗留时间，或运用 Petri 网建立通关流程模型，通过关联矩阵重组对 Petri 网结构进行分析和优化。

在既有文献研究成果基础上，本书将以中欧班列国境口岸站作业流程为研究对象，利用 Petri 网大系统仿真技术理论，完成对既有流程的建模，基于现场调研资料完成对各操作环节的时间参数赋值，借助 Flexsim 软件对既有流程进行仿真分析，剖析与总结中欧班列国境口岸站作业流程问题，并展开流程优化（时间参数优化）和灵敏度分析，最终提出作业总流程优化技术方案。

9.2 中欧班列国境口岸站基本情况

9.2.1 中欧班列国境口岸站外部条件

9.2.1.1 阿拉山口口岸

阿拉山口口岸站位于新疆博尔塔拉蒙古自治州东北角，是中国与哈萨克斯坦的边境口岸，位于兰新铁路的最西端，距乌鲁木齐市477公里，距相邻的哈萨克斯坦多斯特克口岸12公里。根据阿拉山口站《站细》得知，车站按技术性质划分为区段站，按业务性质为客货运站，按工作量划分为一等站。车站于1989年10月24日动工，1992年10月14日竣工。1990年9月12日与哈铁接轨，1991年7月20日开办区域性货物联运，1992年6月20日开办国际旅客列车联运。

阿拉山口口岸是中华人民共和国海关总署、原铁道部、交通部等七部委重点建设和优先发展的口岸。1995年11月30日，阿拉山口站正式开办了国际集装箱联运业务。2005年过货量突破1 000万吨大关，跨入了千万吨级口岸行列。2019年阿拉山口铁路口岸货运量共完成1 334.7万吨，其中进口完成1015.8万吨、出口318.9万吨。此外，中欧、中亚班列进出境3 564列。受疫情因素及国际货运市场供需水平的影响，2020年口岸全年过货量达到2 500万吨，经由口岸进出境的中欧班列累计5 027列（占当年总开行列数的41%）。2021年，经由口岸通行的中欧班列数量累计5 848列，经由口岸通行的中欧班列线路也由2019年的14条增加到了67条。目前，经阿拉山口口岸的出境货物主要为通信设备、电脑及配件、汽车整车及零配件等9大类，进境货物主要为食品、药品、奶粉等12大类。

9.2.1.2 霍尔果斯口岸

霍尔果斯口岸站位于新疆维吾尔自治区伊犁哈萨克自治州霍尔果斯市，是精伊霍铁路的终点站，通过阿腾科里铁路（1 520 mm）对接哈萨克斯坦的阿腾科里铁路口岸，属于我国对外开放的一类口岸。霍尔果斯国境站隶属于中国铁路乌鲁木齐局集团有限公司奎屯车务段管辖，现按业务量为一等站。

该口岸于1881年正式通关，是1981年第一批对外开放的陆路口岸，1992年正式向第三国开放，铁路口岸于2012年12月22日实现通车运营，2017年6月8日铁路客运正式开通。车站主要办理铁路货物国际联运业务，承担着途经霍尔果斯口岸站铁路运输的进出口货物的换装工作，担负着霍尔果斯—乌鲁木齐、霍尔果斯—阿腾科里方向列车的客运、货运工作。

2019 年，霍尔果斯海关共计监管中欧班列 3 403 列，包括“渝新欧”“郑新欧”“长安号”等 16 条线路，货运量 313.51 万吨，其中，出境班列 2 959 列，主要来自连云港、郑州、成都、重庆等城市，返程班列 444 列，主要来自德国、波兰、乌兹别克斯坦、哈萨克斯坦等国。2020 年受疫情因素以及国际货运的供需市场变化的影响，经该口岸进出境的中欧班列达 4 722 列（占当年总开行列数的 38%）。2021 年，经该口岸开行的中欧班列数达 6 362 列，经该口岸出入境的中欧班列运行线路也由 2020 年的 21 条增加至 57 条。随着班列开行数量的增加，辐射范围的扩大，中欧班列运载货物种类也越来越多，出口货物涵盖了服装、百货、电子产品、化工产品等众多国内优势产品，进口货物则以整车、汽车配件、棉纱、建材为主。

9.2.1.3　二连浩特口岸

二连浩特口岸位于内蒙古自治区锡林郭勒盟西部，北与蒙古国扎门乌德隔界相望，是中国通往蒙古国的唯一铁路口岸，也是亚欧大陆桥中的重要战略枢纽。二连浩特国境站按业务量算为一等站，于 1956 年正式对外开放。二连浩特口岸位于集二线终端，面对蒙古国、俄罗斯及欧洲国际市场，背靠京津塘环渤海经济圈和呼包鄂经济圈，是中国向北开放的前沿阵地，也是中国重要的商品进出口集散地。

二连浩特口岸主要担负着国际联运货物的交接、换装和国际、国内旅客、货物的运输任务。2019 年，经二连铁路口岸进出境中欧班列线路共 33 条，涉及 23 个省（市），中欧班列中通道线路国内始发地包括郑州、长沙、重庆、西安、厦门、成都、苏州等国内城市，国外发送地覆盖德国、俄罗斯、白俄罗斯、荷兰等欧洲国家，同时，经二连铁路口岸的出入境中欧班列突破 1 500 列。2020 年受疫情及运输市场供需差异的影响，经二连浩特口岸出入境中欧班列达 2 379 列，同比增长 53.3%，创历年新高，满载 355 193 标箱，同比增长 32.0%，其中，入境 1 232 列，同比增长 49.0%，出境 1 147 列，同比增长 58.2%。2021 年，经二连浩特铁路口岸出入境的中欧班列运行线路增加至 57 条，辐射国内外范围持续扩大，涵盖国内 22 省 50 余座城市、国外 9 国 44 个站点和城市。2021 年，二连浩特铁路口岸共完成进出口运量 1 605.10 万吨，连续两年突破 1 600 万吨大关；接运出入境中欧班列 2 739 列，同比增长 15.1%，再创历史新高。

目前经由二连浩特出口的产品以化工、沥青、饮食、金属、集装箱等为主，进口产品以铁矿石、木材、铜矿粉、基础油、锌精矿、集装箱为主。

9.2.1.4 满洲里口岸

满洲里铁路口岸开通于1901年，于2002年被确定为重点建设和优先发展的两个铁路口岸之一，是中俄贸易最大的通商口岸。满洲里站（以下简称满站）隶属中国铁路哈尔滨局集团有限公司，地处内蒙古满洲里市，位于哈满铁路（又称滨洲线）西端，与俄罗斯后贝加尔站衔接，是我国东北地区重要的铁路口岸。车站中心线距离俄罗斯国境线9.95 km，分别设有1 435 mm（准轨）及1 520 mm（宽轨）两种轨距线路。按技术作业分类为区段站，技术等级为一等站，主要办理国际、国内旅客和国际联运货物、国内货物运输。

2019年，经满洲里口岸进出境中欧班列达2 167列，集装箱18.47万标箱，货值260.93亿元。受疫情影响，2020年，满站共完成货物发送量1 905.14万吨，同比减少2.55%。但在班列运输方面，2020年经由满洲里口岸站进出境中欧班列线路已达53条，全年进出口班列3 548列、162 155车，同比增加921列、44 337车。其中，进口班列1 758列（79 543车），同比增加652列（30 662车），日均4.8列（218车），同比增加1.8列（84车）；出口班列1 790列（82 612车），同比增加269列（13 675车），日均4.9列（226车），同比增加0.7列（37车）。2021年，经满洲里口岸进出口中欧班列4 235列，同比增加687列，同比增幅为19.4%，其中，入境中欧班列2 235列，同比增加456列，增幅为25.6%；出境中欧班列2 000列，同比增加194列，增幅为10.7%，入境班列数量首次超过出境班列数量。

中国国内主要集货地包括苏州、天津、武汉、郑州、义乌等60多个城市，涵盖西南、华南、华东、东北等多个地区，出境班列到达欧洲12个国家的多座城市。满洲里铁路口岸进口货物主要品类有木材、原油、化工、纸类、化肥、铁矿砂、合成橡胶等，出口货物以轻工产品、机电产品、矿产品、石油焦、食品、建材等为主。

9.2.1.5 绥芬河口岸

绥芬河口岸位于滨绥线终点，黑龙江省东南部，与俄罗斯符拉迪沃斯托克分局俄格罗捷阔沃站接轨，是国家对俄贸易的重要陆路口岸，主要办理国际联运货物运输和国际、国内旅客运输以及本站货物的到发、装卸等作业。绥芬河国境站按业务量分类为一等站，按办理的业务分类为客货运站。绥芬河口岸站建成于1899年，1900年绥芬河至俄乌苏里斯克区间开始通车，1903年绥芬河至满洲里全线通车。1994年1月，经中俄两国政府确认为国际铁路客货运输口岸，2003 年 5 月经国务院批准开展口岸签证工作，现为中国铁路哈尔滨局集团有限公司直辖的一类口岸。绥芬河口岸站既是中国东北地区对外开放，参与国际分工的重要窗口和桥梁，也是承接我国振兴东北和俄罗斯开发远东两大战略的重要节点城市，被誉为连接东北亚和走向亚太地区的“黄金通道”。绥芬河口岸依托沿边开放政策和“一带一路”建设。2019 年，绥芬河铁路站全年进出口运量突破 1 100 万吨，达 1 105 万吨。2020 年，绥芬河站开行出入境中欧班列 217 列，同比增长 77.9%。2021 年，绥芬河口岸全年开行中欧班列 549 列，同比增长 153%。

9.2.2　中欧班列国境口岸站内部条件

9.2.2.1　阿拉山口口岸

（1）空间布局

阿拉山口站占地面积 3.26 km^2，地理位置上属于国境站，按技术性质划分为区段站，按业务性质划分为客货运站，车站等级为一等站，车站站型为混合式二级三场，站场分为准轨Ⅰ场、准轨Ⅱ场和宽轨场（宽轨场与准轨Ⅰ、Ⅱ场由于轨距不同而独立成场）。

宽轨场最高限额车数 1 018 辆，图定日均接发列车 15 对；到发线 10 条，其中 10 道最长（有效长 878 m），7、8 道最短（有效长 795 m）；调车线 15 条，其中 18、19 道最长（有效长 988 m），24 道最短（有效长 829 m）。

准轨场最高限额车数 1 918 辆，图定接发列车 33 对（乌兰达布森方向 21 对，多斯特克方向 12 对）。

准轨Ⅰ场到发线 7 条，其中 3 道最长（有效长为 870 m），4、5 道最短（有效长为 850 m）；编发线 2 条（11 道有效长 832 m，12 道有效长 878 m）；调车线 8 条，其中 17 道最长（有效长 1 080 m），16 道最短（有效长 800 m）。

准轨Ⅱ场到发线 7 条，其中 3 道最长（有效长 973 m），6、7 道最短（有效长 850 m）；调车线 17 条，其中 16 道最长（有效长 946 m），20 道最短（有效长 782 m）。准轨Ⅱ场还设有阿拉山口铁路国际联运大楼，占地面积 6 657.2 m^2，于 2004 年 12 月建成。

换装库区总占地面积 1 164 487 m^2，其中换装一区 107 994 m^2，换装二区 147 364 m^2，换装三区 265 112 m^2（换 21 线堆场面积 39 150 m^2，换 22 线堆场面积 26 970 m^2，换 23 线堆场面积 6 037.5 m^2；换 23 线大库 23 044 m^2，2008 年 12 月建成，2009 年 9 月投入使用），换装四区 644 017 m^2（散装线占地面积 169 115 m^2，换 18 线 13 824 m^2，换 19

线 16 128 m²，换 24 线 13 680 m²，换 25 线 15 200 m²）。

（2）相关设施设备及作业能力

车站年过货能力约 2 700 万吨，年换装能力约 2 000 万吨。2021 年，阿拉山口启动铁路口岸通关过货能力提升 9 项重点工程，力争到“十四五”末，将铁路口岸通关过货能力提升至 6 000 万吨。车站现有换装线 38 条（宽轨 18 条、准轨 20 条）；货物线 7 条；专用线 4 家，分别为博钢（1 条）、瑞晨（2 条）、新龙（4 条）、地平（15 条）；物流线 2 条。调车机 7 台（其中：东风 12 型机车 4 台，东风 5 型机车 3 台，备用机车东风 5 型 1 台）；日均调动钩 768 钩，调动辆在 6 230 辆左右。各类装卸机械动力及起重运输生产设备共 178 台，其中，内燃叉车 102 台（3 吨内燃叉车 100 台、7 吨内燃叉车 2 台），汽车吊 7 台（70 吨汽车吊 4 台、40 吨汽车吊 1 台、25 吨汽车吊 2 台），正面吊 4 台（36 吨集装箱专用），门吊 8 台（63 吨门吊 1 台、36 吨门吊 5 台、20 吨门吊 2 台），桥吊 6 台（36 吨通用式桥吊 2 台、36 吨集装箱专用桥吊 4 台），抓料机 29 台（5 吨）。装载机 21 台（5 吨），阿拉山口口岸的换装能力为 20 万个标箱。

（3）通关情况

阿拉山口口岸不断完善“大通关”机制，加强通关设施建设，海关 H986 大型货运列车检测系统、列车自动消毒、铁路散装货物换装场货检通道等一批工程相继实施并投入使用。2017 年，中哈海关联合开创“关铁通”项目，将集装箱货物的相关信息写入安全智能锁内，并用其代替传统关封，沿线进口国海关不需要实施开箱侵入式查验，可直接读取集装箱上加挂的安全智能锁查验图像和数据。

海关建立了“中欧班列”信息共享平台，配合上级部门研发推广的“中欧（中亚）班列快速核放系统”，由企业进行申报，内地及口岸的检验检疫机构能够对班列货物主要数据进行实时共享。除规定须在口岸实施检验检疫的货物外，对进境货物，进行集装箱表面消毒、快速检疫查验放行，由目的地相关机构实施检验检疫监管，已形成了一套较完整的针对中欧班列的检验检疫监管体系。阿拉山口采用 24 小时通关，特别是中欧班列，采取加班验放、24 小时通关、中欧班列优先验放、随到随放等措施。

9.2.2.2 霍尔果斯口岸

（1）空间布局

霍尔果斯场站按纵列式一级二场布置，自国境线向伊宁方向依次分布边检场、宽轨场、换装场、准轨场，客场位于换装场北侧，与换轮库横列式布置。宽轨场及准轨场采用横列式一级二场布置，换装场从北至南依次分布怕湿成件作业区、集装箱作业区、笨重货物作业区、散堆装作业区、特货快运作业区，最南端为液态化工作业区。

口岸批准建设用地总面积 377.78 万 m^2，口岸区已建成联检厅、办公楼及银行、邮电等部门的各类建筑面积 29.8 万 m^2，仓库、货场 12.2 万 m^2，边民互贸市场 100 多万 m^2。

（2）相关设施设备及作业能力

边检场设置宽、准轨到发线各 2 条；宽轨场设置到发线 8 条，调车及存车线 6 条，牵出线 1 条；准轨场设置到发线 9 条，小型驼峰场一座，调车及存车线 8 条，牵出线 5 条。

霍尔果斯铁路口岸站分别设有标准轨距和宽轨距线路，主要承办国际旅客和国际联运货物运输业务，年过货量设计初期为 1 500 万吨，远期目标为 3 000 万吨。2020 年，霍尔果斯铁路口岸将建设完成年过货量为 1 900 万吨的大型铁路口岸。目前，霍尔而果斯铁路口岸过货能力达 1 500 万吨，换装能力达 400 万吨。

（3）通关情况

口岸设管理委员会，检查检验机构健全，霍尔果斯铁路口岸站包括铁路口岸作业区、“一关两检”、中转仓储区、保税存储区、保税加工区、综合贸易区、综合服务区及相关配套作业区，具备过境口岸站的“一关两检”查验功能、过境列车的技术换装功能和过境贸易的国际物流功能。

霍尔果斯海关强化与地方政府、铁路等部门的密切配合，构建无缝对接的监管网络，实现铁路场站与海关系统数据互联互通，同时全面实施转关无纸化作业，查验货物“现场录入，即时审核”等一系列便利措施，为班列常态化运行提速增效。

此外，霍尔果斯海关设置了“中欧班列”办事窗口，24 小时办理中欧班列放行手续，不断优化通关流程，精简作业单证，做到班列随到随放，并且积极推进中欧班列“舱单归并”集中办理申报业务，大幅节省了企业对同一品名货物的申报时间和成本。2019 年，霍尔果斯口岸中欧班列平均通关时间控制在 21 小时内，整列换装时间已由 2017 年的平均 6 h 缩减至约 3.5 小时。2021 年，通关放行时间更是压缩至 1 小时，一日最高可放行 21 列。

9.2.2.3　二连浩特口岸

（1）空间布局

二连浩特口岸场站按混合式三级六场布置，其中宽轨场与准轨场为纵向式分布，各系统车场为横列式分布，有宽准轨、轮场区 3 座信号楼、6 个行车室，客运站台 3 座，客车换轮库 1 座，国际客运联检楼，国内候车室各 1 座。货物交换换装（装卸）作业区有国内货场、人力换装区、机械换装区、外围作业区、新、旧货场换轮库各 1 座、液体化工换装站 1 座，机械区配备门式起重机 22 台，货物仓库 4 座，货物站台 6 座。2004 年，国家对二连浩特口岸站进行了扩能改造，宽轨场与准轨场为纵向式分布，各系统车场为横列式分布。衔接准轨集宁、准轨扎门乌德、宽轨扎门乌德三个方向。

（2）相关设施设备及作业能力

现有宽、准轨线 169 条（宽轨 74 条，准轨 78 条，中间站 17 条）；道岔 243 组（手动 42 组，电动 201 组）；宽、准轨连锁设备均采用 64D 型单线半自动闭塞设备，口岸站接运能力达 1 000 万吨。准轨场到发线 8 条、调车线 14 条、换装线 12 条、专用线 14 条，准轨场至扎门乌德设中蒙联络线 1 条；宽轨场到发线 10 条、调车线 12 条、换装线 12 条、专用线 14 条。此外，二连浩特的换装能力为 250 万吨，过货能力为 1 500 万吨。

（3）通关情况

二连浩特口岸积极推进查验改革，大型集装箱检查设备集中审图作业在二连浩特海关推开，出口货物查验率降至 2% 以下。简化随附单证上传手续，大力推进海关内部作业无纸化，报关单全程无纸化率达到 91.88%。组织研发“二连站联运票据管理系统”，将货运交接所联运票据的扣票、放票、落地等环节的纸质簿册抄记作业，全部转为电子化操作，实现电子数据推送，有效压缩联运票据管理作业时间 60% 以上，助力便捷通关。增配大型监管查验设备 H 986，自主研发卡口自动核放系统，中蒙口岸矿能产品监管实现了“无人值守、无单据传递、远程监控、自动检斤”的通关模式。

9.2.2.4 满洲里口岸

（1）空间布局

根据满洲里站《站细》得知，满洲里站共有 5 个行车场，分别是准轨东场、准轨西场、国际货场、宽轨到发场、边检场；2 个编组场，分别是准轨编组场、宽轨编组场；9 个装卸作业场，分别是第一换装场、第二换装场、第三换装场、第四换装场、人力换装场、化工换装场、集装箱换装场、国内货场、胪滨货场；全站按三级四场纵列式布置，自西向东为宽轨到发场、宽轨编组场、准轨西（到发、编组）场、准轨东（到发）场。其中，宽轨编组场与准轨西（到发、编组）场横列布置。

（2）相关设施设备及作业能力

站内共有宽、准轨线路 306 条，其中宽轨线路 122 条，准轨线路 184 条；设有道岔

493 组，其中宽轨 190 组，准轨 303 组。设有信号机 459 架，其中列车信号机 150 架（含胪滨 22 架），调车信号机 309 架（含胪滨 27 架）。共有 11 台调车机，其中准轨 6 台，宽轨 5 台。

换装场地 20 余个，其中设施完善、功能齐全的大型或专业换装仓储基地 9 个，在用的货运及装卸设备 293 台（套）。站内最高容车数宽轨 2 521 车，准轨 3 186 车（含胪滨站）。解编能力为：准轨解体能力 39.3 列 2 520 辆，准轨编组能力 37.8 列 2 424 辆；宽轨解体能力 38.4 列 2 461 辆，宽轨编组能力 38.4 列 2 461 辆。通过能力为：准轨接车能力 50.7 列，发车能力 72.4 列；宽轨到发场接车能力 37.3 列，发车能力 46.6 列；满洲里—后贝加尔间宽轨通过能力为 21.2 对。

（3）通关情况

满洲里口岸建设完善了集舱单管理、运输工具监管、监管场所管理、一线实货监管为一体的大监控体系；铁路口岸查验手段先进，通关作业信息化程度高；配有铁路货运列车自动检查系统，列车电子监控系统，放射性检测仪等现代化设备设施；建立了覆盖各监管场区的网络系统，实现了进出口货物远程监控和查验信息的同步传输；各货代报关企业与海关、检验检疫局、铁路车站实现了微机联网；配备了多种性能先进的现代化换装设备，能够满足各种进出口货物的换装仓储需求。此外，满洲里铁路车站与俄罗斯后贝加尔车站间实现了电子数据交换。

铁路口岸软环境优良，能提供高效优质的服务。在此基础上，口岸各部门积极改进作业流程，创新管理办法，采取“径放”、集中报关、预报关、联合查验、一机双屏、出入境列车电子监控等措施，通关效率和服务质量显著提高。2019 年，中欧班列的返程班列在中国国内通关时间已缩短至 3 小时以内，在俄方通关时间不超过 6 小时。

9.2.2.5 绥芬河口岸

（1）空间布局

绥芬河口岸现有南、北两个站场，管辖绥阳、宽沟两个中间站，南站场占地超 10 万 m²；设国内、国际旅客候车室各一座，国内候车室于 1899 年兴建，至今已有一百多年历史，是原中东铁路上最有代表性历史建筑物，国际客运联检大楼 1992 年由市政府与牡铁分局共同投资修建，面积为 2 800 m²，设入出境通道 16 条（入、出境各 8 条）。站内建有旅客站台两个（国内、国际各一个），并建有 6 800 m² 的集查验、运输、货代于一体的联合报关大楼一座。

北站场距南站场 2.4 km，占地超 17 万 m^2，建有人力站台 2 个，货物站台 1 170 m^2，货仓 697 m^2。

（2）相关设施设备及作业能力

绥芬河口岸共设线路 86 条，其中宽轨 42 条，准轨 44 条。设有一组有效长为 180 米的换轮线、一组年可换装 40~60 万吨的液体换装线、4 组机械换装线、17 台龙门吊、70 余台汽车吊；并建有人力站台 2 个，货物站台 1 170 m^2，货仓 697 m^2。绥芬河铁路口岸站设计综运能力为 1 000 万吨 / 年；过客能力为 100 万人次 / 年。目前，绥芬河铁路口岸实际换装能力已经达到 1 300 万吨。2019 年，铁路口岸货运站场扩能工程的集装箱货场、散货货场、物流仓储、机械换装 4 个货区建设已经完成，其中，集装箱货场年作业能力由 2.9 万标准箱 40 万吨，提升至 16 万标准箱 220 万吨。2019 年，绥芬河铁路口岸年过货能力由 1 300 万吨提升到 3 300 万吨，实现了提档升级。

9.3 基于 Petri 网仿真模型的大系统仿真技术理论

9.3.1 Petri 网定义及基本元素

Petri 网直观上可理解为一种特殊类型的有向图。一方面，它具有类似于流程图、方块图以及网络等的直观描述作用，并且其中的令牌可以模拟系统的动态行为；另一方面，它具有与其相适应的状态方程、代数方程以及涉及系统运行特性的其他数学模型。Petri 网的应用非常广泛，其常用的几种应用包括软件设计、工作流管理、工作流模式、数据分析与故障诊断、并行程序设计、协议验证等。Petri 网理论能够描述和研究系统中的异步、并发、冲突等现象，从而优化系统。

一个基本 Petri 网可以定义为三元组$PN=(P,T,F)$组成，其中：

（1）$P=\{p_1,p_2\cdots p_n\}$是库所的有限集合，在模型中通常用圆圈“○”来表示，表示系统的位置、状态，每个圆圈中可以存放一定的资源。

（2）$T=\{t_1,t_2\cdots t_n\}$是变迁的有限集合，即 T 元素，在模型中通常用矩形“□”来表示，指系统中资源的消耗、使用和产生。

（3）F 是 PN 的流关系，在模型中通常用一条有向线段“→”来表示，表示库所与变迁之间的流动关系。

（4）$P\times T\rightarrow N$（N 是非负整数集合）为前集 I 的函数，表示从库所到变迁的弧。

（5）$T \times P \to N$（N 是非负整数集合）为后集 O 的函数，表示从变迁到库所的弧。

（6）初始标识为 Petri 网的变迁未激发时的标识，记为 M_0，初始标识是系统的初始状态。在初始变迁下的 Petri 网中一个变迁的激发会产生一个新的 M_i。

表 9-1　Petri网中元素的含义及表示方式

元素	符号表示	含义	图形表示
库所	P	系统的位置、状态	○
变迁	T	系统中资源的消耗、使用和产生	□
流关系	F	库所与变迁之间的流动关系	→
前集	I	从库所到变迁的弧	→
后集	O	从变迁到库所的弧	→
初始状态	M_0	系统的初始状态	---

五个元素要满足以下条件：

（1）库所和变迁之间无交集：

$$P \cap T = \varnothing \tag{9-1}$$

（2）Petri 网不能为空，一个 Petri 网必须包含一个库所或者一个变迁：

$$P \cap T \neq \varnothing \tag{9-2}$$

（3）Petri 网中的流关系只存在于库所到变迁和变迁到库所之间，不存在两种相同元素之间的流关系，且网中不会有孤立结点：

$$F \subseteq I \cup O \tag{9-3}$$

存在$N=\{P,T,I\}$的三元 Petri 网，如果存在一个实数集到的映射：

$$M: P \to \{0,1,2,\ldots\} \tag{9-4}$$

则称 M 为该 Petri 网的一个标识。由此组成的(P,T,I,M)称为 Petri 标识网。在(P,T,I,M)中，对于$p \in P$，若$M(p)=k$，则表示库所 P 中 k 个托肯。托肯通常表示含有的资源数量，一般用 “·” 表示。

9.3.2　Petri 网基本性质

Petri 网研究的系统模型行为特性包括：可达性（reachability）、有界性（boundedness）、安全性（safety）、活性（liveness）、是否存在死锁（deadlock）、冲突（conflict）等，下面将主要介绍 Petri 网的三个主要性质。

（1）可达性

可达性是 Petri 网最重要的性质之一，正是利用 Petri 网的这个性质才使我们能够模拟和分析离散事件的系统动态行为。按照实际系统建立 Petri 网模型以后，实际系统的初始状态即初始标识，可达性表示的是从这个状态开始，遵循变迁使能的条件，实际系统所有可能的状态，把可达的全部状态标识的总和称为可达集。如果出现了某个标识M_i无法从任何变迁可达的情况，那么此模型就是毫无意义的，因为它指的是这个标识下的状态是永远不可能出现的，这就是所说的死锁。

（2）有界性

有界性在一个确定了初始标识M_0的 Petri 网系统中，如果从M_0开始到所有可达标识M_0，$M_2 \ldots M_n$ 下所有的库所都满足$M(p_i) \le R$ ，其中 R 是一个正整数，则表明这个 Petri 网满足有界性。

（3）活性

在一个已知初始状态标识的 Petri 网$M(p_i) \le R$ 中，网中的所有变迁都是能够触发的，即理论上初始标识可以到达 Petri 网中的任何一个标识，Petri 网中的任何标志也可以通过一定的变迁到达初始标识，就认为该 Petri 网是有活性的。

9.3.3 Petri 网分析方法

（1）关联矩阵分析方法

关联矩阵：令$PN=(P,T,F,M)$为一个 Petri 网，$P=\{p_1,p_2 \cdots p_m\}$，$T=\{t_1,t_2 \ldots t_n\}$则可以用 n 行 m 列的矩阵来表示 Petri 网的结构，其中：

$$a_{ij=}a_{ij}^{+}-a_{ij}^{-} \tag{9-5}$$

$a_{ij}^{+}=W(i,j)$，其中$a_{ij}^{+} \in O$表示从变迁 j 到库所 i 的弧的权重，$a_{ij}^{-}=W(i,j)$，其中$a_{ij}^{-} \in I$表示从库所到 i 变迁 j 的弧的权重，权重未标明时，则默认为权重为 1。

$$a_{ij}^{+}=\begin{cases}1 & (t_j,p_i) \in F \\ 0 & \text{其他}\end{cases} \quad i=(1,2,3 \ldots m), j=(1,2,3 \ldots n) \tag{9-6}$$

$$a_{ij}^{-}=\begin{cases}1 & (p_i,t_j) \in F \\ 0 & \text{其他}\end{cases} \quad i=(1,2,3 \ldots m), j=(1,2,3 \ldots n) \tag{9-7}$$

关联矩阵若满足以下条件即可进行性能验证：

（1）判断 Petri 网有界的充分条件：存在一个 $m\times 1$ 的正实数向量 X，使得 $A^T X\le 0$。

（2）判断 Petri 网守恒的充分条件：存在一个 $n\times 1$ 的正实数向量 X，使得 $A^T X\le 0$。

（3）判断 Petri 网有界的充分条件：每一个库所都被一个正实数向量 X 覆盖。

综上，$A^T X=0$ 存在正实数解则所构建的 Petri 网模型正确合理，方可进行下一步的仿真优化。

9.3.4　Flexsim 软件仿真

对国境口岸站作业流程的“流程评估”及“效果验证”均涉及建模与仿真，目的是更贴切地反映场站作业的实际情况。Flexsim 仿真软件可构建模拟现实环境，在图形环境中按照现有的实际问题定义个性化实体模块，且构建实体模块在变异的过程中较为稳定。该软件可通过 3D 模型实际运行仿真实验，帮助用户设计一套完善的流程与方案。

（1）Flexsim 仿真软件特点

① 可视化。软件整合了所有虚拟现实的博弈模型组，可在内置虚拟现实浏览窗口进行添加设置，打破了二维模拟可视化的局限性，使模型更加便捷、有效、直观地运行。

② 操作便捷。软件可通过实体间的连接表达实体间的逻辑关系，通过设置实体参数以及建立实体间的逻辑关系即可建立 3D 仿真模型，在建模过程中无须再次编程，整个操作过程方便快捷。

③ 开放性强。软件不仅支持通过 C++ 语言进行编程或修改，还可与一般数据库连接，具有通用的数据结构。

（2）Flexsim 仿真软件基本组成

① 对象。软件采用对象对系统中的各元素进行建模，本书中使用到的实体有发生器、暂存区、处理器、分解器、合成器、吸收器。

② 链接。设置完实体后，需要将实体连接起来从而确定其间的逻辑关系。固定资源之间进行 A 连接，固定资源和移动资源之间进行 S 连接。

③ 方法。具体指完成建模所需要的一系列规则，整个仿真过程所涉及的方法有到达、触发、临时实体库、导向等。

（3）Flexsim 仿真基本流程

利用 Flexsim 软件对中欧班列国境口岸站作业流程进行建模仿真，大致分为六个步骤，具体情况如图 9-1 所示。

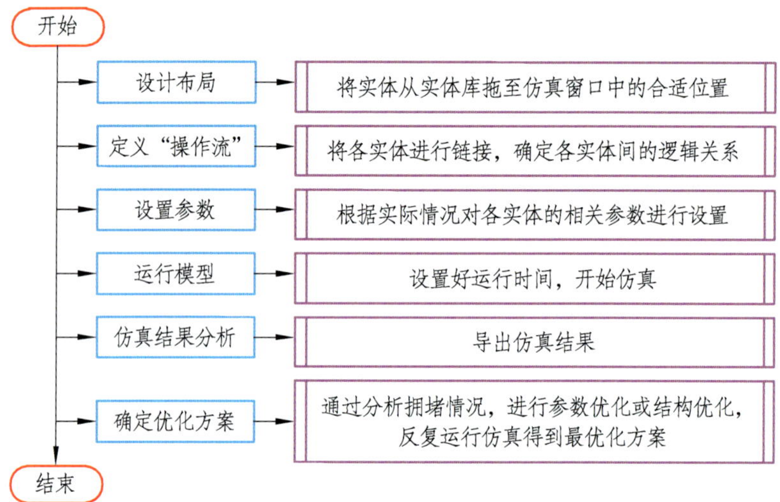

图 9-1　Flexsim 仿真软件建模的基本流程

9.4　中欧班列国境口岸站进出口作业流程建模技术

9.4.1　进口作业总流程梳理

通过边境国际口岸站进口的口岸作业流程和海关清关作业流程进行分析，并结合二者作业的流程进行梳理，得到边境国际口岸站进口作业总流程如图 9-2 所示。

9.4.2　进口作业总流程 Petri 网建模

在梳理我国边境国际口岸进口作业在口岸作业与海关作业的详细流程的基础上，构建了边境国际口岸站进口作业流程模型。

（1）基本元素含义

结合出口作业总流程图进行 Petri 网模型变量元素识别，得到库所变量含义表 9-2 和变迁变量含义表 9-3。

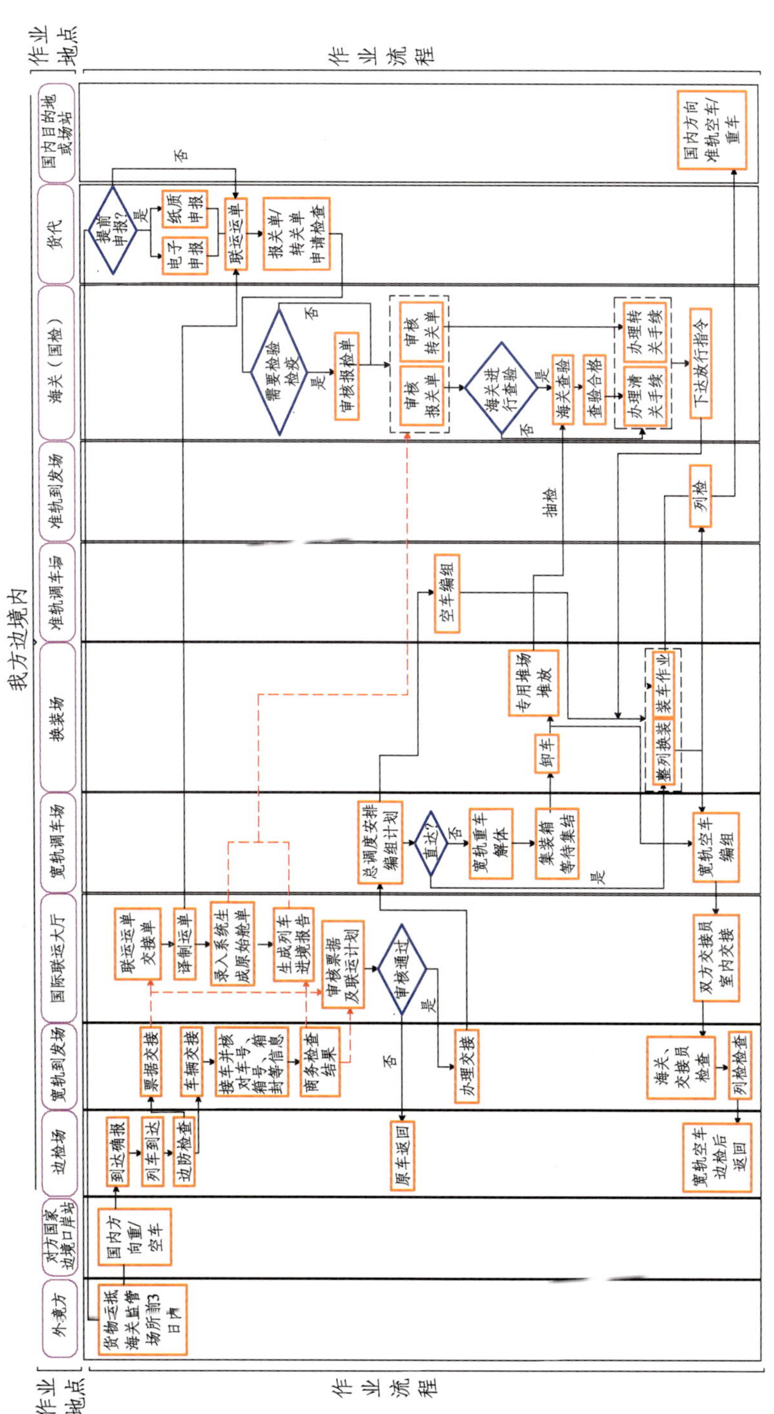

图 9-2 边境国际口岸站进口作业总流程图

表 9-2　边境国际口岸进口作业Petri模型库所变量

库所	含义	库所	含义
P1	货物	P27	海关
P2	边检场	P28	海关
P3	货代	P29	海关
P4	边检场	P30	海关
P5	宽轨到发场	P31	海关
P6	国际联运大厅	P32	海关
P7	国际联运大厅	P33	海关
P8	国际联运大厅	P34	海关
P9	国际联运大厅	P35	海关
P10	宽轨到发场	P36	换装场
P11	宽轨到发场	P37	海关
P12	国际联运大厅	P38	换装场
P13	国际联运大厅	P39	海关
P14	边检场	P40	换装场
P15	宽轨到发场	P41	宽轨调车场
P16	宽轨调车场	P42	国际联运大厅
P17	宽轨调车场	P43	宽轨到发场
P18	宽轨调车场	P44	宽轨到发场
P19	宽轨调车场	P45	边检场
P20	换装场	P46	准轨到发场
P21	国际联运大厅	P47	国内目的地或场站
P22	换装场	P48	货代
P23	准轨调车场	P49	海关
P24	货代	P50	准轨到发场
P25	货代	P51	结束
P26	货代		

表 9-3　边境国际口岸进口作业Petri模型变迁变量

变迁	含义	变迁	含义
T1	总调度安排编组计划	T27	审核报关单
T2	直达	T28	审核转关单
T3	不直达	T29	海关进行查验
T4	宽轨重车解体	T30	海关不进行查验
T5	集装箱等待集结	T31	查验合格
T6-1	集装箱编组	T32	办理清关手续
T6-2	卸车	T33	办理转关手续
T7	专用堆场存放	T34	下达放行指令
T8	准轨装车	T35	货物运抵海关监管场所前3日内
T9	整列换装	T36	国内方向重/空车
T10	宽轨空车编组	T37	到达确报
T11	双方交接员室内交接	T38	列车到达
T12	海关、交接员检查	T39	边防检查
T13	列检检查	T40	票据交接
T14	宽轨空车边检后返回	T41	车辆交接
T15	准轨空车编组	T42	接车并核对车号、箱号、箱封等信息
T16	列检	T43	商务检查结果
T17	准轨空编	T44	审核票据及联运计划
T18	提前申报	T45	审核通过
T19	不提前申报	T46	审核不通过
T20	电子申报	T47	办理交接
T21	电子申报	T48	原车返回
T22	联运运单	T49	联运运单交接单
T23	报关单/转关单申请检查	T50	译制运单
T24	需要检验检疫	T51	录入系统，生成原始舱单
T25	不需要检验检疫	T52	生成列车进境报告
T26	审核报检单	T53	国内方向准轨空车/重车

（2）Petri 网建模

根据边境国际口岸进口作业流程建立 Petri 网模型，得到作业流程模型图，如图 9-3 所示。

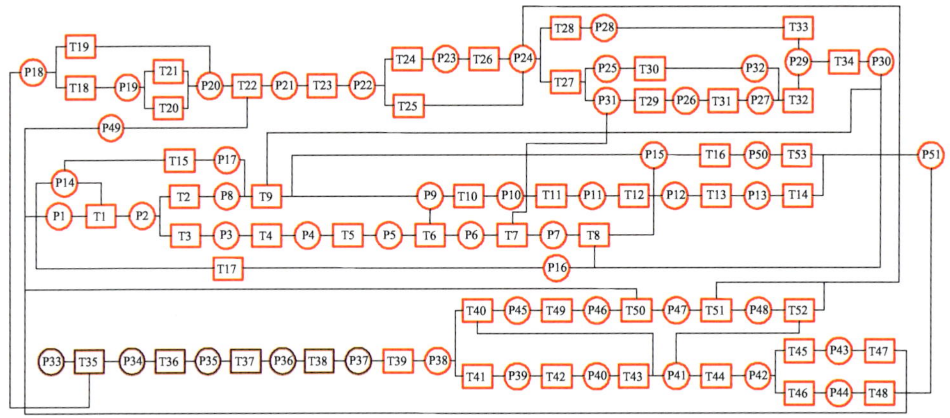

图 9-3　边境国际口岸进口作业 Petri 网模型

（3）关联矩阵有效性分析

首先，基于模型建立变量之间的关联关系，在此对边境国际口岸进口作业的变量建立关联矩阵得到附录 B 以及附录 C。

通过对建立的 Petri 网模型进行定性检验，确认该网络模型中不存在循环结构，因此这里不考虑进行 T_ 不变量的计算，只需对 S_ 不变量进行计算分析。结合上述关联矩阵得到矩阵 $\boldsymbol{A}$，建立$A^T X = 0$方程并对其进行求解，最后通过 Matlab 进行计算得到该方程的解为：

$$X_1 = (0,-1,-1,-1,-1,-1,-1,-1,0,0,0,0,0,1,0,1,1,0,0,0,0,0,0,0,0,0,0,0,0,0,0,0,0,0,0,0,0,0,0,0,0,0,0,0,0,0,0,0,0,0,0)^T$$

$$X_2 = (1,1,1,1,1,0,0,1,1,1,1,1,1,0,1,0,0,2,2,2,1,1,1,1,1,0,0,1,1,1,0,1,3,1,1,1,1,1,1,1,1,1,1,1,0,0,1,0,1,1,1)^T$$

进行有效性验证，通过对比计算结果发现得到的解中存在一个正实数向量，则已构建模型正确，通过验证。

9.4.3　出口作业总流程梳理

结合边境口岸出口作业的口岸作业流程和海关作业流程，梳理得到边境国际口岸站出口作业总流程，如图 9-4 所示。

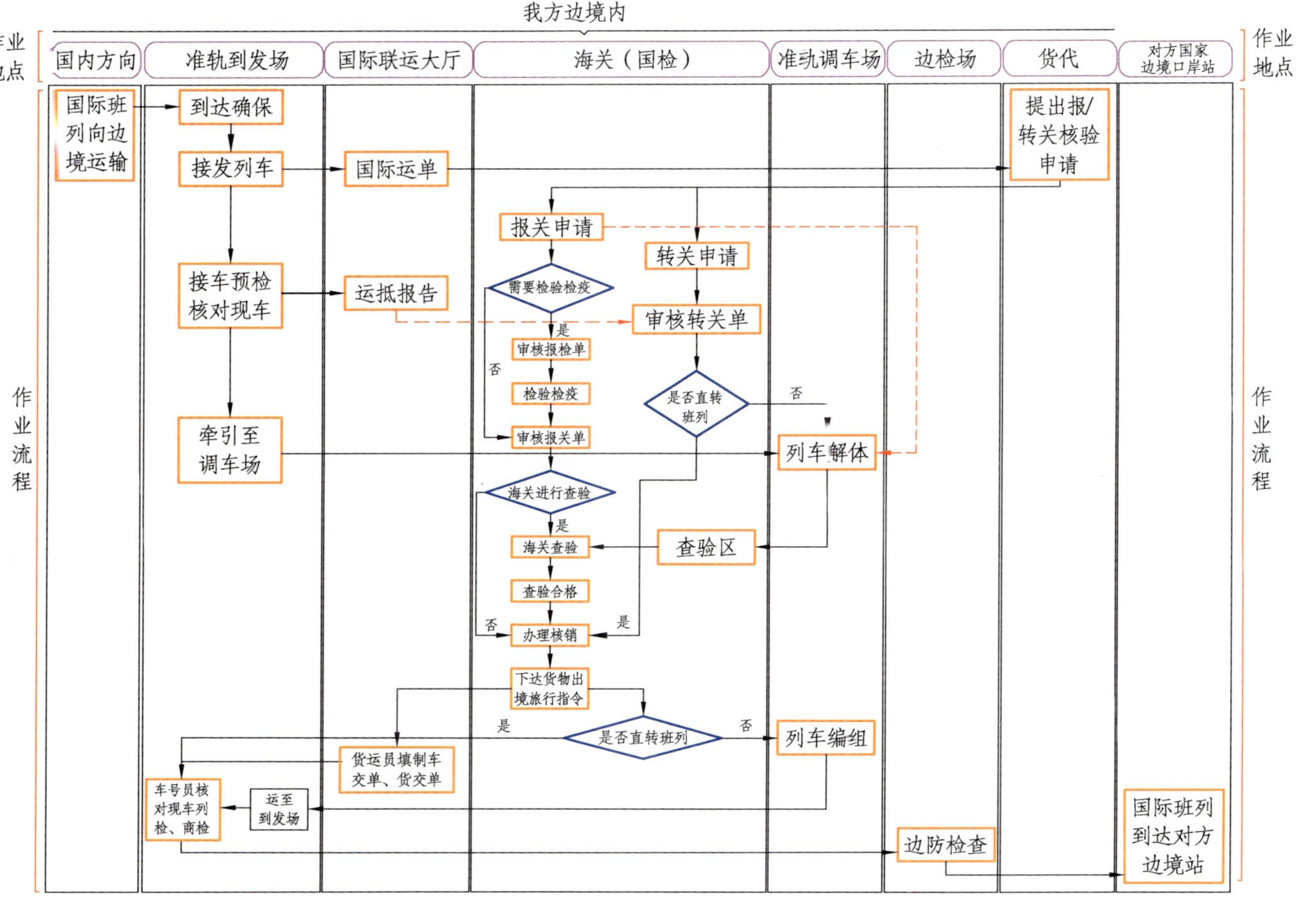

图 9-4 边境国际口岸出口作业总流程

9.4.4 出口作业总流程 Petri 网建模

在梳理我国边境国际口岸出口作业在口岸作业与海关作业的详细流程的基础上，构建了边境国际口岸站出口作业流程模型。

（1）基本元素含义

结合出口作业总流程图进行 Petri 网模型变量元素识别，得到库所变量含义表 9-4 和变迁变量含义表 9-5。

表 9-4 边境国际口岸出口作业Petri模型库所变量

库所	含义	库所	含义
P1	国内方向	P19	准轨到发场
P2	准轨到发场	P20	准轨调车场
P3	准轨到发场	P21	准轨到发场
P4	准轨到发场	P22	边检场
P5	准轨到发场	P23	对方国家口岸站
P6	准轨调车场	P24	海关
P7	国际联运大厅	P25	国际联运大厅
P8	货代	P26	海关
P9	海关	P27	海关
P10	海关	P28	海关
P11	海关	P29	国际联运大厅
P12	海关	P30	准轨调车场
P13	海关	P31	海关
P14	海关	P32	海关
P15	海关	P33	海关
P16	海关	P34	到发场
P17	海关	P35	结束
P18	海关		

表 9-5　边境国际口岸出口作业Petri模型变迁变量

变迁	含义	变迁	含义
T1	国际班列向边境运输	T18	办理核销
T2	到达确保	T19	下达货物出境旅行指令
T3	接发列车	T20	是直转班列
T4	接车预检核对现车	T21	不是直转班列
T5	牵引至调车场	T22	车号员核对现车列检、商检
T6	列车解体	T23	列车编组
T7	发送国际运单	T24	运至到发场
T8	提出报/转关核验申请	T25	边防检查
T9	报关申请	T26	国际班列到达对方边境站
T10	需要检验检疫	T27	转关申请
T11	不需要检验检疫	T28	审核转关单
T12	审核报检单	T29	运抵报告
T13	检验检疫	T30	是直转班列
T14	审核报关单	T31	不是直转班列
T15	海关进行查验	T32	运至查验区
T16	海关不进行查验	T33	填制车交单、货交单
T17	查验合格		

（2）Petri 网建模

根据边境国际口岸出口作业流程建立 Petri 网模型，得到作业流程模型如图 9-5 所示。

（3）关联矩阵有效性分析

首先，基于模型建立变量之间的关联关系，在此对边境国际口岸出口作业的变量建立关联矩阵得到附录 D。

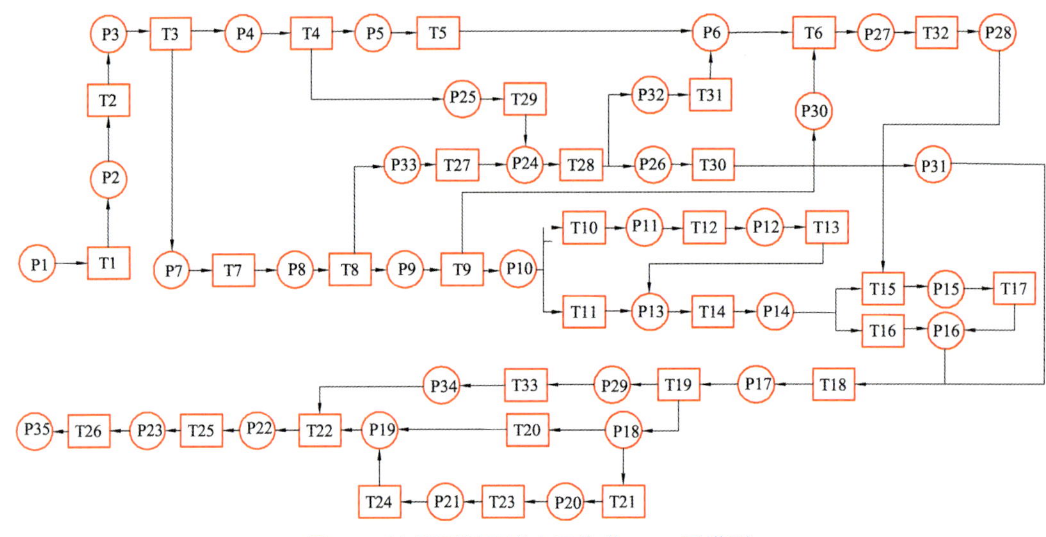

图 9-5　边境国际口岸出口作业 Petri 网模型

通过对建立的 Petri 网模型进行定性检验，确认该网络模型中不存在循环结构，因此这里不考虑进行 T_ 不变量的计算，只需对 S_ 不变量进行计算分析。结合上述关联矩阵得到矩阵 ***A***，建立$A^T X=0$方程并对其进行求解，最后通过 Matlab 进行计算得到该方程的解为：

$$X_1=(1,1,1,1,1,1,0,0,0,1,1,1,1,1,1,1,0,0,0,0,0,0,0,0,-1,0,0,0,-1,-1,1,0,0,0)^T$$

$$X_2=(1,1,1,1,0,0,0,0,-1,-1,-1,-1,-1,-1,-1,-1,0,0,0,0,0,0,0,1,1,1,0,0,0,0,1,0,1,0,0)^T$$

$$X_3=(0,0,0,0,0,0,0,0,0,0,0,0,0,0,-1,-1,-1,-1,0,0,0,0,0,0,0,1,0,0,0,0,1,0,0,0,0,1,0)^T$$

$$X_4=(1,1,1,0,0,0,1,1,1,1,1,1,1,1,1,1,1,1,1,1,1,1,0,0,0,0,0,0,0,0,0,0,1)^T$$

进行有效性验证，通过对比计算结果发现得到的解中存在一个正实数向量，则已构建模型正确，通过验证。

9.5　中欧班列国境口岸站作业流程问题分析

9.5.1　进口作业总流程问题分析

在边境国际口岸站进口作业流程所建立的 Petri 网模型的基础上完成有效性检验后，本书内容将在此基础上对边境国际口岸站的进口作业总流程进行 Flexsim 仿真，对我国边境国际口岸站作业进行诊断。根据进口作业的不同特性，在进行 Flexsim 仿真前对边境进口作业的库所（P）设定相应的输出比例，边境国际口岸站进口作业 Petri 网模型中各流程所涉及调研数据，见表 9-6。

表 9-6　边境国际口岸站进口作业总流程库所输出比例

类别	输出内容	比例	输出内容	比例
1	集装箱直达列车	20%	集装箱非直达	80%
2	提交报关申请	20%	提交转关申请	80%
3	检验检疫	30%	非检验检疫	70%
4	海关查验	30%	海关不查验	70%
5	集装箱直达免检	10%	集装箱直达非免检	90%

在库所输出比例的基础上对仿真模型中的各变迁进行时间设定，仿真数据主要满足均匀分布和正态分布函数。根据调研和统计数据的分析结果显示，边境口岸站的进口需求符合参数为 2 的指数分布。因此，在建模时，假设一般货运需求的产生（即模型发生器）遵循到达时间间隔为 2 小时的指数分布。通过对相关数据进行统计及整理，编制了我国边境国际口岸站进口作业总流程变迁时间，见表 9-7。

表 9-7　边境国际口岸站进口作业总流程变迁时间表

变迁	含义	时间分布
T1	总调度安排编组计划	均匀分布（0.5，1）
T4	宽轨重车解体	正态分布（2，0.8）
T5	集装箱等待集结	正态分布（3，0.7）
T6-1	集装箱编组	均匀分布（3，4）
T6-2	卸车（落地）	正态分布（0.7，0.16）
T8	准轨装车（地起）	均匀分布（3.5，4.5）
T9	整列换装	均匀分布（4，5）
T10	宽轨空车编组	正态分布（1.5，0.5）

续表

变迁	含义	时间分布
T11	双方交接员室内交接	正态分布（1.2，0.5）
T13	列检检查	均匀分布（0.3，0.4）
T15（1）	准轨空车编组—非直达	正态分布（4，0.8）
T15（2）	准轨空车编组—直达	正态分布（1，0.3）
T16	列检	均匀分布（0.5，0.6）
T23（1）	报关单申请检查	均匀分布（0.25，0.35）
T23（2）	转关单申请检查	均匀分布（0.25，0.35）
T24	需要检验检疫	正态分布（3，0.4）
T25	不需要检验检疫	均匀分布（0，0）
T26	审核报检单	正态分布（3，0.2）
T27	审核报关单	正态分布（7，0.3）
T28	审核转关单	正态分布（3，0.25）
T29	海关进行查验	正态分布（20，0.8）
T30	海关不进行查验	（0，0）
T34	下达放行指令	均匀分布（0.2，0，4）
T37	到达确报	均匀分布（0.25，0.35）
T39	边防检查	均匀分布（0.6，0.8）
T40、T41	票据交接、车辆交接	均匀分布（0.3，0.5）
T42	接车并核对车号、箱号、箱封等信息	均匀分布（0.5，0.6）
T44	审核票据及联运计划	正态分布（1，0.8）
T49	联运运单交接单	均匀分布（0.2，0.3）
T50	译制运单	均匀分布（0.8，1.2）
T51	录入系统，生成原始舱单	均匀分布（0.2，0.3）

根据边境进口作业库所的输出比例以及变迁作业时间，配置了 Flexsim 仿真模型，并进行为期 1 440 小时（24 小时 ×60 天）的仿真运行，在多次验证和测试确保无误后，最终获得了准确的仿真结果。在模型仿真结束时刻，生成了 3D 可视化图用于展示仿真结束时的状态，如图 9-6 所示。

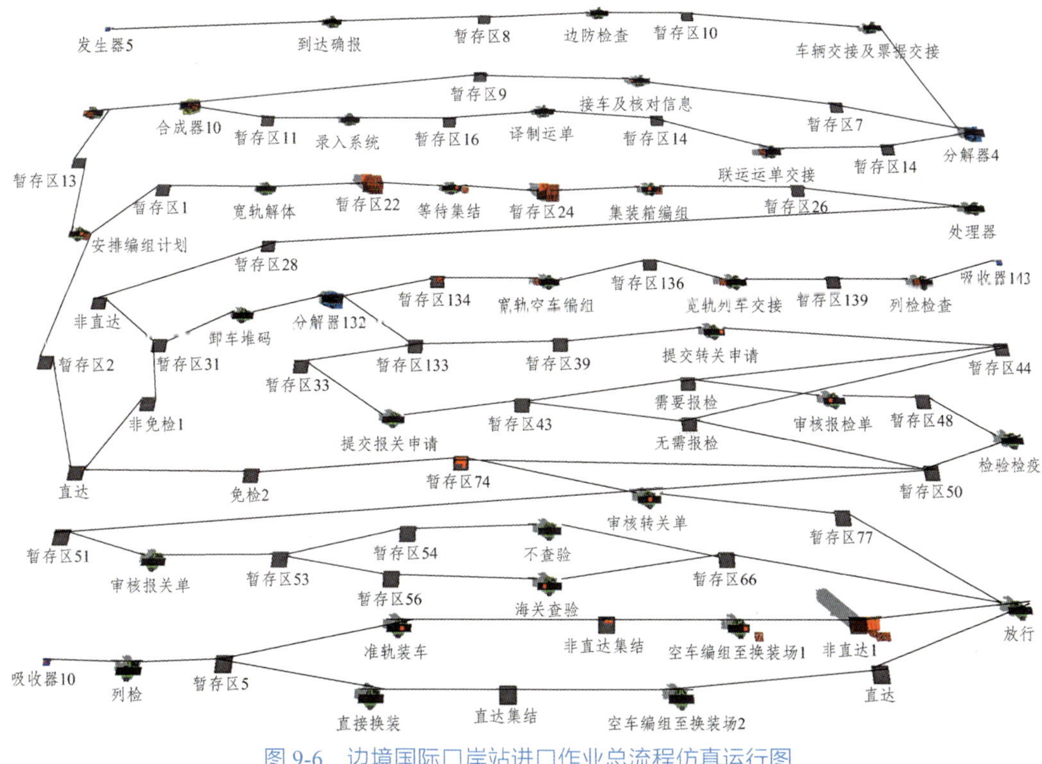

图 9-6　边境国际口岸站进口作业总流程仿真运行图

在完成边境国际口岸进口作业总流程的 Flexsim 仿真后，获得了此次仿真的运行报告，并将其记录在附录 E。

此外，既有研究资料中统计了阿拉山口 2020 年前半年的开行数据，该数据能在一定程度上反映疫情等突发因素对国际货运需求产生的影响。本书将以阿拉山口作为边境进口作业的示例口岸，按照实际货运需求将其到达分布设置为时间间隔为 4.8 小时的指数分布。根据边境进口作业库所的输出比例及变迁作业时间，同样配置了 Flexsim 仿真模型，并进行了为期 1 440 小时（24 小时 ×60 天）的仿真运行。在模型仿真的结束时刻，生成了 3D 可视化图，展示了仿真结束时的状态，如图 9-7 所示。

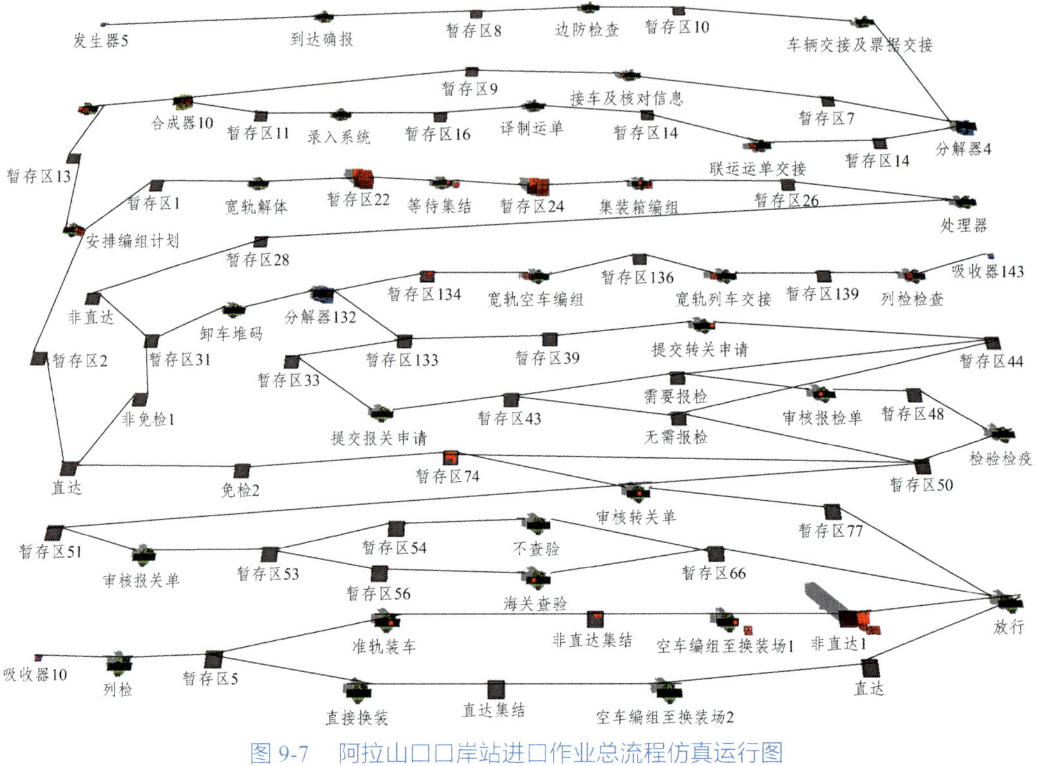

图 9-7　阿拉山口口岸站进口作业总流程仿真运行图

在 Flexsim 中完成一般边境国际口岸进口作业总流程仿真和阿拉山口口岸站进口作业总流程仿真后，得到该仿真结果的运行报告附录 F 和附录 G。

基于 Flexsim 模型仿真的最终运行 3D 效果图以及相应的运行报告，获得了关于一般边境口岸站进口模型中各变迁处理能力和流程拥堵情况数据结果，见表 9-8。

表 9-8　边境进口作业变迁仿真数据

变迁	含义	输入	输出	运行结束时当前实体数	对应堆存区堆积临时实体数
—	发生器	0	713	5	—
T1	总调度安排编组计划	710	709	2	0
T4	宽轨重车解体	556	556	1	0
T5	集装箱等待集结	474	473	2	82
T6-1	集装箱编组	406	405	2	67
T6-2	卸车	542	542	1	0

续表

变迁	含义	输入	输出	运行行结束时当前实体数	对应堆存区堆积临时实体数
T8	准轨装车	347	346	2	2
T9	整列换装	16	16	1	0
T10	宽轨空车编组	541	540	2	1
T11	双方交接员室内交接	540	539	2	0
T13	列检检查	539	538	2	0
T15-1	准轨空车编组-非直达	350	349	2	181
T15-2	准轨空车编组-直达	16	16	1	0
T16	列检	362	362	1	0
T23-1	报关单申请检查	105	105	1	0
T23-2	转关单申请检查	437	436	2	0
T24	需要检验检疫	163	163	1	0
T25	不需要检验检疫	377	377	6	0
T26	审核报检单	164	163	2	0
T27	审核报关单	108	108	1	0
T28	审核转关单	441	440	2	7
T29	海关进行查验	34	33	2	0
T30	海关不进行查验	74	74	1	0
T34	下达放行指令	547	547	1	0
T37	到达确报	713	713	1	0
T39	边防检查	713	713	1	0
T40、T41	票据交接、车辆交接	713	713	1	0
T42	接车并核对车号、箱号、箱封等信息	713	712	2	0
T44	审核票据及联运计划	711	710	2	0
T49	联运运单交接单	713	712	2	0
T50	译制运单	712	712	1	0
T51	录入系统，生成舱单	712	712	1	0
—	吸收器	362	0	7	—

我国典型边境国际口岸站进口作业的仿真数据表明，模型总计经历了 362 次运行周期。表中的“对应堆存区堆积临时实体数”这一指标，实际上反映了在各个变迁阶段等待处理的订单数量，是衡量模型中流程拥堵状况的一个有效指标。堆积实体数反映当前我国边境进口部分作业流程存在拥堵现象，其中 T15-1（非直达和直达非免检准轨空车编组）出现严重拥堵堆积现象，堆积实体数分为 181；T5（集装箱等待集结）和 T6-1（集装箱编组）拥堵现象也较为突出，堆积实体数分别为 82 和 67；T28（审核转关单）、T8（准轨装车）和 T10（宽轨空车编组）也存在一定程度拥堵，堆积实体数分别为 7、2、1，如图 9-8 所示。

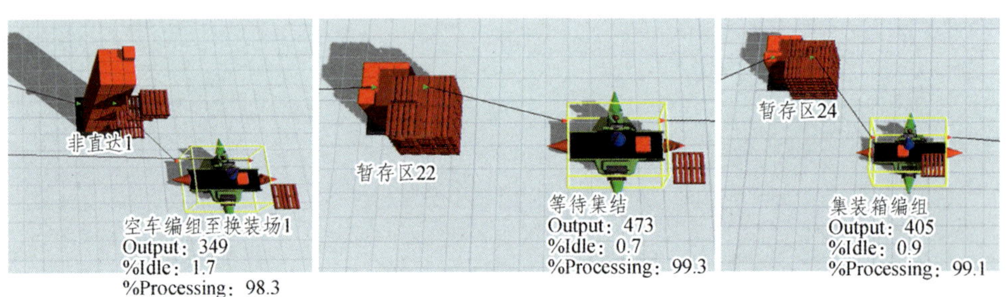

空车编组—非直达拥堵　　等待集结拥堵　　集装箱编组拥堵

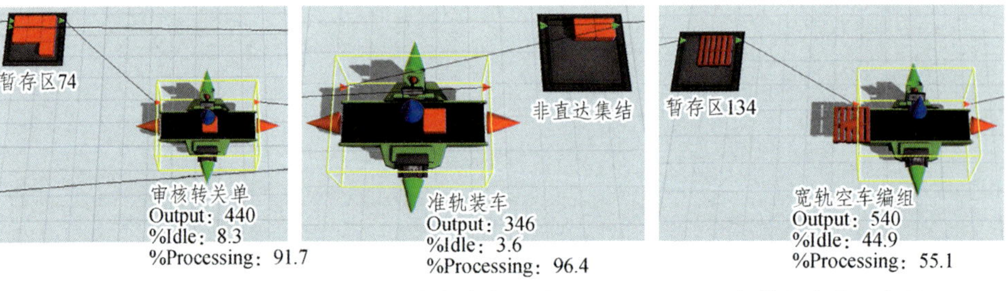

审核转关单拥堵　　准轨装车拥堵　　宽轨空车编组拥堵

图 9-8　一般边境口岸站进口仿真运行拥堵情况

根据 Flexsim 模型仿真的最终运行 3D 效果图及其详细的运行报告，获得了阿拉山口口岸站进口模型中各变迁处理能力和流程拥堵情况的具体数据，结果见表 9-9。

表 9-9　阿拉山口口岸站进口作业变迁仿真数据

变迁	含义	输入	输出	运行结束时当前实体数	对应堆存区堆积临时实体数
—	发生器	0	315	5	—

续表

变迁	含义	输入	输出	运行结束时当前实体数	对应堆存区堆积临时实体数
T1	总调度安排编组计划	314	314	1	0
T4	宽轨重车解体	244	244	1	0
T5	集装箱等待集结	243	242	2	1
T6-1	集装箱编组	241	240	2	1
T6-2	卸车	304	304	1	0
T8	准轨装车	299	298	2	0
T9	整列换装	6	6	1	0
T10	宽轨空车编组	304	303	2	0
T11	双方交接员室内交接	303	303	1	0
T13	列检检查	303	303	1	0
T15-1	准轨空车编组–非直达	300	299	2	1
T15-2	准轨空车编组–直达	6	6	1	0
T16	列检	304	304	1	0
T23-1	报关单申请检查	66	66	1	0
T23-2	转关单申请检查	238	238	1	0
T24	需要检验检疫	84	84	1	0
T25	不需要检验检疫	220	220	6	0
T26	审核报检单	84	84	1	0
T27	审核报关单	63	63	1	0
T28	审核转关单	246	245	2	1
T29	海关进行查验	21	21	1	0
T30	海关不进行查验	42	42	1	0
T34	下达放行指令	308	308	1	0
T37	到达确报	315	315	1	0
T39	边防检查	315	315	1	0
T40、T41	票据交接、车辆交接	315	315	1	0

续表

变迁	含义	输入	输出	运行结束时当前实体数	对应堆存区堆积临时实体数
T42	接车并核对车号、箱号、箱封等信息	315	315	1	0
T44	审核票据及联运计划	314	314	1	0
T49	联运运单交接单	315	315	1	0
T50	译制运单	315	315	1	0
T51	录入系统，生成舱单	315	314	2	0
—	吸收器	304	0	7	—

通过对我国边境国际口岸站进口作业的仿真数据进行分析，模型共执行了 304 次运行。表中的“对应堆存区堆积临时实体数”这一项指标，实际上反映了在各个变迁阶段等待处理的订单数量，有效体现了模型中流程拥堵的情况。仿真结果统计数据分析发现，当前我国边境进口部分作业流程存在拥堵现象，其中 T5（集装箱等待集结）、T6-1（集装箱编组）、T28（审核转关单）和 T15-1（非直达和直达非免检准轨空车编组）一定拥堵，堆积数量均为 1，如图 9-9 所示。

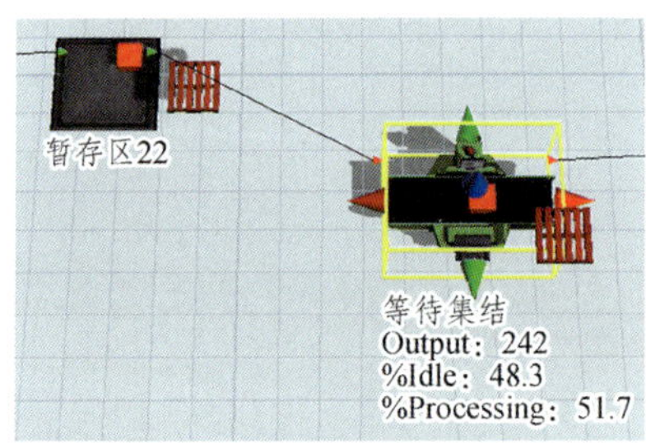

等待集结拥堵

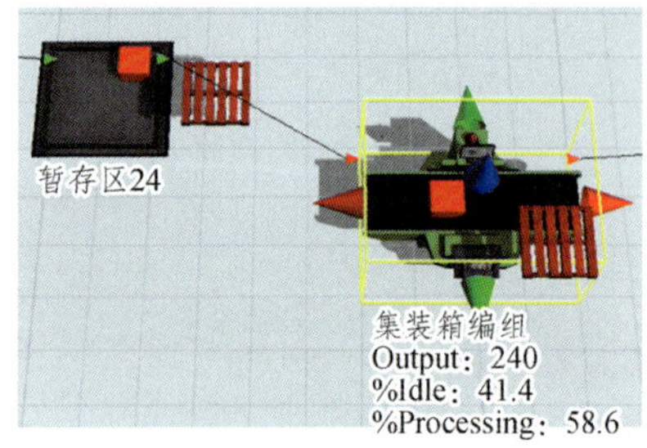

集装箱编组拥堵

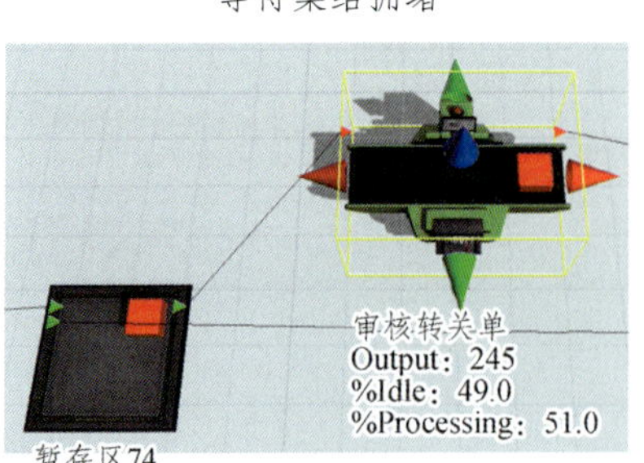

审核转关单拥堵

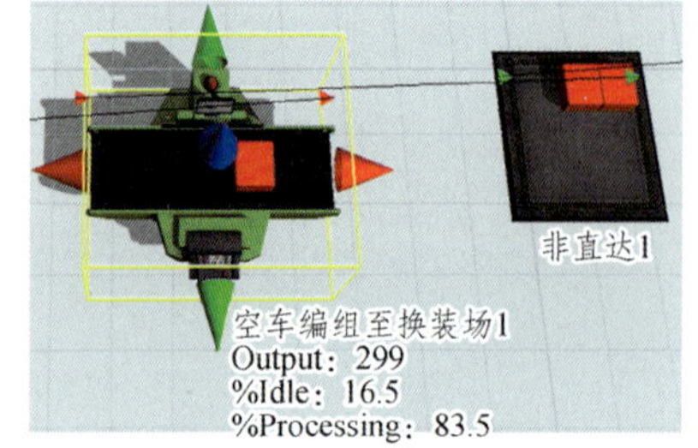

空车编组—非直达拥堵

图 9-9　阿拉山口口岸站进口仿真运行拥堵情况

通过边境国际口岸具体进口作业的调研情况及模型仿真运行结果对拥堵原因进行分析：

（1）T15-1（非直达和直达非免检准轨空车编组）拥堵：一方面，与上述宽轨空车编组拥堵原因类似，准轨空车编组的需求上升，而短时间边境口岸站所需设施设备能力，如调车机车与空车数量等无法满足，从而导致其拥堵。另一方面，目前的部分口岸站中都存在一个共同的问题——场站的布局不合理，场站布局的不合理在这里体现在准轨调车场与换装场的位置关系上，因为在准轨空车编组的时间中还包括其从编组场运送至换装场的时间，而如若上述提到两个场位置关系不合理，会拉长整个运送时间，从而也会导致准轨空车编组的整体时间变长，导致其堵塞。

（2）T5（集装箱等待集结）拥堵：由于边境站的班列 80% 是混编列车，直达班列仅占 20%。混编列车到达后需要在宽轨编组场按照货类进行解体，集装箱车辆等待集结成列后方可牵引至换装场。但在等待集结过程中，消耗时间过长，导致存在堆积，同时也影响后续作业的进程。

（3）T6-1（集装箱编组）拥堵：一方面，与集装箱等待集结拥堵原因类似，有大量混编列车的集装箱都需要编组。另一方面，近几年我国进口贸易量不断上升的同时我国边境口岸站的进口列车数量也在不断上升，尤其是中欧班列的开行数量爆发式增长，这促使了集装箱编组的需求在不断上升。而边境口岸站的现有的设施设备能力不能满足作业需求。同时，边境口岸站受条件限制改造困难，很难在短时间内迅速提高作业能力，从而造成拥堵。

（4）T28（审核转关单）拥堵：一方面，海关总署公告 2017 年第 48 号关于规范转关运输业务的公告提出，中欧班列可按照有关手续按照程序办理转关模式（属地申报、属地验放、口岸核销转关单）。而近几年，在中欧班列良好的发展态势下，国际集装箱铁路运输需求也在不断上升，而在其中担任着重要职能的边境国际铁路口岸也面临着诸多的机遇与挑战，比如选择中欧班列跨境运输的大部分客户还是愿意选择转关模式，转关审核单随着中欧班列的开行数量也在急剧上升中，导致了审核转关单的能力不足，这无疑也在审核报关单证能力紧张的基础上加重了整体审核单证作业的拥堵程度。另一方面，由于跨境运输的发展趋势急剧猛增，一些基础设施还较为缺乏的口岸站还未及时提升以及规划，存在整体流程无纸化程度低，还未进入电子化、机械化操作。转关的审核程序也较为烦琐，人工操作无疑会增加作业操作时间，这也是导致审核转关乃至报关单拥堵的重要原因。

（5）T8（准轨装车）拥堵：一方面，与非直达和直达非免检准轨空车编组拥堵原因相同，准轨装车需求上升，而边境口岸站现有的机车、起重机等设施设备无法满足其装车需求，导致其单列班列集装箱装车作业时间较长，使其装车作业能力紧张。另一方面，如果进口班列不满足编组开行要求，运转车间、货装车间原则上不得安排换装（地起）等作业，从而可能在一定程度上影响其装车时长，造成准轨装车环节的拥堵。

（6）T10（宽轨空车编组）拥堵：针对对接宽轨轨距国家的边境口岸站而言，进口货物所在宽轨车底需要在我方边境站换装场后再将宽轨车底返回对接国家口岸站，而随着近几年我国进口贸易量不断上升，我国边境口岸站的进口列车数量也在不断上升，这也促使了宽轨空车解编的需求不断上升。而场站内的宽轨空车解编作业所需要的设施设备能力还有所欠缺，宽轨调车场设施设备的数量、种类（如调车线、调车机车等）以及所占面积等，都还有待进一步增加及扩建，从而导致宽轨空车编组环节也产生了拥堵。

9.5.2 出口作业总流程问题分析

在 Petri 网建模基础上，本书将对边境口岸出口作业总流程进行 Flexsim 仿真。通过 Flexsim 仿真，分析目前我国边境国际口岸站出口作业流程，发现存在的问题与不足，为下一步的优化奠定基础。根据边境国际口岸站出口作业总流程的梳理，发现同一环节可能出现多种作业方式或形式选择，各作业方式的作业时间出现差异。因此，在进行 Flexsim 仿真前，需要对境内出口作业的库所（P）设定相应的输出比例，边境国际口岸站作业 Petri 网模型中所涉及的数据由实际调研和文献查阅所得，具体见表 9-10。

表 9-10　边境国际口岸站出口作业总流程库所输出比例

类别	输出内容	比例	输出内容	比例
1	提交转关申请	60%	提交报关申请	40%
2	直转模式	97%	非直转模式	3%
3	检验检疫	40%	不检验检疫	60%
4	口岸报关下海关查验	30%	口岸报关下海关不查验	70%
5	列车编组	30%	无须编组	70%

为保证仿真结果的完整性和可信性，缩短其与现实作业流程之间的差异，对仿真模型中的各变迁进行时间设定，本研究中设定仿真数据主要满足均匀分布和正态分布函数。根据调研和统计数据的分析结果，假设设定货运需求的产生（即模型发生器）服从到达时间间隔为 2.5 小时的指数分布。通过对相关数据进行统计与整理，编制了我国境内国际口岸站出口作业总流程的变迁时间，见表 9-11。

表 9-11 边境国际口岸站出口作业总流程变迁时间表

变迁	含义	时间分布/小时
T2	到达确报	正态分布（0.15，0.04）
T3	接车列车	均匀分布（0.3，0.4）
T5	牵引至调车场	正态分布（1，0.2）
T6	列车解体	正态分布（1.8，0.25）
T7	发送国际运单	均匀分布（0.2，0.3）
T8（1）	提出转关核验申请	均匀分布（0.25，0.35）
T8（2）	提出报关核验申请	均匀分布（0.25，0.35）
T12	审核报检单	正态分布（1.2，0.2）
T13	检验检疫	正态分布（2.5，0.4）
T14	审核报关单	正态分布（7，0.3）
T15	海关进行查验	正态分布（22，0.8）
T16	海关不查验	均匀分布（0，0）
T18	办理核销	均匀分布（0.2，0.4）
T19	下达货物出境旅行指令	均匀分布（0.2，0.4）
T22	车号员核对现车列检、商检	均匀分布（0.5，0.6）
T23	列车编组	正态分布（6，0.6）
T24	准轨运至到发场	正态分布（0.8，0.1）
T25	边防检查	均匀分布（0.6，0.8）
T28	审核转关单	正态分布（1，0.2）
T29	运抵报告	均匀分布（0.1，0.3）
T32	运至查验区	正态分布（0.5，0.1）
T33	单证交接	均匀分布（0.2，0.3）

根据边境国际站出口作业库所输出比例及变迁作业时间对仿真模型的参数进行设置，由于作业流程以小时为基本作业单位，因此设定在 Flexsim 中进行 1 440 小时（24 小时 ×60 天）的仿真运行。此外，对模型进行多次重置运行以保证仿真运行结果的可信度，经过多次核查和仿真运行无误后得到最终的仿真结果，模型仿真结束时刻所得 3D，如图图 9-10 所示。

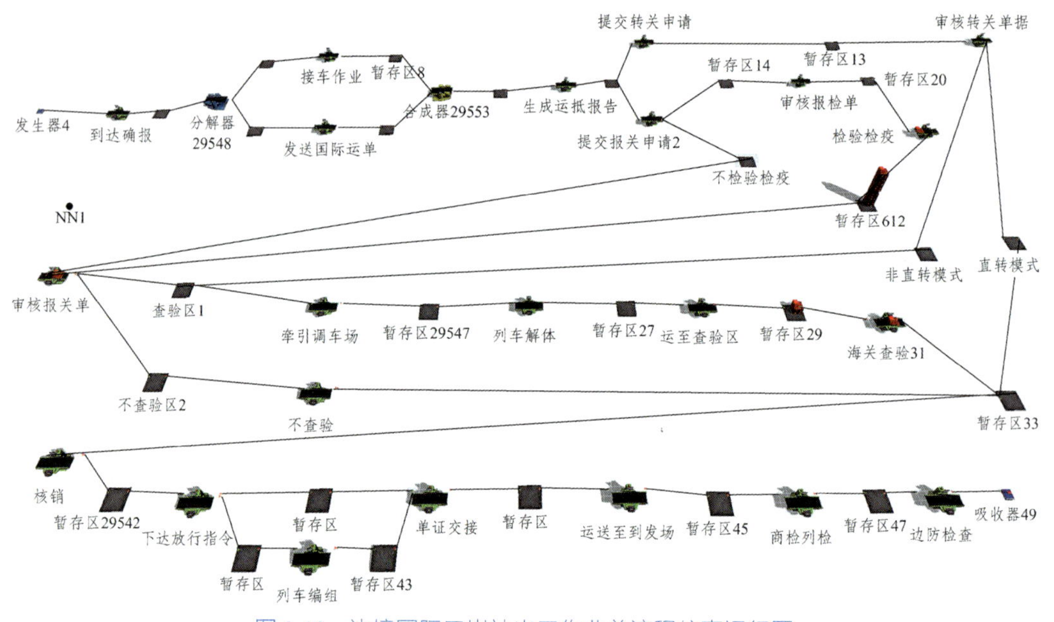

图 9-10　边境国际口岸站出口作业总流程仿真运行图

在完成边境国际口岸出口作业总流程的 Flexsim 仿真后，获得了此次仿真结果的运行报告，并将其记录在附录 B。

根据 Flexsim 模型仿真的最终运行 3D 效果图及运行报告，得到边境出口模型中各变迁处理能力和流程拥堵情况数据结果，见表 9-12。

表 9-12　边境出口作业变迁仿真数据

变迁	含义	输入	输出	运行结束时当前实体数	对应堆存区堆积临时实体数
—	发生器	0	602	5	—
T2	到达确报	602	602	1	0
T3	接车列车	602	602	1	0
T5	牵引至调车场	70	70	1	0

续表

变迁	含义	输入	输出	运行结束时当前实体数	对应堆存区堆积临时实体数
T6	列车解体	70	70	1	0
T7	发送国际运单	602	602	1	0
T8（1）	提出报关核验申请	248	248	1	0
T8（2）	提出转关核验申请	354	354	1	0
T12	审核报检单	90	90	1	0
T13	检验检疫	90	89	2	0
T14	审核报关单	204	203	2	43
T15	海关进行查验	63	62	2	7
T16	海关不查验	139	139	1	0
T18	办理核销	549	549	1	0
T19	下达放行指令	549	549	1	0
T22	车号员核对现车列检、商检	549	549	1	0
T23	列车编组	148	148	1	0
T24	准轨运至到发场	549	549	1	0
T25	边防检查	549	549	1	0
T28	审核转关单	354	354	1	0
T29	运抵报告	602	602	1	0
T32	运至查验区	70	70	1	0
T33	单证交接	549	549	1	0
—	吸收器	549	0	7	—

根据对上表中关于我国境内国际口岸站进口作业仿真数据的分析，发现模型共运行了 549 次。表中的“对应堆存区堆积临时实体数”这一栏实际上是对仿真结果中各变迁阶段相应存储区堆积数量的统计数据，它具体反映了各变迁点等待处理的订单数，并且是衡量流程模型拥堵状况的一个重要指标。对该统计数据进行分析发现，部分变迁存储

区在仿真运行结果中出现拥堵堆积现象，其中 T14（审核报关单）环节出现严重拥堵，堆积实体数为 43；T15（海关查验）产生一定程度拥堵，堆积实体数为 7，对出口作业流程的流畅性产生相应阻碍，如图 9-11 所示。

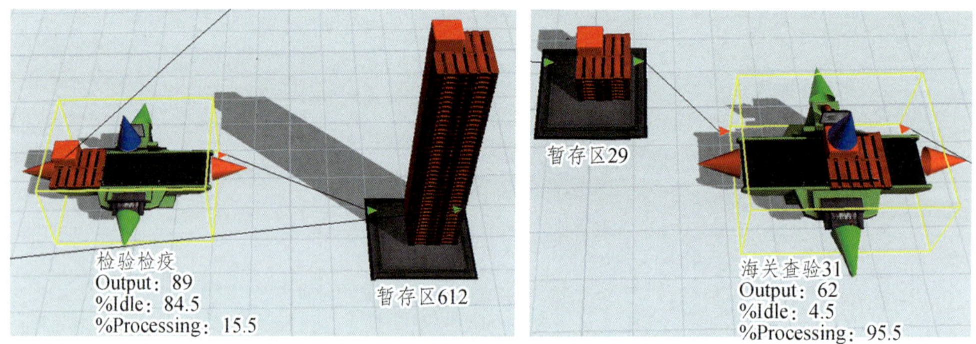

图 9-11 边境口岸出口仿真运行拥堵情况

结合边境国际口岸的具体出口作业调研情况与模型仿真运行的结果，可以对以上述拥堵现象的原因进行如下分析：

（1）T14（审核报关单）拥堵：一方面原因与境内审核报关单存在问题的原因相同。另一方面，仍有部分（40%）境内货物选择在边境口岸站报关，增加了边境国际口岸站的作业量，从而增加了作业负担，延长了审核报关单时间。

（2）T15（海关查验）拥堵：一方面原因与境内海关查验存在问题原因相同。另一方面，边境国际站不仅需要办理国境站自己属地出口货物的查验，还要办理境内报关货物的查验，增加了查验等待时间。

9.6 中欧班列国境口岸站进出口流程灵敏度分析

9.6.1 灵敏度分析作用

国境口岸站各作业环节之间除了直接的两两空间相连关系外，还存在上下游的间接连接关系，对总流程中某个拥堵环节进行作业时间参数的优化，可以缓解该环节处的作业实体拥堵量，但同时也可能对其下游的其他环节产生不利影响。在一般情况下，对某个环节进行单一变量时间分布灵敏度分析，其变动趋势较为局限，同时在进行一些参数调整时会引起连带影响，产生新的堵塞点。因此，除需排查每个拥堵环节自身单一变量灵敏度分析中较为优化的调整方案外，还需将这些较优化的作业时间方案作为备选集，对其组合得到的新灵敏度分析方案进行仿真研究，确定综合最优化调整方案。

9.6.2 进口作业总流程优化灵敏度分析

根据边境口岸进口作业流程仿真的结果，观察到在非直达列车与直达但需检查的准轨空车编组、集装箱等待集结、集装箱编组、审核转关单、准轨装车以及宽轨空车编组等关键步骤中存在一定的拥堵现象。为了更有效地提出针对性解决方案，本书将对上述各具体环节的操作时间进行灵敏度分析，探索可能优化的方向，将以 0.5 小时为步长，分别对这六个环节进行微调，从而得到灵敏度分析参数，见表 9-13。

表 9-13　边境进口作业拥堵点灵敏度分析参数表

<table>
<tr><th></th><th>步长调整后时间分布</th><th>调整点堆积</th><th>堆积点</th><th>堆积点堆积数</th><th>输入数量</th><th>输出数量</th><th>作业效率</th></tr>
<tr><td rowspan="14">非直达和直达非免检准轨空车编组</td><td rowspan="5">（4，0.8）（原始）</td><td rowspan="5">181</td><td>等待集结</td><td>82</td><td rowspan="5">713</td><td rowspan="5">362</td><td rowspan="5">50.77%</td></tr>
<tr><td>集装箱编组</td><td>67</td></tr>
<tr><td>审核转关单</td><td>7</td></tr>
<tr><td>准轨装车</td><td>2</td></tr>
<tr><td>宽轨空车编组</td><td>1</td></tr>
<tr><td rowspan="5">（3.5，0.8）</td><td rowspan="5">114</td><td>等待集结</td><td>91</td><td rowspan="5">706</td><td rowspan="5">368</td><td rowspan="5">52.12%</td></tr>
<tr><td>集装箱编组</td><td>55</td></tr>
<tr><td>准轨装车</td><td>57</td></tr>
<tr><td>审核转关单</td><td>6</td></tr>
<tr><td>宽轨解体</td><td>4</td></tr>
<tr><td rowspan="4">（3，0.8）</td><td rowspan="4">48</td><td>等待集结</td><td>92</td><td rowspan="4">699</td><td rowspan="4">366</td><td rowspan="4">52.36%</td></tr>
<tr><td>集装箱编组</td><td>58</td></tr>
<tr><td>准轨装车</td><td>123</td></tr>
<tr><td>审核转关单</td><td>3</td></tr>
</table>

续表

	步长调整后时间分布	调整点堆积	堆积点	堆积点堆积数	输入数量	输出数量	作业效率
非直达和直达非免检准轨空车编组	（2.5，0.8）	1	等待集结	94	740	368	49.73%
			集装箱编组	72			
			准轨装车	187			
			审核转关单	4			
			宽轨解体	1			
	（2，0.8）	0	等待集结	94	710	365	51.41%
			集装箱编组	73			
			准轨装车	166			
			宽轨解体	1			
			海关查验	1			
	（1.5，0.8）	0	等待集结	75	721	368	51.04%
			集装箱编组	76			
			准轨装车	194			
	（1，0.8）	0	等待集结	107	728	362	49.73%
			集装箱编组	70			
			准轨装车	182			
	（0.5，0.8）	59	集装箱编组	121	725	365	50.34%
			等待集结	62			
			宽轨空车编组	161			
			宽轨解体	2			
集装箱等待集结	（3，0.7）（原始）	82	集装箱编组	67	713	362	50.77%
			非直达和直达非免检准轨空车编组	181			
			审核转关单	7			
			准轨装车	2			
			宽轨空车编组	1			

续表

<table>
<tr><th></th><th>步长调整后时间分布</th><th>调整点堆积</th><th>堆积点</th><th>堆积点堆积数</th><th>输入数量</th><th>输出数量</th><th>作业效率</th></tr>
<tr><td rowspan="27">集装箱等待集结</td><td rowspan="5">（2.5，0.7）</td><td rowspan="5">9</td><td>集装箱编组</td><td>131</td><td rowspan="5">684</td><td rowspan="5">363</td><td rowspan="5">53.07%</td></tr>
<tr><td>非直达和直达非免检准轨空车编组</td><td>162</td></tr>
<tr><td>审核转关单</td><td>1</td></tr>
<tr><td>准轨装车</td><td>3</td></tr>
<tr><td>宽轨解体</td><td>4</td></tr>
<tr><td rowspan="5">（2，0.7）</td><td rowspan="5">0</td><td>集装箱编组</td><td>157</td><td rowspan="5">695</td><td rowspan="5">358</td><td rowspan="5">51.51%</td></tr>
<tr><td>非直达和直达非免检准轨空车编组</td><td>164</td></tr>
<tr><td>审核转关单</td><td>2</td></tr>
<tr><td>准轨装车</td><td>3</td></tr>
<tr><td>宽轨解体</td><td>1</td></tr>
<tr><td rowspan="4">（1.5，0.7）</td><td rowspan="4">0</td><td>集装箱编组</td><td>189</td><td rowspan="4">743</td><td rowspan="4">362</td><td rowspan="4">48.72%</td></tr>
<tr><td>非直达和直达非免检准轨空车编组</td><td>170</td></tr>
<tr><td>准轨装车</td><td>4</td></tr>
<tr><td>宽轨解体</td><td>2</td></tr>
<tr><td rowspan="6">（1，0.7）</td><td rowspan="6">0</td><td>集装箱编组</td><td>152</td><td rowspan="6">695</td><td rowspan="6">360</td><td rowspan="6">51.80%</td></tr>
<tr><td>非直达和直达非免检准轨空车编组</td><td>167</td></tr>
<tr><td>准轨装车</td><td>1</td></tr>
<tr><td>审核转关单</td><td>3</td></tr>
<tr><td>海关查验</td><td>1</td></tr>
<tr><td>审核报关单</td><td>1</td></tr>
<tr><td rowspan="6">（0.5，0.7）</td><td rowspan="6">0</td><td>集装箱编组</td><td>143</td><td rowspan="6">718</td><td rowspan="6">355</td><td rowspan="6">49.44%</td></tr>
<tr><td>非直达和直达非免检准轨空车编组</td><td>203</td></tr>
<tr><td>准轨装车</td><td>1</td></tr>
<tr><td>审核转关单</td><td>6</td></tr>
<tr><td>宽轨解体</td><td>1</td></tr>
<tr><td>海关查验</td><td>1</td></tr>
</table>

续表

	步长调整后时间分布	调整点堆积	堆积点	堆积点堆积数	输入数量	输出数量	作业效率
集装箱编组	均匀分布（3，4）（原始）	67	非直达和直达非免检准轨空车编组	181	713	362	50.77%
			等待集结	82			
			审核转关单	7			
			准轨装车	2			
			宽轨空车编组	1			
	（2.5，3.5）	6	非直达和直达非免检准轨空车编组	219	679	363	53.46%
			等待集结	49			
			审核转关单	26			
			准轨装车	3			
			宽轨解体	1			
	（2，3）	0	非直达和直达非免检准轨空车编组	230	722	360	49.86%
			等待集结	101			
			审核转关单	13			
			准轨装车	2			
			宽轨解体	1			
			审核票据及联运计划	2			
			译制运单	1			
	（1.5，2.5）	0	非直达和直达非免检准轨空车编组	214	698	364	52.15%
			等待集结	66			
			审核转关单	39			
			准轨装车	3			
			宽轨解体	2			
	（1，2）	0	非直达和直达非免检准轨空车编组	216	706	360	50.99%
			等待集结	103			
			审核转关单	16			
			准轨装车	3			

续表

<table>
<tr><th></th><th>步长调整后时间分布</th><th>调整点堆积</th><th>堆积点</th><th>堆积点堆积数</th><th>输入数量</th><th>输出数量</th><th>作业效率</th></tr>
<tr><td rowspan="6">集装箱编组</td><td rowspan="6">（0.5，1.5）</td><td rowspan="6">0</td><td>非直达和直达非免检准轨空车编组</td><td>236</td><td rowspan="6">744</td><td rowspan="6">361</td><td rowspan="6">48.52%</td></tr>
<tr><td>等待集结</td><td>104</td></tr>
<tr><td>审核转关单</td><td>21</td></tr>
<tr><td>准轨装车</td><td>2</td></tr>
<tr><td>宽轨解体</td><td>10</td></tr>
<tr><td>审核转关单</td><td>159</td></tr>
<tr><td rowspan="21">审核转关单</td><td rowspan="5">（3,0.25）原始</td><td rowspan="5">7</td><td>等待集结</td><td>82</td><td rowspan="5">713</td><td rowspan="5">362</td><td rowspan="5">50.77%</td></tr>
<tr><td>集装箱编组</td><td>67</td></tr>
<tr><td>宽轨空车编组</td><td>1</td></tr>
<tr><td>非直达和直达非免检准轨空车编组</td><td>181</td></tr>
<tr><td>准轨装车</td><td>2</td></tr>
<tr><td rowspan="5">（2.5,0.25）</td><td rowspan="5">1</td><td>等待集结</td><td>104</td><td rowspan="5">725</td><td rowspan="5">368</td><td rowspan="5">50.76%</td></tr>
<tr><td>集装箱编组</td><td>67</td></tr>
<tr><td>宽轨空车编组</td><td>1</td></tr>
<tr><td>空车编组-非直达</td><td>166</td></tr>
<tr><td>准轨装车</td><td>5</td></tr>
<tr><td rowspan="4">（2,0.25）</td><td rowspan="4">1</td><td>等待集结</td><td>70</td><td rowspan="4">688</td><td rowspan="4">361</td><td rowspan="4">52.47%</td></tr>
<tr><td>集装箱编组</td><td>70</td></tr>
<tr><td>非直达和直达非免检准轨空车编组</td><td>177</td></tr>
<tr><td>准轨装车</td><td>1</td></tr>
<tr><td rowspan="7">（1.5,0.25）</td><td rowspan="7">0</td><td>审核票据及联运计划</td><td>1</td><td rowspan="7">681</td><td rowspan="7">358</td><td rowspan="7">52.57%</td></tr>
<tr><td>宽轨解体</td><td>1</td></tr>
<tr><td>等待集结</td><td>55</td></tr>
<tr><td>集装箱编组</td><td>71</td></tr>
<tr><td>审核报关单</td><td>4</td></tr>
<tr><td>非直达和直达非免检准轨空车编组</td><td>179</td></tr>
<tr><td>准轨装车</td><td>1</td></tr>
</table>

续表

	步长调整后时间分布	调整点堆积	堆积点	堆积点堆积数	输入数量	输出数量	作业效率
审核转关单	（1,0.25）	0	非直达和直达非免检准轨空车编组	183	742	361	48.65%
			等待集结	115			
			集装箱编组	68			
			准轨装车	1			
			宽轨解体	2			
	（0.5,0.25）	0	非直达和直达非免检准轨空车编组	189	725	352	48.55%
			等待集结	108			
			集装箱编组	63			
			准轨装车	1			
			宽轨解体	2			
	（0,0.25）	0	非直达和直达非免检准轨空车编组	203	731	361	49.38%
			等待集结	92			
			集装箱编组	54			
			准轨装车	9			
			宽轨解体	2			
			审核票据及联运计划	1			
准轨装车	均匀分布（3.5,4.5）	2	等待集结	82	713	362	50.77%
			集装箱编组	67			
			审核转关单	7			
			非直达和直达非免检准轨空车编组	181			
			宽轨空车编组	1			
	均匀分布（3,4）	0	宽轨解体	4	689	364	52.83%
			等待集结	62			
			集装箱编组	65			
			审核转关单	1			
			审核报关单	2			
			非直达和直达非免检准轨空车编组	179			

续表

	步长调整后时间分布	调整点堆积	堆积点	堆积点堆积数	输入数量	输出数量	作业效率
准轨装车	均匀分布（2.5,3.5）	0	宽轨解体	115	739	371	50.20%
			等待集结	66			
			非直达和直达非免检准轨空车编组	176			
	均匀分布（2,3）	0	译制运单	1	713	359	50.35%
			等待集结	84			
			集装箱编组	68			
			审核转关单	1			
			审核票据及联运计划	2			
			非直达和直达非免检准轨空车编组	186			
	均匀分布（1.5,2.5）	0	非直达和直达非免检准轨空车编组	183	707	361	51.06%
			等待集结	66			
			集装箱编组	79			
			审核转关单	2			
			宽轨解体	3			
	均匀分布（1,2）	0	非直达和直达非免检准轨空车编组	173	710	367	51.69%
			等待集结	92			
			集装箱编组	62			
			审核转关单	4			
			宽轨解体	1			
			审核票据及联运计划	2			
	均匀分布（0.5,1.5）	0	非直达和直达非免检准轨空车编组	180	706	365	51.70%
			等待集结	98			
			集装箱编组	56			

续表

	步长调整后时间分布	调整点堆积	堆积点	堆积点堆积数	输入数量	输出数量	作业效率
宽轨空车编组	（1.5,0.5）（原始）	1	等待集结	82	713	362	50.77%
			集装箱编组	67			
			审核转关单	7			
			非直达和直达非免检准轨空车编组	181			
			准轨装车	2			
	（1,0.5）	0	宽轨解体	3	720	358	49.72%
			等待集结	96			
			集装箱编组	68			
			审核转关单	1			
			非直达和直达非免检准轨空车编组	183			
			准轨装车	2			
	（0.5,0.5）	0	等待集结	77	675	363	53.78%
			集装箱编组	65			
			审核转关单	2			
			非直达和直达非免检准轨空车编组	156			
			准轨装车	2			

在以上数据结果的基础上，综合拥堵点及其联动环节的拥堵情况分别针对非直达和直达非免检准轨空车编组、集装箱等待集结、集装箱编组、审核转关单、准轨装车和宽轨空车编组六个环节进行作业效率筛选分析。

（1）非直达和直达非免检准轨空车编组环节

在对非直达和直达非免检准轨空车编组环节时间分布进行灵敏度分析时发现，该环节的拥堵量最大，对该环节的作业时间进行调整能够缓解该部分的拥堵，甚至完全消除，并且连带解决审核转关单环节的堵塞，如图 9-12 所示。但对于准轨装车作业而言，作业压力从 T15-1 环节逐渐转移到该环节上，导致整体作业效率变化不大。随着 T15-1 环节

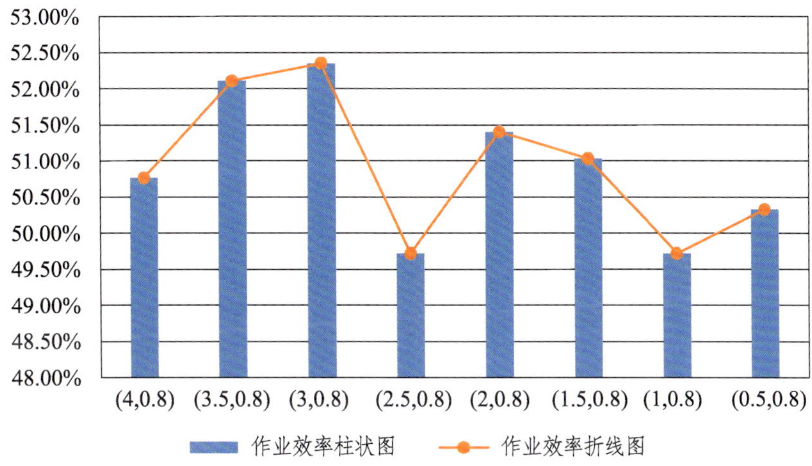

图 9-12　单一优化方案下作业效率变化图 - 非直达和直达非免检准轨空车编组

作业大范围的缩减，拥堵情况产生联动影响，拥堵节点前置，导致宽轨解体环节也成为一个新的拥堵点。

（2）集装箱等待集结环节

对单一优化方案下等待集结作业效率变化如图 9-13 所示。对此环节进行分析发现，针对该环节的作业时间进行微调能够完全解决此环节下的拥堵，同时也会将作业压力转移到集装箱编组以及非直达和直达非免检准轨空车编组两个环节上，宽轨解体环节也变成一个新的拥堵点。随着时间的进一步调整，整体作业效率波动较大。

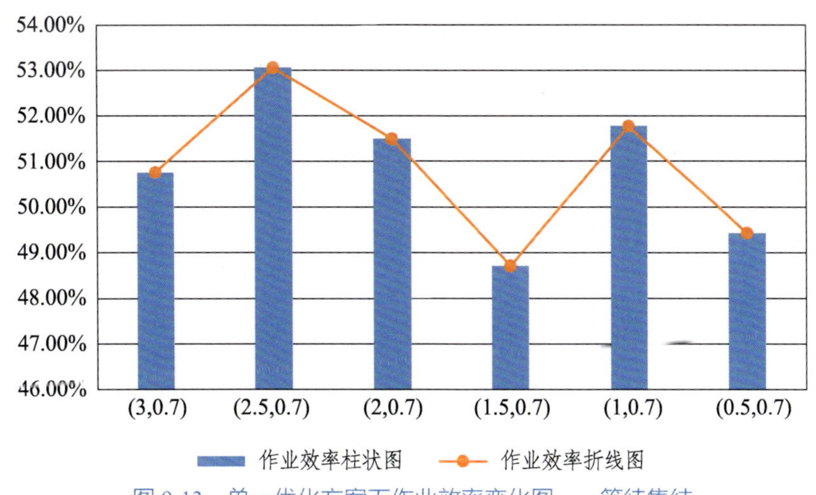

图 9-13　单一优化方案下作业效率变化图——等待集结

（3）集装箱编组环节

在单一优化方案下集装箱编组作业效率变化如图 9-14 所示。由参数表可知，该环节作业时间的减少能够完全解决此环节产生的排队情况，同时解决宽轨空车编组环节小部分的拥堵，但由于作业流程的高度衔接特性，该环节进行调整之后会对其他联动环节产生连带影响，导致审核转关单和非直达和直达非免检准轨空车编组两个环节的堆积加剧，甚至对宽轨解体环节产生阻碍，使其成为新的拥堵点。

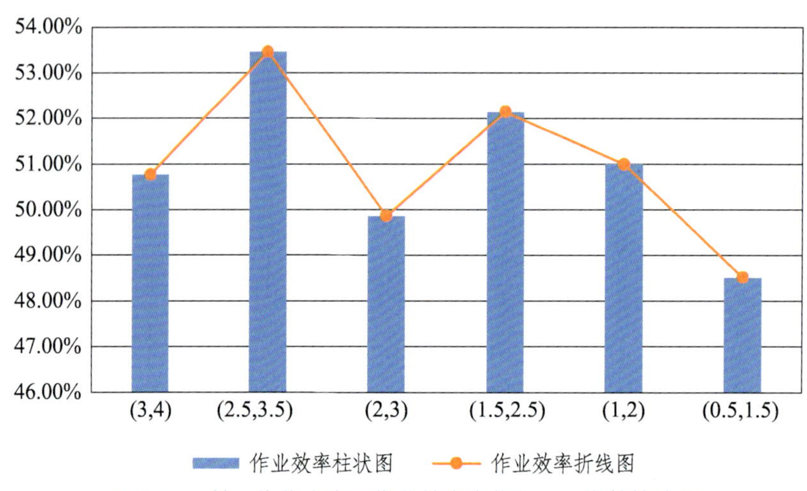

图 9-14 单一优化方案下作业效率变化图——集装箱编组

（4）审核转关单环节

在单一优化方案下审核转关单作业效率如图 9-15 所示。在对审核转关单环节的时间分布进行灵敏度分析时发现，在前期的下调过程中，等待集结环节拥堵量呈小范围下降，整体作业效率逐渐上升。随着下调幅度的增大，虽然审核转关单环节的拥堵能够完全消失，但等待集结环节拥堵量逐步回转，整体作业效率下降明显。

（5）准轨装车环节

单一优化方案下准轨装车作业效率变化如图 9-16 所示。准轨装车环节拥堵较轻，单一灵敏度分析发现在该环节的影响下，整体作业效率呈现出跳跃式波动的现象，准轨装车作业时间的调整可以帮助改善甚至完全避免该环节的拥堵，同时对其联动的宽轨空车编组环节产生连带影响，使其拥堵现象消失。但是到达一定范围以后，准轨装车环节的进一步调整会出现联动影响前置，对前面的宽轨解体、译制运单等部分环节产生影响，使其成为新的拥堵点，同时整体的作业效率也出现反弹式下降。

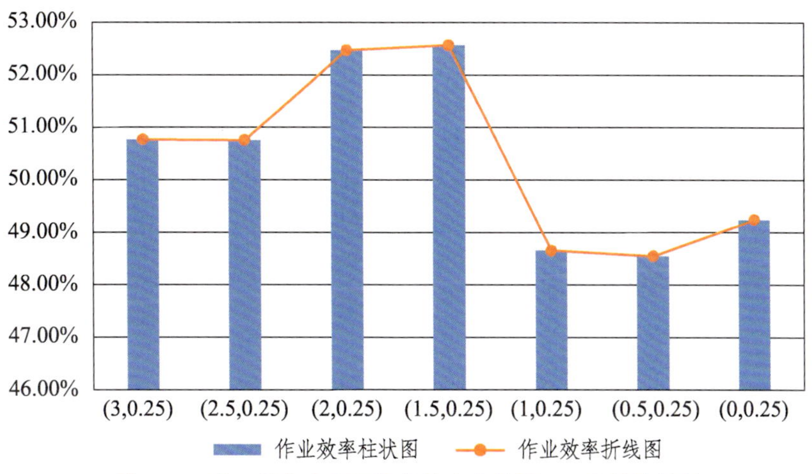

图 9-15　单一优化方案下作业效率变化图——审核转关单

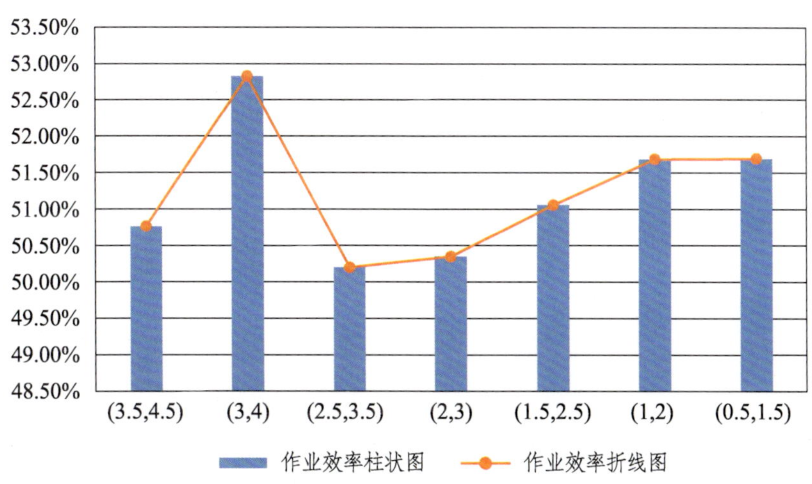

图 9-16　单一优化方案下作业效率变化图——准轨装车

（6）宽轨空车编组环节

单一优化方案下宽轨空车编组作业效率变化如图 9-17 所示。相较于其余环节而言，此环节的拥堵情况不严重，随着时间的下调能够完全消除，审核转关单环节的拥堵量逐渐减少，虽然现有拥堵环节仍然存在，拥堵情况没有得到完全改善，但是能从一定程度上提升整体边境口岸站进口作业的整体作业效率。

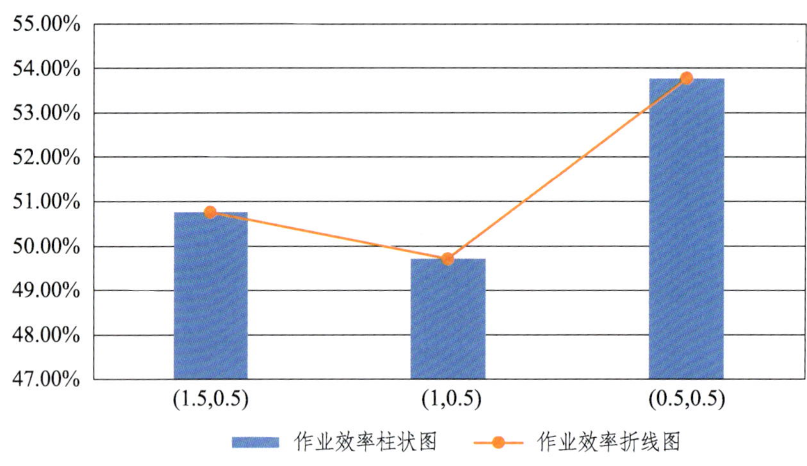

图 9-17 单一优化方案下作业效率变化图——宽轨空车编组

由以上分析可知，对单一环节的时间分布进行调整只能缓解此环节产生的排队现象，针对整体作业而言效果并不明显。因此分别提取以上六个环节灵敏度分析变化中较优的调整方案作为备选集，对其进行组合，得到新的灵敏度分析方案。在“非直达和直达非免检准轨空车编组（T15-1）”环节灵敏度分析中时间分布为正态分布（3.5，0.8）、正态分布（3，0.8）时是两种较为优化的调整方案；在对“集装箱等待集结（T5）”环节进行灵敏度分析时，发现当时间分布采用正态分布（2.5,0.7）或正态分布（1,0.7）时，能够达到较为理想的优化效果；对于“集装箱编组（T10）”环节而言，均匀分布（2.5,3.5）和均匀分布（1.5,2.5）下的时间设置被认为是更为优化的选择；而在“审核转关单（T28）”环节的灵敏度分析中，正态分布（2,0.25）及正态分布（1.5,0.25）的时间分布模式被证明为更优方案；最后，“准轨装车（T8）”环节的灵敏度分析表明，均匀分布（3,4）是该环节较为优化的时间分布调整方案。“宽轨空车编组（T10）”环节灵敏度分析中时间分布为正态分布（0.5，0.5）时是较为优化的调整方案。下面对以上 2×2×2×2×1×1 种方案进行排列组合，得到 16 种优化调整方案下相应的灵敏度分析参数，见表 9-14。

表 9-14 边境进口拥堵环节组合优化方案表

方案	T15-1非直达和直达非免检准轨空车编组	T5 等待集结	T6-1集装箱编组	T28审核转关单	T8 准轨装车	T10宽轨空车编组
	正态分布	正态分布	均匀分布	正态分布	均匀分布	正态分布
方案1	(3.5,0.8)	(2.5,0.7)	(2.5,3.5)	(2,0.25)	(3,4)	(0.5,0.5)
方案2	(3.5,0.8)	(2.5,0.7)	(2.5,3.5)	(1.5,0.25)	(3,4)	(0.5,0.5)

续表

方案	T15-1非直达和直达非免检准轨空车编组	T5 等待集结	T6-1集装箱编组	T28审核转关单	T8 准轨装车	T10宽轨空车编组
	正态分布	正态分布	均匀分布	正态分布	均匀分布	正态分布
方案3	(3.5,0.8)	(2.5,0.7)	(1.5,2.5)	(2,0.25)	(3,4)	(0.5,0.5)
方案4	(3.5,0.8)	(2.5,0.7)	(1.5,2.5)	(1.5,0.25)	(3,4)	(0.5,0.5)
方案5	(3.5,0.8)	(1,0.7)	(2.5,3.5)	(2,0.25)	(3,4)	(0.5,0.5)
方案6	(3.5,0.8)	(1,0.7)	(2.5,3.5)	(1.5,0.25)	(3,4)	(0.5,0.5)
方案7	(3.5,0.8)	(1,0.7)	(1.5,2.5)	(2,0.25)	(3,4)	(0.5,0.5)
方案8	(3.5,0.8)	(1,0.7)	(1.5,2.5)	(1.5,0.25)	(3,4)	(0.5,0.5)
方案9	(3,0.8)	(2.5,0.7)	(2.5,3.5)	(2,0.25)	(3,4)	(0.5,0.5)
方案10	(3,0.8)	(2.5,0.7)	(2.5,3.5)	(1.5,0.25)	(3,4)	(0.5,0.5)
方案11	(3,0.8)	(2.5,0.7)	(1.5,2.5)	(2,0.25)	(3,4)	(0.5,0.5)
方案12	(3,0.8)	(2.5,0.7)	(1.5,2.5)	(1.5,0.25)	(3,4)	(0.5,0.5)
方案13	(3,0.8)	(1,0.7)	(2.5,3.5)	(2,0.25)	(3,4)	(0.5,0.5)
方案14	(3,0.8)	(1,0.7)	(2.5,3.5)	(1.5,0.25)	(3,4)	(0.5,0.5)
方案15	(3,0.8)	(1,0.7)	(1.5,2.5)	(2,0.25)	(3,4)	(0.5,0.5)
方案16	(3,0.8)	(1,0.7)	(1.5,2.5)	(1.5,0.25)	(3,4)	(0.5,0.5)

根据 6 个拥堵环节各自的最优备选集下得到的 16 个组合方案对边境进口作业流程进行综合灵敏度分析得到参数表 9-15 和组合优化方案下的作业效率图 9-18。

表 9-15　边境进口拥堵环节组合优化方案灵敏度分析参数表

方案	堆积点	堆积点堆积数	输入数量	输出数量	作业效率
方案1	非直达和直达非免检准轨空车编组	182	686	416	60.64%
	集装箱等待集结	0			
	集装箱编组	75			
	审核转关单	1			

续表

方案	堆积点	堆积点堆积数	输入数量	输出数量	作业效率
方案1	准轨装车	2	686	416	60.64%
	宽轨空车编组	0			
方案2	非直达和直达非免检准轨空车编组	211	736	408	55.43%
	集装箱等待集结	21			
	集装箱编组	79			
	审核转关单	1			
	准轨装车	1			
	宽轨空车编组	0			
	宽轨解体	2			
方案3	非直达和直达非免检准轨空车编组	300	782	412	52.69%
	集装箱等待集结	45			
	集装箱编组	1			
	审核转关单	0			
	准轨装车	14			
	宽轨空车编组	0			
方案4	非直达和直达非免检准轨空车编组	264	695	415	59.71%
	集装箱等待集结	4			
	集装箱编组	0			
	审核转关单	0			
	准轨装车	1			
	宽轨空车编组	0			
	宽轨解体	2			

续表

方案	堆积点	堆积点堆积数	输入数量	输出数量	作业效率
方案5	非直达和直达非免检准轨空车编组	193	744	423	56.85%
	集装箱等待集结	1			
	集装箱编组	118			
	审核转关单	0			
	准轨装车	0			
	宽轨空车编组	0			
方案6	非直达和直达非免检准轨空车编组	185	726	417	57.44%
	集装箱等待集结	0			
	集装箱编组	107			
	审核转关单	0			
	准轨装车	3			
	宽轨空车编组	0			
	审核报检单	2			
	宽轨解体	4			
方案7	非直达和直达非免检准轨空车编组	294	726	413	56.89%
	集装箱等待集结	0			
	集装箱编组	2			
	审核转关单	2			
	准轨装车	1			
	宽轨空车编组	0			
	宽轨解体	3			

续表

方案	堆积点	堆积点堆积数	输入数量	输出数量	作业效率
方案8	非直达和直达非免检准轨空车编组	275	713	413	57.92%
	集装箱等待集结	0			
	集装箱编组	1			
	审核转关单	0			
	准轨装车	3			
	宽轨空车编组	0			
	审核票据及联运计划	2			
	译制运单	1			
	审核报关单	2			
	宽轨解体	4			
方案9	非直达和直达非免检准轨空车编组	116	713	419	58.77%
	集装箱等待集结	12			
	集装箱编组	78			
	安排编组计划	2			
	准轨装车	72			
	宽轨空车编组	0			
	审核转关单	0			
方案10	非直达和直达非免检准轨空车编组	130	654	419	64.07%
	集装箱等待集结	1			
	集装箱编组	26			
	审核转关单	0			
	准轨装车	66			
	宽轨空车编组	0			
	安排编组计划	1			
	海关查验	1			

续表

方案	堆积点	堆积点堆积数	输入数量	输出数量	作业效率
方案11	非直达和直达非免检准轨空车编组	235	741	417	56.28%
	集装箱等待集结	13			
	集装箱编组	0			
	审核转关单	0			
	准轨装车	61			
	宽轨空车编组	0			
	宽轨解体	2			
	审核报关单	3			
方案12	非直达和直达非免检准轨空车编组	221	731	415	56.77%
	集装箱等待集结	13			
	集装箱编组	0			
	审核转关单	0			
	准轨装车	67			
	宽轨空车编组	0			
	宽轨解体	2			
	审核报关单	4			
方案13	非直达和直达非免检准轨空车编组	123	666	421	63.21%
	集装箱等待集结	0			
	集装箱编组	45			
	审核转关单	0			
	准轨装车	68			
	宽轨空车编组	0			
	宽轨解体	1			

续表

方案	堆积点	堆积点堆积数	输入数量	输出数量	作业效率
方案14	非直达和直达非免检准轨空车编组	136	747	419	56.09%
	集装箱等待集结	0			
	集装箱编组	121			
	审核转关单	0			
	准轨装车	59			
	宽轨空车编组	0			
	宽轨解体	1			
	审核报关单	1			
方案15	非直达和直达非免检准轨空车编组	209	716	422	58.94%
	集装箱等待集结	0			
	集装箱编组	2			
	审核转关单	0			
	准轨装车	66			
	宽轨空车编组	0			
	宽轨解体	7			
	审核报关单	1			
	宽轨列车交接	1			
方案16	非直达和直达非免检准轨空车编组	160	652	425	65.18%
	集装箱等待集结	0			
	集装箱编组	1			
	审核转关单	0			
	准轨装车	53			
	宽轨空车编组	0			
	宽轨解体	1			

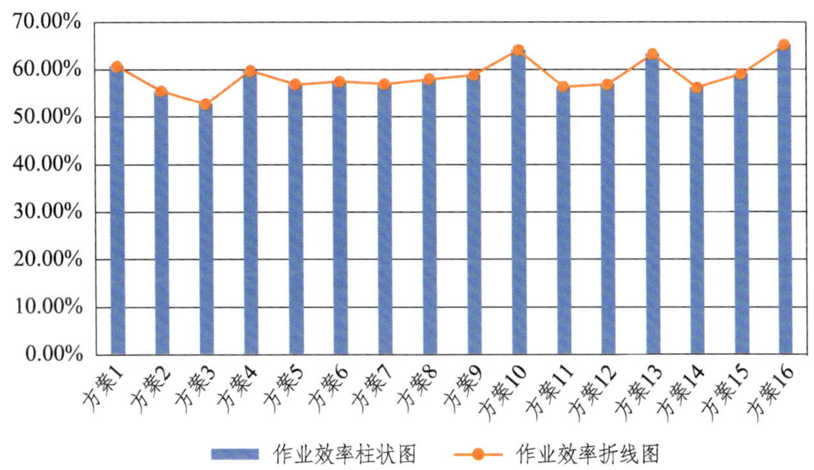

图 9-18　组合优化方案下边境口岸站整体进口作业效率图

通过对边境进口作业中拥堵环节的组合优化方案进行灵敏度分析参数对比，可以发现，综合考虑非直达与直达但需检查的准轨空车编组、等待集结、集装箱编组、审核转关单、准轨装车以及宽轨空车编组等多环节的联合优化操作，呈现出以下显著特征：

（1）当对边境口岸站进口作业中的非直达和直达非免检准轨空车编组、集装箱等待集结、集装箱编组、审核转关单、准轨装车及宽轨空车编组这六个关键步骤进行系统性的排列组合优化后，整体效果明显超越了仅针对单一环节实施优化的情况。这种综合性的优化措施使得整个作业流程的效率有了显著提升。其中对应的 T15-1、T5、T6-1、T28、T8、T10 作业节点分别服从正态分布（3，0.8）、正态分布（1，0.7）、均匀分布（1.5，2.5）、正态分布（1.5，0.25）、均匀分布（3，4）、正态分布（0.5，0.5）时组合优化效果最佳，整体作业效率达到了 65.18%，组合方案优化后的作业效率在 52.69%~65.18% 浮动，相较于优化前的 50.77%，整体效率提升值最高达 14.41%。

（2）同时，进行多变量组合调整的仿真方案中，作业流程的高度衔接性导致联动环节随之变化，对与其相关联的环节产生阻碍。且由于边境进口口岸站的作业流程复杂程度较高，对原始堵塞环节进行时间分布调整时，其连带反应产生的新拥堵点较多，多次在“宽轨解体”“审核报关单”环节产生新的拥堵点，个别方案下在“审核报检单”“译制运单”“海关查验”“宽轨列车交接”“审核票据及联运计划”“安排编组计划”等环节出现新的轻微拥堵点。因此，在后期进行作业流程优化时，除了对原始拥堵环节进行考量优化外，应着重对“宽轨解体”“审核报关单”环节进行总体流程的关联分析。而其他的新拥堵环节也应纳入优化调整考虑范围，尽可能减小联动影响。

（3）结合16种组合的灵敏度分析参数进行对比分析发现，非直达和直达非免检准轨空车编组无论在单一优化方案还是组合优化方案下依旧是最明显的拥堵环节，其堆积数量显示该环节在组合方案备选集下仍有较大比例处于较为严重的拥堵状态，因此在后期流程优化时，可从多方协同的角度，结合铁路实际编组作业情况进行改进。

（4）在一定范围内，随着前期作业环节的时间优化，边境进口仿真结果的拥堵环节逐渐后置，具体表现为以下两组：其一为随着集装箱编组（T10）环节的作业时间下调导致非直达和直达非免检准轨空车编组（T15-1）环节堆积数量普遍增加，增幅约为100；其二为随着非直达和直达非免检准轨空车编组（T15-1）作业时间的下调导致准轨装车（T8）环节堆积数量普遍增加，增幅约为60。因此在后期优化时，将集装箱编组、非直达和直达非免检准轨空车编组环节和准轨装车统筹考虑，当且仅当三个环节的作业耗时同时达到最低时，边境进口整体作业达到效率最高。

以阿拉山口口岸站进口作业流程为例，同样对其进行进口作业仿真的灵敏度分析。鉴于阿拉山口口岸的仿真结果揭示了在等待集结、集装箱编组、审核转关单以及非直达和直达但需检查的准轨空车编组等环节存在拥堵现象，为了更有效地提出解决方案，本书将针对这些具体操作环节的时间参数进行灵敏度分析，探索潜在的优化路径，将以0.5小时为步长，分别对上述五个关键环节进行细致调整，从而获得一系列灵敏度参数分析数据，汇总成表9-16。

表9-16 阿拉山口口岸站进口作业拥堵点灵敏度分析参数表

<table>
<tr><th></th><th>步长调整后时间分布</th><th>调整点堆积</th><th>堆积点</th><th>堆积点堆积数目</th><th>输入数量</th><th>输出数量</th><th>作业效率</th></tr>
<tr><td rowspan="5">等待集结</td><td rowspan="3">（3,0.7）
（原始）</td><td rowspan="3">1</td><td>集装箱编组</td><td>1</td><td rowspan="3">315</td><td rowspan="3">307</td><td rowspan="3">97.46%</td></tr>
<tr><td>非直达和直达非免检准轨空车编组</td><td>2</td></tr>
<tr><td>审核转关单</td><td>1</td></tr>
<tr><td>（2.5,0.7）</td><td>0</td><td>宽轨解体</td><td>1</td><td>329</td><td>325</td><td>98.78%</td></tr>
<tr><td>（2，0.7）</td><td>0</td><td>—</td><td>—</td><td>296</td><td>290</td><td>97.97%</td></tr>
</table>

续表

<table>
<tr><th></th><th>步长调整后时间分布</th><th>调整点堆积</th><th>堆积点</th><th>堆积点堆积数目</th><th>输入数量</th><th>输出数量</th><th>作业效率</th></tr>
<tr><td rowspan="4">等待集结</td><td rowspan="2">（1.5,0.7）</td><td rowspan="2">0</td><td>审核转关单</td><td>1</td><td rowspan="2">319</td><td rowspan="2">309</td><td rowspan="2">96.87%</td></tr>
<tr><td>非直达和直达非免检准轨空车编组</td><td>2</td></tr>
<tr><td>（1,0.7）</td><td>0</td><td>—</td><td>0</td><td>298</td><td>295</td><td>98.99%</td></tr>
<tr><td>（0.5,0.7）</td><td>0</td><td>宽轨解体</td><td>1</td><td>284</td><td>274</td><td>96.48%</td></tr>
<tr><td rowspan="8">集装箱编组</td><td rowspan="3">均匀分布
（3，4）
（原始）</td><td rowspan="3">1</td><td>等待集结</td><td>1</td><td rowspan="3">315</td><td rowspan="3">304</td><td rowspan="3">96.51%</td></tr>
<tr><td>审核转关单</td><td>1</td></tr>
<tr><td>非直达和直达非免检准轨空车编组</td><td>2</td></tr>
<tr><td>均匀分布
（2.5，3.5）</td><td>0</td><td>准轨装车</td><td>2</td><td>275</td><td>269</td><td>97.82%</td></tr>
<tr><td>均匀分布（2,3）</td><td>0</td><td>准轨装车</td><td>3</td><td>292</td><td>283</td><td>96.92%</td></tr>
<tr><td>均匀分布
（1.5,2.5）</td><td>0</td><td>准轨装车</td><td>2</td><td>303</td><td>298</td><td>98.35%</td></tr>
<tr><td>均匀分布（1,2）</td><td>0</td><td>非直达和直达非免检准轨空车编组</td><td>2</td><td>309</td><td>301</td><td>97.41%</td></tr>
<tr><td>均匀分布
（0.5,1.5）</td><td>0</td><td>准轨装车</td><td>1</td><td>308</td><td>301</td><td>97.73%</td></tr>
<tr><td rowspan="8">审核转关单</td><td rowspan="3">（3，0.25）
（原始）</td><td rowspan="3">1</td><td>等待集结</td><td>1</td><td rowspan="3">315</td><td rowspan="3">304</td><td rowspan="3">96.51%</td></tr>
<tr><td>集装箱编组</td><td>1</td></tr>
<tr><td>非直达和直达非免检准轨空车编组</td><td>2</td></tr>
<tr><td>（2.5，0.25）</td><td>0</td><td>等待集结</td><td>1</td><td>319</td><td>311</td><td>97.49%</td></tr>
<tr><td>（2，0.25）</td><td>0</td><td>非直达和直达非免检准轨空车编组</td><td>2</td><td>281</td><td>272</td><td>96.80%</td></tr>
<tr><td>（1.5,0.25）</td><td>0</td><td>--</td><td>--</td><td>275</td><td>271</td><td>98.55%</td></tr>
<tr><td>（1,0.25）</td><td>0</td><td>非直达和直达非免检准轨空车编组</td><td>1</td><td>326</td><td>318</td><td>97.55%</td></tr>
<tr><td>（0.5,0.25）</td><td>0</td><td>--</td><td>--</td><td>287</td><td>284</td><td>98.95%</td></tr>
</table>

续表

<table>
<tr><th></th><th>步长调整后时间分布</th><th>调整点堆积</th><th>堆积点</th><th>堆积点堆积数目</th><th>输入数量</th><th>输出数量</th><th>作业效率</th></tr>
<tr><td rowspan="16">非直达和直达非免检准轨空车编组</td><td rowspan="3">（4，0.8）（原始）</td><td rowspan="3">2</td><td>等待集结</td><td>1</td><td rowspan="3">315</td><td rowspan="3">307</td><td rowspan="3">97.46%</td></tr>
<tr><td>集装箱编组</td><td>1</td></tr>
<tr><td>审核转关单</td><td>1</td></tr>
<tr><td rowspan="2">（3.5，0.8）</td><td rowspan="2">1</td><td>集装箱编组</td><td>1</td><td rowspan="2">300</td><td rowspan="2">290</td><td rowspan="2">96.67%</td></tr>
<tr><td>准轨装车</td><td>3</td></tr>
<tr><td>（3，0.8）</td><td>0</td><td>—</td><td>—</td><td>311</td><td>306</td><td>98.39%</td></tr>
<tr><td>（2.5,0.8）</td><td>0</td><td>—</td><td>—</td><td>315</td><td>311</td><td>98.73%</td></tr>
<tr><td>（2,0.8）</td><td>0</td><td>—</td><td>—</td><td>275</td><td>272</td><td>98.91%</td></tr>
<tr><td rowspan="3">（1.5,0.8）</td><td rowspan="3">1</td><td>等待集结</td><td>2</td><td rowspan="3">317</td><td rowspan="3">314</td><td rowspan="3">99.05%</td></tr>
<tr><td>集装箱编组</td><td>1</td></tr>
<tr><td>审核转关单</td><td>1</td></tr>
<tr><td rowspan="2">（1,0.8）</td><td rowspan="2">0</td><td>集装箱编组</td><td>1</td><td rowspan="2">273</td><td rowspan="2">264</td><td rowspan="2">96.70%</td></tr>
<tr><td>审核报关单</td><td>1</td></tr>
<tr><td rowspan="3">（0.5,0.8）</td><td rowspan="3">0</td><td>集装箱编组</td><td>1</td><td rowspan="3">276</td><td rowspan="3">265</td><td rowspan="3">96.01%</td></tr>
<tr><td>审核转关单</td><td>2</td></tr>
<tr><td>准轨装车</td><td>1</td></tr>
</table>

从单一灵敏度分析可以看到，阿拉山口口岸站作为我国能力较大的边境口岸站，整体作业效率较高，基于以上参数表，此处选取各环节效果最好的分布进行组合，即等待集结环节服从正态分布（1，0.7）、集装箱分布环节服从均匀分布（1.5，2.5）、审核转关单环节服从正态分布（0.5，0.25）、非直达和直达非免检准轨空车编组环节服从正态分布（1.5，0.8）时，仿真结果最优。

9.6.3 出口作业总流程优化灵敏度分析

边境出口作业流程仿真结果暴露出“审核报关单”和“海关查验”环节的拥堵问题，

本书将针对具体环节操作时间进行灵敏度分析，提出可能优化方向，此处“审核报关单”和“海关查验”灵敏度分析步长设置为 0.5 小时，得到灵敏度分析参数表 9-17。

表 9-17 边境出口作业拥堵点灵敏度分析参数表

<table>
<tr><th>步长
=0.5</th><th>步长调整后
时间分布</th><th>调整点
堆积</th><th>堆积点</th><th>堆积点堆
积数</th><th>输入
数量</th><th>输出
数量</th><th>作业
效率</th></tr>
<tr><td rowspan="16">审核报
关单</td><td>(7,0.3)
(原始)</td><td>43</td><td>海关查验</td><td>7</td><td>602</td><td>549</td><td>91.20%</td></tr>
<tr><td rowspan="2">(6.5,0.3)</td><td rowspan="2">22</td><td>列车编组</td><td>1</td><td rowspan="2">645</td><td rowspan="2">603</td><td rowspan="2">95.89%</td></tr>
<tr><td>海关查验</td><td>14</td></tr>
<tr><td>(6，0.3)</td><td>5</td><td>海关查验</td><td>13</td><td>559</td><td>536</td><td>97.33%</td></tr>
<tr><td>(5.5,0.3)</td><td>3</td><td>海关查验</td><td>7</td><td>561</td><td>546</td><td>97.89%</td></tr>
<tr><td rowspan="2">(5,0.3)</td><td rowspan="2">0</td><td>海关查验</td><td>7</td><td rowspan="2">568</td><td rowspan="2">556</td><td rowspan="2">96.67%</td></tr>
<tr><td>列车编组</td><td>1</td></tr>
<tr><td>(4.5,0.3)</td><td>0</td><td>海关查验</td><td>17</td><td>571</td><td>552</td><td>97.34%</td></tr>
<tr><td>(4,0.3)</td><td>0</td><td>海关查验</td><td>11</td><td>602</td><td>586</td><td>99.32%</td></tr>
<tr><td>(3.5,0.3)</td><td>0</td><td>海关查验</td><td>1</td><td>590</td><td>586</td><td>95.37%</td></tr>
<tr><td rowspan="2">(3,0.3)</td><td rowspan="2">1</td><td>列车编组</td><td>1</td><td rowspan="2">583</td><td rowspan="2">556</td><td rowspan="2">94.92%</td></tr>
<tr><td>海关查验</td><td>19</td></tr>
<tr><td>(2.5,0.3)</td><td>0</td><td>海关查验</td><td>25</td><td>590</td><td>560</td><td>95.26%</td></tr>
<tr><td rowspan="2">(2,0.3)</td><td rowspan="2">0</td><td>列车编组</td><td>1</td><td rowspan="2">591</td><td rowspan="2">563</td><td rowspan="2">93.49%</td></tr>
<tr><td>海关查验</td><td>24</td></tr>
<tr><td colspan="7" style="display:none"></td></tr>
<tr><td rowspan="5">海关
查验</td><td>(22,0.8)
(原始)</td><td>7</td><td>审核报关单</td><td>43</td><td>602</td><td>549</td><td>91.20%</td></tr>
<tr><td>(21.5,0.8)</td><td>5</td><td>审核报关单</td><td>18</td><td>561</td><td>533</td><td>95.01%</td></tr>
<tr><td rowspan="3">(21,0.8)</td><td rowspan="3">5</td><td>审核报关单</td><td>15</td><td rowspan="3">565</td><td rowspan="3">536</td><td rowspan="3">94.87%</td></tr>
<tr><td>列车编组</td><td>2</td></tr>
<tr><td>运送至到发场</td><td>1</td></tr>
</table>

续表

步长=0.5	步长调整后时间分布	调整点堆积	堆积点	堆积点堆积数	输入数量	输出数量	作业效率
海关查验	(20.5,0.8)	7	审核报关单	9	579	557	96.20%
	(20,0.8)	7	审核报关单	26	579	541	93.44%
	(19.5,0.8)	1	审核报关单	13	580	561	96.72%
			列车解体	1			
	(19,0.8)	0	审核报关单	33	610	570	93.44%
			列车编组	2			
	(18.5,0.8)	3	审核报关单	34	605	561	92.73%
			列车编组	1			
	(18,0.8)	16	审核报关单	43	583	517	88.68%
	(17.5,0.8)	0	审核报关单	29	553	521	94.21%
	(17,0.8)	3	审核报关单	28	597	562	94.14%
	(16.5,0.8)	2	审核报关单	22	589	559	94.91%
	(16,0.8)	0	审核报关单	31	576	539	93.58%
	(15.5,0.8)	0	审核报关单	26	589	560	95.08%
	(15,0.8)	0	审核报关单	50	608	555	91.28%
	(14.5,0.8)	0	审核报关单	25	570	536	94.04%
			列车编组	2			
	（14,0.8）	33	审核报关单	42	562	514	91.46%
	（13.5,0.8）	0	审核报关单	25	594	564	94.95%
	（13,0.8）	0	审核报关单	31	584	547	93.66%
			列车编组	1			
	（12.5,0.8）	0	审核报关单	23	579	549	94.82%
			列车编组	1			
	（12,0.8）	0	审核报关单	20	560	536	95.71%

续表

步长=0.5	步长调整后时间分布	调整点堆积	堆积点	堆积点堆积数	输入数量	输出数量	作业效率
海关查验	（11.5,0.8）	0	审核报关单	33	573	553	96.51%
			运送至到发场	1			
	（11,0.8）	0	审核报关单	18	583	558	95.71%
			列车编组	14			
			海关查验	76			

在以上数据结果的基础上，综合拥堵点及其联动环节的拥堵情况分别针对审核报关单和海关查验两个环节进行作业效率筛选分析。

（1）审核报关单

在对审核报关环节时间分布进行灵敏度分析时发现如图 9-19 所示，与边境进口类似，对该环节单一优化未能改善海关查验环节的拥堵，且随着审核报关单时间的缩减，大多数海关查验环节的堆积实体数增多，拥堵更加严重。

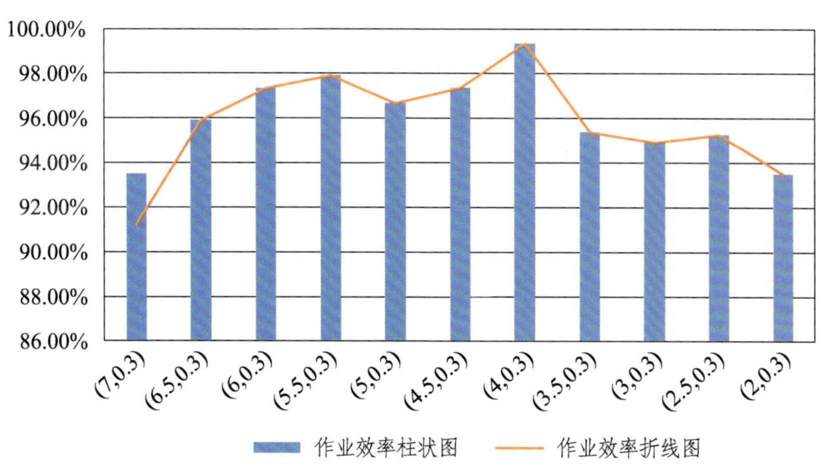

图 9-19 单一优化方案下作业效率变化图——审核报关单

（2）海关查验

对海关查验环节进行灵敏度分析发现如图 9-20 所示，缩短海关查验的作业时间可以从一定程度上改善该环节拥堵情况，在个别灵敏度值测试下会存在拥堵环节加剧的情况，但总体上对边境出口的整体作业效率有较大的提升，最高能达到 96.72%。但由于海关查验作业复杂程度较高，且作业环节高度衔接，导致部分微调后的现有审核报关单环节拥堵加剧，并对列车解体、列车编组、运送至到发场产生连带阻碍，使其成为新的拥堵点。

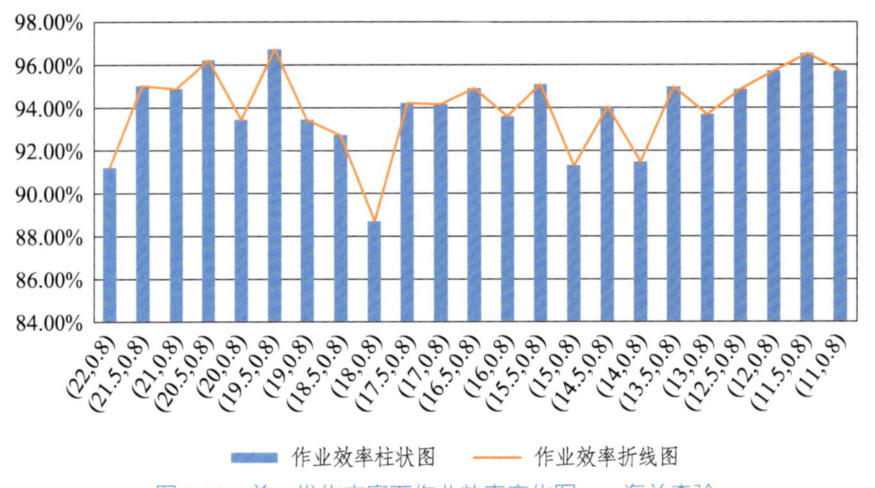

图 9-20　单一优化方案下作业效率变化图——海关查验

与边境进口作业灵敏度分析类似，对以上边境出口拥堵环节的 T14（审核报关单）、T15（海关查验）分别进行单一变量时间分布灵敏度分析时，其变动趋势较为局限，同时在进行一些参数调整时会引起连带影响，产生新的堵塞点。基于以上情况，下面将分别提取三个拥堵环节单一变量灵敏度分析中较为优化的调整方案为备选集，对其进行两两组合得到新的灵敏度分析方案表综合表。中调整点堆积量及工作效率指标，发现在“T14（审核报关单）”环节灵敏度分析中时间分布满足正态分布（5.5，0.3）、正态分布（4.5，0.3）、正态分布（4，0.3）时，为三种较为优化的调整方案；“T15（海关查验）”时间分布满足正态分布（20.5，0.8）、正态分布（19.5，0.8）、正态分布（11.5，0.8）时，为三种较为优化的调整方案。下面对以上 3×3 种方案进行排列组合，得到 9 种优化调整方案，如表 9-18 所示，在该 9 种方案的基础上进行灵敏度分析得到相应的灵敏度分析参数如表 9-19 和图 9-22 所示。

表 9-18　边境出口拥堵环节组合优化方案表

方案编号	T14审核报关单	T15海关查验
	正态分布	正态分布
方案1	(5.5,0.3)	(20.5,0.8)
方案2	(5.5,0.3)	(19.5,0.8)
方案3	(5.5,0.3)	(11.5,0.8)
方案4	(4.5,0.3)	(20.5,0.8)
方案5	(4.5,0.3)	(19.5,0.8)
方案6	(4.5,0.3)	(11.5,0.8)
方案7	(4,0.3)	(20.5,0.8)
方案8	(4,0.3)	(19.5,0.8)
方案9	(4,0.3)	(11.5,0.8)

表 9-19　边境出口拥堵环节组合优化方案灵敏度分析参数表

方案	堆积点	堆积点堆积数	输入数量	输出数量	作业效率
方案1	审核报关单	2	587	568	96.76%
	海关查验	13			
方案2	审核报关单	0	572	557	97.37%
	海关查验	10			
方案3	审核报关单	0	591	587	99.32%
	海关查验	0			
	列车编组	1			
方案4	审核报关单	0	546	526	96.34%
	海关查验	17			
方案5	审核报关单	0	557	541	97.13%
	海关查验	13			

续表

方案	堆积点	堆积点堆积数	输入数量	输出数量	作业效率
方案6	审核报关单	4	581	567	97.59%
	海关查验	3			
方案7	审核报关单	0	555	544	98.02%
	海关查验	9			
方案8	审核报关单	0	592	582	98.31%
	海关查验	4			
方案9	审核报关单	0	595	591	99.33%
	海关查验	0			

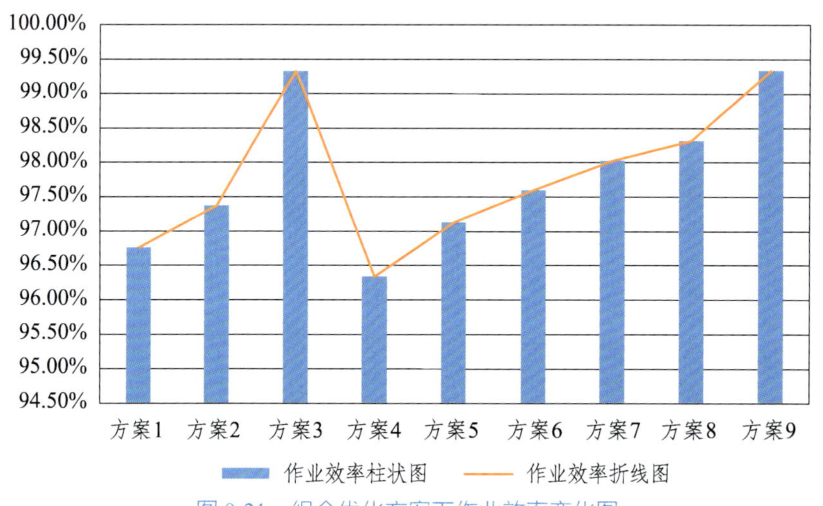

图 9-21　组合优化方案下作业效率变化图

通过对比单一变量及组合方案的灵敏度分析参数表可知，综合海关查验和审核报关单的组合优化有以下特点：

（1）对边境出口的审核报关单、海关查验两个环节进行排列组合优化后发现，当其T14、T15 分别服从正态分布（4，0.3）、（11.5，0.8）时优化效果最好。此时输入、输出比例最高达 99.33%，接近 100%，且平均值达 97.80%，而对这两个环节进行单一环节优化时其平均输入、输出比例分别仅能达到 96.09%、94.02%，故组合方案优化的综合效果明显优于单一环节优化，整体作业效率得到明显上升。同时，组合方案优化后的作业效率整体在 96.34%~99.33% 之间浮动，相较于优化前的 91.20%，整体效率提升值达 5.14%~8.13%。

（2）对堵塞环节单一环节优化时，由于不同环节间的连带反应，导致在某一定范围内，会产生新的堵塞点，审核报关单、海关查验两者间相互作用明显，表明两者间的关系非常紧密。同时在进行组合优化时，发现 9 种方案中没有产生新的堵塞环节，更进一步地说明需着重对堵塞环节两者进行组合优化探讨，这能在一定程度上解决环节连带反应带来的新堵塞点问题和优化整体流程。

（3）结合 9 种组合的灵敏度分析参数进行对比分析发现，海关查验在组合排列方案下仍然是最为常见的拥堵环节，其在组合灵敏方案下堵塞堆积量相较于单一变量灵敏度分析改善不明显，在一定范围内组合后的堆积量大于单一变量时的堵塞堆积量。同时，其组合灵敏度分析时堆积数量显示该环节在组合方案备选集下实体堆积数量在 4~17 之间浮动，方案 4 中海关查验环节实体堆积数达到最高值 17，远远高于原始方案中此环节堆积数 7。因此，进行后期流程优化时不能局限于为了缩短作业时间而进行作业步骤的简化，可以结合海关作业的流程和我国海关政策提供多种选择，进行分流，从而缩短通关时间。此外，海关查验作为边境口岸站组合优化拥堵最严重的环节，在后续优化时应该重点关注。

同时，在单一变量灵敏度分析下，边境出口作业的列车编组、列车解体、运送至到发场等环节会受到连带影响，导致其成为新的拥堵点。因此，在进行后期流程优化时，也需将列车编组、列车解体、运送至到发场环节体环节纳入优化调整范畴。

9.7 中欧班列国境口岸站进出口作业总流程优化技术

9.7.1 进口作业总流程问题优化

9.7.1.1 边境国际口岸站进口作业优化策略

由于边境国际口岸站进出口作业涉及的通关作业流程部分同境内进出口作业存在相似的问题，因此，本书在境内进出口作业优化中针对通关作业提出的相应举措，如建立公共信息服务平台，提高作业服务时长等同样适用于边境国际口岸站进出口作业流程优化，具体优化方案策略不再赘述。本书将根据边境进口作业流程仿真结果的分析，对边境进口作业在“非直达和直达非免检准轨空车编组”“等待集结”“集装箱编组”“准轨装车”和“宽轨空车编组”作业环节存在的拥堵堆积问题提出一般边境口岸站进口作业的优化策略。

（1）针对“非直达和直达非免检准轨空车编组”“集装箱编组”及“宽轨空车编组”环节拥堵：确保中欧班列作业的优先级，实现优先编组、优先解体和优先挂运等。边境国际口岸站空车需求量大，应优先对回程中欧班列进行编组集结换场，优先供给准轨空车，保证接续作业衔接紧密，快速实现集装箱换装作业，减少集装箱等待集结时间，降低整体作业时间。根据调研，部分边境国际口岸站受初期用地限制，准轨编组场与换装场布局不甚合理，走行距离长，影响空车转场作业效率。若后期随着国际班列运输需求的扩大，边境口岸站需进行扩建或改建，可考虑调整该部分区域布局，缩短转场作业时间。

（2）针对“等待集结”环节拥堵：混编列车到达宽轨编组场后，及时对列车进行解体及集装箱集结。引进智能装卸搬运设备，增加集装箱至换装场的牵引频次，快速实现集装箱转场作业，减少集结等待时间。

（3）针对“准轨装车”环节拥堵：一方面同非直达和直达非免检准轨空车编组的优化策略相同，确保中欧班列作业的优先级，实现优先编组、优先装车，保证接续作业衔接紧密，减少整体作业时间。另一方面，补充更新车底板、机车、起重机等装车设施设备，提高装车作业能力，减少排队等待时间，以便在非直达和直达非免检准轨空车编组完成后，及时完成准轨装车作业。

9.7.1.2 边境进口作业流程优化

基于上述边境进口优化方案，对边境口岸的进口作业流程进行了重新设计，形成了优化后的边境口岸进口作业流程图，如图 9-22 所示。在图中，虚线标识了信息流的路径，而深色框则代表了在公共信息服务平台上提前处理的信息申报作业，表明了信息流与实际物理作业流之间的分离。

结合出口作业的实际调研情况和优化策略，对库所输出比例及变迁时间进行调整，对拥堵情况进行分析发现，各个库所输出比例可按照之前运作方案进行设定，而在公共信息平台搭建进行单证提前处理、准轨空车优先编组和增加换装牵引频次等优化策略下的参数如表 9-20 所示，优化方案下边境国际口岸站进口作业总流程变迁时间如表 9-21 所示，作业 T15-1、T5、T6-1、T28、T8 和 T10 的作业效率均得到一定提升。

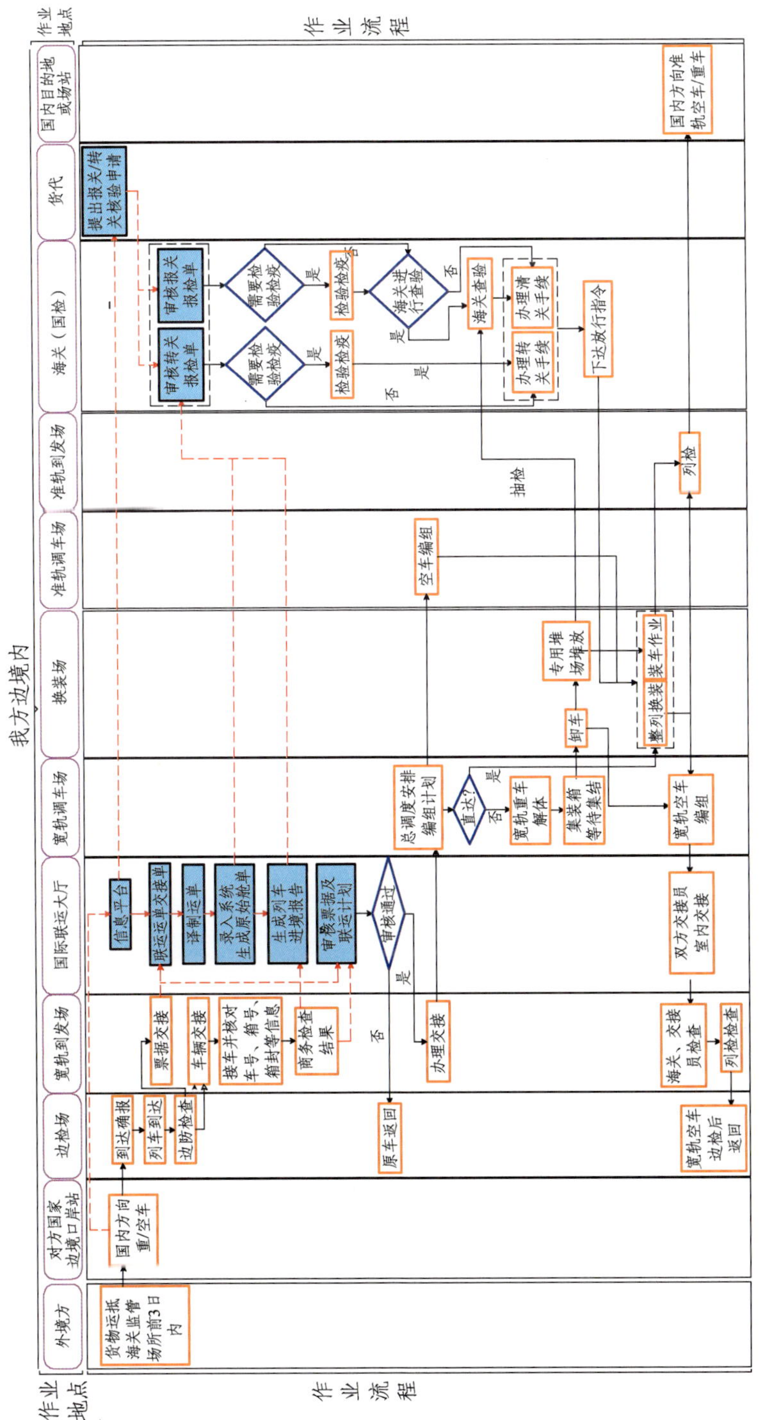

图 9-22 优化后边境国际口岸进口作业总流程

表 9-20 在优化策略实施后，边境国际口岸站进口作业总流程各库所的输出比例

类别	输出内容	比例	输出内容	比例
1	集装箱直达列车	20%	集装箱非直达	80%
2	提交报关申请	20%	提交转关申请	80%
3	检验检疫	30%	非检验检疫	70%
4	海关查验	30%	海关不查验	70%
5	集装箱直达免检	10%	集装箱直达非免检	90%

表 9-21 在优化方案应用前后，边境国际口岸站进口作业总流程的时间变化

变迁	含义	时间分布
T1	总调度安排编组计划	均匀分布（0.5,1）
T4	宽轨重车解体	正态分布（2,0.8）
T5	集装箱等待集结	正态分布（2,0.7）
T6-1	集装箱编组	均匀分布（1.5，2.5）
T6-2	卸车（落地）	正态分布（0.7,0.16）
T8	准轨装车（地起）	均匀分布（1.5,2.5）
T9	整列换装	均匀分布（4,5）
T10	宽轨空车编组	正态分布（1.5,0.5）
T11	双方交接员室内交接	正态分布（1.2,0.5）
T13	列检检查	均匀分布（0.3,0.4）
T15（1）	准轨空车编组—非直达	正态分布（2,0.8）
T15（2）	准轨空车编组—直达	正态分布（1,0.3）
T16	列检	均匀分布（0.5,0.6）
T23(1)	报关单申请检查	均匀分布（0.25,0.35)
T23(2)	转关单申请检查	均匀分布（0.25,0.35)
T24	需要检验检疫	正态分布（3,0.4）
T25	不需要检验检疫	均匀分布（0，0）
T29	海关进行查验	正态分布（20,0.8）

续表

变迁	含义	时间分布
T30	海关不进行查验	（0，0）
T34	下达放行指令	均匀分布（0.2,0,4）
T37	到达确报	均匀分布（0.25,0.35）
T39	边防检查	均匀分布（0.6,0.8）
T40、T41	票据交接、车辆交接	均匀分布（0.3,0.5）
T42	接车并核对车号、箱号、箱封等信息	均匀分布（0.5,0.6）
T44	审核票据及联运计划	正态分布（1,0.8）
T49	联运运单交接单	均匀分布（0.2,0.3）
T50	译制运单	均匀分布（0.8,1.2）
T51	录入系统，生成原始舱单	均匀分布（0.2,0.3）

根据优化后的边境进口作业总流程，构建了 Petri 网模型，并在 Flexsim 仿真环境中对该优化后的流程进行了为期 1 440 小时（24 小时 ×60 天）的模拟测试。图 9-23 展示了此次优化仿真运行的结果结构，反映了优化后边境国际口岸站进口作业总流程的动态变化和效率提升。

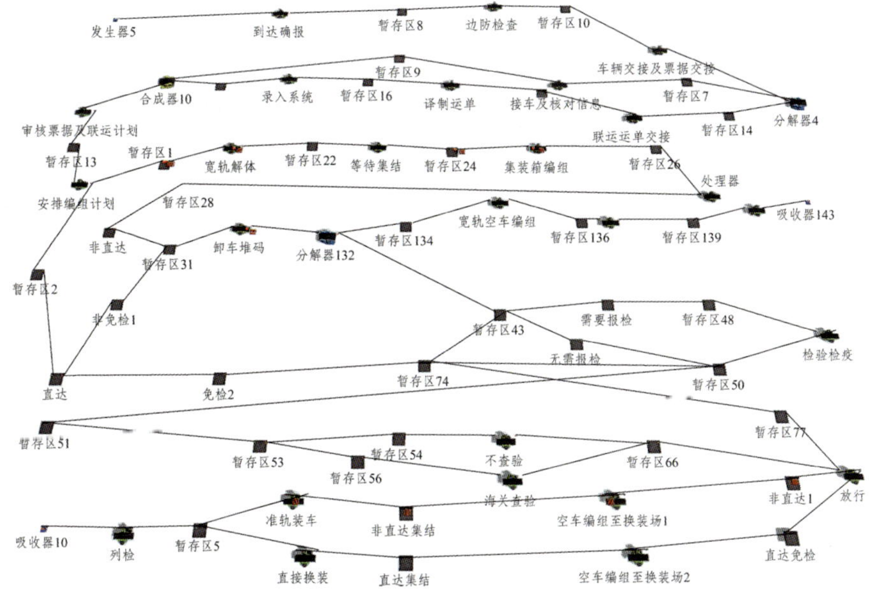

图 9-23　优化后边境国际口岸站进口作业总流程优化仿真运行图

9.7.1.3 边境进口作业优化效果

完成相关参数调整后，在 Flexsim 软件中实施了边境进口作业的仿真，最终生成了表 9-22 所示的运行报告，详细记录了优化后的边境进口作业各项性能指标。

表 9-22 边境进口作业优化仿真运行报告

变迁	含义	输入	输出	当前状态	对应堆存区堆积临时实体数
—	发生器	0	703	5	—
T1	总调度安排编组计划	703	703	1	0
T4	宽轨重车解体	550	549	2	2
T5	集装箱等待集结	549	549	1	0
T6-1	集装箱编组	548	547	2	1
T6-2	卸车（落地）	688	687	2	0
T8	准轨装车（地起）	679	678	2	2
T9	整列换装	13	13	1	0
T10	宽轨空车编组	687	687	1	0
T11	双方交接员室内交接	687	687	1	0
T13	列检检查	687	687	1	0
T15（1）	准轨空车编组-非直达	682	681	2	2
T15（2）	准轨空车编组-直达	13	13	1	0
T16	列检	691	691	1	0
T24	需要检验检疫	201	201	1	0
T29	海关进行查验	32	32	1	0
T30	海关不进行查验	102	102	1	0
T34	下达放行指令	697	697	1	0
T37	到达确报	703	703	1	0
T39	边防检查	703	703	1	0

续表

变迁	含义	输入	输出	当前状态	对应堆存区堆积临时实体数
T40、T41	票据交接、车辆交接	703	703	1	0
T42	接车并核对车号、箱号、箱封等信息	703	703	1	0
T44	审核票据及联运计划	703	703	1	0
T49	联运运单交接单	703	703	1	0
T50	译制运单	703	703	1	0
T51	录入系统，生成舱单	703	703	1	0
—	吸收器	691	0	7	—

（1）作业效率对比

单位时间内完成的实体数量是衡量边境口岸站进口作业效率的关键指标，完成的实体越多，说明场站作业效率越高。根据上表的数据，优化后的边境进口作业流程仿真模型在相同时间内完成了 691 次操作，相较于优化前的 362 次增加了约 90.88%，这表明作业效率有了显著提升。同时，优化后境内出口作业的成功输出比例达到了 98.29%，相比优化前的 50.77% 提高了 47.52%，有效缓解了拥堵问题，大大提升了整体作业效率，如图 9-24 所示。

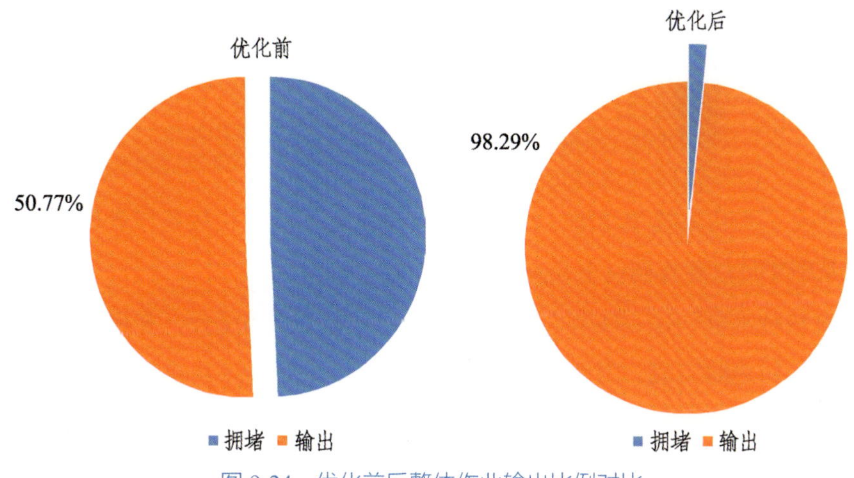

图 9-24　优化前后整体作业输出比例对比

（2）堆积环节仿真结果对比

各作业环节对应的存储区中堆积的实体数量可以作为评估该环节作业效率的一个重要参考，堆积的实体越多，通常意味着该环节的处理速度较慢，从而影响整体效率。边境口岸站进口作业流程仿真结果显示，由于单证审核时间长、基础设施与需求供给失衡以及换装走行距离长等原因，现有边境进口作业在 T15-1（非直达和直达非免检准轨空车编组）、T5（集装箱等待集结）、T6-1（集装箱编组）、T28（审核转关单）、T8（准轨装车）、T10（宽轨空车编组）六个环节出现实体拥堵，对边境进口作业的流畅性产生一定影响。随着出口作业的逐步推进，图 9-25 展示了这些环节中实体堆积的变化情况。从图中可以看出，随着时间的发展，边境进口作业中的实体堆积现象逐渐加重，给边境口岸带来了更大的压力。

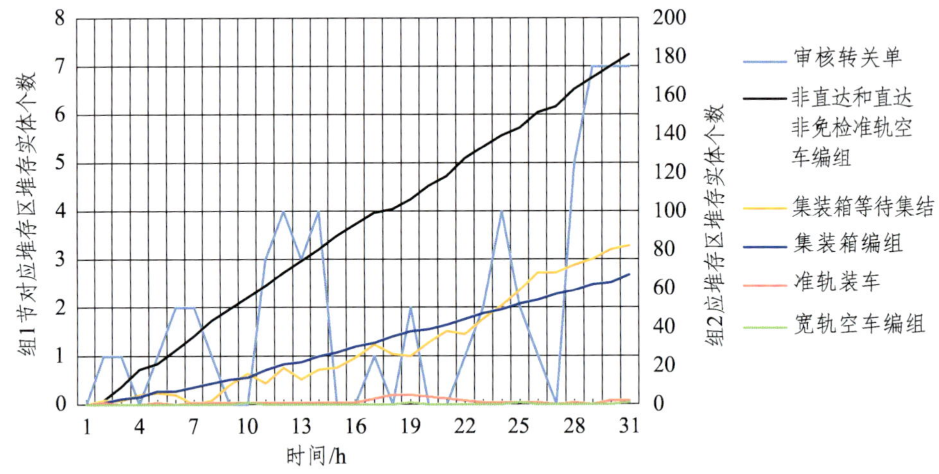

图 9-25 边境口岸站进口作业优化前各环节堆积曲线

基于优化后的仿真模型结果，绘制了图 9-26，展示了优化后各作业环节中实体堆积的情况。从图中可以观察到以下几点：

①“审核转关单”这一环节，由于引入了公共信息服务平台，并将其操作提前至实际进口作业开始之前完成，因此在优化后的进口作业流程中不再单独显现。在正式作业启动前，“审核转关单”的所有必要步骤已经完毕，故而在整个作业过程中，此环节的实体堆积数量为零。

②“准轨装车”与“非直达和直达非免检准轨空车编组”环节较优化前堆积实体数量大幅度下降且未呈现上升趋势，而是在运行过程中有一段时间堆积实体数量下降，说明拥堵程度有所缓解。

③“集装箱等待集结”环节较优化前堆积实体数量大幅度下降，堆积实体数在 0~1 之间波动，且仅几个时刻出现堆积现象，随后迅速消失，说明没有较长的中途等待或者存在积压现象，优化成效较为明显。

④“集装箱编组”环节在进行优化后不再出现实体堆积，优化效果尤为显著。

⑤“宽轨空车编组”在优化后整体较为稳定，堆积量仅在 0~3 之间波动，且在出现堆积后迅速消失，优化成效较为明显。

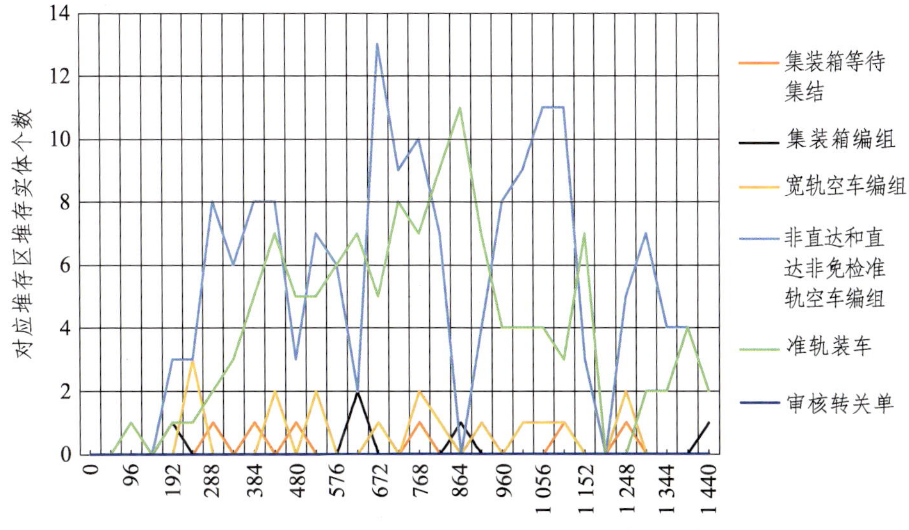

图 9-26　边境口岸站进口作业优化后各环节堆积曲线

根据边境进口作业堆积实体数优化前后对比图 9-27，T15-1 环节堆积实体数量显著下降，虽然仍然存在部分拥堵，但下降幅度达到 98.89%，未来随着编组作业的改进将实现零堵塞。T6-1 环节的拥堵情况也得到较大的改善，最终只存在一个单位的拥堵，下降幅度达 98,51%。随着流程的改变及有关环节作业效率的提升，T5、T28、T10 环节的拥堵能够得到彻底解决。T8 环节优化前后的堆积量虽然没有变化，但未来可通过改善及引进装车设施设备等措施疏解该环节的小规模拥堵。

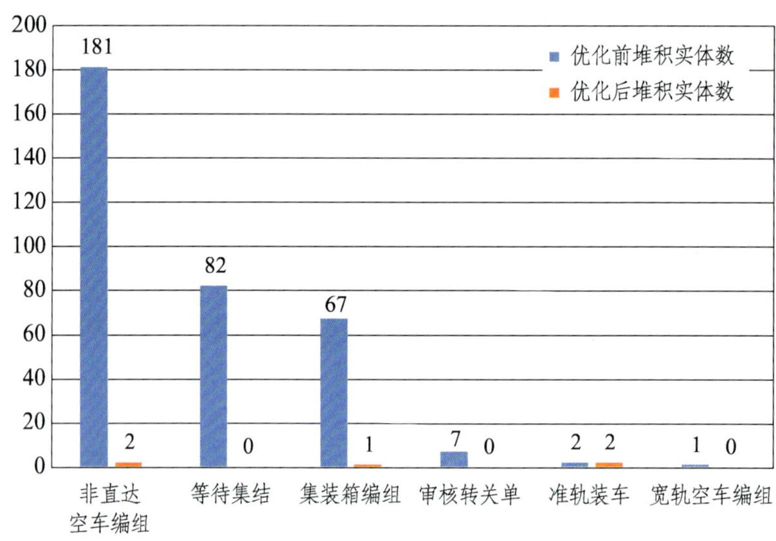

图 9-27　优化前后拥堵环节堆积实体数对比

9.7.2　出口作业总流程问题优化

9.7.2.1　边境口岸站出口作业优化策略

由于边境口岸站出口作业涉及的通关作业流程部分同境内出口作业存在相似的问题如海关查验、审核报关单环节拥堵，且境内出口作业和境内进口作业所涉及的工作主体一致。因此，本书在境内出口作业优化中针对通关作业提出的相应举措，如建立针对“审核报关单”拥堵提出的建立公共信息服务平台，提高作业服务时长以及针对“海关查验”拥堵提出的 7×24 小时通关和关检融合措施同样适用于边境国际口岸站出口作业流程优化，具体优化方案策略此部分不再赘述。

9.7.2.2　边境出口作业流程优化

根据前述的边境出口优化策略，对边境口岸的出口作业流程进行了重新设计。经过信息流的前置处理以及作业流程的调整，形成了优化后的流程如图 9-28 所示。在图中，虚线部分标识了信息流动的方向，而深色框则代表了在公共信息服务平台上进行的信息提前申报与处理作业，表明信息流和实际作业流已经分离。

结合出口作业的实际调研情况和优化策略，对库所输出比例及变迁时间进行调整，鼓励“直转”通关模式后的比例优化结果如表 9-23 所示，公共信息服务平台建立和海关、国检部门作业优化参数如表 9-24 所示，作业 T8-1、T8-2、T12 和 T14 由于提前完成将不在作业仿真中出现，同时 T15 海关查验效率得到改善。

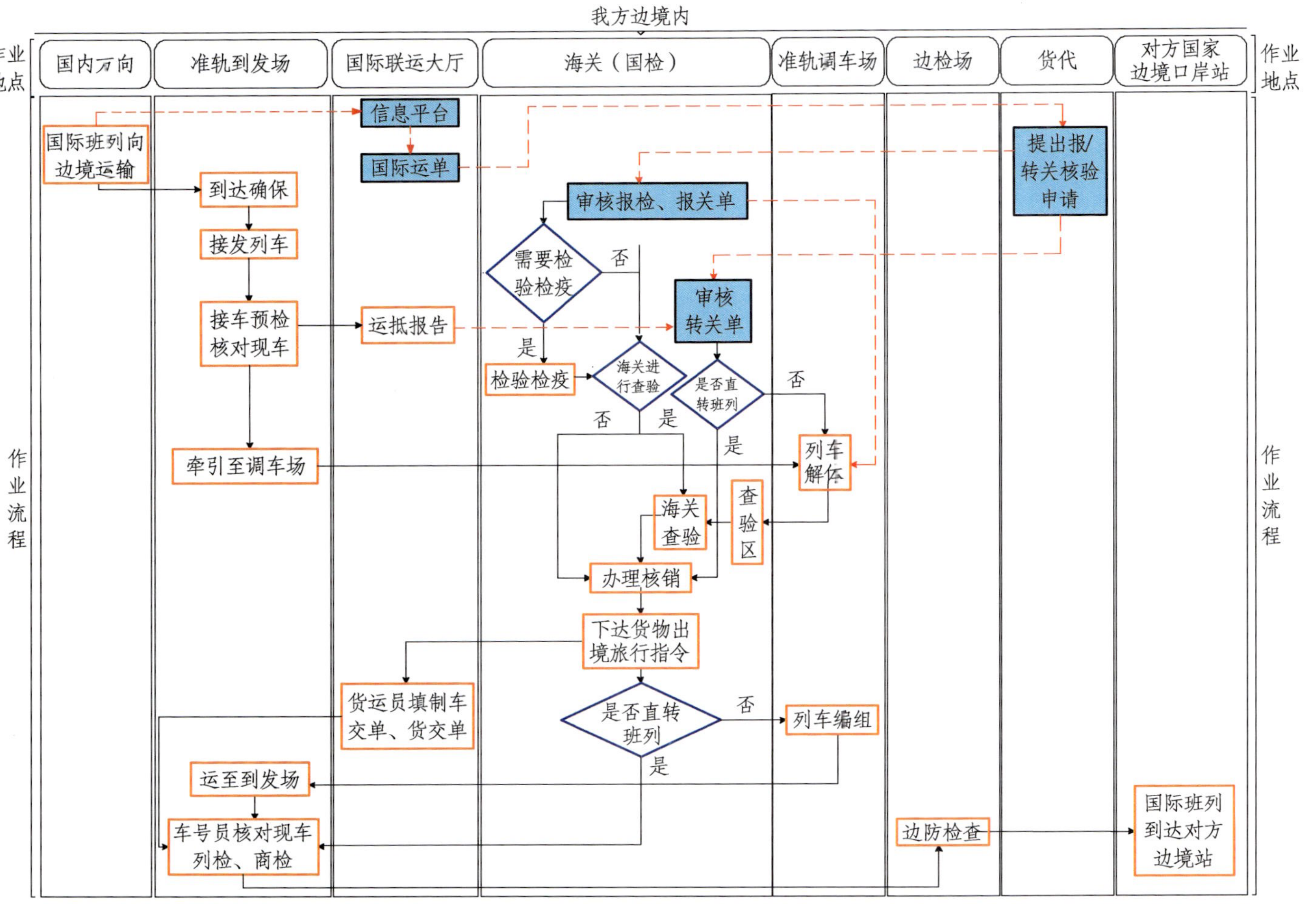

图 9-28　优化后边境国际口岸出口作业总流程

表 9-23 在优化策略实施后，边境国际口岸站出口作业总流程各库所的输出比例

类别	输出内容	比例	输出内容	比例
1	提交转关申请	60%	提交报关申请	40%
2	直转模式	90%	非直转模式	10%
3	检验检疫	40%	不检验检疫	60%
4	海关查验	30%	海关不查验	70%
5	列车编组	30%	无须编组	70%

表 9-24 优化策略后边境国际口岸站出口作业总流程的变迁时间

变迁	含义	时间分布/小时
T2	到达确报	正态分布（0.15,0.04）
T3	接车列车	均匀分布（0.3,0.4）
T5	牵引至调车场	正态分布（1,0.2）
T6	列车解体	正态分布（1.8,0.25）
T7	发送国际运单	均匀分布（0.2,0.3）
T13	检验检疫	正态分布（2.5,0.4）
T15	海关进行查验	正态分布（17.5,0.8）
T16	海关不查验	均匀分布（0,0）
T18	办理核销	均匀分布（0.2,0.4）
T19	下达货物出境旅行指令	均匀分布（0.2,0.4）
T22	车号员核对现车列检、商检	均匀分布（0.5,0.6）
T23	列车编组	正态分布（6,0.6）
T24	准轨运至到发场	正态分布（0.8,0.1）
T25	边防检查	均匀分布（0.6,0.8）
T29	运抵报告	均匀分布（0.1,0.3）
T32	运至查验区	正态分布（0.5,0.1）
T33	单证交接	均匀分布（0.2,0.3）

基于优化后的境内出口作业总流程，构建了一个 Petri 网模型，并利用 Flexsim 软件进行了为期 1 440 小时（24 小时 ×60 天）的仿真模拟。仿真的运行结构如图 9-29 所示。

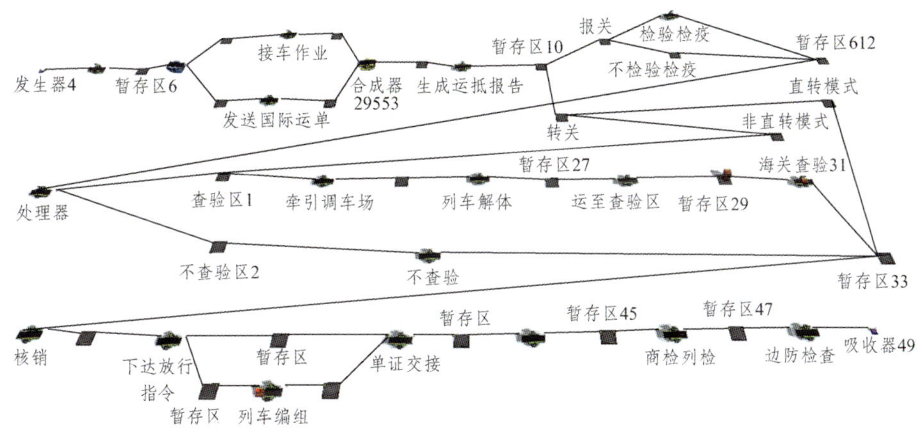

图 9-29　边境国际口岸站出口作业总流程优化后的仿真运行情况

9.7.2.3　边境出口作业优化效果

完成相关参数调整后，在 Flexsim 中进行了边境出口作业的仿真模拟，并生成了表 9-25 所示的优化后作业参数运行报告。

表 9-25　边境出口作业优化仿真运行报告

变迁	含义	输入	输出	当前状态	对应堆存区堆积临时实体数
—	发生器	0	578	5	—
T2	到达确报	578	578	1	0
T3	接车列车	578	578	1	0
T5	牵引至调车场	96	96	1	0
T6	列车解体	96	96	1	0
T7	发送国际运单	578	578	1	0
T13	检验检疫	96	96	1	0
T15	海关进行查验	81	80	2	16
T16	海关不查验	160	160	1	0
T18	办理核销	562	562	1	0

续表

变迁	含义	输入	输出	当前状态	对应堆存区堆积临时实体数
T19	下达放行指令	562	562	1	0
T22	车号员核对现车列检、商检	561	561	1	0
T23	列车编组	176	175	2	0
T24	准轨运至到发场	561	561	1	0
T25	边防检查	561	561	1	0
T29	运抵报告	578	578	1	0
T32	运至查验区	96	96	1	0
T33	单证交接	561	561	1	0
—	吸收器	561	0	7	—

（1）作业效率对比

单位时间内完成的实体数量是衡量境内口岸站出口作业效率的关键指标，该数值越大，说明场站作业效率越高。根据仿真结果，优化后的境内出口作业流程模型总共运行了 561 次，相较于优化前的 549 次增加了 12 次。同时，优化后的输出比例达到了 97.06%，比优化前的 91.20% 提高了 5.86%，表明通过优化措施，不仅显著提升了作业效率，还有效缓解了之前的拥堵状况，具体如图 9-30 所示。

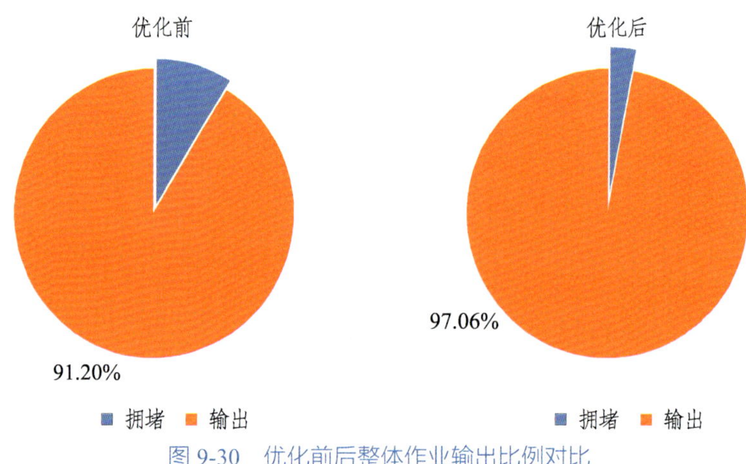

图 9-30　优化前后整体作业输出比例对比

（2）堆积环节仿真结果对比

各作业环节对应的存储区中累积的实体数量能够体现该环节的工作效率；累积的实体数量越多，意味着该环节的处理速度越慢，效率越低。边境口岸站出口作业流程仿真结果显示，受单证申报手续烦琐、单证审核时间长以及海关查验效率低等因素的影响，现有边境出口作业在T14（审核报关单）、T15（海关查验）两个环节存在明显拥堵现象，影响边境出口作业的流畅性。随着出口作业流程的持续进行，图9-31展示了这两个关键环节中实体堆积的变化情况，显示随着时间推移，实体堆积现象逐渐加重，表明边境出口作业面临的压力正在逐步增加。

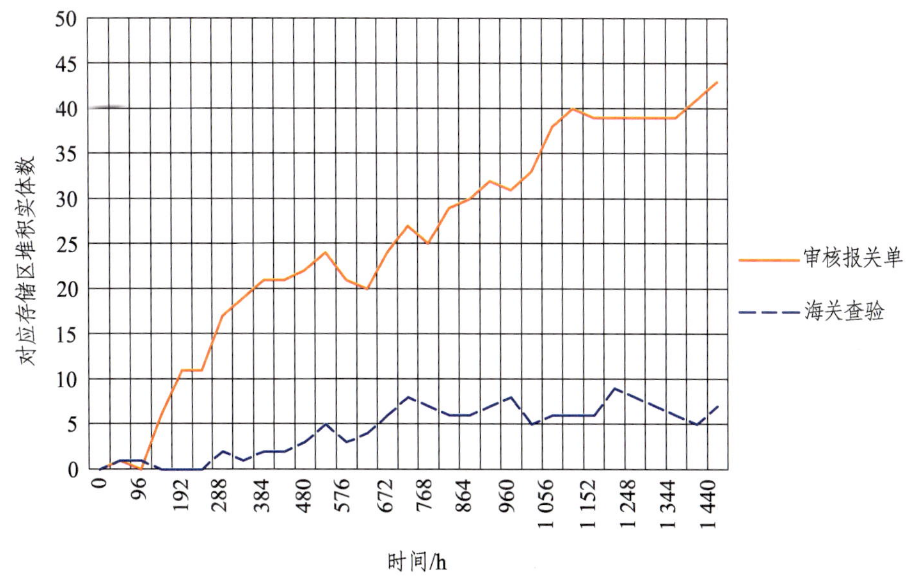

图9-31　边境口岸站出口作业优化前各环节堆积曲线

基于优化后的仿真模型，绘制了图9-32所示的各作业环节实体堆积曲线。从该图中可以得出以下结论：

①“审核报关单”这一环节因为引入了公共信息服务平台，使得相关操作得以提前至实际进口作业开始之前完成。这意味着，在优化后的流程中，“审核报关单”不再作为现场作业的一部分出现，因此在整个作业过程中，该环节没有产生任何实体堆积，其累积实体数量始终保持为零。

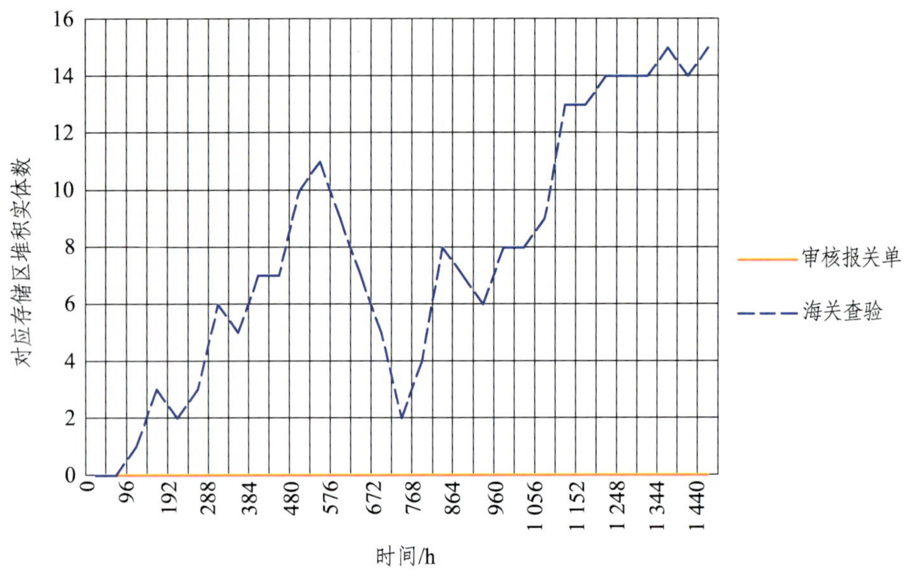

图 9-32 境内口岸站出口作业优化后各环节堆积曲线

②“海关查验”环节最终较优化前堆积实体数量较优化前实体堆积数量有所增加，但在运行过程中有一段时间堆积实体数量下降，说明可自行缓解一部分拥堵。

此外，结合边境出口作业堆积实体数优化前后对比图 9-33，两个关键环节均不再出现实体堆积，拥堵现象得到彻底解决。海关查验环节的堆积实体数有少量上升，但是整体输出比例大幅度提高，未来随着海关作业的改进将实现零堵塞。

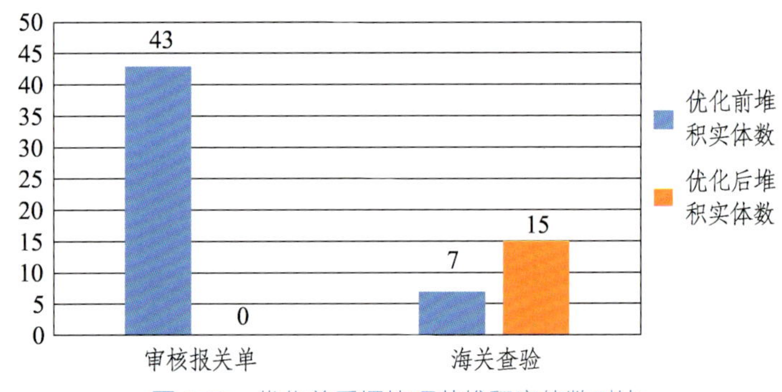

图 9-33 优化前后拥堵环节堆积实体数对比

第 10 章 中欧班列路径选择关键技术

10.1 运输路径选择研究综述

车辆路径问题（Vehicle Routing Problem，简称 VRP）由 Dantzig 和 Ramser 于 1959 年首次提出，一直以来都是学术界研讨的焦点，也是组合优化学科领域的热点问题。早期，VRP 问题研究多是以运输时间最短或者运输费用最少为目标，随着多式联运及运输需求多样化发展，运输路径选择问题变得愈加复杂。中欧班列跨越多个国家，运输组织过程相较于国内铁路运输更为复杂，运输路径的选择所要考虑的因素也更多[32]。目前针对复杂的运输路径选择问题，多准则决策（Multiple Criteria Decision Making，MCDM）是较多被运用的一类方法。该方法根据方案的个数是无限还是有限，又可将多准则决策方法分为多目标决策（Multiple Objective Decision Making，MODM）和多属性决策（Multiple Attribute Decision Making，MADM）。这两种不同决策方法的不同特征见表 10-1。

表 10-1　MODM和MADM决策特征对比

	多目标决策（MODM）	多属性决策（MADM）
准则形式	目标	属性
准则特征	明确的目标，与决策变量直接联系	隐含的目标，与方案不直接联系
约束条件	变动，以显式给出	不变动，合并到属性中
方案特征	无限数目，连续，过程中产生方案	有限数目，离散，预定方案
适用范围	设计方案	选择/评价问题
求解方法	遗传算法、牛顿法、梯度下降法、神经网络算法、NSGA-Ⅱ	TOPSIS、ELECTRE、PROMETHEE、VIOKR、TODIM等

从表 10-1 可以看出，两种决策方法在准则特征、约束条件、适用范围等方面存在较大差异。

多目标决策（MODM）问题是指在一定条件下依据多个目标对方案进行择优的问题。在运输路径选择研究方面，多目标决策方法常常综合考虑运输时间，运输费用两大目标构建模型，并求解出最优路径。后来随着研究的不断拓展，运输能力、运输安全、运输中转、碳排放等相关因素都纳入目标函数考虑范围之内。常用的求解方法有 Dijkstra 算法、遗传算法（GA）、NAGA- Ⅱ算法以及蚁群算法等启发式算法。Dijkstra 算法是一种经典的最短路径路由算法，用于计算一个节点到其他所有节点的最短路径。主要特点是以起始点为中心向外层层扩展，直到扩展到终点为止。遗传算法是一种模拟达尔文生物进化论的自然选择和遗传学机理的生物进化过程的计算模型，是一种通过模拟自然进化过程搜索最优解的方法。NAGA- Ⅱ算法与普通遗传算法的区别在于，对染色体的目标函数进行快速非支配排序并计算拥挤度，根据非支配关系以及拥挤度选取合适的染色体组成父代种群，在遗传算法的基础上产生新的子代种群，将父代染色体与子代染色体合并形成新的父代染色体，依次类推得到 Pareto 解集。

多属性决策（MCDM）问题是指在考虑多个属性的情况下，选择最优备选方案或进行方案排序的决策问题。

多属性决策最早应用在选址、投资、综合效益评价等领域，后来在位置分析、建设过程、人力资源管理、交通运输、产品设计、制造业管理、水资源管理和质量控制方面都进行了应用。在运输路径选择研究方面，由于多属性决策方法适用于有限方案，故需要先确定出路径的备选集，再运用多属性决策方法进行路径优劣排序。常用的求解方法有 TOPSIS 法、ELECTRE 法、PROMETHEE 法等。TOPSIS（Technique for Order Preference by Similarity to an Ideal Solution）法是根据有限个评价对象与理想化目标的接近程度进行排序的方法，是在现有的对象中进行相对优劣的评价。理想化目标有两个，一个是肯定的理想目标或称最优目标，一个是否定的理想目标或称最劣目标，评价最好的对象应该是与最优目标的距离最近，而与最劣目标最远，距离的计算可采用明考斯基距离，常用的欧几里得几何距离是明考斯基距离的特殊情况。ELECTRE（Elimination Et Choice Translating Reality）方法也称优劣系数法，通过构造一系列的弱支配关系来淘汰劣方案，从而逐步地缩小方案集，直到决策者能从中选出最满意的方案为止。与传统的多属性决策方法相比，其最显著的特点是考虑了偏好的不可比性。PROMETHEE（Preference

Ranking Organization Method for Enrichment Evaluation）法主要是基于方案的两两比较，通过级别高于关系的概念来解决多属性决策的问题。该方法特点是无须对评价指标进行无量纲和规范化处理，避免了因为数据预处理导致的信息缺失和结果偏离，使评价结果更加客观和科学。

鉴于路径选择时考虑的因素较多且数据信息难以精准获取的现状，多属性决策并没有采用多目标决策对数据进行“精准化”处理的决策方法，而是结合不确定理论、模糊数学和信息论等新兴学科，扩大了输入数据信息的属性类型。多属性决策对区间数和模糊数，甚至是语义变量的输入也能进行相应的处理，也正是由于输入的数据更能反映实际情况，其得到的结果也更加客观。

10.2　中欧班列运输路径现状

目前，中欧间的集装箱联运方式主要有铁路、公路、海运、航空等方式。其中，集装箱跨境运输的海运方式发展最为成熟，是中欧之间集装箱运输的主要方式，其中“远东—欧洲、地中海”航线是一条与中欧国际联运紧密相关的航线，该航线在欧洲地区涉及的主要港口有：德国的汉堡港、不莱梅港，英国的费力克斯托港，荷兰的鹿特丹港和比利时的安特卫普港。而中欧间公路运输通道由于运距长、成本高、风险不明等原因，公路运输在中欧国际联运中主要扮演末端配送和接驳运输的角色。

利用各国既有铁路网进行跨境铁路运输的中欧班列已经成为一种组织集装箱洲际跨境铁路运输的新型运输方式。根据中欧班列铁路运输通道的功能不同，可将其分为集运通道、干线运输通道和疏运通道三个部分，如图 10-1 所示。

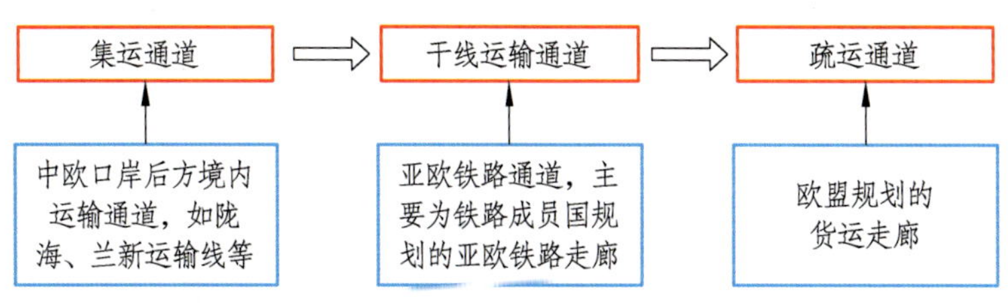

图 10-1　亚欧间铁路运输通道构成

中欧班列在这种跨境长距离运输过程中，途经很多国家和地区，其中包括若干铁路合作组织成员国以及欧盟国家，这两个主要地区的国家铁路网络相互衔接，构成了中欧班列运输网络的干线通道和疏运网。其中，铁路合作组织（OSJD）为了发展成员国之间的铁路运输，尽可能地提升整个运输系统的运行效率，研究规划了 13 条亚欧联运铁路运输走廊，见表 10-2。

这 13 条运输走廊通过铁组成员国内的主要铁路干线进行联通，且为较大货流节点之间的最短路径，是在铁组成员国考虑运距、运到期限和运费等标准后择出的较优运输路径。铁组规划的这 13 条运输走廊为亚欧大陆间的铁路运输奠定了基础。

表 10-2　亚欧铁路运输走廊情况

铁组运输走廊	主要经过国家	走廊情况说明
第1运输走廊	波兰—白俄罗斯—俄罗斯—中国	西伯利亚大铁路占走廊全长的60%
第2运输走廊	俄罗斯—哈萨克斯坦—中国	主要办理中俄货物联运
第3运输走廊	波兰—乌克兰—俄罗斯	电气化复线铁路
第4运输走廊	捷克—斯洛伐克—乌克兰	在捷克、斯洛伐克、波兰和匈牙利之间的内部边界上，无需实施边境检查以及其他形式的查验措施
第5运输走廊	匈牙利—乌克兰—俄罗斯—哈萨克斯坦—中国	主要是中国等亚太国家的过境货流
第6运输走廊	捷克—斯洛伐克—匈牙利—土耳其	
第7运输走廊	波兰—乌克兰	主要运送波罗的海至黑海的过境货流
第8运输走廊	乌克兰—俄罗斯—哈萨克斯坦—乌兹别克斯坦	是第 5 走廊在东南方向的延伸
第9运输走廊	白俄罗斯—立陶宛—俄罗斯	将铁组运输走廊与欧盟铁路连接了起来
第10运输走廊	乌克兰—保加利亚—格鲁吉亚—乌兹别克斯坦—哈萨克斯坦	有轮渡运输。从哈萨克斯坦的德鲁日巴站到黑海各港口全程无换装铁路联运，并于各陆路运输走廊相连
第11运输走廊	俄罗斯—阿塞拜疆—伊朗	
第12运输走廊	乌克兰—摩尔多瓦—罗马尼亚—保加利亚	经过改造，货物列车速度将提高到90km/h
第13运输走廊	俄罗斯—爱沙尼亚—拉脱维亚—立陶宛—波兰	

而欧洲货运铁路网络的建设和发展主要以欧洲既有的铁路网络为基础，现已规划并建设了 11 条货运走廊，欧盟规划的货运走廊在欧洲铁路货物运输中具有重要地位，具体情况如表 10-3 所示。此外，与铁路货运走廊相关的铁路规划还有欧洲铁路网（RNE）、泛欧交通网（TEN-T）及 ERTMS 走廊等。

表 10-3　欧盟货运走廊情况

欧洲货运走廊	主要经过国家	走廊情况说明
RFC1 莱茵河—阿尔卑斯	荷兰—德国—瑞士—意大利	80%货物列车旅行速度为 45 km/h ~55 km/h
RFC2 北海—地中海	荷兰—法国—比利时	与 RFC1、RFC6 和 RFC8相连
RFC3 斯堪的纳维亚—地中海	挪威/瑞典—丹麦—德国—奥地利—意大利	德国承担了 48%的发送量和 36%的到达量
RFC4 大西洋走廊	法国—西班牙—葡萄牙	与 RFC2、RFC6 相连
RFC5 波罗的海—亚得里亚海	波兰—捷克—奥地利—意大利—斯洛文尼亚	与RFC6、RFC7、RFC9、RFC10和RFC11这些货运走廊相连接，从而实现了通往亚洲市场的通道
RFC6 地中海走廊	西班牙—法国—意大利—克罗地亚—匈牙利	除了RFC8之外，该运输网络与所有其他货运走廊相连接，并且通过延伸至乌克兰，提供了一条通往亚洲市场的路径
RFC7 东部走廊	捷克—奥地利—匈牙利—罗马尼亚—希腊	与 RFC5、RFC6、RFC9、RFC10和RFC11相连
RFC8 北海—波罗的海	荷兰—比利时—德国—捷克—波兰—立陶宛	与 RFC1、RFC2、RFC3、RFC10和RFC11相连
RFC9 捷克—斯洛伐克	捷克—斯洛伐克	连接中东欧，可延伸到亚洲。与RFC5、RFC7、RFC10和RFC11相连
RFC10 阿尔卑斯—西巴尔干	奥地利—斯洛文尼亚—克罗地亚—塞尔维亚—保加利亚	与RFC5、RFC6、RFC7、RFC9、RFC10和RFC11相连
RFC11 琥珀走廊	波兰—斯洛伐克—匈牙利—斯洛文尼亚	除了RFC1、RFC2、RFC3和RFC4之外，该运输网络与所有其他的货运走廊相连接

此外，为了强化中亚铁路通道在中亚交通走廊发展中的重要地位，2015 年成立的 CAREC 铁路工作组（RWG）确定了 6 条中亚铁路通道，以期实现亚欧大陆间铁路的互联互通，具体走廊情况见表 10-4。

表 10-4　中亚铁路通道情况

亚欧铁路通道	主要经过国家	通道情况说明
第 1 通道 欧洲—东亚	中国、哈萨克斯坦、俄罗斯	现主要用于各国境内段的铁路运输，与较多铁路通道有重合，无缺失段
第 2 通道 地中海—东亚	中国、哈萨克斯坦、阿塞拜疆、格鲁吉亚、伊朗	地理环境恶劣，存在多条缺失段
第 3 通道 俄罗斯—中东/南亚	俄罗斯、哈萨克斯坦、土库曼斯坦、阿富汗、伊朗	主要缺失段集中在阿富汗境内
第 4 通道 俄罗斯—东亚	中国、蒙古国、俄罗斯	存在缺失段，部分线路亟待扩能改造
第 5 通道 东亚—中东/南亚	中国、巴基斯坦	昆仑山脉环境恶劣，存在缺失段
第 6 通道 欧洲—中东/南亚	俄罗斯、巴基斯坦、格鲁吉亚、土库曼斯坦、伊朗	连接欧洲和中东的重要通道，北欧到卡拉奇港的最短路径

虽然中亚铁路通道中的大部分通道已经开通运营，但仍有部分通道存在缺失段导致铁路干线路网不完善，沿线部分国家及地区局势不稳定导致线路的风险激增，部分区段铁路运输设施设备老化，以及各国运营机制差异较大等问题。同时由于跨里海时需要使用轮渡进行接驳运输，运输时间增加，从而降低了托运人选择中亚铁路通道进入欧洲的偏好。

10.3　中欧班列路径选择影响因素

中欧班列进行路径选择时需考虑多种影响因素，其中运输时间和运输费用是首要因素。除此之外，为全面地对多式联运路径进行选择评价，本书还考虑了运输安全和社会效益两个具有模糊性，不便于定量计算的影响因素。

（1）运输费用（Transportation Cost）

中欧班列运输费用包括各种运输方式产生的运输成本和仓库存储费、报关费、集装箱租赁费用等各项费用。按照中欧班列运输费用组成结构的不同，又可分为单一运费制和分算运费制[40]。按单一运费制计算的运费是指从接收货物开始到交付货物为止，经过的所有运输区段均按照一个相同的费率进行运费计算；按分算运费制计算的运费则是首先将整个国际联运环节分为多个区段或者运输方式，分别计算不同运输方式或区段的各种运费，然后合并计算，向货主收取一票到底的运费。

作为运营成本的重要组成部分的运输费用是影响运输路径选择的主要因素。按照运输费用产生地点，集装箱国际联运产生的运费可分为国内段和国外段两个部分，国内段除了线路使用费外，还有发送服务费、中转服务费、机车牵引费和车辆租用费等；国外段运输费用则包括线路使用费、场站费和其他服务费等。由此可见，运输费用的产生主要体现在两个方面：一个是线路使用费用，主要是使用运输线路产生的费用；另一个就是节点中转费用（包括通关费、换装费、车辆使用费等），主要是在中转节点或口岸换装站上产生的费用。

从提高运输市场占有率的角度考虑，班列公司希望运输成本能更加低廉，因为这样能为货主提供更具有竞争力的报价，从而提高运输产品的吸引力和市场占有率。因此这里的运输费用也可以看作是运输成本的一种映射，即运输费用的高低能在一定程度上反映出运输成本的高低。通过研究和调研发现，运输费用是一个比较稳定的值，只有当在节点产生额外作业时，会额外增加少量的作业费用，因此运输费用的波动性较小。这也为在综合运输网络中寻找运输费用 k 短路提供了便利，本书也将把运输费用作为一个固定的值来进行分析与计算。

（2）运输时间（Transportation Time）

运输时间包括区间运行时间和节点中转时间两部分。一般情况下，运输时间和运输费用呈现负相关，即优化目标之间此消彼长，这也是考虑多目标对多式联运路径选择优化的一个前提。根据实际调研发现，运输时间受其他影响因素的影响较大，相比运输费用具有更大的波动性。

通过调研发现，国外段铁路部分线路的线路能力、车站能力、车板数量等运输资源会经常出现不足的情况，这在一定程度上使得中欧班列的运输时效难以保证，在运输时间方面呈现出了较大的波动性。因此，以往多式联运运输路径选择的研究中将运输时间作为一个固定值的假定已不再适用，用具有波动性含义的二元区间数来表示运输时间更能准确地反映实际情况。

（3）运输安全（Transportation Security）

运输安全是用来反映集装箱货物在多式联运过程中货损、货差程度的指标。一般的普通货物可以不用考虑此项影响因素，由于集装箱运输（尤其是集装箱国际联运）中的货物一般多为高附加值货物，因此在中欧班列的运输过程中，必须要考虑运输安全因素对于路径选择的影响。但该因素往往难以量化，须结合各通道的实际运输安全情况，利用语言变量对该因素进行模糊定量处理。

（4）社会效益（Social Benefit）

对于中国来说，中欧班列也是“一带一路”倡议的重要载体，其在国际社会上所产生的社会效益是不容忽视的，对国际社会及“一带一路”沿线国家所带来的积极影响和外部效益同样也是不容忽视的。社会效益因素确实是中欧班列路径选择优化中需要考虑的因素。但社会效益这个因素和运输安全因素类似，均存在模糊、难以量化的情况。

为了定量分析“一带一路”沿线国家互联互通的水平与进展，北京大学等单位联合开展了五通指数的相关研究。分别从设施联通、贸易畅通、政策沟通、资金融通和民心相通等五个方面来反映“一带一路”沿线各个国家的基本情况与发展态势。在借鉴既有五通指数相关研究[41]的基础上，对深度合作型、快速推进型、逐步拓展型和有待加强型的国家进行综合模糊评判[42]，利用语言变量和模糊数学理论得到每条路径的社会效益属性值。

表 10-5　中欧班列路径选择影响因素及衡量方式

影响因素	内涵	衡量方式
运输费用	使用运输线路产生的线路使用费用、通关费、换装费、车辆使用费等节点中转费用	固定值
运输时间	区间运行时间、节点中转时间	二元区间数
运输安全	反映集装箱货物在多式联运过程中货损、货差程度	语言变量、模糊定量处理
运输效益	设施联通、贸易畅通、政策沟通、资金融通和民心相通五通指数	语言变量、模糊数学理论

10.4　中欧班列运输网络构建理论

在求解路径选择 MADM 问题时，会遇到方案集中与方案较多的情况。为减轻工作量，决策之前可以筛选一些属性值明显劣于其他方案的方案，得到包含适当数量的备选方案集。由于影响路径选择的各影响因素中，只有运输费用是精确型数值，且运输费用对多式联运运输路径的选择影响较大，因此构建以运输费用为边权重的多式联运网络。

为了准确地描述中欧班列集装箱从起点到终点的运输和中转过程，得到中欧班列路径方案备选集，应首先构建图状的网络结构。网络结构包括点和线，点有起点、终点和中间运输节点，点与点之间的连线经赋权后可表示两点间的运输费用、运输时间等。采用多重点法构建联运网络，即采用多个点来描述一个城市节点内的不同运输方式，这种方法能够很好地表示出在中间节点产生的中转费用或者中转时间，便于表达中间节点的中转情况。如果连接通一点的进、出运输方式不同，则说明在该节点上发生了中转作业，需考虑转运费用或转运时间。假设一个城市有四种运输方式（铁路、公路、水路、航空），其网络结构图，如图 10-2 所示。

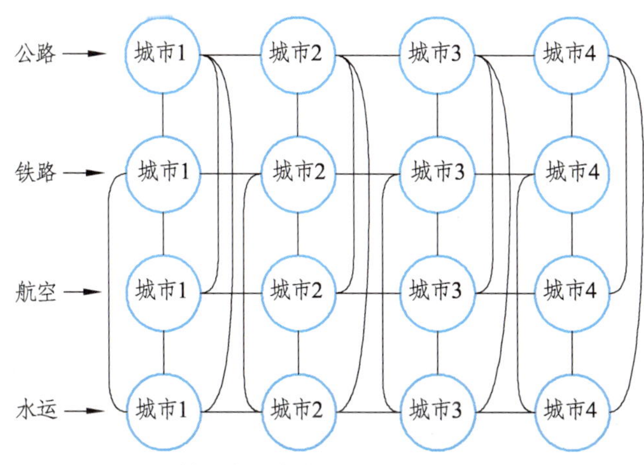

图 10-2　基于多重点构建的中欧班列联运结构图

鉴于多重点法在描述节点中转过程时更为清晰的优点，选用多重边法构建国际联运网络。但图 10-2 所描绘的仅仅是在理想情况下，实际的联运网络要更为复杂。现对基于多重点法构建联运网络图的一些特点作如下说明：

（1）水平边表示同种运输方式下不同城市间的运输环节，竖直边表示同一城市内不同运输方式的中转环节。

（2）同一水平层表示不同城市采用相同运输方式的运输环节，若某城市节点未出现在某水平层或虽出现但没有水平边与其相连，则说明该城市不提供此种运输方式的运输作业。

（3）同一水平层任意两节点间都应该有水平边相连接，若同一水平层内两节点没有水平边相连，则说明这两个城市之间不存在此种运输方式。

（4）同一竖直层表示同一城市内不同种运输方式的中转环节，若某运输方式未出现在某竖直层或虽出现但没有竖直边与其相连，则说明该城市不提供此种运输方式的中转作业。

（5）同一竖直层任意两节点间都应该有竖直边相连接，若同一竖直层内两节点没有竖直边相连，说明这个城市不存在这两种运输方式的中转。

（6）由于 Dijkstra 算法求最短路只能是单源点到多顶点，因此需要在图 10-2 的基础上，增加虚拟起点和终点。为了不影响最终结果，虚拟起点到始发城市的各边权重和虚拟终点到终到城市的各边权重均可设置为零。

10.5 中欧班列路径备选集确定关键技术

10.5.1 中欧班列路径选择问题描述及假设

运输费用是路径选择的关键因素，通过运输费用确定中欧班列路径备选集，可以有效减少最优解的求解空间。中欧班列的运输费用主要包括在途运输费用和场站中转费用。基于对国际集装箱多式联运网络结构的分析，以多重点构建的网络为基础网络，建立基于运输费用的 k 短路模型。而按照最短路模型得出的是一个最优解，因此需要建立前 k 条最短路模型，使得第一条最短路为整个路网的最短路，k 条最短路的运输费用依次递增，得到一个基于运输费用的方案集。依据费用逐渐增大原则，构建基于运输费用的路径备选集。

在实际选择中欧班列路径备选集时，考虑的因素除了运输费用还有运输时间，还需将其作为目标函数中的另外一个目标，并加入由运输时间影响的存储费用和滞留费用等间接费用，进一步缩小备选集的范围，以提高最终求解结果的精度，但同时会增加模型的求解难度，因此需要根据不同情况进行二者之间的平衡。同时，在使用 TOPSIS 法进行决策的过程中，除运输安全、社会效益等因素外，还可加入环境保护等因素，提高决策结果的合理性。

（1）问题描述

某多式联运经营人现需将一个集装箱从 O 点运到 D 点，运输过程中要经过若干个城市。任意两个城市之间又可能存在多种运输方式（铁路、公路、航空、水路等运输方式），不同的运输方式其运输费用也不同。由于途中要进行通关、换装等作业，除了会在线路上产生线路使用费外，还可能会在中转节点产生一定的费用。为了便于决策者对有限运输路径进行多属性决策，现需找出从 O 点到 D 点的 k 条费用最短路径。

（2）基本假设

① 一个40英尺集装箱是最小的运输单位，不能对一个最小的运输单位进行分批运输；

② 集装箱在进行转运时，只能在转运节点进行，且在每个转运节点至多转运一次；

③ 集装箱在路径选择时不直接考虑路况和线路、车站能力的影响；

④ 运输费用只考虑在区段的运输费用和在节点产生的中转换装、通关检查等直接费用，不考虑货损货差的赔付费用和其他额外作业费用；

⑤ 假设集装箱国际联运的运输方式仅限于公路、铁路、航空、水运这四种运输方式。

（3）符号说明

假设集装箱国际联运路网结构中的城市节点数量为，令起点标号为 1，终点标号为。对相关符号进行定义和说明，见表 10-6。

表 10-6　基于费用的路径备选集模型的符号说明

基于费用的最短路模型			
含义	符号	含义	符号
城市	$i=1,\cdots,n$	运输方式	$m=1,\cdots,4$
任意两个城市 i,j 之间第m种运输方式的在途运输费用	$f_{i,j}^{m},i\neq j$	第 m,h 种运输方式在第 i 个城市中转的场站中转费用	$c_i^{m,h},m\neq h$
前k条最短路模型			
含义	符号	含义	符号
C_{l_i}	第 i 条最短路的费用，$i=1,2,\ \ ,k$	$l_i=\{1,i,j\ \ n\}$	第 i 条最短路所经过的城市集合
$\Phi(l_i)$	从1到n的前k条最短路集合	$\Phi(1)=\Phi\text{-}\Phi(l_i)$	除去前k条最短路的路径集合
Φ	从1到n的所有路径集合	w_i	第i条最短路构建出的路网

定义当任意两个城市i,j为相邻的两个城市时，则令$s_{i,j}$取值为 1，否则取值为 0。定义当任意两个城市i,j之间的运输方式为 m 时，则令$y_{i,j}^{m}$取值为 1，否则取值为 0。定义在城市 i 中当运输方式 m 中转为运输方式 h 时，则令$z_i^{m,h}$取值为 1，否则取值为 0。

10.5.2　基于运输费用的最短路模型

（1）目标函数

目标函数中，以运输费用最小为目标。其中的运输费用包括在线路上产生的运输费用和在中转节点产生的中转费用两部分，得到目标函数Z_1的表达式：

$$Z_1 = min\left(\sum_{i\neq j}^{n}\sum_{m=1}^{4} s_{i,j}\times y_{i,j}^{m}\times f_{i,j}^{m}+\sum_{i=1}^{n}\sum_{k\neq h}^{4} z_i^{m,h}\times c_i^{m,h}\right) \tag{10-1}$$

（2）约束条件

① 路径连续不间断约束：

若$y_{i,j}^{m}=1$，则必定存在$y_{j,x}^{h}=1$；若$y_{i,j}^{m}=0$，则必定存在$y_{j,x}^{h}=0$，即

$$y_{i,j}^{m}=y_{j,x}^{h} \tag{10-2}$$

当$y_{i,j}^{m}=y_{j,x}^{h}=1$且$k\neq h$时，存在$z_i^{m,h}=1$，否则$z_i^{m,h}=1$。具体关系见表 10-7。

表 10-7　变量关系表

$y_{i,j}^{m}$	$y_{j,x}^{h}$	m与h关系	$z_i^{m,h}$
1	1	≠	1
		=	0
0	0	≠	0
		=	0

② 起点和终点不进行转运约束：

$$z_1^{m,h}=0 \tag{10-3}$$

$$z_n^{m,h}=0 \tag{10-4}$$

③ 每一个城市至多进行 1 次转运约束：

$$\sum_{m\neq h}^{4} z_i^{m,h}\leqslant 1 \tag{10-5}$$

④ 相邻两个城市之间至多采用一种运输方式进行运输约束：

$$\sum_{i \neq j}^{n} y_{i,j}^{m} \leq 1 \tag{10-6}$$

⑤ 终点和起点是必经城市约束：

$$\sum_{i=2}^{n}\sum_{m=1}^{4} y_{1,i}^{m} = 1 \tag{10-7}$$

$$\sum_{i=1}^{n-1}\sum_{m=1}^{4} y_{i,n}^{m} = 1 \tag{10-8}$$

10.5.3　基于运输费用的前 k 条最短路模型

上面构建了基于费用的最短路模型，得到了一条最短路，但是，本书需要的是基于费用的 k 条最短路的方案集，即需要得到前 k 条费用最少的路径。

记 10.5.2 节得到的最短路为第 1 条最短路，其运输费用为 C_1；记第 i 条最短路的总的运输费用为 C_i。前 k 条最短路径应该满足以下约束条件：

① 第 1 条最短路为整个路网的最短路：

$$C_{l_1} = Z_1 \tag{10-9}$$

② k 条最短路的运输费用应依次递增：

$$C_{l_i} \leq C_{l_{i+1}} \tag{10-10}$$

③ 前 k 条最短路的运输费用不大于后 k 条路径的运输费用：

$$C_{l_i} \leq C_{l_j}, l_i \in \Phi(l_i), l_j \in \Phi(1) \tag{10-11}$$

④ 路径均无环路：

为了避免环线路径，每一条线路中每一个城市至多出现一次。

$$j \neq h; j, h \in l_i \tag{10-12}$$

10.5.4　结合 Dijkstra 算法与 Deletion 算法的第 k 短路算法

进行模型求解时，采用经典的 Dijkstra 算法：

Step 1：构建单源单汇联运网络，利用 Dijkstra 算法求第一条最短路。

Step 2：在 Dijkstra 算法求解最短路模型的基础上，采用 Deletion 算法，以路径数量为检验标准，判断是否构建扩展节点。

Step 3：根据扩展节点是否在当前路网中判断构造不同的扩展节点，并计算出当前路网的最短路径。具体算法思路如图 10-3 所示。

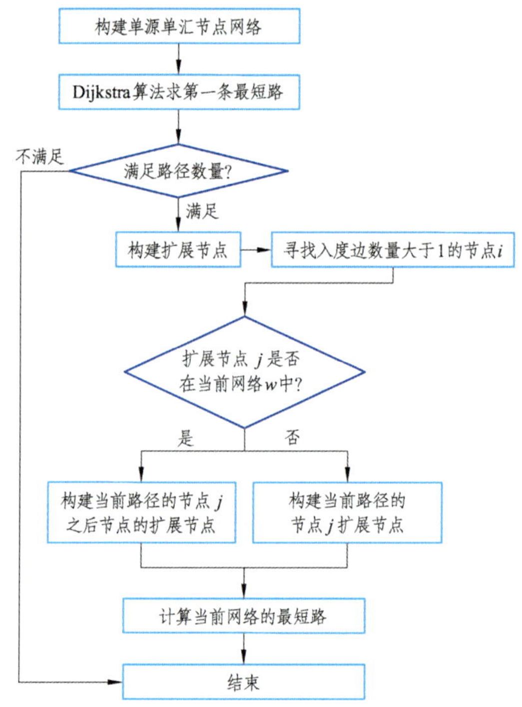

图 10-3　结合 Dijkstra 算法与 Deletion 算法的第 k 短路算法工作流程

10.6　基于混合型多属性决策的路径优化技术

10.6.1　属性赋值及标准化处理

多属性决策方法需要按照某种决策准则，依据相关的数学理论与方法对具有多个属性的若干个方案进行优选。决策过程中的不确定性和复杂性往往导致多属性决策信息具有一定的模糊性，从而使得决策者不能明确地给出方案属性所反映出的具体信息量，所以决策者在进行多属性决策时，很难使用一个精确的数值去描述各个属性，因此相较于精确数值，使用不确定性数学和模糊数学描述属性值更能反映实际情况。

考虑到运输时间要素具有一定的波动性，本书拟采用二元区间数来表示。而对于运输安全和社会效益等属性是用语言变量来表示的，相比运输时间属性更为模糊，若仍采用二元区间数来分析这两个属性，可能会出现较大误差。因此为了使得决策结果更加客观准确，采用三元区间数来表示中欧班列路径方案中的运输安全和社会效益这两个属性。

记$[\tilde{A}] = [a^-, a^+]$为一个标准的二元区间数。其中，a^+为上极限，称之为二元区间数的大元；a^-为下极限，称之为二元区间数的小元。

记$[\bar{\tilde{A}}] = [a^-, a^*, a^+]$为一个标准的三元区间数。其中，$a^+$为上极限，称之为三元区间数的大元；$a^-$为下极限，称之为三元区间数的小元；$a^*$表示在此区间中最可能取到的值，即信息偏好值，称之为三元区间数的特元。

以上参数满足$a^-, a^*, a^+ \in R$且有$a^- \leq a^* \leq a^+$。

三元区间数能够较好地对定性指标进行定量转化和处理，一般可以采用"特低""一般"至"特高"等九个模糊语言变量对指标属性进行标定，如图 10-4 所示。

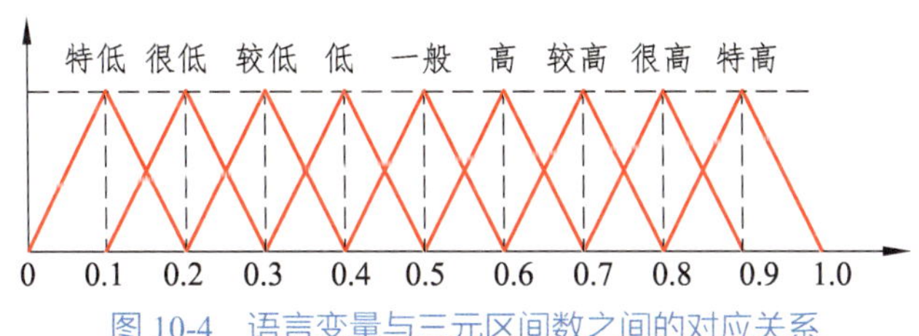

图 10-4 语言变量与三元区间数之间的对应关系

一般情况下，多属性决策中不同类型属性的取值量纲不同，为了使得属性与属性之间可以进行对比，往往需要对属性值进行标准化处理，使得各个属性在去量纲的情况下具备可公度性，常用比例转换法和矢量归一化法进行标准化处理。

10.6.2 离差最大化方法确定属性权重

确定各属性的权重是进行多属性决策的重要前提。目前较多的多属性决策相关研究在确定权重时采用了专家打分法等较为主观的方法，而为了使得决策过程更加客观，也有采用信息本身对属性的权重进行确定的，如熵权法等。在将主观和客观因素相结合的研究中，构建组合权重成为主要的发展思路之一。

组合赋权综合考虑主客观因素，离差最大化则是一种以单个指标为组合单位的主客观组合赋权法。离差最大化组合赋权法首先基于不同的赋权方法确定多个权重，然后根据所确定的多个权重确定组合权重的合理区间，紧接着以排序结果的区分度最大为优化目标，以各个属性权重的合理区间为约束构建优化模型，最终求解出最优的、合理的权重。由于基于离差最大化思想的组合赋权法以各方案区分度最大为优化目标，因此具有较好的区分度，且不涉及主客观权重的直接运算，所以具有一定的合理性和可解释性。

在使用离差最大化方法时，可以根据中欧班列路径选择优化决策过程中的特点，综合考虑组合赋权法的优势，分别用熵权法和 CRITIC 法确定合理区间，再基于离差最大化的组合赋权思想确定各个属性的权重。

10.6.3 基于 TOPSIS 的路径优化技术

利用离差最大化优选得到组合权重后，结合 TOPSIS 法对中欧班列的路径方案进行选优。其中，效益型属性是指属性值越大越好的属性，如路径选择属性中的运输安全和社会效益等属性；成本型属性是指属性值越小越好的属性。因此，在对混合型多属性路径方案进行选择优化时，需首先按属性类型对各个属性进行分类。其次，按照 TOPSIS 方法的经典步骤对方案备选集进行筛选，如图 10-5 所示。

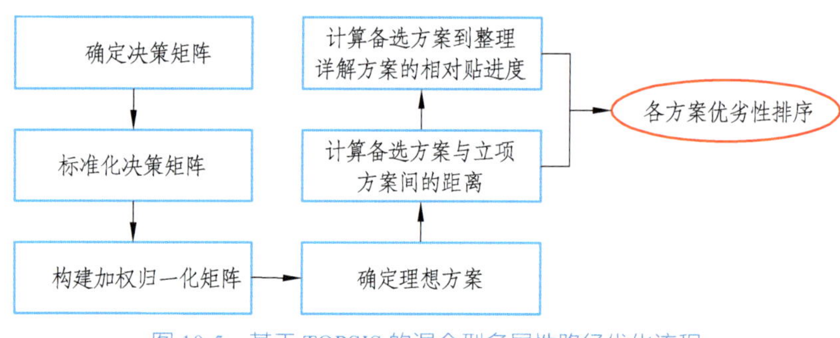

图 10-5 基于 TOPSIS 的混合型多属性路径优化流程

10.6.4 属性权重的灵敏度分析

灵敏度分析的目的是研究决策要素的变化对于决策结果的影响程度，以便于对较敏感的决策要素采取更加谨慎的处理方式。无论是在多目标决策还是在多属性决策中，决策者不仅关注决策结果，也关注决策过程和决策结果的稳定性问题。而决策者恰恰可以通过灵敏度分析，更好地辨别出稳定性较好的决策要素并确定其合理变动范围，从而便于决策者做出更加满意、稳定性能良好的最终决策。

由于属性的权重值是基于离差最大化思想确定的，确定过程中带有一定的主观性和不确定性。因此，需要对其进行灵敏度分析。在属性权重的灵敏度分析中，如果某决策要素的细微变化引起了评价排序结果的显著变化，则称该决策要素的灵敏度较高、决策问题的稳定性（鲁棒性）较差。在多属性决策中，决策者希望得到一个灵敏度低、稳定性好的决策结果。

本书对于属性权重灵敏度分析的重点在于研究属性权重的稳定区间上，基本研究思路包括：令某一个属性 j 的权重值按一定的规律进行调整（递增或递减），由于权重和需为 1 约束的存在，其他属性权重也会得到相应的调整变化，据此可以得到在属性 j 的调整变化下各个路径方案的相对贴进度和排序结果。

因此，综合上述路径优化技术与灵敏度分析思想，本书所提出的使用混合型多属性决策的 TOPSIS 法对中欧班列路径方案进行选择优化的基本思路如图 10-6 所示。

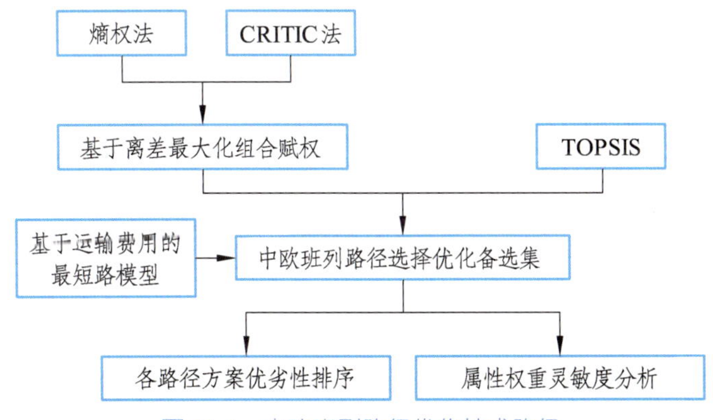

图 10-6　中欧班列路径优化技术路径

参考文献

[1] 李家滢．大城市铁路货运站的货物集散问题 [J]．北方交通大学学报，1991（03）：31-37．

[2] 汤玉萍．关于铁路货运中心货源分配优化问题的研究 [D]．北京交通大学，2008．

[3] 刘慧丽．郑州东—青岛铁路双层集装箱班列货源组织问题的探讨 [J]．铁道运输与经济，2008（05）：17-19．

[4] 李翀宇．我国铁路集装箱班列经营及货源组织的探讨 [J]．铁道货运，2011，29（01）：27-31+0．

[5] 王志美，张星臣，徐彬．零散白货的货源组织问题和运输组织问题一体化 [J]．北京交通大学学报，2016，40（06）：43-49+56．

[6] 郑平标，徐利民．铁路高附加值货源组织与市场经营探讨 [J]．铁道货运，2013，31（01）：25-29+63．

[7] 张玉召，朱昌锋，王建强，黄德玲．货运组织改革下的铁路快捷货源组织策略及方法[J]．物流技术，2015，34（19）：1-4．

[8] 李泽文．中欧班列货源组织优化研究[D]．西南交通大学，2018．

[9] 许秋萌．中老铁路目标市场及货源组织策略研究[D]．西南交通大学，2019．

[10] 曾佑新．我国铁路煤炭运量预测模型研究[J]．华东交通大学学报.2000.1：83-88．

[11] 张存禄，黄培清．武汉地区物流发展水平灰色预测[J]．工业技术经济．2001.10：58-59．

[12] 李维国，王耀球，周凌云．新陈代谢和GM（1，1）模型在深圳货运量预测中的应用研究［J］．北京交通大学学报（社会科学版），2010，9（2）：48-51．

[13] 吴华稳．混沌时间序列分析及在铁路货运量预测中的应用研究[D]．中国铁道科学研究院博士学位论文，2014．

[14] 赵峻．市场细分——铁路货运争占份额的新策略[J]．上海铁道科技，2004，（02）：48-49．

[15] 陈超，孙有信．层次分析法在铁路货运目标市场评价中的应用[J]．交通科技与经济，2010，12（04）：18-20．

[16] 田生奎．中国铁路货运市场现状及发展战略研究[D]．对外经济贸易大学，2007．

[17] 李雅娟．我国铁路发展现代物流的三种方案分析与思考[J]．铁道运输与经济，2004（5）：38-39．

[18] 张诚．国外铁路发展现代物流的典型举措与启示[J]．铁道运输与经济，2007，（03）：62-65．

[19] 张宗英．我国铁路货运业向现代物流转型的模式选择[J]．铁道运输与经济，2007，30（2）：12-13．

[20] 武中凯．关于铁路运输物流运作模式的研究[J]．铁道运输与经济，2014，36（07）：17-21．

[21] 金艳萍，冯姗姗，信聪聪．我国铁路集装箱运输发展对策[J]．铁道货运，2016，34（10）：49-53．

[22] 宛标．基于蚂蚁捕食作业法的铁路货运营销应用研究[J]．铁道货运，2019，37（07）：17-20+25．

[23] 崔艳萍．中欧国际铁路运输通道系统分析[J]．中国铁路，2017（11）：41-45．

[24] 刘航.关于一带一路战略下中欧班列优化对策研究[J].中国新通信,2017,19(23):146.

[25] 王艳波. 中欧班列运输组织模式创新与实践[J]. 铁道运输与经济，2021，43（08）：1-5.

[26] 李佳峰. “一带一路”战略下中欧班列优化对策研究[J]. 铁道运输与经济，2016，38（05）：41-45.

[27] 汤银英，冯媛，陈思. 基于ISM和网络计划的口岸站流程脆弱度分析[J]. 安全与环境学报：1-13.

[28] 孙文乐，张凌.口岸站运输作业流程优化研究[J].铁道运输与经济，2011，33(06):22-26.

[29] 王晓炜. 电子商务平台下铁路物流中心业务流程优化研究[D]. 北京交通大学，2017.

[30] 杨凯丽. 中欧班列场站作业流程优化研究[D]. 北京交通大学，2019.

[31] 刘洋.基于班列开行的铁路集装箱运输组织优化研究[J].铁道经济研究,2018(06):9-13.

[32] 葛洋. 基于混合型多属性决策的中欧班列路径选择优化[D]. 西南交通大学，2019.

[33] 戴炜东. 中欧集装箱多式联运路径选择研究[D]. 西南交通大学，2020.

[34] 刘露露. 基于分级节点的中欧班列欧洲端运输网络优化研究[D]. 西南交通大学，2021.

[35] 张琪胜. 基于轴辐理论的中欧班列运输网络研究[D]. 西南交通大学，2020.

[36] 段力伟，彭其渊. 铁路快捷货物集疏运系统建设探讨[J]. 铁道运输与经济，2011，33（12）：11-15.

[37] 李旭强.“蓉欧+”战略下中欧班列(成都)集疏运系统优化研究[D].西南交通大学，2020.

[38] 张琪胜，汤银英，陈思. 考虑单一枢纽点失效的中欧班列轴辐网络研究[J]. 铁道经济研究，2020，（03）：24-28+33.

[39] Yinying Tang, Si Chen, Guangyu Lu, Qisheng Zhang; Research on Hub-and-Spoke Transportation Network of China Railway Express; Journal of Advanced Transportation（A+）2021年6月。

[40] 谈大洋. 国际联运概要[M]. 北京：人民交通出版社. 1992.

[41] 北京大学“一带一路”五通指数研究课题组. “一带一路”沿线国家五通指数报告[M].

北京：经济日报出版社．2017．

[42] 国家信息中心“一带一路”大数据中心．“一带一路”大数据报告（2016）[M]．北京：商务印书馆，2017．

[43] 贾玉卫，户佐安，邵玉华．电子商务模式下铁路货运业务流程优化 [J]．铁道货运，2015，33（02）：11-15+5．

[44] 孙逊．霍尔果斯口岸站作业流程设计分析 [J]．铁道货运，2011，29（06）：18-23+1．

[45] 李晨，魏玉光．基于 Petri 网模型的口岸站作业流程分析及优化 [J]．铁道运输与经济，2020，42（02）：93-102+114．

[46] 张戎，艾彩娟．基于广义随机 Petri 网的口岸通关流程建模与仿真——以洋山保税港区进口法检货物的通关流程为例 [J]．系统工程理论与实践，2012，32（07）：1568-1574．

[47] 李秋正，范晓微．基于 Petri 网的跨境电子商务通关流程优化研究——以宁波 B2B 跨境出口为例 [J]．科技与经济，2017，30（04）：106-110．

[48] 路广宇，汤银英，陈思．中欧国际铁路货运需求预测及系统动力学仿真研究 [J]．交通运输工程与信息学报：1-18．

[49] Yang Ge, Yinying Tang, Qinglin Li, Li Yu; Research on Multi-objective Optimization of Multimodal Transportation Routing Choice-Take Chengdu-Lodz Express as an Example; Informs annual meeting（A）; 2018 年 11 月。

[50] 赵博昊．基于中欧班列的日欧集装箱多式联运路径选择 [D]．西南交通大学，2019．

[51] 李清泉．美国铁路货运经营特点分析及启示 [J]．铁道货运，2016，34（08）：55-60．

[52] 张诚．德国铁路货运向现代物流拓展现状及启示 [J]．企业经济，2008（11）：12-14．

[53] 刘冰，程文毅，诸葛恒英．日本铁路货运发展现状分析 [J]．铁道货运，2013，31（12）：36-39．

[54] 汤银英，李旭强，陈思．中国—荷兰中欧班列货源结构时空演化研究 [J]．铁道经济研究，2020，（01）：4-10．

[55] 陈玉坚．三茂铁路运输目标市场定位与选择分析 [J]．铁路采购与物流，2010，5（08）：45-47．

[56] 王瑶．铁路货运市场现状分析及发展对策 [J]．铁道货运，2013，31（05）：11-14．

[57] 何婷．客货分线运输条件下铁路货运市场营销战略研究 [D]．北京交通大学，2010．

[58] 王勇．铁路大客户货运营销对策探讨 [J]．铁道货运，2018，36（09）：6-10．

第四篇

中欧班列集装箱共享集拼理论及技术

习近平总书记于 2013 年 9 月和 10 月分别提出了建设“丝绸之路经济带”和“21 世纪海上丝绸之路”，简称“一带一路”（The Belt and Road）。中欧班列作为“一带一路”建设的重要内容，于 2013 年正式常规化开行。随着“一带一路”倡议的深入推进，中欧班列实现飞跃式发展，不仅在开行规模、覆盖范围、货运品类等方面实现重大突破，而且形成了较为稳定的运营格局和相对清晰的运营模式。2020 年疫情期间，中欧班列发挥着巨大的战略通道作用[1]，全力保障防疫物资和进出口货物运输需求，助力全球疫情防控和经济复苏，成为疫情期间国际运输新动脉。中欧班列 2021 年全年开行数量达 1.5 万列，发送 146 万标箱，同比分别增长 22%、29%，开行数量和运量均超 2020 年全年总量，截至 2022 年 1 月 29 日，中欧班列累计开行突破五万列、运送货物超 445 万标箱、货值达 2 400 亿美元，通达欧洲 23 个国家 180 个城市，成为各国携手抗疫的“生命通道”和“命运纽带”。

然而，在中欧班列快速发展的过程中，不少集装箱问题也逐步涌现。本书通过对中欧班列集装箱流转过程以及集装箱运用中存在的问题进行分析，发现空箱问题是影响整个中欧班列集装箱运用的关键所在。因此，基于集装箱共享理念，设计在集装箱共享下的中欧班列空箱调租方法，将有助于更加合理地针对中欧班列的空箱调运和租赁方案进行优化，在此基础上提出的集装箱拼箱策略也是对集装箱共享理念地进一步完善。

第 11 章 中欧班列集装箱流转研究

中欧班列是往来于中国与欧洲，贯穿“一带一路”沿线国家间的集装箱国际联运列车。由于涉及各国口岸站、场站等多节点的共同参与，且流程复杂，其间通过班列公司、集装箱公司等关键参与人的相互合作将整个中欧班列集装箱运输网络连接在一起。中欧班列集装箱流转的研究需从流转现状和流转过程入手。

11.1　中欧班列集装箱流转现状

目前中欧班列集装箱业务运营模式主要有以下四种[2]：

① 自主采购集装箱：自主采购集装箱运营模式即企业的进出口集装箱运输均使用自有集装箱，属于重资产运营模式，与传统的海运企业集装箱运营模式一致。自主采购集装箱运营模式适用于集装箱业务管理相对成熟的企业，采购的集装箱属于班列运营企业自有财产。

② 长期租赁集装箱：中欧班列运营企业与大型租箱企业合作，租赁集装箱（包括融资租赁方式）1~5 年。长期租赁集装箱起租后完全由班列运营企业独立管理，这一点与自主采购集装箱较为相似，但长期租赁模式一次性投资较小，租金通常按日核算并按月结算，在一定程度上可以缓解班列运营企业资金压力。

③ 往返租赁集装箱：在往返租赁模式下，集装箱由供应商提供，通常遵循国内出发并在国内归还，或是从国外起租并在同一国家内还箱的循环路径。具体业务流程为：集装箱供应商在国内将集装箱租赁给 A 客户，A 客户通过班列将集装箱运至境外还箱后，该集装箱供应商继续将集装箱租赁给 B 客户，使集装箱随班列运回国内完成还箱；或者，A 客户从境外起租到达国内后继续使用集装箱至境外还箱。往返租赁集装箱模式适用于进出口用箱需求相对均衡的线路，要求集装箱周转率和利用率较高，且相关企业具有较高的集装箱运营管理能力。

④ 单程租赁集装箱：对于单程租赁情况，集装箱同样由供应商提供，但其特点是起始地和目的地分处不同国家，即可以从国内起租并在国外还箱，反之亦然，这种模式特别适用于那些来回程货物流量不平衡的航线。与其他运营模式相比，单程租箱运营模式最为简单，其管理链也较简单，仅需重点跟踪从提箱到还箱的过程。

各地中欧班列运营企业的集装箱业务均大致采用以上 4 种模式，只是各有侧重点。通过了解以上四种集装箱业务模式，能够更好地把握中欧班列集装箱的流转过程。

11.2 中欧班列集装箱流转过程

中欧班列作为一种铁路集装箱班列，集装箱在流转过程中有两种状态：重箱与空箱。在中欧班列的运输过程中，每个集装箱既发生了空间上的位移，也在不断循环经历空箱到重箱的状态变化[3][4]。

（1）中欧班列箱源分析

根据调研，中欧班列来源一般分为客户自备箱、班列公司自备箱、租赁箱。其中租赁箱一般来自中铁集装箱公司和中远海运公司，中铁集装箱公司作为中国国家铁路集团有限公司中欧班列统一经营服务平台，是中欧班列运输协调委员会秘书处单位，能够提供充分的集装箱资源和国内租赁归还服务[5][6]。对于中欧班列初期去多回少的情况，中远海运公司能够提供一端租赁另一端归还的集装箱服务。因此，这两者可以充分满足中欧班列租赁集装箱的要求。中铁集装箱公司的集装箱一般为往返程租箱即在国内租待班列往返一次后在国内归还，而中远海运公司通常是单程租箱即在一端进行租箱待班列运行到另一端后再还箱，两种租箱均有租赁相应的时间限制，如果超期需支付超期费用。客户自备箱通常出站后交付给客户即可，班列公司自备箱在掏箱后可选择停留在车站等待装箱后运回国内。

（2）车站发送作业

当中欧班列托运人提出运输需求并办理相关手续后，就会产生空箱的需求。其次是装箱工作，根据情况不同，可分为站外装箱和站内装箱。站内装箱指的是在班列发送车站将货物装载到空箱里。站外装箱指的是先将空箱运至托运人所在地，装箱后再将重箱运回班列发送车站。当装箱工作完成后，经过一些检查手续，即可进行中欧班列的发送作业，具体流程如图 11-1 所示。

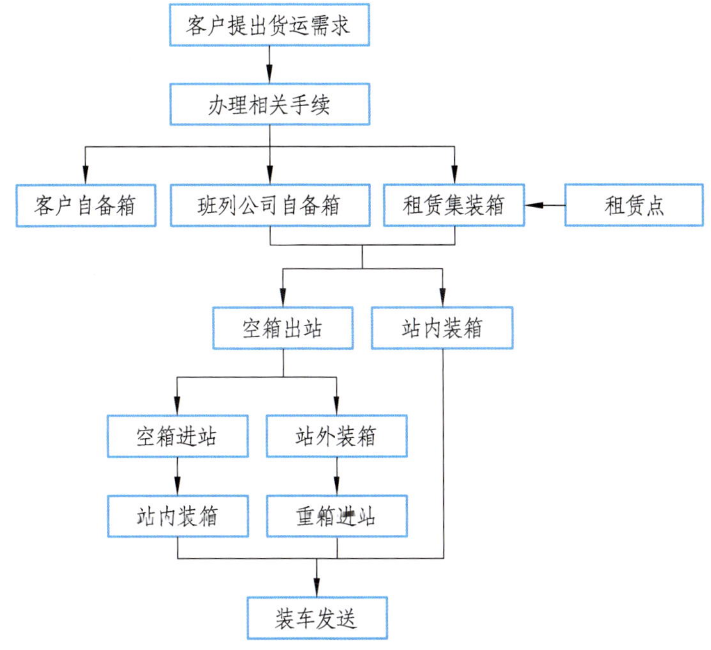

图 11-1　中欧班列集装箱发送作业

（3）车站到达作业

当中欧班列达到目的地后，即可通知收货人收货。当收货人办理完取货手续之后，对于自备集装箱的客户只需要将重箱交付出站即可。班列公司自备的集装箱可以根据客户服务的不同选择站内掏箱（即在车站内卸载并交付货物）或站外掏箱（即将重箱运至收货处掏箱后再将空箱运回至车站）。班列公司租用的集装箱如需要归还则在掏箱完成后运至离车站最近还箱点进行归还，若暂不归还则需等待装载重箱运往下一目的地，具体流程如图 11-2 所示。

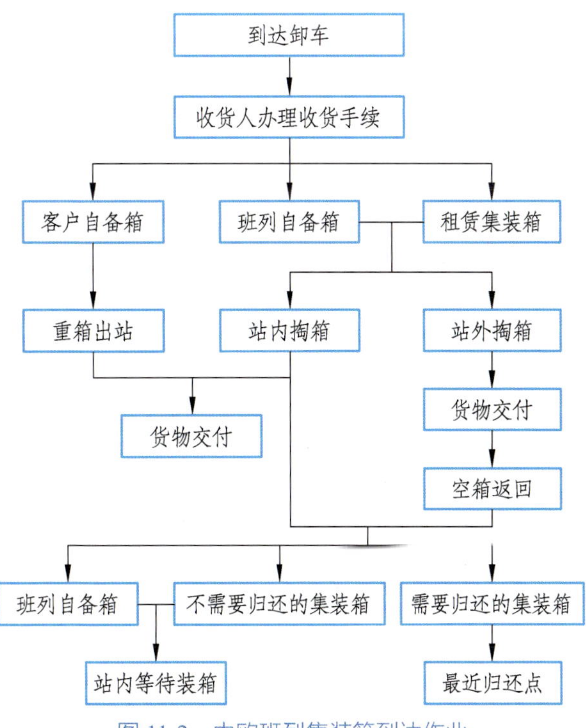

图 11-2　中欧班列集装箱到达作业

第 12 章 中欧班列集装箱运用关键问题分析

中国与欧洲间铁路集装箱运输量远小于海运。与海运相比，集装箱铁路运输具有较强的时间成本优势，其发展潜力巨大，随着运输线网的铺画和中欧班列运营的不断完善，这一潜力将逐渐转化为大量集装箱运输需求[7][8][9]。为从根本上解决中欧班列集装箱运用中存在的供需矛盾，最终实现中欧班列集装箱运输的高质量发展，需梳理中欧班列集装箱运用存在的问题，通过对问题产生原因的深层次剖析，提出对应的方法及策略，从而有效推动中欧班列高效、健康发展。

12.1 中欧班列集装箱运用问题现状

中欧班列集装箱运用过程中存在空箱问题、集装箱运用管理问题、集装箱运输安全问题等诸多问题。通过对中欧班列集装箱运用进行调查和研究，挖掘中欧班列集装箱运用的关键影响。目前，中欧班列在集装箱运用方面存在的问题可以从以下几个方面展开。

12.1.1 空箱运用方面存在的问题

（1）集装箱利用率较低

中欧班列回程货源逐步丰富，回程班列数量逐渐增加，但是由于大部分班列公司境外端货源组织存在诸多困难，导致回程班列与去程班列相比仍有差距，无法全面实现“去一回一”的目标。回程班列不足导致越来越多的空箱堆积在国外，一方面造成回程班列重载率偏低。另一方面，集装箱堆存产生额外的存储及管理费用。同时，各班列公司尚未形成有效的合作机制，集装箱资源难以实现有效共享，致使中欧班列运营网络中的集装箱利用率普遍低下。

（2）空箱周转效率较低

班列公司境外端信息管理存在延迟与“黑箱”，难以及时掌握有效的集装箱状态和流转信息，导致班列公司无法对集装箱进行实时调运，相应决策得不到有效实施，进而造成中欧班列集装箱调运与流转不畅，致使集装箱在境外端周转效率相对低下。

（3）空箱调运及租赁费用较高

一方面，中欧班列经营的范围越来越广，为了满足各站点的用箱需求，空箱调运需求也逐年上升，调运费逐年递增；另一方面，由于中欧班列往返运输的不均衡，单方面形成空箱堆积，无法较好利用往返租赁的价格优惠，只能选择价格更加高昂的单程租赁形式，集装箱租赁费用居高不下。

12.1.2　集装箱运用管理方面存在的问题

（1）集装箱信息化管理水平有待提高

集装箱的运用业务需要将集装箱租赁给用箱客户，并根据调拨需要委托运输集装箱。在此背景下，必须做好各个环节的集装箱交接及追踪工作，以免产生集装箱丢失、破损及还错堆场等问题。信息有效管理可大幅提升集装箱运营管理的效率及准确率，然而目前集装箱信息管理尚未统一信息平台和渠道，大多依靠传统手段和方法，难以满足日趋增长的集装箱管理需求。

（2）集装箱维修管理能力有待加强

铁路集装箱维修主要采用外包服务的方式，不少维修单位企业规模小，管理水平、设备条件、维修质量等都处于较低水平，维修能力不能满足中欧班列集装箱运输快速发展的要求，维修质量和维修效率不能适应集装箱维修的要求，影响中欧班列集装箱运输效率和运输安全[10]。同时在维修过程中缺乏有效的监管手段及统一标准，导致维修不到位和过度维修现象时有发生。

12.1.3　集装箱运输安全方面存在的问题

中欧班列横跨亚欧大陆，经过不同的国家和地区，且运输时间往往在十天以上，运输安全易受到各方面因素的影响。

（1）气候和自然灾害

中欧班列途经地区的气候条件差异性较大，极寒、高温、暴雨等天气不仅对货物造成了一定的损害，也严重影响了集装箱的使用。

（2）突发事件

中欧班列极易受到战争、疫情等突发事件的影响。如战争对铁路线路的破坏严重威胁班列的运输安全；一些病毒可通过附着在集装箱或者货物上进入我国境内，给我国疫情防控带来严重影响等。

（3）国际形势

欧洲及中亚地区政治形势复杂，未来发展呈现扑朔迷离态势，给中欧班列的发展带来一定的不确定性。

（4）恐怖袭击

中欧班列需途经政治动荡的中亚、西亚和东欧等地区，这些地区也是毒品、走私、宗教主义等非传统安全严重威胁的地方，治安环境差，国内矛盾交织，风险高，集装箱货物被盗、被抢等问题不断，造成了严重的经济损失[11]。

现阶段已经采取了相应的集装箱运输安全保障措施，针对运输途中的气候影响，通过配备特殊的集装箱控制箱内的温度、湿度等以保障运输安全；面对突发事件的影响，采取提前规划线路和途中变更线路的方法，并加强对集装箱的安全检查和检疫来保障运输安全；针对当前的国际形势，妥善处理沿线各国矛盾和摩擦，不断深化与欧洲的双边关系；应对恐怖袭击的影响，通过打造统一的国际治安网络和服务平台，做到班列沿线国家范围内安全信息共享，联合执法互助，并采取集装箱识别技术、定位技术等技术手段来避免集装箱丢失，共同打击偷盗、破坏货物以及恐怖主义等行为。

因此，空箱运用问题是现阶段中欧班列集装箱运用关键问题之一，且是制约中欧班列高质量发展的关键。

12.2 中欧班列空箱问题致因分析

通过对中欧班列集装箱运用问题的分析发现，空箱问题是中欧班列运营组织中最为关键的问题之一，因此本小节对中欧班列空箱问题产生的原因进行分析，从中探讨解决该问题的策略。通过调研各中欧班列运营公司的集装箱运用现状以及对集装箱流转过程的梳理研究，发现中欧班列空箱问题产生的原因主要有以下几方面。

12.2.1 宏观背景层面

（1）中欧贸易的不平衡

根据国家近十年的中欧贸易数据统计，中国对欧平均每年贸易顺差达 1 115.4 亿美元，平均每年贸易顺差占出口总额为 25.7%（具体见图 12-1），直接导致了中欧班列回程货源较去程货源有所差距，这也是中欧班列空箱问题产生的根本原因。

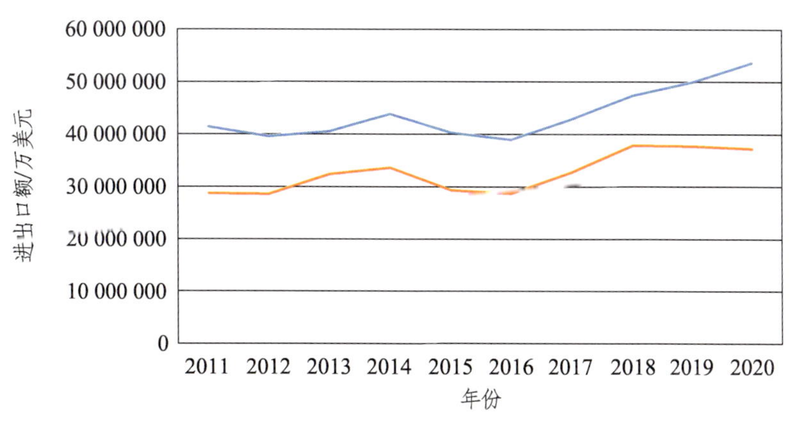

图 12-1 近十年中欧贸易进出口总额

数据来源：中国国家统计局。

（2）突发事件下人力资源的不足和工作流程的增多

2020 年突发卫生事件期间，对集装箱运输造成了巨大影响。国外主要港口码头和场站工作人员复工困难，工人数量不足，造成装卸效率偏低，影响了集装箱的周转效率，码头堆场、船舶锚地、内陆堆场和中欧班列境外堆场（特别是中亚地区堆场）出现大量空箱滞留现象，从而产生高额的集装箱堆存费。随着全球逐步复工复产，对国际运输的需求大增，港口拥堵，一箱难求，海运价格也随之大幅上涨，大量的运输需求转至陆运，中欧班列开行数量逆境反增。但因疫情防控的需要，海关总署加强了口岸站的卫生检疫工作，对集装箱货物开展的口岸环节进行病毒检测和预防性消毒工作在一定程度上影响了中欧班列的通关效率，进一步影响空箱调运效率。

12.2.2 中微观层面

（1）境外端揽货集货能力的不足

由于中欧班列在欧洲和中亚地区品牌运营时间不长，欧洲货主对这一运输方式尚未完全认可和习惯，同时由于海外网点覆盖不全，缺乏与当地运营、货代等企业的深度合作，致使中欧班列境外端揽货集货能力相对欠缺[12]，难以保障“去一回一”最优运输状态，去回程的不平衡导致大量空箱闲置，国内产生空箱相对短缺的现象。

（2）境外端集装箱信息掌握程度的不充分

目前，各班列公司国外运输通过哈铁快运、白俄铁、德铁、俄铁远东陆桥等境外运输代理企业来实现[13]。在此运营形式下，国内班列公司难以掌握国外的运输成本、货物信息、集装箱流转动态信息等重要信息，集装箱的到发、位置追踪、空箱分布管理等功能也不能很好实现，致使出现集装箱单证流转不顺、集装箱信息动态变化的滞后性等问题。这一定程度上影响了集装箱在境外的周转效率和空箱调配方案的实施，因此为了满足可能的临时需求不得不调用额外的空箱。

（3）集装箱共享协调机制的缺乏

中欧班列整体的协调机制尚未完全建立，各班列公司之间无法进行有效的合作，作业信息和集装箱信息不透明导致的协作问题日益突出。一方面，国外段运输信息的黑箱操作导致集装箱作业时间长、周转效率低，进而造成空箱问题严重；另一方面，集装箱的不共享造成部分班列公司集装箱资源闲置，而缺箱的班列公司通过租箱增加了额外费用，进一步加剧了空箱问题。

（4）空箱租赁和归还过程中的空间矛盾

集装箱公司经营地通常与车站、堆场存在一定的空间距离，因此班列公司在租赁集装箱的过程中，需要将集装箱从集装箱公司经营地运至装车地，归还时也需要将集装箱从卸车地运至最近的集装箱公司指定还箱点，从而产生了从送取箱点和使用地之间的往返调运，产生额外的空箱调运费用。

（5）集装箱修理费和修理标准的地区差异

集装箱的使用伴随着集装箱损耗带来的维修，而不同地区的集装箱维修成本和维修标准存在差异，尤其是对于有特殊功能的集装箱。以中美为例，美国集装箱维修的平均成本是中国的三倍之多。因此从经济考量和质量要求出发，会尽量避免将空箱运至劳动成本高的地区，而选择低成本、高维修水平的地区进行修理，这一过程也会产生大量的集装箱调运[14]。

12.3　中欧班列空箱运用优化策略

对于班列公司而言，运输空箱是毫无利润而言的，闲置的空集装箱不仅是对运输资源的浪费，也增加了额外物流成本，成为班列公司额外的成本投入。因此，减少空箱的运输和优化空箱的配置，有利于资源的合理利用和收益的增加[15]。针对空箱问题，班列公司可以采取的策略有：

（1）租箱

班列公司向专门的集装箱租赁公司租赁空集装箱，分为长期租箱和短期租箱。班列公司需要与租赁公司签订合同，于指定的时间到指定的地点还箱。空箱租赁可以快速得到空箱，能够解决班列公司的需箱之急。但是可供租赁的空箱数量和租箱价格不是确定的，随市场波动起伏。

（2）自有箱合理调配，即空箱调运

班列公司根据已掌握的信息对空箱需求地点和需求量进行预测，据此对自有空箱进行调运，以满足某个站点的空箱需求。因为预测需要面临很多不确定因素，空箱调运的时间和数量很难精确把握。

（3）集装箱共享

集装箱共享需要多家班列公司合作来完成，当某家班列公司在某个站点有集装箱需求，同时自有空箱来不及调运时，可使用其他班列公司在该站点或临近站点的空箱来解决空箱急需问题。集装箱共享要求各班列公司对自家的集装箱信息有较为全面的掌控，同时要求各班列公司间具备有效的制约机制，避免恶意占用空箱的情况。

（4）混合策略

混合策略是指采取以上三种策略中的两种或三种进行空箱运输以满足需求。如空箱调运与租箱混合策略，称为空箱调租策略。理论上，混合策略在经济上更为合理。

目前，班列公司并没有明确的依据协助企业决策，常用的策略是空箱调运和空箱租赁。在既定的集装箱配备规模下，当箱源紧张又要满足所有客户的需求时，班列公司就会从租箱和调箱两种策略中做出选择。如果集装箱租赁费率高昂，同时又有充分的调运时间，那么班列公司会尽可能调运空箱来满足需求，而情况相反的话，班列公司就会考虑租箱以缓解临时缺箱状况。

当然，班列公司也可以综合使用以上几种策略。租箱方便灵活，可以“随租随还”并节省了库存费用，但当班列公司面对新增的客户用箱需求，有再次租箱的需要时并不一定能够立即得到空箱，此时空箱有可能已经被其他企业租用或因为市场变化导致租金大幅增长。空箱调运面临很多不确定因素，由于集装箱运输是个动态化的过程，每一天都会产生新的空箱需求和供给，空箱调运得不及时不仅无法满足空箱需求，还额外增加了运输成本。集装箱共享不仅需要信息的共享，也需要使用的共享，同时还可能涉及归还的共享。当根据实情综合采取这几种策略时，可以弥补单一策略的不足，取得时间和经济上的双效收益。因此，当班列公司综合采取这几种策略时，就需要考虑各方面的因素做好相应的决策。

为了优化配置集装箱资源、大幅减少集装箱运输成本进而提高中欧班列的国际竞争力，本书以中欧班列为立足点，提出创新性的集装箱共享以及拼箱作业管理模式。

第 13 章 基于集装箱共享的中欧班列空箱调租分析

通过前面的分析发现，中欧班列空箱问题制约着中欧班列进一步发展，而空箱调运和租赁方案的制定和优化是中欧班列管理集装箱、控制成本的重要环节。本书基于集装箱共享理论提出中欧班列的空箱调租优化方案，是对原铁路总公司所倡议的构建中欧班列集装箱共享平台的一次理论探索。以集装箱共享为基础的空箱调运与租赁，均有较为充分的学术研究以及实际应用基础。中欧班列作为一种特殊的铁路集装箱班列，同样适用于集装箱共享理论，且因该理论能有效减少空箱获取费用、更大限度利用集装箱资源，将有助于更加合理地针对中欧班列的空箱调运与租赁方案进行优化。

实现集装箱的共享不仅可以改善目前中欧班列空箱短缺问题，同时能在一定程度上减少空箱调租和集装箱闲置下所产生的管理和运作成本。中欧班列集装箱的使用受各站点的空箱供给与需求水平、运作策略和周围环境等因素限制，因此集装箱共享的目的在于优化配置集装箱资源、大幅减少集装箱运输成本。

13.1　集装箱共享概述

13.1.1　集装箱共享内涵

集装箱共享是基于“共享经济”概念所提出的一种集装箱使用方法，20 世纪 60 年代末西方学者提出的“集装箱池（Container Pooling）”就是集装箱共享的雏形[16]。“集装箱池”方法是指在海运联盟中，联盟成员需要将自己的集装箱放入“池”（即集装箱共享平台）中，联盟所有成员都能使用“池”中的集装箱，这样能够提升成员间协调效率，并实现规模效益。目前集装箱共享按照共享内容可分为以下两种：

（1）集装箱使用权的共享

集装箱运输企业、集装箱租赁公司以及部分客户均拥有属于自己的集装箱。而集装箱使用权的共享则将上述集装箱放到一个共享池里，集装箱运输企业可以将共享池里的任意集装箱供其客户使用，并且用箱者可以从刚使用完集装箱的客户处提箱，也可以从最近的堆场提箱或者还箱。

（2）集装箱运输服务的共享

集装箱运输服务的共享主要是指运输企业即承运人不仅仅只为自己的集装箱提供运输服务，还可以为共享集装箱池中的集装箱提供运输服务，即运输企业可以为其他运输企业的集装箱提供运输服务。

无论是集装箱使用权的共享还是集装箱运输服务的共享，其基础都是集装箱信息的共享。集装箱的动态位置、状态信息对于运输中的参与方都很重要，但各自掌握的信息有一定的局限。而集装箱信息的共享可以将共享池中的集装箱相关信息及时有效地传递给运输企业、场站、集装箱公司、集装箱共享平台等，从而提高决策效率，提升集装箱运输的及时性和有效性，降低集装箱运输成本。

13.1.2 集装箱共享研究及应用

（1）集装箱共享研究现状

尽管西方学者在20世纪70年代就提出了“集装箱池”的概念，但是受限于当时的信息技术水平，相关研究并未深入。十余年来，集装箱共享这一研究方向才逐渐得到国内外学者重视。

现有集装箱共享研究多集中于对于集装箱使用权的共享。部分学者提出航运公司之间可以采用互租战略或者组成航运联盟，除了调运自家空箱和租箱以外，还可以借用联盟中其他班轮公司的集装箱；也有学者在考虑船公司合作的基础上，提出船公司和特定港口配对分解转运思想，即特定航运公司和特定港口之间进行集装箱共享，并以整个联盟空箱调运费用最小为目标建模求解，求解结果也表明集装箱共享措施可以有效降低航运公司整体的空箱调运成本。

在集装箱运输服务共享方面，部分学者提出可由港口代理航运公司的空箱以及剩余舱位的分配，凭借港口的信息数据优势、舱位优势和经营航线数量优势，对整体资源进行整合，可以较快将剩余舱位与空箱进行匹配，降低经济成本。还有学者提出通过共同派船和舱位互租两种联盟形式，不仅能扩大班轮公司的航线覆盖面，提高客户服务水平，而且还能够提高班轮的舱位利用率，为班轮公司带来额外的运营收益。

在集装箱信息共享方面，现有研究多集中于跨国铁路集装箱运输、集装箱多式联运等参与方较多且各方信息交流不畅的集装箱运输方式。在海铁联运过程中，铁路与港口之间的信息交换多采用电子数据交换（Electronic Data Interchange，EDI）技术，信息交换模式也多采用点对点模式（铁路港站对港口）。部分学者分析了现有集装箱海铁联运信息交换的点对点模式的优缺点，基于EDI技术搭建了集装箱海铁联运信息共享模式平台，提出需要加强政府引导，推广标准统一的平台实施策略[22]。有学者提出借助区块链技术，利用其去中心化、防篡改等优点，打造跨国铁路集装箱运输信息共享平台，促进电子单证共享，提高运输效率[23]。在搭建集装箱信息共享平台之余，一些学者对集装箱信息共享的激励机制进行研究，建立了参与方信息共享的演化博弈模型，并对演化结果进行分析，提出了如何降低信息共享成本、提高信息共享受益等建立铁路集装箱信息共享激励机制的对策建议[24]。也有学者对集装箱海铁多式联运中的集装箱信息进行分类，判定以及处理，提出了统筹推进各种运输方式信息化建设、加快建立运输法律体系等集装箱多式联运信息共享策略[25]。

综上所述，集装箱共享的既有研究在政策、实施层面都有一定的成果，大量研究也表明集装箱共享确实可以降低集装箱运营企业的成本、增加利润。然而现有集装箱共享研究多以海运或者内陆的船公司为研究对象，对内陆铁路集装箱较少涉及，也缺乏针对多方参与的中欧班列相关研究。

（2）集装箱共享应用现状

在相关学者对集装箱共享理论不断研究的同时，一些企业也不断进行实践探索。1990年斯堪的纳维亚的几家航运公司一起将十万个集装箱投入到航运市场中，这十万个集装箱组成了集装箱池可供航运公司使用。2002—2009年，鹿特丹港几家小型航运公司组成了联盟，并在联盟范围内建立集装箱数据库系统并实现了集装箱共享。2005年，洛杉矶和长滩的集卡公司开展了一个名为虚拟集装箱堆场（Virtual Container Yard）项目，参与者可以发布空箱的位置、状态、型号等信息，可以为相同航运企业的集卡公司提供集装箱共享服务。2018年，丹麦“Block shipping”公司开始以最先进的区块链技术打造全球共享集装箱平台（Global Shared Container Platform，GSCP），该平台将统计全球约2 700万个集装箱的第一手实时登记信息，并允许参与者处理集装箱相关业务。

2014年，全球集装箱航运业五大巨头——中远集运、川崎汽船、阳明海运、韩进海运和长荣海运联合宣布成立航运联盟——CKYHE联盟，联盟成立后在集装箱共享方面也做出了一些尝试，具体做法是当联盟内某一成员在某港口的集装箱短缺时，可以免费或者以较低价格租用该港口其他成员的多余集装箱，然后在其他成员的需箱地区或者调箱费用较低的地区归还集装箱，有效降低了联盟内部空箱调运次数与费用。2019 年，国内的铁集共联科技有限公司（RTCC）设计了 35 吨铁路智能共享敞顶箱，并同时推出了国内第一个集装箱共享平台，以满足大宗物资生产企业，以及运输公司、铁路货站等物流企业对铁路大宗物资运载工具的共享需求。这些企业对于集装箱共享的实践给中欧班列实施集装箱共享提供了宝贵的经验。

13.1.3 中欧班列实施集装箱共享的基础

集装箱共享可以有效实现集装箱资源配置优化，对于目前需要降低成本提高竞争力的中欧班列来说十分重要，而中欧班列也具备实施集装箱共享的基础。

（1）理论政策基础

近几十年来对于集装箱共享的理论研究与实践探索已有较为充分的结果，能够为中欧班列实施集装箱共享提供扎实的理论基础。同时由原铁总倡议，中铁集装箱运输有限责任公司、中欧班列（成都、重庆、郑州、武汉、苏州、义乌、西安）的班列经营公司共同发起，中欧班列相关方广泛参与的企业层面议事协调机构——中欧班列运输协调委员会通过的重点工作之一就是进一步搭建集装箱共享平台，集中各单位的自备箱资源，为中欧班列实施集装箱共享提供了政策支持。

（2）现实基础

作为多参与方的铁路集装箱运输平台，中欧班列天然便具有联盟属性，各班列公司均在该“联盟”范围内进行运输生产活动。而中欧班列也具有共享经济的核心要素，各班列公司既为资源需求方也可以变成资源供给方，集装箱租赁公司则为资源供给方，共享平台则可以通过中欧班列运输协调委员会敦促建立。因此，中欧班列实施集装箱共享具有一定的现实基础。

综上所述，中欧班列具备一定的实施集装箱共享策略的基础，便于本书开展对于集装箱共享下的空箱调租优化的理论研究。

13.2 空箱调租概述

13.2.1 空箱调租内涵

空箱调租即空集装箱的调运与租赁。货物运输过程中货物流向、流量的不均衡，不可避免地导致空箱分布的不均衡，为了满足运输需要同时降低运营成本，需要对空集装箱进行合理的配置和调度，从而产生空箱调运与租赁。空箱调运是指运输企业将空箱从管辖站点中有剩余空箱的站点（空箱供给地）调运至空箱缺乏的站点（空箱需求地），空箱租赁是指运输企业租赁集装箱供应商的空箱并在使用后进行归还。

在中欧班列运输组织过程中，常常也会发生班列公司某站点的空集装箱不能满足运输需要的情况，本书提出的基于集装箱共享的中欧班列空箱调租，则是在现有中欧班列空箱调运与租赁措施之外，还能借用其他班列公司在该站点或其他站点处于空闲状态的集装箱进行运输。

13.2.2 空箱调租相关研究

空箱调租问题是由空箱调运问题发展而来，20 世纪 70 年代，西方学者最早注意到铁路集装箱运输发展过程中的空箱问题，并建立了一种简单的“时间—空间”网络空箱调运模型[26]。此后空箱调运研究逐渐延伸到公路、海运领域，并在集装箱海运以及集装箱公司的发展过程中出现了空箱租赁这一做法。目前空箱调租研究已经比较成熟，相关研究大致可以总结为以下三个方面：

（1）铁路空箱调运

铁路空箱调运由于研究起步较早，相关研究较为丰富，大致可以分为两类，一类主要研究理想模型及算法，另一类则以解决铁路运输实际为主要目标。理想模型算法方面，大多数学者以空箱调运费用最低或者以货主满意度最高（时间窗）为目标，建立了线性规划模型、多目标综合优化模型、随机机会约束模型、鲁棒优化模型等多种模型，并运用单纯性法等传统算法以及遗传算法等现代算法进行求解。铁路运输实际方面，部分学者将铁路运输货物或者货主的重要度进行排序，空箱调运优先为高价值货物或者高优先级货主服务[27]；也有学者注意到当空箱数量较少无法组织空车专列，需要采用混编的情况，考虑运输过程中技术站中转作业对空箱调运的影响[28]；还有学者从日计划和月计划两个层次进行空箱调运研究，分别建立了空箱调运日计划动态模型和月计划静态模型[29]。

（2）海运空箱调运

海运空箱调运相关研究起步也比较早。现有海运空箱调运与铁路空箱调运研究的主要区别在于，部分海运空箱调运考虑了空箱租赁、航运联盟以及相关的集装箱共享。大量学者在构建海运空箱调运模型时考虑空箱租赁的影响，将空箱租赁费用纳入模型总成本中[30]；

还有一些学者考虑航运联盟内或者船公司合作下的空箱调运，研究空箱共享、运力共享等不同策略下的空箱调运[31]。近些年，随着低碳理念逐渐成为全球范围内的共识，也有学者注意到碳排放、硫排放等环境因素在空箱调运过程中的影响，将碳排放成本纳入模型总成本中[32]。

（3）多式联运空箱调运

随着近些年海铁多式联运逐渐被世界各国重视，多式联运空箱调运研究也逐渐丰富。一些学者考虑运输能力限制和可租箱限制，区分确定型空箱需求与不确定型空箱需求，考虑可折叠箱与普通集装箱多种箱种等条件，建立多式联运空箱调运模型[33]。还有学者在港口群范围内，以单个陆运场站对应多个港口为前提，建立了多周期混合整数规划海铁联运空箱调运模型，证明了海陆协同有利于港口群公司降低成本[34]。在中欧海陆联运方面，也有学者假设在欧洲端和国内端空箱调运可以采用公路、铁路、水运三种形式，中欧间空箱调运可以采用班列运输和海陆联运两种形式，构建了成本最小的混合整数线性规划模型[35]。

综上所述，目前国内外对于一定区域内的铁路空箱调运、海运空箱调运、多式联运空箱调运都有较多的研究，模型从开始的确定条件型模型到现在的不确定条件（不确定运输需求、不确定运输时间等）型模型，求解算法也越来越智能。但是目前国内外空箱调运研究多是针对模型及算法，对于实际问题，例如中欧班列空箱调运则研究较少。此外，空箱调运模型也普遍针对单周期，对于多周期空箱调运研究较少。

13.3 基于集装箱共享的中欧班列空箱调租影响因素

在中欧班列空箱调运与租赁过程中，相关运营管理人员需要做出合理实际的决策，而决策的依据则需要以大量的信息为基础，其中包括中欧班列在各站点的空箱供给与需求水平、各班列公司的运作策略以及公司与其所处环境的关系。影响中欧班列调租的因素主要有以下几个方面。

（1）回程班列与去程班列的数量之比

中欧班列的回去程数量之比可以直接反映其空箱供给与需求的不平衡度。各班列由于发展情况不一，各自的回去程数量之比都不一样，例如中欧班列（重庆）能够达到“去一回一”的水平，只需要租赁一定量的费用较低的往返程集装箱即可满足需求；而中欧班列（武汉）的回程班列较去程班列较少，不仅需要在欧洲端进行空箱调运同时也需要租赁较多的费用较高的单程集装箱才能满足需求。

（2）班列公司集装箱保有量大小

各班列公司所拥有的集装箱量对于整体的空箱调租具有较大的影响。在中欧班列的运营网络中，如果班列公司集装箱保有量很少，则会导致集装箱周转紧张，必然会频繁调运空箱或者租赁大量的集装箱；反之，若班列公司集装箱保有量很大，集装箱周转则会宽裕很多，此时也就不必要频繁调运空箱或是租赁集装箱，然而大量的集装箱持有需要各班列公司付出大量的采购、维护、管理以及库存等成本。因此，中欧班列各公司需要根据各自的货源、当地政策、自身经营等情况综合考虑配备合适数量和类型的集装箱。

（3）空箱运输费率与租箱费率

中欧班列的空箱调租决策与其费用密切相关，为了尽可能减少中欧班列的运营成本，决策者们需要随时关注当前环境下的空箱运输费率与租箱费率。空箱运输费率指空箱从空箱供给地调运至空箱需求站每 FEU 每公里的运价；空箱租赁费率是指租赁集装箱每 FEU 每单位时间的价格。一般来说，当运输费率较高时，决策者更倾向租赁集装箱来满足需求；而当租箱费率较高时，决策者们则倾向在系统内调运空箱。

13.4　基于集装箱共享的中欧班列空箱调租决策因素

空箱调租决策既可以以调租时间最短或者货主满意度最优为目标，也可以以调租成本最小为目标。本书基于集装箱共享的中欧班列空箱调租决策就是在成本最小化的前提下做出满足运输需求的空箱调运与租赁决策，再结合前文中欧班列以及集装箱共享的相关分析总结，本书将空箱调租决策分为以下几个方面：

13.4.1　集装箱共享模式

集装箱共享是一个比较宏观的概念，需要根据中欧班列的具体特点给出其具体的实现形式。本书在针对集装箱共享研究相关总结的基础上，根据各班列公司对于中欧班列的角色定位，提出中欧班列的集装箱共享应当做到以下三个方面：

（1）信息共享

各班列公司、集装箱租赁公司、境外经营公司应共享自己所掌握的集装箱的位置、状态及型号等信息。

（2）使用共享

各班列公司的自备集装箱以及各班列公司已经租赁的集装箱应统一放到共享平台上。比如，当某班列公司在A站点有空箱需求时，可以使用其他班列公司在A站点及其相邻站点的空箱。

（3）还箱共享

还箱共享即某班列公司可以归还其他班列公司所租赁的集装箱。比如，某班列公司在某时间需要归还一定量的集装箱，但由于其堆存的集装箱量不足，则可以通过其他班列公司代为归还。

13.4.2 空箱调运决策

空箱调运决策指在某时间调运起始地的某数量集装箱到目的地。在实施集装箱共享之前，当某班列公司在某站点有空箱需求时，可以选择调运其在该站点附近的空箱或者从最近的租箱点租赁集装箱。而在实施集装箱共享之后，班列公司则多了一种选项，即可以选择调运其他班列公司在该站点或者临近站点的空箱。

针对中欧班列的跨境多、运输距离长、运输时间久的特点，中欧班列可分为两端（国内端和国外端），如果在一端考虑调运另一端的空箱，不仅会产生高额的空箱调运费用，也会因空箱运输时间久而提升决策的复杂度。因此，本书将中欧班列空箱调运分为两个相对独立的系统——国内端调运系统与国外端调运系统[17]，即空箱调运的起始点和目的地始终处于一个系统内。然而由于空箱调运必须满足中欧班列开行方案的需求，也要满足集装箱的还箱需求，所以两个系统之间又会互相影响。

13.4.3 空箱租赁决策

空箱租赁决策即班列公司在决策时间节点上应该租赁哪家集装箱公司的多少集装箱，对于中欧班列来说，由于自备箱数量不足，一直以来，空箱租赁费用都居高不下，因此，空箱租赁决策在整个决策过程中占重要地位。

13.4.4 空箱归还决策

空箱归还决策即班列公司在决策时间节点上应该归还哪家集装箱公司的多少集装箱。

在实施集装箱共享之前，班列公司只需要将之前所租赁的集装箱按期归还至还箱点即可。当实施集装箱共享后，班列公司则需要根据各班列公司所租赁的集装箱之和进行分配归还，该决策收到空箱调运决策以及空箱租赁决策的影响。

13.4.5　目标分析

通常情况下，空箱调租决策的目标可以选择最短的调租时间或最高的货主满意度，也可以聚焦于实现最低的调租成本。本书是在满足中欧班列运输需求的前提下尽可能减少空箱获取费用以及提高集装箱使用率。而空箱获取总费用一般可分为空箱调运费用、空箱租赁费用。集装箱使用率则可以通过周期内的平均堆存来体现。

第 14 章 基于集装箱共享的中欧班列空箱多周期调租优化模型与算例分析

目前很多中欧班列货主在班列公司预定空箱时会发现一个现象，班列公司往往只提供两周、一个月等较短时期内的空箱预定，而不能提供半年，一年等较长时间的空箱预定。造成这类现象的原因是多方面的，除了实际运营层面的随机因素干扰外，还有一个重要原因是班列公司未能很好地对较长时间内的运营决策进行分析，具体到中欧班列空箱调租上来，也就是缺乏对多周期空箱调租问题的分析。在特定时间从某空箱剩余地或租箱公司调运或租赁一定数量的空集装箱到某空箱缺乏地以满足运输需要，这便是空箱调租问题。而多周期空箱调租问题与单周期空箱调租问题的区别在于，单周期空箱调租问题的空箱富余地、缺箱地以及空箱供需量是预先设定的，在周期内不会随着时间发生变化，同一 OD 点（起讫点）之间往往只产生一次运输；多周期空箱调租问题虽然也会预设空箱富余地、缺箱地、供需量，但在整个周期内，这些因素都会产生变化，同一 OD 点之间也不止进行一次运输。

由于中欧班列实际运行过程在不同时期（阶段）均需要获取空箱与交还所租赁的集装箱，随着时间的变化，上一时期（阶段）的空箱调运及租赁情况会对接下来的一个甚至多个时期（阶段）产生影响，无论是国内段还是国外段的空箱在每一时期（阶段）的保有量和空箱供需角色也在发生不断的变化。可以看到中欧班列空箱获取是一个动态的决策过程，因此本书对于多个决策周期内的空箱组合优化研究更加符合中欧班列实际情况。

14.1 问题描述与假设

14.1.1 问题描述

在中欧班列日常运输组织过程中，每列需运载 50 个 40 英尺集装箱，因此，当某公司在某站点的空箱不足以开行班列时，可以通过调运一定数量的自己在相邻站点的集装箱以及租赁中铁集装箱或中远公司的集装箱来满足运输需要，而在本书所提出的集装箱共享策略下，该班列公司还可以借用其他班列公司在该站点或其他站点处于空闲状态的集装箱。对于各个班列公司而言，减少空箱获取费用尤为重要，本书以多周期空箱获取总费用最小建立数学模型。

14.1.2 模型基本假设

为保证模型的可行性和求解的难度，在建模前做出如下的假设：

（1）假设各班列公司均为理性行为人，不存在恶意占用空箱的情况。

（2）按照中欧班列开行情况，集装箱箱型统一指定为 40 英尺通用标准集装箱。

（3）各站点间的空箱调运费用、租箱费用均为已知。

（4）各站点间的运输需求均为已知。

（5）各公司在各站点均存在一定量的空箱堆存。

（6）不考虑集装箱损坏或者报废的情况。

（7）租赁集装箱公司的集装箱在离站点最近的租箱点租箱，并且无数量限制，且需要在规定的时间归还，如果归还超过了规定的时间则需要支付超期费用。

（8）目前班列公司开行方案多以一周为周期，故将决策期的单个周期定为一周。

（9）空箱调运决策中将中欧班列空箱调运系统分为国内端和国外端调运系统，即一次空箱调运的起始点和目的地始终处于一个系统内，并均能在一周内完成。

（10）模型仅考虑一种运输方式，即各站点之间仅采用铁路运输空箱。

14.1.3 模型参数及变量说明

模型参数及变量详细描述如表 14-1 所示，其中后 8 项为决策变量。

表14-1 参数及变量描述

参数	描述
I	全部站点的集合($i,j\in I$)，I_1 表示国内站点的集合，I_2 表示国外站点的集合
I_1	班列公司的集合($k,g\in I_1$)。由于班列公司立足于国内开行城市，所以用国内站点的集合来表示
T	决策期长度，周
b_{ik}^{t}	t 时期末 k 公司在站点 i 的集装箱初始量，FEU

续表

参数	描述
d_{ijk}^t	在 t 时期 k 公司由站点 i 到站点 j 的集装箱运输需求量，FEU
c_{ij}	由站点 i 到站点 j 的单箱运输费用，美元 /FEU
cj	租赁中铁集装箱公司的单箱单次费用，美元 /FEU
cy	租赁中远海运集团的单箱单次费用，美元 /FEU
$cj^{outlast}$	租赁中铁集装箱公司的单箱超期费用，美元 /FEU* 周
$cy^{outlast}$	租赁中远海运集团的单箱超期费用，美元 /FEU* 周
cj_i^{trans}	站点 i 至最近中铁集装箱公司租还箱点的单箱运输费用，美元 /FEU
cy_i^{trans}	站点 i 至最近中远海运集团租还箱点的单箱运输费用，美元 /FEU
c_i^{store}	站点 i 的单箱单周期存储费用，美元 /(FEU* 周)
hj	租赁中铁集装箱公司的集装箱单次使用时间，周
hy	租赁中远海运集团的集装箱单次使用时间，周
x_{ijkg}^t	在 t 时期 k 公司调用 g 公司在站点 i 的集装箱到站点 j 的数量，FEU
lj_{ik}^t	在 t 时期 k 公司在站点 i 租用中铁集装箱公司的集装箱量，FEU
ly_{ik}^t	在 t 时期 k 公司在站点 i 租用中远海运公司的集装箱量，FEU
hj_{ik}^t	在 t 时期 k 公司在站点 i 归还中铁集装箱公司的集装箱量，FEU
hy_{ik}^t	在 t 时期 k 公司在站点 i 归还中远海运公司的集装箱量，FEU
hjo^t	在 t 时期因超期未归还的中铁集装箱公司的集装箱量，FEU
hyo_{dom}^t	在 t 时期因超期未及时在国内归还的中远海运公司的集装箱量，FEU
hyo_{abr}^t	在 t 时期因超期未及时在国外归还的中远海运公司的集装箱量，FEU

14.2 模型建立

① 目标函数。本书建立以决策期内运输系统空箱获取总费用最小为目标的目标函数。其中，空箱调运成本：

$$Z_1 = \sum_{t \in T}\sum_{k \in I_1}\sum_{g \in I_1}\sum_{i \in I}\sum_{j \in I} x_{ijkg}^t c_{ij} \tag{14-1}$$

租赁成本，由租赁费、在租赁归还过程中所产生的运输费用以及超期费用组成：

$$Z_2=\sum_{t\in T}\sum_{k\in I_1}\sum_{i\in I}((cy+cy_i^{trans})\cdot ly_{ik}^t+(cj+cj_i^{trans})\cdot lj_{ik}^t+cj_i^{trans}\cdot hj_{ik}^t+cy_i^{trans}\cdot hy_{ik}^t+cj^{outlast}\cdot hjo_{ik}^t+cy_i^{outlast}\cdot hyo_{ik}^t)$$

（14-2）

存储成本：

$$Z_3=\sum_{t\in T}\sum_{k\in I_1}\sum_{i\in I}(c_i^{store}\cdot b_{ik}^t) \tag{14-3}$$

因此，目标函数为：

$$MinO(t)=Z_1+Z_2+Z_3 \tag{14-4}$$

② 集装箱量守恒约束：$\forall i\in I,\forall k\in I_1,\forall t\in T$有：

$$b_{ik}^t=b_{ik}^{t-1}+\sum_{g\in I_1}\sum_{j\in I}x_{jikg}^t+\sum_{j\in I}d_{jik}^t+lj_{ik}^t+ly_{ik}^t-\sum_{j\in I}d_{ijk}^t-hj_{ik}^t-hy_{ik}^t-\sum_{g\in I_1}\sum_{j\in I}x_{ijgk}^t \tag{14-5}$$

该约束表示：t时期末k公司在站点i的集装箱 = 上个时期末该公司在该站点的集装箱量 + 调来的空箱 + 中欧班列运输而来的重箱 + 租赁的集装箱 – 中欧班列运走的集装箱 – 归还的集装箱 – 调走的空箱。

③ 集装箱的归还约束：$\forall t\in T$有：

$$hyo_{dom}^{t-1}+\sum_{i\in I_2}\sum_{k\in I_1}ly_{ik}^{t-hy}=hyo_{dom}^t+\sum_{i\in I_1}\sum_{k\in I_1}hy_{ik}^t \tag{14-6}$$

$$hyo_{abr}^{t-1}+\sum_{i\in I_1}\sum_{k\in I_1}ly_{ik}^{t-hy}=hyo_{abr}^t+\sum_{i\in I_2}\sum_{k\in I_1}hy_{ik}^t \tag{14-7}$$

$$hjo^{t-1}+\sum_{i\in I_1}\sum_{k\in I_1}lj_{ik}^{t-hj}=hjo^t+\sum_{i\in I_1}\sum_{k\in I_1}hj_{ik}^t \tag{14-8}$$

式（14-6）表示：t时期国内端未及时归还的中远海运公司的集装箱 +t时期已经归还的中远海运集装箱 =t–1 时期国内端未及时归还的中远海运集装箱 +（t–hy）时期在国外所租赁的中远海运集装箱总和。式（14-7）与（14-8）表示同样含义，只是租赁对象分别变成在国外端租赁的中远海运集装箱和中铁集装箱公司的集装箱。

④ 空箱调出量约束：$\forall i\in I,\forall k\in I_1,\forall t\in T$有：

$$\sum_{g\in I_1}\sum_{j\in I}x_{ijgk}^t+hj_{ik}^t+hy_{ik}^t\le b_{ik}^{t-1} \tag{14-9}$$

该约束表示：对于站点i，k公司在该站点所调出的空箱与归还的空箱之和不超过其在上个时期末的空箱保有量。

⑤ 中欧班列运输稳定性：

$$\lim_{T \to \infty} \frac{1}{T} \sum_{t=1}^{T} \sum_{i \in I} \sum_{k \in I_1} E(b_{ik}^t) < \varepsilon \quad (14\text{-}10)$$

该约束表示：在时间周期趋于无穷大时，集装箱存储量即积压量的总和小于ε，ε表示一个小于无穷大的正数。该约束可以尽可能提高集装箱的使用率，保证中欧班列运输的稳定性。

⑥ 调租条件约束：

$$x_{ijkg}^t = 0(\forall i \in I_1, \forall j \in I_2) or (\forall i \in I_2, \forall j \in I_1) \quad (14\text{-}11)$$

$$x_{ijkg}^t = 0(\forall i \in I_1, k \neq j) or (\forall i \in I_1, g \neq i) \quad (14\text{-}12)$$

$$lj_{ik}^t = 0(\forall i \in I_1, k \neq i) or (\forall i \in I_2) \quad (14\text{-}13)$$

式（14-11）表示空箱调运只发生在同一端调运系统内，否则空箱调运量为 0。式（14-12）表示国内站点必须与班列公司相匹配，否则空箱调运量为 0。式（14-13）表示租赁中铁集装箱公司的集装箱时站点与班列公司必须匹配，并且只能在国内端租赁中铁集装箱的集装箱，否则租赁数量为 0。

⑦ 非负整数约束：

$x_{ijkg}^t, lj_{ik}^t, ly_{ik}^t, b_{ik}^t, hy_{ik}^t$ 均为非负整数。

14.3 模型求解

中欧班列多周期空箱组合优化模型涉及空箱调运、空箱租赁及归还、空箱存储等因素，是一个决策期 T 的全局优化问题，每一时期的决策都会影响到下个时期的决策和空箱存储量，而且还引入了保证中欧班列运输稳定性的约束条件（14-10）。基于此，本书将采用 Lyapunov 优化算法将该全局优化问题转换为单一时段的优化问题，并使用遗传算法对单一时段的问题进行求解。

Lyapunov 优化方法广泛应用于控制理论，其原理是利用 Lyapunov 函数控制动力系统来保证系统的稳定性。根据该方法的原理，其具有以下优点：可以将多周期的全局优化问题转换为单一周期的优化问题，降低问题的复杂度；在对原问题进行优化的同时可以保证网络的稳定性；可以通过控制参数使结果无限接近最优解。

14.3.1　模型转换

Lyapunov 优化方法主要由两部分内容：Lyapunov 函数和 Lyapunov 漂移加罚组成。

（1）Lyapunov 函数

由俄罗斯数学家 Lyapunov 发表并命名的 Lyapunov 函数可以证明常微分方程平衡的稳定性，虽然目前尚未存在 Lyapunov 函数的构造技巧，但对于大部分只有一个状态的系统而言，构造一个二次函数的 Lyapunov 函数就已足够。因此对于本书所构建的模型，可定义一个周期内的二次 Lyapunov 函数为：

$$L=\frac{1}{2}(b_{ik}^{t})^{2} \tag{14-14}$$

该式（14-14）可以用来衡量 t 时期整个中欧班列网络的空箱积压。

接下来，定义相邻时期的 Lyapunov 函数的改变量为 Lyapunov 漂移：

$$\Delta(t)=\frac{1}{2}(b_{ik}^{t+1})^{2}-\frac{1}{2}(b_{ik}^{t})^{2} \tag{14-15}$$

由 Lyapunov 漂移的定义可知其能反应空箱积压的情况，当最小化 Lyapunov 漂移时，也就最小化了相邻时期的空箱积压的平方差，也就满足了约束（14-10），因此在后面模型转换后可将约束（14-10）去掉。

再将式（14-5）代入（14-2）可得：

$$\begin{aligned}
\Delta(t)=&\frac{1}{2}\left[b_{ik}^{t}+\sum_{g\in I_1}\sum_{j\in I}x_{jikg}^{t}+\sum_{j\in I}xq_{jik}^{t}+lj_{ik}^{t}+ly_{ik}^{t}-\sum_{j\in I}xq_{ijk}^{t}-hj_{ik}^{t}-hy_{ik}^{t}-\sum_{g\in I_1}\sum_{j\in I}x_{ijgk}^{t}\right]^{2}-\frac{1}{2}\left(b_{ik}^{t}\right)^{2}\\
\leqslant&\frac{1}{2}\left[\sum_{g\in I_1}\sum_{j\in I}x_{jikg}^{t}+\sum_{j\in I}xq_{jik}^{t}+lj_{ik}^{t}+ly_{ik}^{t}\right]^{2}+\frac{1}{2}\left[\sum_{j\in I}xq_{ijk}^{t}+hj_{ik}^{t}+hy_{ik}^{t}+\sum_{g\in I_1}\sum_{j\in I}x_{ijgk}^{t}\right]^{2}\\
&+b_{ik}^{t}[\sum_{j\in I}xq_{jik}^{t}+lj_{ik}^{t}+ly_{ik}^{t}-\sum_{j\in I}xq_{ijk}^{t}-hj_{ik}^{t}-hy_{ik}^{t}-\sum_{g\in I_1}\sum_{j\in I}x_{ijgk}^{t}]\\
\leqslant&B+b_{ik}^{t}[\sum_{j\in I}xq_{jik}^{t}+lj_{ik}^{t}+ly_{ik}^{t}-\sum_{j\in I}xq_{ijk}^{t}-hj_{ik}^{t}-hy_{ik}^{t}-\sum_{g\in I_1}\sum_{j\in I}x_{ijgk}^{t}]
\end{aligned} \tag{14-16}$$

其中，$B=\frac{1}{2}a_{\max}^{2}+\frac{1}{2}\left(b_{ik}^{t}\right)_{\max}^{2}$是一个常数，$a_{\max}$代表最大运输需求量也就是调运和租赁空箱的上限，后一项代表最大存储量也就是调走空箱的上限。

（2）Lyapunov 加罚漂移

Lyapunov 加罚漂移是在可以保证网络稳定性的前提下对目标函数进行优化的一种方法。在 Lyapunov 漂移的基础上加入罚函数即优化的目标函数，对于本模型构建 Lyapunov 加罚漂移如下：

$$\Delta_v(t)=\Delta(t)+V\bullet O(t) \tag{14-17}$$

其中，$O(t)$是本书模型的目标函数即成本最小函数，V是权重系数，通过最小化$\Delta_v(t)$可同时优化$\Delta_v(t)$和$O(t)$，既满足了约束（14-10），又可以最小化空箱获取成本。而V的取值则表示对于空箱获取成本的看重程度，V越小则代表更注重中欧班列网络的稳定性，反之则代表更注重空箱获取成本。

将式（14-16）代入式（14-17）可得：

$$\Delta_v(t)=\Delta(t)+V\bullet O(t)\le B+\Delta_v^*(t) \tag{14-18}$$

由于B为一个常数，因此只需要优化$\Delta_v^*(t)$即可：

$$\begin{aligned}\Delta_v^*(t)=&\sum_{k\in I_1}\sum_{i\in I}b_{ik}^t\Big(\sum_{j\in I}xq_{jik}^t+lj_{ik}^t+ly_{ik}^t-\sum_{j\in I}xq_{ijk}^t-hj_{ik}^t-hy_{ik}^t-\sum_{g\in I_1}\sum_{j\in I}x_{ijgk}^t\Big)\\&+V\Big[\sum_{k\in I_1}\sum_{g\in I_1}\sum_{i\in I}\sum_{j\in I}x_{ijkg}^tc_{ij}+\sum_{k\in I_1}\sum_{i\in I}\big((cy+cy_i^{trans})\cdot ly_{ik}^t+(cj+cj_i^{trans})\cdot lj_{ik}^t\big)\\&+\sum_{k\in I_1}\sum_{i\in I}(cj_i^{trans}\cdot hj_{ik}^t+cy_i^{trans}\cdot hy_{ik}^t)+\sum_{k\in I_1}\sum_{i\in I}(c_i^{store}\cdot b_{ik}^t)\Big]\end{aligned} \tag{14-19}$$

（3）模型转换

根据以上步骤最终将多周期的全局优化模型转换为了单周期的优化模型，其最小化目标函数为式（14-19），约束为式（14-5）到式（14-13）并去掉式（14-10）。

14.3.2 求解步骤

利用 Lyapunov 优化算法将多周期全局优化问题转换为单一时段的优化问题后，很大程度减少了模型复杂度，设计遗传算法对转换后的模型进行求解，求解步骤如下所示：

Step 1：输入算例基础数据，包括空箱运输成本、各站点初始空箱存储量、运输需求等，设置遗传算法参数，包括迭代次数、种群规模、交叉以及变异概率等；

Step 2：进入 t=1 的单周期优化模型的遗传算法计算；

Step 3：根据前文第 3 章的编码、初始种群生成、选择、交叉、变异等方式进行相应操作，迭代次数后得到 t=1 时的最优调租方案；

Step 4：令 $t=t+1$，根据前几个时段的最优调租方案更新 t 时期初的各站点空箱存储量；

Step 5：进入 t 时期的单周期优化模型的遗传算法计算，并进行步骤 3 后得到 t 时期的最优调租方案；

Step 6：反复执行 Step 4-5，直到 $t>T$ 时停止。此时，每个时期的最优调租方案即组成了最终的调租方案。

14.3.3　算例数据与费用计算

（1）算例数据

首先，本节在设计算例时，以实际数据为基础进行一定浮动调整，从而进行算例分析。其次，选择研究对象时，为确保研究内容具有代表性，选择常态化开行的中欧班列平台公司，这些班列公司已形成固定班期，并拥有稳定的货源。满足条件的始发城市有：成都、重庆、郑州、乌鲁木齐、西安、武汉、长沙、义务、哈尔滨、沈阳、营口港、苏州、合肥。满足条件的终到城市有：罗兹、蒂尔堡、纽伦堡、莫斯科、明斯克、杜伊斯堡、汉堡、马拉舍维奇、列日、马德里、华沙、慕尼黑、科沃拉、布达佩斯、里昂、杜塞尔多夫、赫尔辛基。

本节设计算例所需各班列公司每周固定开行计划和初始集装箱量见表 14-2 和表 14-3。

表14-2　中欧班列每周固定开行计划（基于2019年数据调整）

班列公司	始发城市	达到城市	去程每周列数/列	去程每周箱数/FEU	回程每周列数/列	回程每周箱数/FEU
成都国际铁路班列有限公司	成都	罗兹	5	250	4	200
	成都	蒂尔堡	4	200	3	150
	成都	纽伦堡	2	100	1	50
渝新欧（重庆）物流有限公司	重庆	杜伊斯堡	7	350	7	350
	重庆	汉堡	2	100	2	100
郑州国际陆港公司	郑州	汉堡	8	400	6	300
	郑州	列日	2	100	2	100
	郑州	慕尼黑	1	50	0	0

续表

班列公司	始发城市	达到城市	去程每周列数/列	去程每周箱数/FEU	回程每周列数/列	回程每周箱数/FEU
乌鲁木齐国际陆港有限责任公司	乌鲁木齐	莫斯科	4	200	2	100
	乌鲁木齐	杜伊斯堡	1	50	0	0
西安国际陆港多式联运有限公司	西安	汉堡	3	150	3	150
	西安	科沃拉	1	50	1	50
	西安	布达佩斯	2	100	0	0
武汉汉欧国际物流有限公司	武汉	汉堡	2	100	1	50
	武汉	马拉舍维奇	1	50	0	0
	武汉	杜伊斯堡	2	100	1	50
	武汉	莫斯科	1	50	0	0
	武汉	里昂	1	50	1	50
湖南湘欧快线物流有限公司	长沙	马拉舍维奇	1	50	0	0
	长沙	汉堡	1	50	1	50
	长沙	杜伊斯堡	1	50	1	50
	长沙	明斯克	2	100	0	0
义乌天盟实业投资有限公司	义乌	马德里	1	50	0	0
	义乌	杜伊斯堡	1	50	1	50
	义乌	明斯克	1	50	1	50
	义乌	莫斯科	1	50	0	0
哈欧国际物流股份有限公司	哈尔滨	汉堡	1	50	1	50
	哈尔滨	莫斯科	2	100	1	50
	哈尔滨	明斯克	1	50	0	0
沈满欧（沈阳）国际物流有限公司	沈阳	莫斯科	2	100	1	50
	沈阳	华沙	1	50	0	0
	沈阳	汉堡	1	50	1	50

续表

班列公司	始发城市	达到城市	去程每周列数/列	去程每周箱数/FEU	回程每周列数/列	回程每周箱数/FEU
辽宁沈铁红运物流有限公司	营口港	华沙	1	50	1	50
	营口港	莫斯科	2	100	1	50
苏州市国际班列货运有限公司	苏州	华沙	1	50	1	50
	苏州	莫斯科	2	100	1	50
合肥国际内陆港发展有限公司	合肥	汉堡	2	100	1	50
	合肥	杜塞尔多夫	1	50	1	50
	合肥	赫尔辛基	1	50	0	0

数据来源：中国一带一路网、各班列公司官网

表14-3　班列公司在各站点的初始集装箱量（基于2019年数据调整）

班列公司	自备箱总量/FEU	站点	集装箱量/FEU
成都国际铁路班列有限公司	850	成都	310
		罗兹	240
		蒂尔堡	180
		纽伦堡	120
渝新欧（重庆）物流有限公司	620	重庆	300
		杜伊斯堡	240
		汉堡	80
郑州国际陆港公司	770	郑州	310
		汉堡	300
		列日	100
		慕尼黑	60
乌鲁木齐国际陆港有限责任公司	400	乌鲁木齐	120
		莫斯科	200
		杜伊斯堡	80

续表

班列公司	自备箱总量/FEU	站点	集装箱量/FEU
西安国际陆港多式联运有限公司	410	西安	150
西安国际陆港多式联运有限公司	410	汉堡	120
		科沃拉	50
		布达佩斯	90
武汉汉欧国际物流有限公司	490	武汉	120
		汉堡	100
		马拉舍维奇	60
		杜伊斯堡	100
		莫斯科	50
		里昂	60
湖南湘欧快线物流有限公司	360	长沙	110
		马拉舍维奇	50
		汉堡	50
		杜伊斯堡	50
		明斯克	100
义乌天盟实业投资有限公司	370	义乌	130
		马德里	60
		杜伊斯堡	60
		明斯克	60
		莫斯科	60
哈欧国际物流股份有限公司	380	哈尔滨	160
		汉堡	60
		莫斯科	100
		明斯克	60

续表

班列公司	自备箱总量/FEU	站点	集装箱量/FEU
沈满欧（沈阳）国际物流有限公司	360	沈阳	140
		莫斯科	100
		华沙	60
		汉堡	60
辽宁沈铁红运物流有限公司	240	营口港	120
		华沙	40
		莫斯科	80
苏州市国际班列货运有限公司	250	苏州	120
		华沙	50
		莫斯科	80
合肥国际内陆港发展有限公司	390	合肥	180
		汉堡	90
		杜塞尔多夫	60
		赫尔辛基	60

数据来源：各班列公司官网、调研资料整理。

（2）费用计算

在集装箱流转过程中，需要用到的费用主要有各站点间的空箱运输费用、不同公司的集装箱租赁费用和在租赁归还过程中所产生的运输费用、各站点的存储费用等。

① 各站点间的空箱运输费用。

a．国内端。

目前国内铁路集装单箱运输费用计算公式为：

单箱运费 = 基价 1+ 基价 2 运价里程 + 电气化附加费率运价里程，即

$$c_{ij}=c_1+c_2\times l_{ij}+c_f\times l_{ij} \tag{14-20}$$

其中，c_{ij}表示站点 i 到站点 j 的单箱运输费用，c_1 元；c_1 表示基价 1，c_2 元 / 箱；c_2

表示基价 2，元 / 箱公里；l_{ij}表示站点 i 到站点 j 的运价里程，公里；c_f表示铁路电气化附加费率，元 / 箱公里。

根据中国铁路总公司《关于调整铁路集装箱运价有关事项的通知》的规定，可以得到铁路重箱运价率和电气化附加费率，再根据中国铁路总公司《中国铁路总公司关于大力发展自备箱运输提高集装箱铁路运量的通知》，空箱运费调整为重箱运价率的 10%，其结果见表 14-4。

根据《中国铁路货物运价里程表》所获得各站点间的铁路运价里程、式 14-20 以及表 14-4 可以得到国内各站点间的空箱单箱运输费用，并通过当前汇率转换成美元，结果见表 14-5。

表14-4　40英尺重空箱运价率和电气化附加费率（基于2020年数据调整）

	基价1		基价2		电气化附加费率	
	单位	标准	单位	标准	单位	标准
40英尺重集装箱	元/箱	532	元/箱公里	3.357	元/箱公里	0.238
40英尺空集装箱	元/箱	53.2	元/箱公里	0.335 7	元/箱公里	0.238

数据来源：国铁集团。

表14-5　班列中国端城市间空箱运输费用（基于2020年数据调整）

（单位：美元 /FEU）

城市	成都	重庆	郑州	乌鲁木齐	西安	武汉	长沙	义乌	哈尔滨	沈阳	营口	天津	苏州
重庆	62.2												
郑州	153.4	146.3											
乌鲁	327.6	349.6	333.8										
西安	98.8	99.5	63.0	279.2									
武汉	165	145	63.3	383.3	112.8								
长沙	180	133.8	108.4	428.4	158	53.9							
义乌	259.9	239.9	139.3	449.9	179.1	103.6	101						
哈尔	415.1	395.1	234.2	460.4	277.3	273	318.5	316.2					

续表

城市	成都	重庆	郑州	乌鲁木齐	西安	武汉	长沙	义乌	哈尔滨	沈阳	营口	天津	苏州
沈阳	355.8	336.1	175	433.1	218.4	214.1	259.3	256.9	67.9				
营口	374.9	354.9	194	451.9	237.2	233.1	278.3	276	86.7	23.6			
天津	279.3	259.3	98.4	348.6	141.6	137.5	182.7	180.4	144.5	85.3	104.3		
苏州	249.8	229.8	108.2	433.2	162.5	110.5	143.4	51.2	277.6	218.7	237.7	142.1	
合肥	200.2	180.3	74.7	385	114.5	67.1	112.6	75.2	251.6	192.3	211.4	115.8	60.1

数据来源：国铁集团、新闻整理。

b．国外端。

根据网站查询 [18] 以及文件《统一过境运价规程》[19] 可得到国外端终到城市各站点间的铁路运价里程，部分见表 14-6。根据相关调研资料，可得不同轨距段的基础运输费率 [20]，见表 14-7。

表14-6　班列终到城市间铁路运价里程（基于2020年数据调整）

（单位：km）

	罗兹	蒂尔堡	纽伦堡	莫斯科	明斯克	杜伊斯堡	汉堡	马拉
蒂尔堡	1 229							
纽伦堡	682	652						
莫斯科	355+1 111	1 433+1 111	1 213+1 111					
明斯克	355+361	1 433+361	1 213+361	361				
杜伊斯堡	1 060	151	468	1 286+1 111	1 286+361			
汉堡	764	517	616	1 055+1 111	1 055+361	378		
马拉	355	1 433	1 213	1 111	361	1 286	1 055	
列日	1 101	231	525	1 445+1 111	1 445+361	184	581	1 445

* 注："+"前是标准轨距的里程，"+"后为宽轨里程。

数据来源：网站 International Container Shipping | Online Freight Marketplace（searates.com）。

表14-7 不同轨距路段基础运输费率（基于2020年数据调整）

（单位：美元 /FEU · km）

轨距	基础运输费率
宽轨段	0.51
标准轨段	1.5

数据来源：铁路合作组织委员会。

根据表 14-7 的运费率，再对应表 14-6 的运价里程即可得到各站点间的单箱运输费用，部分结果见表 14-8。

表14-8　班列欧洲端城市间铁路空箱运输费用（基于2020年数据调整）

（单位：美元 /FEU）

	罗兹	蒂尔堡	纽伦堡	莫斯科	明斯克	杜伊斯堡	汉堡	马拉
蒂尔堡	1 843.5							
纽伦堡	1 023	978						
莫斯科	1 099.1	2 716.1	2 386.1					
明斯克	716.6	2 333.6	2 003.6	541.5				
杜伊斯堡	1 590	226.5	702	2 495.6	2 113.1			
汉堡	1 146	775.5	924	2 149.1	1 766.6	567		
马拉	532.5	2 149.5	1 819.5	1 666.5	541.5	1 929	1 582.5	
列日	1 651.5	346.5	787.5	2 734.1	2351.6	276	871.5	2 167.5

② 租还箱所产生的费用。

a．租赁费用。

根据市场调研以及文献整理，各班列公司主要租赁中铁集装箱公司和中远公司集装箱，但不同公司租赁费以及租还箱要求有差异，并且超期后单周费用相比原来单周费用增加 50%，见表 14-9。

表14-9　不同公司集装箱租赁费及租还要求（基于2019年数据调整）

公司名称	单次租赁费（美元/FEU）	单次使用时间（周）	超期后每周费用（美元/FEU）	租还要求
中铁集装箱公司	145	6	36.25	国内租，国内还
中远海运集团	900	3	450	国内租国外还；国外租国内还

数据来源：中铁集装箱公司官网和中远海运集团公司官网。

b. 租赁与归还所产生的运输费用。

通过中铁集装箱公司官网，该公司在国内目前拥有 13 个铁路中心站，并且拥有 4 万余只 40 英尺国际标准铁路通用集装箱。

根据《中国铁路货物运价里程表》可获得离班列始发城市最近的铁路中心站的运价里程，并通过式 14-20 以及表 14-4 得到空箱运输费用，通过当前汇率转换成美元，租赁与归还所产生的运输费用结果见表 14-10。

表14-10　班列始发城市至最近中铁集装箱中心站的运输费用（基于2019年数据调整）

（单位：美元 /FEU）

班列始发城市	最近中铁集装箱中心站	运输费用
成都	成都	0
重庆	重庆	0
郑州	郑州	0
乌鲁木齐	乌鲁木齐	0
西安	西安	0
武汉	武汉	0
长沙	武汉	53.9
义乌	宁波	37.3
哈尔滨	大连	110
沈阳	大连	50.8
营口	大连	36.6

续表

班列始发城市	最近中铁集装箱中心站	运输费用
天津	天津	0
苏州	上海	17.9
合肥	武汉	67.1

数据来源：中铁集装箱公司官网。

根据中远海运集团官网，该公司在国内16个城市、欧洲大约有24个城市经营航线。

根据《中国铁路货物运价里程表》及调研数据得到中欧班列始发及终到城市至最近中远海运集团最近经营城市的空箱运输费用，见表14-11和表14-12。

表14-11　中欧班列中国端城市至最近中远海运经营城市的运输费用（基于2019年数据调整）

（单位：美元 /FEU）

班列始发城市	最近中远海运经营城市	运输费用
成都	钦州	201.6
重庆	钦州	162.7
郑州	连云港	68.5
乌鲁木齐	天津	348.6
西安	连云港	122.8
武汉	上海	119.4
长沙	广州	85.7
义乌	宁波	37.3
哈尔滨	大连	110
沈阳	大连	50.8
营口	大连	36.6
天津	天津	0
苏州	上海	17.9
合肥	上海	69

数据来源：中远海运集团公司官网。

表14-12　中欧班列欧洲端城市至最近中远海运经营城市的运输费用（基于2019年数据调整）

（单位：美元 /FEU）

班列终到城市	最近中远海运经营城市	运输费用
罗兹	格但斯克	688.5
蒂尔堡	鹿特丹	105
纽伦堡	汉堡	924
莫斯科	圣彼得堡	396.8
明斯克	克莱佩达	263.1
杜伊斯堡	鹿特丹	327
汉堡	汉堡	0
马拉舍维奇	格但斯克	781.5
列日	安特卫普	222
马德里	毕尔巴鄂	487.5
华沙	格但斯克	492
慕尼黑	汉堡	1 222.5
科沃拉	科特卡	81
布达佩斯	格但斯克	1 813.5
里昂	勒阿弗尔	982.5
杜塞尔多夫	安特卫普	264
赫尔辛基	赫尔辛基	0

数据来源：中远海运集团公司官网。

此外，通过文献与现场调研得到国内外站点空箱存储费用表 14-13，其中国内端空箱存储费用由原铁总文件《中国铁路总公司关于大力发展自备箱运输提高集装箱铁路运量的通知》可知空箱可免费堆存 50 日，国外端空箱存储费则由班列公司及欧洲现场调研获得。

表14-13　中欧班列国内外空箱存储费（基于2020年数据调整）

（单位：美元 /FEU・周）

	国内端	国外端
空箱存储费	0	49

数据来源：国铁集团、调研整理。

14.4　求解结果与对比分析

将选取的 13 家班列公司的空箱获取数据分别代入中欧班列多周期空箱组合优化模型，可以得到集装箱未共享下空箱获取费用情况，具体见表 14-14。

表14-14　集装箱未共享下各班列公司空箱获取费用情况

（单位：美元）

班列公司	总费用	空箱调运费用	空箱租赁费用	空箱存储费用
成都	19 822 898	9 350 134	4 976 434	5 496 330
重庆	1 611 496	774 145	304 721	532 630
郑州	7 461 440	3 014 375	2 163 665	2 283 400
乌鲁	9 675 327.375	1 788 846.875	2 253 563	5 632 917.5
西安	10 895 117.5	7 956 277.5	1 616 330	1 322 510
武汉	20 353 626.13	8 231 013.875	8 814 377.25	3 308 235
长沙	1 147 0476.9	5 754 724.05	2 598 029.85	3 117 723
义乌	10 616 750.1	6 553 708.2	1 905 081.9	2 157 960
哈尔滨	8 192 840.025	4 168 062.225	1 840 945.8	2 183 832
沈阳	8 038 566.675	4 443 702.675	1 299 091.5	2 295 772.5
营口	5 644 801.8	2992791.4	1 094 300.4	1 557 710
苏州	2 369 557.05	1 090 318.25	557 370.8	721 868
合肥	6 636 553.2	2 968 180.5	1 646 828.7	2 021 544
累计	122 789 450.8	59 086 279.55	31 070 739.2	32 632 432

中欧班列（武汉）各项费用在 13 家班列公司中最高，而中欧班列（重庆）最低，分析其原因有：重庆是少有的能够实现“去一回一”的中欧班列开行城市，在去回程平衡的情况下基本不存在空箱问题，并且中铁集装箱公司在重庆有一个中心站，进一步减少了租赁过程中的运输费用。反之，中欧班列（武汉）去 7 回 2，回程班列较去程严重不足，并且中欧班列（武汉）在国外通达城市较多相互之间距离较远，最终导致空箱获取总费用最高。

将集装箱共享下的各项费用与未共享下的各项费用及空箱堆存量进行对比，具体情况见表 14-15。

表14-15　中欧班列集装箱共享前后对比分析表

	集装箱共享	集装箱不共享	减少率
总费用/美元	120 379 701.8	122 789 450.8	1.96%
调运费用/美元	76 441 519.6	59 086 279.55	–29.37%
租赁费用/美元	28 175 274.2	31 070 739.2	9.32%
存储费用/美元	15 762 908.0	32 632 432	51.7%
平均每周每站点空箱堆存量/FEU	327	465	29.54%

根据表 14-15 对比分析，可得到如下结论：

（1）对比两种策略下的中欧班列空箱获取费用，可知集装箱共享可以有效减少空箱获取成本、空箱租赁成本以及空箱存储成本。

（2）集装箱共享下的调运费用变多，说明在集装箱共享策略下，中欧班列各公司的合作明显加强，可以从其他班列公司借调更多的空箱，从而在一定程度上减少租箱的费用。

（3）集装箱共享下每周每站点的平均空箱堆存量明显减少，说明集装箱共享可以明显减少无效堆存的集装箱，明显提高集装箱利用率，减少中欧班列集装箱资源的浪费，进一步提高中欧班列品牌生命力。

14.5　灵敏度分析

当分析某些参数的灵敏度时，需要保持其他参数不变。由于中欧班列集装箱流转过程，空箱运输费率、租箱费率等因素对于中欧班列的空箱调租决策具有相当的影响力，接下来本节将分别对其进行灵敏度分析。

14.5.1 空箱运输费率

随着空箱运输费率的变化，集装箱共享与否的空箱获取总费用变化如图 14-1 所示，费用单位为 1 000 美元。

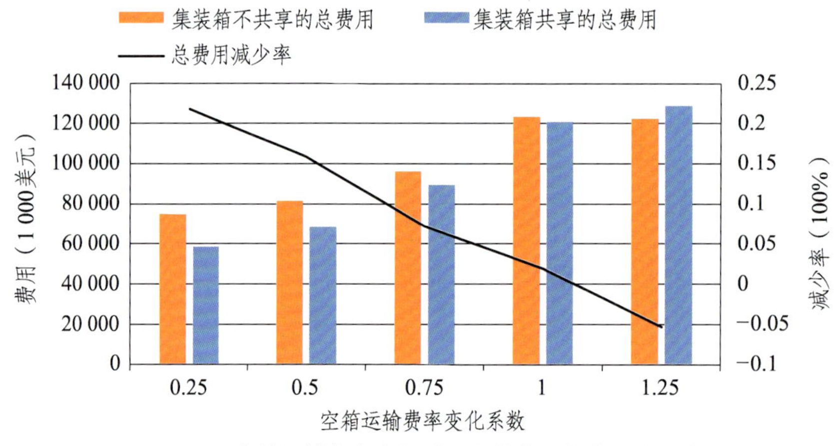

图 14-1　空箱运输费率变化对于空箱获取总费用的影响

对于平均每周每站点的空箱堆存量的影响如图 14-2 所示，堆存量单位为 FEU。

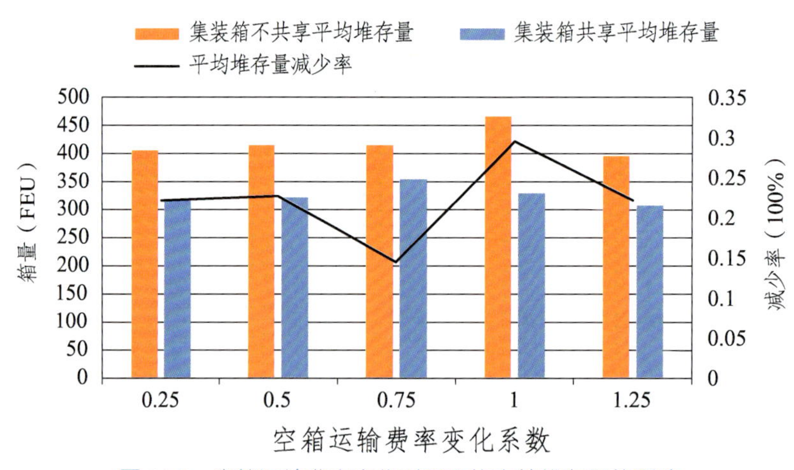

图 14-2　空箱运输费率变化对于平均空箱堆存量的影响

而空箱运输费率对于调运费用在总费用的占比影响如图 14-3 所示。

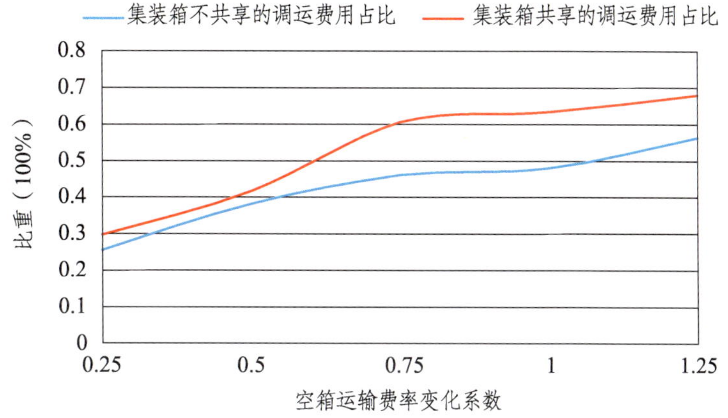

图 14-3　空箱运输费率变化对于调运费用占比影响

分析图 14-1~ 图 14-3，可以得出以下结论：

（1）空箱运输费率越低，空箱获取总成本就越低，并且集装箱共享可以减少的成本就越多，当空箱运输费率为原来的 1/4 时，集装箱共享减少率达到 21.8%。但随着空箱运输费率的提高，集装箱共享所减少的成本越来越有限，并且当运输费率为原来的 1.25 倍时，此时集装箱共享后成本反而增加了，其原因与集装箱利用率有关系。为了提高集装箱利用率，集装箱共享策略会尽可能将空箱调运出去，而当空箱运输费率达到一定的阈值时，则会导致空箱调运费用增加从而使得空箱获取总费用增加。这说明了集装箱共享在空箱低水平的运输费率下更显优势。

（2）空箱运输费率对于空箱平均堆存量没有明显影响，无论是集装箱共享前还是共享后，其平均堆存量均没有明显波动。这是因为在模型转换后，在求解空箱获取成本最小的同时保证了中欧班列的稳定性。

（3）无论是集装箱共享前还是共享后，空箱运输费率的升高都会导致空箱调运费用占总费用比重的上升。

14.5.2　集装箱租赁费率

集装箱租赁在整个中欧班列空箱调租过程中扮演相当重要的角色，因此对集装箱租箱费率进行灵敏度分析有助于中欧班列采用针对性的集装箱租赁对策。其对总空箱费用（单位 1 千美元）、平均每周每站点的空箱堆存量（单位 FEU）、租箱费用占比的影响如图 14-4~ 图 14-6 所示。

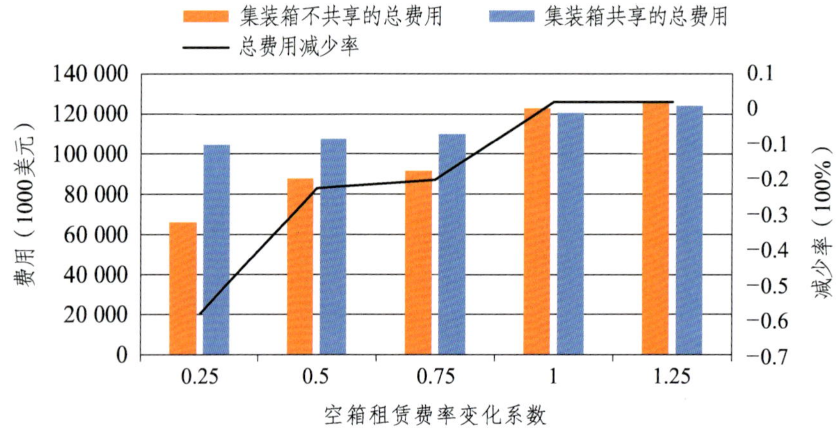

图 14-4 空箱租赁费率变化对于空箱获取总费用的影响

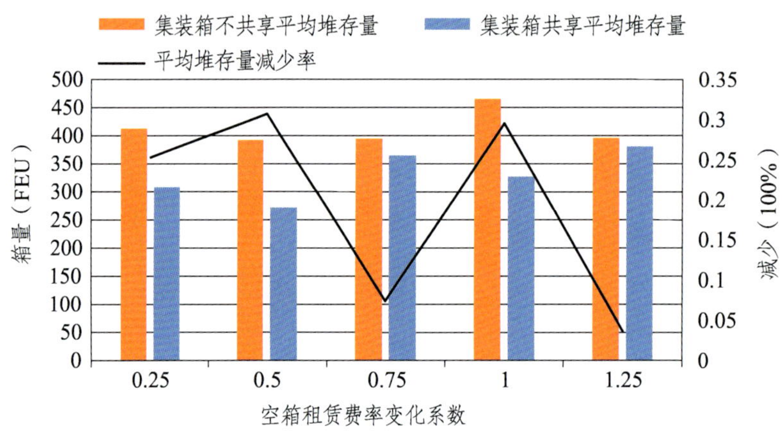

图 14-5 空箱租赁费率变化对于平均空箱堆存量的影响

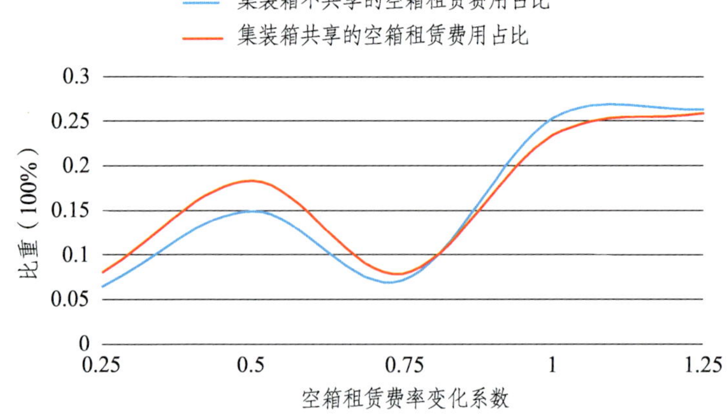

图 14-6 空箱租赁费率变化对于租箱费用占比影响

对比分析图 14-7~ 图 14-9 可以得出以下结论：

（1）随着租箱费率的不断提高，中欧班列的空箱获取总费用也逐渐增多，集装箱共享所带来的收益也越明显。值得注意的是，当租箱费率变化系数低于 1 时，集装箱共享下的总费用反而比不共享下的总费用要高，这是因为在较低租箱费率水平时，各班列公司都会倾向租赁更多的集装箱，减少自身的空箱调运，然而集装箱共享下的中欧班列为了提高集装箱利用率、减少空箱堆存，则会尽量使集装箱在网络中流通，从而导致了总费用的增加。反之，当租箱费率变化系数大于等于 1 时，集装箱共享则既可以减少空箱的堆存，又可以减少空箱获取总费用。

（2）结合前面对于空箱运输费率的分析，可以发现集装箱共享所带来的收益与租箱费率和运输费率的比值有关，当比值上升时，说明调运空箱更有优势，此时集装箱共享在减少空箱堆存的同时也能减少空箱获取总费用；反之当比值下降时，说明此时租箱会更有优势，此时集装箱共享则会为了减少空箱堆存反而增加部分空箱获取费用。

（3）与空箱运输费率对于空箱堆存量的影响类似，租箱费率的变化与空箱堆存量的关联性不大，但同样说明了集装箱共享可以有效减少集装箱闲置、提高集装箱利用率。

（4）无论是集装箱共享前还是共享后，空箱租赁费率的升高在总体趋势上导致空箱租赁费用占比增多。这说明了对于目前中欧班列的自备箱水平，为了完成运输任务，必须租赁一定数量的集装箱。

14.6　中欧班列空箱问题优化分析

前面从集装箱共享理论出发，结合中欧班列实际情况，构建了基于集装箱共享的中欧班列多周期空箱组合模型，提出了模型求解的方法和步骤，而该方法所优化的地方则体现在以下几个方面：

14.6.1　空箱调运方面

在中欧班列暂未实施集装箱共享的情况下，一旦某站点的某班列公司出现了空箱需求，而其调运自身的空箱又不能及时到站，只能通过租赁集装箱来满足需求。而集装箱共享下的空箱调运则使得班列公司多了一个选择，即该班列公司可以调运其他班列公司在该站点或是相邻站点的空箱，这样可以促进中欧班列提高运营网络中的集装箱使用率。

14.6.2 空箱租赁方面

目前，在中欧班列未实施集装箱共享的情况下，各班列公司一般会根据自身开行计划确定租箱方案，并且仅供自己使用。而集装箱共享下的空箱租赁则需要根据中欧班列整体开行计划确定各班列公司在各站点的租箱方案，不仅其租箱数量需要按整体统筹安排决定，而且各班列公司所租赁的集装箱将纳入统一平台进行管理使用。这样可以最大限度整合集装箱资源，避免无效、多余的集装箱租赁。

14.6.3 空箱归还方面

目前各班列公司所租赁的集装箱均需要归还至指定归还点，并且只需归还自身所租赁的集装箱。而集装箱共享的空箱归还则会根据租箱公司在国内外归还点分布情况，结合各班列公司在各站点的空箱供需情况，确定各班列公司在各站点的归还方案，这样可以在保证集装箱全部归还的情况下最大限度减少空箱归还过程中所产生的运输费用。

本节提出的基于集装箱共享的中欧班列空箱调租方法从理论上证明空箱获取总费用以及空箱平均堆存量有较大优化空间，该方法也确实能够减少中欧班列的空箱获取成本以及显著提高中欧班列的空箱使用率。

本书在进行调租模式研究时充分考虑集装箱共享的作业原则，以成本最小化为目标，综合考虑集装箱量守恒、集装箱归还、空箱调出量、中欧班列运输稳定性、调租条件等约束条件，针对中欧班列的空箱获取的动态离散过程，构建基于信息、使用和还箱共享的多周期空箱组合优化模型，提出适应性算法并进行算例分析，借此进行空箱调租和归还决策研究。

第 15 章 境外端集装箱拼箱策略

受宏观经济发展影响，中国对欧洲的贸易顺差致使去程货源多于返程货源。因此，在中欧班列返程班列上启用集拼集运模式可缓解返程重载率不高的问题。集装箱拼箱是指货主托运零散或小数量的货物，由承运人负责装箱的一种集货方式。承运人承接后，按货物性质和目的地进行分类，把同一目的地、性质相同的货物拼装进同一个集装箱进行运输。因此，梳理拼箱作业流程、明确拼箱作业条件、阐明拼箱可行性是进行中欧班列境外端集装箱拼箱作业的关键所在。

15.1　集装箱拼箱相关研究和应用现状

15.1.1　研究综述

中欧班列运营早期，存在货源少、班列开行频率低、物流成本高昂等问题，有学者针对此提出采用集拼集运的模式。而随着中欧网络逐渐完善，国内去程货源不断增多，大部分城市已经能采用直达或集结模式进行整箱货物常态化运输，2020 年中国抗疫取得重大成效后的复工复产与欧洲国家因疫情导致的生产停滞，导致中国对欧洲贸易顺差不断扩大，欧洲回程货源相对不足，亟须采用拼箱等模式扩大货源吸引力，促进双边贸易平衡发展。对于拼箱相关研究，主要从以下几方面展开。

拼箱过程中存在拼箱运输单证不被银行认可、拼箱费用纠纷多、报关风险高、多级货运代理等问题，有研究提出通过加强信息共享平台建设来促进运输环节的信息集成，增强信息可信度，同时提出利用区块链技术可有效提升国际铁路联运过程中拼箱效率[36]。

拼箱作业中的装箱和拆箱是最易产生货损的环节，有研究提出利用集装器、子母箱以及产品包装尺寸标准化的方法便于集装箱内部的货物包装单元化及有效分区，货主可根据自身运输需求预定大小不同的子箱（集装器），拼箱公司再对子箱进行作业，减少理货环节，降低货损风险。通过货物包装的标准化设计可以提升集装箱利用率，加快装箱速度，减少不必要的搬运工作。

针对拼箱仓库效率低下，零散货物上门揽配成本高的问题，提出了“双循环取货”模式，即拼箱服务的发货人不再将货物运输到拼箱仓库，而是将集装箱卡车作为移动的拼箱仓库，卡车司机按照优化的取货路径以及装箱顺序上门取货、装货，或在码头提货后按照优化的送货路径以及卸箱顺序送货。此模式大幅减少了拼箱仓库数量，降低了仓储成本，缩短了业务流程。

同时拼箱过程中可能存在权责不清等问题，有学者基于具体案例分析，提出要慎选贸易术语并重视合同中的保险条款约定，办理保险的事宜尽量由买方完成以保证出现货损时，买方能向保险公司理赔[37]。

目前对集装箱拼箱的研究集中于拼箱作业流程的优化及拼箱运输的安全保障等方面，对中欧班列境外端拼箱业务关注较少。

15.1.2 应用现状

当前集装箱拼箱业务主要存在于海运中，应用也较为成熟，以下从拼箱业务分类、拼箱业务流程、拼箱业务集装箱规格、拼箱货物搭配方法、拼箱运费计算方法等方面阐述集装箱拼箱应用现状。

（1）拼箱业务分类

拼箱业务可分为直拼、混拼、转拼。直拼是将同类、相同目的港的若干票小量货物拼装在一个集装箱里；混拼是将同类、目的港不同但流向一致的若干票小量货物拼装在一个集装箱里，这类拼箱业务风险较大，操作更为繁琐，相对较少；转拼，是一些无拼箱能力的货代企业将揽到的需要拼箱货物转交给有拼箱能力和权限的（无船、无车）承运人，再由承运人安排拼箱[21]。

（2）拼箱业务流程

需要拼箱业务的托运人由代理人代替向运输企业递交托运申请，申请通过后，不同托运人的货物需集中到指定的货运站进行拼箱，完成在仓报关后送至堆场，清关完成后即可装车（船）。票据和费用结算方面，运输公司和代理人结算费用后向代理人签发公司主提单，代理人与每一个托运人再签发子提单。银行凭借各子提单向托运人结算货款，此时出口拼箱暂告一段落。收货方向银行支付货款后拿到提货用的分提单，货物运到后，由代理人在当地的子公司派人凭借运输公司签发的主提单提取货物，并通知收货方带上子提单收货。中欧班列拼箱业务流程如图 15-1 所示。

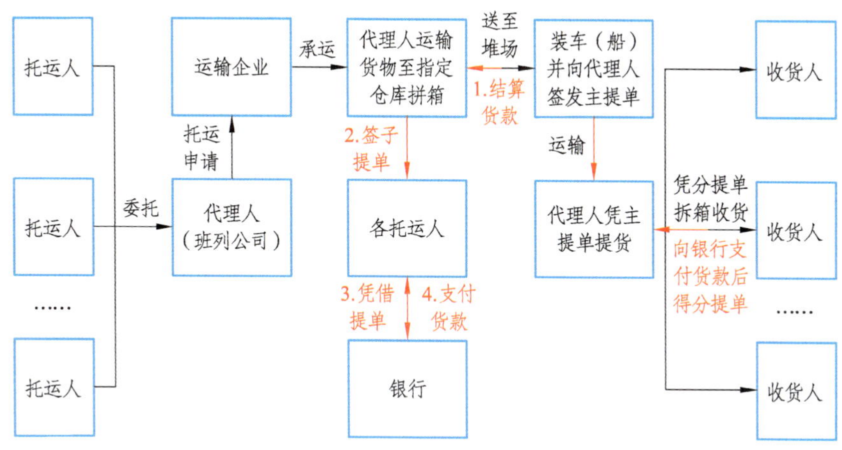

图 15-1 拼箱业务流程

（3）拼箱业务集装箱规格

选用 20、40 英尺等标准集装箱进行拼箱作业时要对货物中的“轻货”和“重货”进行合理搭配，因此在拼箱时要充分考虑集装箱的内容积和重量限制。

拼箱业务中的计费重量通常取货物的体积重量和实际毛重中的高者。理论上，海运中通常认为 1 立方米（CBM）为一个运费吨（FT，Freight Ton），当一吨货物的体积大于 1CBM 时即认为是轻货，否则就认为是重货，即积载因数（SF，Stowage Factor）为 1 的货物为标准货物，SF ＞ 1 的为轻货，SF ＜ 1 的为重货。而在出口拼箱业务中并不是按照上述 SF 标准来判定轻货或重货，而是参考集装箱的 SF 进行操作，SF 越大对拼箱的计费越合算。20 英尺标准集装箱的内部容积约为 31.5 立方米（CBM），其最大载重量为 22.4 吨（T），因此该类型集装箱的理论装载系数（Space Factor, SF）大约为 1.4 立方米每吨（CBM/T）。而 40 英尺标准集装箱的内部容积则约为 67.5 立方米，最大载重量为 27.5 吨，得出这种集装箱的理论装载系数约为 2.5 立方米每吨。在用 40 英尺集装箱拼箱时，1T 重的货按 2.5FT 计收，而 20 英尺集装箱通常只能按 1.4FT 计收，相比之下用 40 英尺的标准集装箱进行出口拼箱时更为经济，因此，出口拼箱所用的集装箱大多都是 40 英尺的而极少用 20 英尺的。

（4）拼箱货物搭配方法

实际拼箱业务中，集装箱的内容积不可能全部利用，有一定的“合理亏空”或“无奈亏空”。通常集装箱的实际利用率按 0.85 的折算系数计算一个集装箱的实际被利用的容积，即一个 40 英尺集装箱在进行装货时实际可利用的内容积大约为 57 CBM，载重限重约为 22 T，此时的积载因数 SF40=2.6 CBM/T，所以接近 2.6 CBM/T 的货物是比较理想的，由于不同货物无法完全满足理想拼箱状态，因此需要将不同积载因数的货物进行合理搭配，尽可能接近这一理想标准。对于拼箱业务量较大的代理人来说，拼箱货量较大，较容易达到上述的理想积载因数 2.6 CBM/T；而对于拼箱业务量较小的代理人来说，由于费率和利润存在此消彼长的关系，为保证利润，将会降低其服务质量，进而失去市场竞争优势。

（5）拼箱运费计算方法

进行拼箱作业的最终目的是减少运输成本，提高班列公司利润，因此拼箱运输成本是进行费用控制的关键。中欧班列拼箱货物的运费由基本运费和附加运费构成，基本运费由计费重量和基本费率所决定。铁路国际物流价格表如表 15-1 所示。当接到货物时，首先要对货物进行过磅，称出货物的毛重，以千克为单位，再用货物的毛重除以计费重量折算系数得出以毛重为准的计费重量 FT1；随后测量货物的最长、最宽、最高的尺寸，求出货物的体积，以立方米为单位，得出计费重量 FT2；最后比较 FT1 与 FT2 的大小，取大的作为该货物的计费重量 FT。举例来说，如果某托运人的货物实际毛重为 8 吨（即 8 000 kg），而体积为 10 立方米（CBM）。按照 500 kg/ 运费吨（FT）的折算系数，该货物的毛重对应的计费重量为 16 运费吨（FT），而基于体积计算得出的计费重量为 10 运费吨（FT）。因此，在这种情况下，该票货物的计费重量应取较高的数值，即 16 运费吨（FT）。

通常还会规定有最低计费重量标准 FT0，当托运人所托运货物重量和体积均比较小，计费重量折算系数会根据货物情况进行相应调整，对于体积和重量求得的计费重量 FT 均小于 FT0 的货物，均以 FT0 为计费重量来计收其基本运费。

表15-1 国际物流价格表——铁路出口拼箱报价（CFS to CFS）

目的站	铁路运费	每票固定收费
	USD/CBM	USD/shipment
汉堡	150	Volume≤0.5CBM，USD50/shipment； 0.5CBM<Volume≤3CBM，USD100/shipment； Volume>3CBM，USD150/shipment
华沙/杜伊斯堡	170	
马尔默	18	
巴黎/米兰	200	
布拉格/布达佩斯	220	

续表

目的站	铁路运费	每票固定收费
	USD/CBM	USD/shipment
莫斯科/布雷斯特	170	USD150/shipment
明斯克	180	
圣彼得堡	180	

数据来源：http://cn.cetrains.com/

15.2　中欧班列集装箱拼箱作业可行性分析

中欧班列目前仍主要采用40英尺大箱运输，一些中小企业货量达不到一个大箱，为扩大货物发送量，可采取拼箱模式提高中欧班列经济效益。根据中欧班列集装箱现有作业形式，对中欧班列拼箱作业在经济、社会、组织方面进行可行性研究，具体见表15-2。

表15-2　中欧班列拼箱作业可行性对比研究

可行性	效益分析	
	拼箱前	拼箱后
政策管理	对于中欧班列的补贴机制，国家将采取补贴退坡机制，由50%逐年下降10%，若中欧班列经营效果出色，则完全取消补贴，反之不会取消，但补贴额度不会超过20%	
成本管理	集装箱整箱的运输成本高达6 000~8 000美元，通过补贴可降至3 000美元左右，补贴机制的改变也将在一定程度上影响班列公司的经营利润	拼箱运输可满足零散货主的运输需要，吸引更多潜在零散货源；高利润，按照海运经验拼箱价格大概为整箱价格一倍，因此拼箱运输利润增加，经济效益明显
运营组织	掏箱和拼箱作业在不同的作业区完成，走行距离长，运输效率低下；此外，作业区的不同导致作业管理和操作流程烦琐，造成成本的增加	同一目的地范围的集装箱可直接在场站进行掏箱作业，拼箱货物通过公路或铁路的形式运送到货主目的地，大范围的货源则通过货流分配组织拼箱作业，以整箱货物运输至目的地

15.3 中欧班列拼箱代理应具备的条件

中欧班列拼箱代理公司来源主要是货代公司、班列公司等货源组织相关企业。从揽货开始，到把货物安全、无误地运输到目的地，要经历许多业务环节。揽货与货运操作成功与否，取决于拼箱代理公司的实力、素质和服务态度。这种综合能力决定拼箱代理公司在市场竞争中的优劣，具体应该具备如下条件：

① 具有合法身份。在我国需外经贸部正式批准，在工商和税务等方面都有合法的登记和注册，守法经营。因为，拼箱代理公司在从事业务过程中要和进出口商、船公司、堆场、保险公司、海关、检验等部门发生业务联系，一旦发生索赔事件，影响很大。

② 要有一定的经济实力，表现在注册资金、公司架构、人员素质、业务网络等方面。当前国际货运代理竞争激烈，中、小货运代理企业处于分化状态，优秀的公司越做越大，向规模效益放心发展，变成拼箱代理公司；其他的则在市场的激烈竞争和市场有序化的过程中，逐渐被市场淘汰。

③ 要有综合实力，包括对各国经济政策、贸易政策、铁路运输等与经济相关的法律和政策的了解。

除此以外，拼箱代理公司在满足以上条件的基础上，还可建立与货主直接联系的信息系统或平台，尽量减少中间代理环节，压缩业务链，实现拼箱利润最大化。

15.4 中欧班列拼箱存在的问题和对策

根据对中欧班列拼箱实情的调研和分析，发掘拼箱作业在装载、离站时间、货物性质、包装和重量以及通关、检验等方面存在的问题：

（1）货源地至集货中心线路运输产生额外成本

由于拼箱货物货源分散、量小，货运代理人各自送货到集货中心往往不能满载，回程货源不稳定，导致货源地往集货中心线路运输成本往往较高。

（2）业务链较长

拼箱不是由货物所有人与铁路服务商直接对接完成，而是经过各级货运代理来完成，从而拉长了业务链。

（3）运营公司与货主信息沟通不畅

货主与货代、承运商之间信息传达与沟通不是直接进行，而是通过层层传递来完成，致使信息误差率提升，业务处理不及时等问题频现。

结合拼箱作业流程、拼箱作业现存问题、拼箱注意事项以及铁路出口拼箱报价调研数据，在中欧班列的货物以及作业口岸特性的研究基础上进行中欧班列的拼箱策略研究，提出以下拼箱优化策略：

（1）优化集拼作业模式

寻找拥有强大货物集散能力的铁路运输节点作为集货中心，根据货物的运输去向将散货在集货中心进行拼箱作业并运往目的地，从而实现少量货物快速拼箱的集拼模式，解决偏远地区货物不够整箱的运输需求，提高中欧班列的运行效率，降低运输成本。

（2）建立精简供应链运输模式

通过建立信息共享平台提交需求，减少中间铁路货运代理的数量，可实现平台统一集拼和区域专列集拼，对接不同区域的货主与铁路服务商之间数据，使得中欧班列的信息传达更加快速，信息透明度更高，并使得区域内的货物拼箱成功率更高，提升拼箱时效性，降低送货至集货点的运输成本，有效避免各货运代理人各自为政带来的市场价格混乱，运输成本高等弊端。

同时，中欧班列在组织拼箱作业时还需考虑以下问题：

（1）及时向货主通报发车日期和线路

整箱货物的运输因在批量大运输上有不可分割性，无法保证每次都能配载，而拼箱是按立方米来承运，配载容易，线路多，发车时间密。因此，及时与货主进行沟通是保证拼箱运输的重要基础。

（2）代理网络支持

在货物的目的地站须有拼箱公司的代理，否则揽货后无法进行承运，只能转给有代理网络的拼箱公司进行作业，因此，拼箱公司的揽货和运作离不开全球代理网络的支持。

（3）货物的性质、包装和重量信息明确

虽然拼箱揽货普通杂货多，危险品、超大物件货物、易腐易烂货物少，但是一旦发生泄漏和污染将会影响到其他货主的货物。因此包装要十分重视：一是必须适合于集装箱运输；二是可以与不同类型的货物在同一个集装箱中运输；三是保证包装的标记和唛头清晰。此外，拼箱的单票货物超重不容易发现，一旦每一票都有超重，加起来就会使整箱都超重，轻则造成运行延误，重则造成装卸及运输事故。

（4）关注通关、检验及国际贸易动态

拼箱运输是捆绑式运输，如有一票货在进出口报关、检验、装货站、通过站和卸货站发生问题，都可能导致整箱货不能按时离站或到达目的地站及通关，而且还会影响到同一集装箱中的不同货主的货物。因此，对相关环节进行实时动态关注能及时发现并快速解决问题。

（5）注意装载、离站及到达目的地站时间

按照拼箱货对于时效性的要求，合理进行拼箱安排，快速实现货物的实际运输需求是拼箱作业需要关注的关键要素。

参考文献

[1] 吕靖，张丹阳，季嘉慧．日韩货物中欧班列海铁联运路径选择研究[J]．重庆交通大学学报（自然科学版），2021，40（11）：1-8．

[2] 米娜．中欧班列集装箱业务管理策略及风险控制[J]．集装箱化，2020，31（Z1）：13-15．

[3] Yinying Tang, Xinglong Zhu，Jingru Ren; Research On Optimization Of Empty Container Allocation In China Railway Express In Case Of Chengdu-Europe Express; Informs annual meeting（A）；2018 年 11 月。

[4] 朱星龙．基于集装箱共享的中欧班列空箱调租优化[D]．西南交通大学，2020．

[5] 朱星龙，汤银英，陈思．基于集装箱共享的中欧班列空箱调租优化[J]．铁道科学与工程学报，2020，17（06）：1571-1577．

[6] Yinying Tang, Si Chen, Yuan Feng, Xinglong Zhu; Optimization of multi- period empty container repositioning and renting in CHINA RAILWAY Express based on container sharing strategy; European Transport Research（A+）2021 年 10 月。

[7] 刘露露，汤银英，陈思．蓉欧＋境内集装箱集疏运系统优化及仿真[J]．交通运输工程与信息学报，2020，18（03）：19-31．

[8] 刘卫东．“一带一路”：引领包容性全球化[J]．中国科学院院刊，2017，32（4）：331-339. [LiuWeidong.Inclusiveglobalization: NewphilosophyofChina’sBeltandRoadIn

itiative.BulletinofChineseAcademyofSciences, 2017, 32（4）:331-339.]

[9] 陆大道．当代中国的全球观念与全球战略 [J]．地理科学，2016，36（4）：483-490．[LuDadao.TheglobalconceptandstrategyofcontemporaryChina：Analysisonthegeopoliticalandgeoeconomicenvironmentofthe‘BeltandRoadInitiative’ScientiaGeographicaSinica，2016，36（4）：483-490．]

[10] 郑勉．铁路集装箱维修管理的探索 [J]．铁道运输与经济，2016，38（04）：63-67．

[11] 于连聪．集装箱多式联运物流安全管理及应对措施 [J]．大陆桥视野，2021（04）：34-39．

[12] 叶丽芳．中欧班列回程货源存在的问题和对策研究 [J]．黄冈职业技术学院学报，2021，23（02）：86-88．

[13] 杨杰，马斌．国外承运商：中欧班列运营中不可或缺的参与者 [J]．大陆桥视野，2018（03）：54-57．

[14] 曾环．共享模式下海铁联运集装箱空箱调运研究 [D]．大连海事大学，2019．

[15] 李雪野．基于低碳及空箱调租的集装箱海运网络优化 [D]．大连理工大学，2011．

[16] 刘明丽．共享模式下的集装箱空箱调运优化及成本分担问题研究 [D]．大连海事大学，2020．

[17] 汪传旭，陈飞燕．船公司合作下基于多港口物流总成本最优的空箱调运 [J]．系统管理学报，2016，25（03）：539-545．

[18] Sea Rates LTD. Railway transportation distance and time query. https：//www.searates.com/services/dis- tance-time/.2020-01-05．

[19] 铁路合作组织（铁组）．统一过境运价规程协约附件·统一过境运价规程 [Z]．华沙：铁组委员会．2014：15-19，116-121．

[20] 林园．基于服务网络的中欧班列开行方案优化研究 [D]．北京交通大学，2019．

[21] 王明严．如何合理操作海运出口拼箱业务 [J]．对外经贸实务，2015（01）：58-60．

[22] 李鑫，集装箱多式联运 EDI 系统研究 [J]，铁道运输与经济，2018，40（03）．

[23] 沙汝超，面向多式联运的区块链服务平台研究与实现 [D]．电子科技大学，2023．

[24] 王利，面向多式联运的数据可信交换共享机制研究及应用 [D]．临沂大学，2024．

[25] 国务院，“十四五”现代综合交通运输体系发展规划 [R]．2021．

[26] 靳志宏，邢磊，蔡佳芯，焉红．（2021）．集装箱空箱调运问题研究综述．大连海事

大学学报，45（2），1-8.

[27] 段刚，陈莉，陈志忠，李引珍，刘玉胜，杨欣翥. 基于适箱货物优先级的铁路空箱调运模型 [J]. 铁道科学与工程学报，2011，8（4）：86-89.

[28] 付元帅、孙立鹤. 铁路集装箱空箱调运问题分析 [J]. 铁道货运. 2010，28（8）：38-41

[29] 刘浩. 基于成本的铁路集装箱空箱调运组织及优化 [D]. 北京交通大学. 2012.

[30] 王雪艳，张荣。基于租买的海运冷藏空箱调运优化模型研究 [J]. 广西大学学报（自然科学版），2017，42（2）：511-518.

[31] 杜菲. 集装箱空箱保有量与航运联盟空箱调运研究 [D]. 大连海事大学. 2020.

[32] 王俊. 硫排放控制政策对运输成本和运输方式的影响研究 [D]. 华南理工大学，2020.

[33] 邢磊，靳志宏，王小寒，蔡佳芯. 基于分布式鲁棒机会约束的中欧班列空箱调运优化 [J]. 铁道学报. 2020，42（09）.

[34] 徐华锋，王育红，洪 铖. 共享模式下港口群陆侧海铁协同空箱调运策略研究 [J]. 宁波大学学报（理工版），2022，35（2）：84-92.

[35] 邢磊，杨珍花，徐奇，靳志宏. 海陆联运下的中欧班列集装箱空箱调运优化 [J] 大连海事大学学报. 2019，45（02）.

[36] 王普玉，国际贸易中拼箱运输业务发展分析 [J]. 物流技术. 2020，39（11）.

[37] 万思，桂丙高. 从一则案例看拼箱业务风险与防范 [J] 对外经贸实务. 2021（06）.

附录 A 中欧班列货运网络区域稳定性正向标准化矩阵

	人均GDP	GDP增长率	贸易开放度	政局稳定度	政府腐败控制	政府效能	外部冲突指数	营商便利程度	失业率	内部冲突指数	物流绩效指数	铁路总里程	铁路货运量
中国	0.108 3	1.000 0	0.088 7	0.495 0	0.322 2	0.519 7	0.818 2	0.580 6	0.890 5	0.800 0	0.725 4	0.837 3	1.000 0
西班牙	0.367 9	0.370 5	0.213 1	0.713 1	0.551 8	0.715 7	0.363 6	0.694 4	0.000 0	0.300 0	0.793 5	0.178 8	0.003 7
法国	0.513 2	0.227 5	0.183 4	0.647 1	0.755 9	0.837 0	0.363 6	0.666 7	0.531 8	0.500 0	0.837 1	0.334 8	0.011 9
意大利	0.423 3	0.133 1	0.195 0	0.727 8	0.448 8	0.531 4	0.181 8	0.305 6	0.412 9	0.200 0	0.778 8	0.192 3	0.008 0
奥地利	0.635 1	0.293 2	0.390 0	0.927 3	0.819 6	0.861 2	0.090 9	0.736 1	0.823 1	0.300 0	0.929 2	0.052 6	0.007 9
匈牙利	0.187 4	0.604 8	0.772 4	0.851 3	0.414 3	0.536 0	0.363 6	0.388 9	0.903 9	0.100 0	0.625 1	0.085 1	0.003 7
斯洛伐克	0.227 3	0.404 4	1.000 0	0.869 7	0.475 6	0.627 2	0.181 8	0.486 1	0.655 4	0.100 0	0.510 4	0.037 6	0.002 9
波兰	0.176 1	0.660 0	0.460 6	0.775 1	0.581 7	0.589 1	0.272 7	0.555 6	0.871 7	0.100 0	0.652 9	0.212 5	0.020 4
德国	0.590 1	0.226 2	0.346 2	0.809 2	0.908 4	0.922 3	0.272 7	0.805 5	0.940 3	0.300 0	1.000 0	0.387 9	0.047 1
捷克	0.272 2	0.480 3	0.729 8	0.937 6	0.541 4	0.691 0	0.272 7	0.541 7	1.000 0	0.100 0	0.745 2	0.105 7	0.005 7
比利时	0.587 7	0.217 5	0.675 9	0.750 8	0.818 4	0.761 9	0.090 9	0.472 2	0.725 6	0.400 0	0.934 0	0.037 4	0.002 6
荷兰	0.654 3	0.322 4	0.650 1	0.902 4	0.926 2	0.977 9	0.000 0	0.527 8	0.873 8	0.200 0	0.948 1	0.032 6	0.002 2
英国	0.542 8	0.224 6	0.138 0	0.707 9	0.896 0	0.851 0	0.454 5	1.000 0	0.895 2	0.300 0	0.912 9	0.186 4	0.006 1
瑞典	0.694 3	0.272 4	0.287 3	0.940 5	0.980 5	0.972 8	0.181 8	0.972 2	0.713 2	0.200 0	0.959 3	0.109 0	0.008 1

附 录

续表

	人均GDP	GDP增长率	贸易开放度	政局稳定度	政府腐败控制	政府效能	外部冲突指数	营商便利程度	失业率	内部冲突指数	物流绩效指数	铁路总里程	铁路货运量
挪威	1.000 0	0.194 6	0.193 8	1.000 0	0.981 0	1.000 0	0.181 8	0.986 1	0.905 1	0.200 0	0.763 7	0.044 4	0.001 1
立陶宛	0.220 3	0.552 0	0.694 9	0.872 2	0.563 6	0.715 8	0.272 7	0.958 3	0.705 4	0.200 0	0.578 2	0.017 5	0.005 5
拉脱维亚	0.203 6	0.421 4	0.512 2	0.754 6	0.518 8	0.708 1	0.272 7	0.847 2	0.619 3	0.100 0	0.455 8	0.016 9	0.005 7
塞尔维亚	0.072 9	0.517 4	0.432 2	0.614 7	0.295 5	0.406 3	0.545 5	0.500 0	0.260 4	0.400 0	0.328 7	0.038 9	0.000 9
保加利亚	0.101 2	0.514 6	0.560 0	0.721 4	0.354 9	0.470 0	0.545 5	0.263 9	0.780 8	0.200 0	0.384 6	0.042 4	0.001 1
土耳其	0.117 7	0.537 5	0.192 2	0.055 9	0.329 5	0.388 6	0.818 2	0.652 8	0.362 9	1.000 0	0.559 6	0.115 6	0.004 7
白俄罗斯	0.063 0	0.138 0	0.622 5	0.663 9	0.346 1	0.266 8	0.454 5	0.541 7	0.831 1	0.400 0	0.178 1	0.059 2	0.017 6
乌克兰	0.022 1	0.407 4	0.388 0	0.000 0	0.182 4	0.230 4	0.909 1	0.222 2	0.551 1	0.700 0	0.320 2	0.249 1	0.070 2
俄罗斯	0.125 4	0.196 9	0.141 2	0.3765	0.168 1	0.358 7	1.000 0	0.722 2	0.836 5	0.700 0	0.264 1	1.000 0	0.946 0
蒙古国	0.036 3	0.700 4	0.479 5	0.861 7	0.275 4	0.308 7	0.363 6	0.541 7	0.675 3	0.200 0	0.156 0	0.016 3	0.005 1
阿塞拜疆	0.042 2	0.000 0	0.303 5	0.353 7	0.166 1	0.326 6	0.727 3	0.500 0	0.843 0	0.400 0	0.000 0	0.019 9	0.001 5
伊朗	0.056 3	0.136 7	0.000 0	0.196 9	0.158 7	0.260 8	0.636 4	0.458 3	0.335 4	0.400 0	0.292 7	0.099 8	0.011 3
土库曼斯坦	0.072 5	0.943 7	0.018 4	0.566 8	0.000 0	0.000 0	0.363 6	0.819 4	0.740 5	0.200 0	0.095 4	0.079 6	0.004 7
乌兹别克斯坦	0.008 9	0.803 1	0.167 2	0.511 2	0.096 3	0.192 9	0.454 5	0.152 8	0.710 3	0.200 0	0.181 8	0.048 2	0.008 3
吉尔吉斯斯坦	0.000 0	0.639 6	0.411 0	0.426 7	0.124 6	0.135 0	0.090 9	0.000 0	0.750 5	0.000 0	0.115 5	0.000 0	0.000 0

续表

	人均 GDP	GDP 增长率	贸易开放度	政局稳定度	政府腐败控制	政府效能	外部冲突指数	营商便利程度	失业率	内部冲突指数	物流绩效指数	铁路总里程	铁路货运量
哈萨克斯坦	0.106 0	0.502 6	0.213 2	0.596 3	0.231 3	0.380 9	0.181 8	0.763 9	0.847 4	0.600 0	0.319 1	0.181 6	0.076 9
格鲁吉亚	0.043 1	0.649 7	0.358 2	0.464 4	0.587 2	0.568 2	0.363 6	0.180 6	0.207 6	0.200 0	0.136 2	0.010 6	0.000 8
爱沙尼亚	0.271 1	0.666 6	0.572 0	0.817 0	0.770 0	0.745 1	0.272 7	0.861 1	0.796 1	0.000 0	0.583 3	0.007 2	0.000 6
芬兰	0.617 0	0.307 0	0.228 8	0.936 6	1.000 0	0.999 3	0.090 9	0.833 3	0.629 6	0.100 0	0.872 7	0.064 7	0.003 6
葡萄牙	0.279 4	0.379 2	0.447 6	0.959 0	0.635 6	0.777 5	0.727 3	0.569 4	0.612 2	0.600 0	0.672 7	0.024 9	0.000 7
罗马尼亚	0.136 5	0.767 6	0.474 9	0.676 5	0.380 8	0.312 4	0.181 8	0.347 2	0.856 4	0.200 0	0.450 1	0.121 5	0.004 7

附表 B　优化前边境国际口岸进口作业关联矩阵

	T1	T2	T3	T4	T5	T6	T7	T8	T9	T10	T11	T12	T13	T14	T15	T16	T17	T18	T19	T20	T21	T22	T23	T24	T25	T26	T27	T28	T29	T30	T31	T32
P1	-1	0	0	0	0	0	0	0	0	0	0	0	0	0	0	0	0	0	0	0	0	0	0	0	0	0	0	0	0	0	0	0
P2	1	-1	-1	0	0	0	0	0	0	0	0	0	0	0	0	0	0	0	0	0	0	0	0	0	0	0	0	0	0	0	0	0
P3	0	0	1	-1	0	0	0	0	0	0	0	0	0	0	0	0	0	0	0	0	0	0	0	0	0	0	0	0	0	0	0	0
P4	0	0	0	1	-1	0	0	0	0	0	0	0	0	0	0	0	0	0	0	0	0	0	0	0	0	0	0	0	0	0	0	0
P5	0	0	0	0	1	-1	0	0	0	0	0	0	0	0	0	0	0	0	0	0	0	0	0	0	0	0	0	0	0	0	0	0
P6	0	0	0	0	0	1	-1	0	0	0	0	0	0	0	0	0	0	0	0	0	0	0	0	0	0	0	0	0	0	0	0	0
P7	0	0	0	0	0	0	1	-1	0	0	0	0	0	0	0	0	0	0	0	0	0	0	0	0	0	0	0	0	0	0	0	0
P8	0	1	0	0	0	0	0	0	-1	0	0	0	0	0	0	0	0	0	0	0	0	0	0	0	0	0	0	0	0	0	0	0
P9	0	0	0	0	0	1	0	0	1	-1	0	0	0	0	0	0	0	0	0	0	0	0	0	0	0	0	0	0	0	0	0	0
P10	0	0	0	0	0	0	0	0	0	1	-1	0	0	0	0	0	0	0	0	0	0	0	0	0	0	0	0	0	0	0	0	0
P11	0	0	0	0	0	0	0	0	0	0	1	-1	0	0	0	0	0	0	0	0	0	0	0	0	0	0	0	0	0	0	0	0
P12	0	0	0	0	0	0	0	0	0	0	0	1	-1	0	0	0	0	0	0	0	0	0	0	0	0	0	0	0	0	0	0	0
P13	0	0	0	0	0	0	0	0	0	0	0	0	1	-1	0	0	0	0	0	0	0	0	0	0	0	0	0	0	0	0	0	0
P14	1	0	0	0	0	0	0	0	0	0	0	0	0	0	-1	0	-1	0	0	0	0	0	0	0	0	0	0	0	0	0	0	0
P15	0	0	0	0	0	0	0	1	1	0	0	0	0	0	0	-1	0	0	0	0	0	0	0	0	0	0	0	0	0	0	0	0
P16	0	0	0	0	0	0	0	-1	0	0	0	0	0	0	0	0	1	0	0	0	0	0	0	0	0	0	0	0	0	0	0	0
P17	0	0	0	0	0	0	0	0	-1	0	0	0	0	0	1	0	0	0	0	0	0	0	0	0	0	0	0	0	0	0	0	0

续表

	T1	T2	T3	T4	T5	T6	T7	T8	T9	T10	T11	T12	T13	T14	T15	T16	T17	T18	T19	T20	T21	T22	T23	T24	T25	T26	T27	T28	T29	T30	T31	T32
P18	0	0	0	0	0	0	0	0	0	0	0	0	0	0	0	0	0	-1	-1	0	0	0	0	0	0	0	0	0	0	0	0	0
P19	0	0	0	0	0	0	0	0	0	0	0	0	0	0	0	0	0	1	0	-1	-1	0	0	0	0	0	0	0	0	0	0	0
P20	0	0	0	0	0	0	0	0	0	0	0	0	0	0	0	0	0	0	1	1	1	-1	0	0	0	0	0	0	0	0	0	0
P21	0	0	0	0	0	0	0	0	0	0	0	0	0	0	0	0	0	0	0	0	0	1	-1	0	0	0	0	0	0	0	0	0
P22	0	0	0	0	0	0	0	0	0	0	0	0	0	0	0	0	0	0	0	0	0	0	1	-1	-1	0	0	0	0	0	0	0
P23	0	0	0	0	0	0	0	0	0	0	0	0	0	0	0	0	0	0	0	0	0	0	0	1	0	-1	0	0	0	0	0	0
P24	0	0	0	0	0	0	0	0	0	0	0	0	0	0	0	0	0	0	0	0	0	0	0	0	1	1	-1	-1	0	0	0	0
P25	0	0	0	0	0	0	0	0	0	0	0	0	0	0	0	0	0	0	0	0	0	0	0	0	0	0	1	0	0	-1	0	0
P26	0	0	0	0	0	0	0	0	0	0	0	0	0	0	0	0	0	0	0	0	0	0	0	0	0	0	0	0	1	0	-1	0
P27	0	0	0	0	0	0	0	0	0	0	0	0	0	0	0	0	0	0	0	0	0	0	0	0	0	0	0	0	0	0	1	-1
P28	0	0	0	0	0	0	0	0	0	0	0	0	0	0	0	0	0	0	0	0	0	0	0	0	0	0	0	1	0	0	0	0
P29	0	0	0	0	0	0	0	0	0	0	0	0	0	0	0	0	0	0	0	0	0	0	0	0	0	0	0	0	0	0	0	1
P30	0	0	0	0	0	0	0	-1	-1	0	0	0	0	0	0	0	0	0	0	0	0	0	0	0	0	0	0	0	0	0	0	0
P31	0	0	0	0	0	0	1	0	0	0	0	0	0	0	0	0	0	0	0	0	0	0	0	0	0	0	1	0	-1	0	0	0
P32	0	0	0	0	0	0	0	0	0	0	0	0	0	0	0	0	0	0	0	0	0	0	0	0	0	0	0	0	0	1	0	-1
P33	0	0	0	0	0	0	0	0	0	0	0	0	0	0	0	0	0	0	0	0	0	0	0	0	0	0	0	0	0	0	0	0
P34	0	0	0	0	0	0	0	0	0	0	0	0	0	0	0	0	0	0	0	0	0	0	0	0	0	0	0	0	0	0	0	0
P35	0	0	0	0	0	0	0	0	0	0	0	0	0	0	0	0	0	0	0	0	0	0	0	0	0	0	0	0	0	0	0	0

续表

	T1	T2	T3	T4	T5	T6	T7	T8	T9	T10	T11	T12	T13	T14	T15	T16	T17	T18	T19	T20	T21	T22	T23	T24	T25	T26	T27	T28	T29	T30	T31	T32
P36	0	0	0	0	0	0	0	0	0	0	0	0	0	0	0	0	0	0	0	0	0	0	0	0	0	0	0	0	0	0	0	0
P37	0	0	0	0	0	0	0	0	0	0	0	0	0	0	0	0	0	0	0	0	0	0	0	0	0	0	0	0	0	0	0	0
P38	0	0	0	0	0	0	0	0	0	0	0	0	0	0	0	0	0	0	0	0	0	0	0	0	0	0	0	0	0	0	0	0
P39	0	0	0	0	0	0	0	0	0	0	0	0	0	0	0	0	0	0	0	0	0	0	0	0	0	0	0	0	0	0	0	0
P40	0	0	0	0	0	0	0	0	0	0	0	0	0	0	0	0	0	0	0	0	0	0	0	0	0	0	0	0	0	0	0	0
P41	0	0	0	0	0	0	0	0	0	0	0	0	0	0	0	0	0	0	0	0	0	0	0	0	0	0	0	0	0	0	0	0
P42	0	0	0	0	0	0	0	0	0	0	0	0	0	0	0	0	0	0	0	0	0	0	0	0	0	0	0	0	0	0	0	0
P43	0	0	0	0	0	0	0	0	0	0	0	0	0	0	0	0	0	0	0	0	0	0	0	0	0	0	0	0	0	0	0	0
P44	0	0	0	0	0	0	0	0	0	0	0	0	0	0	0	0	0	0	0	0	0	0	0	0	0	0	0	0	0	0	0	0
P45	0	0	0	0	0	0	0	0	0	0	0	0	0	0	0	0	0	0	0	0	0	0	0	0	0	0	0	0	0	0	0	0
P46	0	0	0	0	0	0	0	0	0	0	0	0	0	0	0	0	0	0	0	0	0	0	0	0	0	0	0	0	0	0	0	0
P47	0	0	0	0	0	0	0	0	0	0	0	0	0	0	0	0	0	0	0	0	0	0	0	0	0	0	0	0	0	0	0	0
P48	0	0	0	0	0	0	0	0	0	0	0	0	0	0	0	0	0	0	0	0	0	0	0	0	0	0	0	0	0	0	0	0
P49	0	0	0	0	0	0	0	0	0	0	0	0	0	0	0	0	0	0	0	0	0	-1	0	0	0	0	0	0	0	0	0	0
P50	0	0	0	0	0	0	0	0	0	0	0	0	0	0	0	1	0	0	0	0	0	0	0	0	0	0	0	0	0	0	0	0
P51	0	0	0	0	0	0	0	0	0	0	0	0	0	1	0	0	0	0	0	0	0	0	0	0	0	0	0	0	0	0	0	0

附表 C　优化前边境国际口岸进口作业关联矩阵

	T33	T34	T35	T36	T37	T38	T39	T40	T41	T42	T43	T44	T45	T46	T47	T48	T49	T50	T51	T52	T53
P1	0	0	0	0	0	0	0	0	0	0	0	0	0	0	1	0	0	0	0	0	0
P2	0	0	0	0	0	0	0	0	0	0	0	0	0	0	0	0	0	0	0	0	0
P3	0	0	0	0	0	0	0	0	0	0	0	0	0	0	0	0	0	0	0	0	0
P4	0	0	0	0	0	0	0	0	0	0	0	0	0	0	0	0	0	0	0	0	0
P5	0	0	0	0	0	0	0	0	0	0	0	0	0	0	0	0	0	0	0	0	0
P6	0	0	0	0	0	0	0	0	0	0	0	0	0	0	0	0	0	0	0	0	0
P7	0	0	0	0	0	0	0	0	0	0	0	0	0	0	0	0	0	0	0	0	0
P8	0	0	0	0	0	0	0	0	0	0	0	0	0	0	0	0	0	0	0	0	0
P9	0	0	0	0	0	0	0	0	0	0	0	0	0	0	0	0	0	0	0	0	0
P10	0	0	0	0	0	0	0	0	0	0	0	0	0	0	0	0	0	0	0	0	0
P11	0	0	0	0	0	0	0	0	0	0	0	0	0	0	0	0	0	0	0	0	0
P12	0	0	0	0	0	0	0	0	0	0	0	0	0	0	0	0	0	0	0	0	0
P13	0	0	0	0	0	0	0	0	0	0	0	0	0	0	0	0	0	0	0	0	0
P14	0	0	0	0	0	0	0	0	0	0	0	0	0	0	0	0	0	0	0	0	0
P15	0	0	0	0	0	0	0	0	0	0	0	0	0	0	0	0	0	0	0	0	0
P16	0	0	0	0	0	0	0	0	0	0	0	0	0	0	0	0	0	0	0	0	0
P17	0	0	0	0	0	0	0	0	0	0	0	0	0	0	0	0	0	0	0	0	0
P18	0	0	1	0	0	0	0	0	0	0	0	0	0	0	0	0	0	0	0	0	0

续表

	T33	T34	T35	T36	T37	T38	T39	T40	T41	T42	T43	T44	T45	T46	T47	T48	T49	T50	T51	T52	T53
P19	0	0	0	0	0	0	0	0	0	0	0	0	0	0	0	0	0	0	0	0	0
P20	0	0	0	0	0	0	0	0	0	0	0	0	0	0	0	0	0	0	0	0	0
P21	0	0	0	0	0	0	0	0	0	0	0	0	0	0	0	0	0	0	0	0	0
P22	0	0	0	0	0	0	0	0	0	0	0	0	0	0	0	0	0	0	0	0	0
P23	0	0	0	0	0	0	0	0	0	0	0	0	0	0	0	0	0	0	0	0	0
P24	0	0	0	0	0	0	0	0	0	0	0	0	0	0	0	0	0	0	1	1	0
P25	0	0	0	0	0	0	0	0	0	0	0	0	0	0	0	0	0	0	0	0	0
P26	0	0	0	0	0	0	0	0	0	0	0	0	0	0	0	0	0	0	0	0	0
P27	0	0	0	0	0	0	0	0	0	0	0	0	0	0	0	0	0	0	0	0	0
P28	-1	0	0	0	0	0	0	0	0	0	0	0	0	0	0	0	0	0	0	0	0
P29	1	-1	0	0	0	0	0	0	0	0	0	0	0	0	0	0	0	0	0	0	0
P30	0	1	0	0	0	0	0	0	0	0	0	0	0	0	0	0	0	0	0	0	0
P31	0	0	0	0	0	0	0	0	0	0	0	0	0	0	0	0	0	0	0	0	0
P32	0	0	0	0	0	0	0	0	0	0	0	0	0	0	0	0	0	0	0	0	0
P33	0	0	-1	0	0	0	0	0	0	0	0	0	0	0	0	0	0	0	0	0	0
P34	0	0	1	-1	0	0	0	0	0	0	0	0	0	0	0	0	0	0	0	0	0
P35	0	0	0	1	-1	0	0	0	0	0	0	0	0	0	0	0	0	0	0	0	0
P36	0	0	0	0	1	-1	0	0	0	0	0	0	0	0	0	0	0	0	0	0	0

续表

	T33	T34	T35	T36	T37	T38	T39	T40	T41	T42	T43	T44	T45	T46	T47	T48	T49	T50	T51	T52	T53
P37	0	0	0	0	0	1	-1	0	0	0	0	0	0	0	0	0	0	0	0	0	0
P38	0	0	0	0	0	0	1	-1	-1	0	0	0	0	0	0	0	0	0	0	0	0
P39	0	0	0	0	0	0	0	0	1	-1	0	0	0	0	0	0	0	0	0	0	0
P40	0	0	0	0	0	0	0	0	0	1	-1	0	0	0	0	0	0	0	0	0	0
P41	0	0	0	0	0	0	0	1	0	0	1	-1	0	0	0	0	0	0	0	-1	0
P42	0	0	0	0	0	0	0	0	0	0	0	1	-1	-1	0	0	0	0	0	0	0
P43	0	0	0	0	0	0	0	0	0	0	0	0	1	0	-1	0	0	0	0	0	0
P44	0	0	0	0	0	0	0	0	0	0	0	0	0	1	0	-1	0	0	0	0	0
P45	0	0	0	0	0	0	0	1	0	0	0	0	0	0	0	0	-1	0	0	0	0
P46	0	0	0	0	0	0	0	0	0	0	0	0	0	0	0	0	1	-1	0	0	0
P47	0	0	0	0	0	0	0	0	0	0	0	0	0	0	0	0	0	1	-1	0	0
P48	0	0	0	0	0	0	0	0	0	0	0	0	0	0	0	0	0	0	1	-1	0
P49	0	0	0	0	0	0	0	0	0	0	0	0	0	0	0	0	0	1	0	0	0
P50	0	0	0	0	0	0	0	0	0	0	0	0	0	0	0	0	0	0	0	0	-1
P51	0	0	0	0	0	0	0	0	0	0	0	0	0	0	0	1	0	0	0	0	1

附表 D　优化前边境国际口岸出口作业关联矩阵

	T1	T2	T3	T4	T5	T6	T7	T8	T9	T10	T11	T12	T13	T14	T15	T16	T17	T18	T19	T20	T21	T22	T23	T24	T25	T26	T27	T28	T29	T30	T31	T32	T33
P1	-1	0	0	0	0	0	0	0	0	0	0	0	0	0	0	0	0	0	0	0	0	0	0	0	0	0	0	0	0	0	0	0	0
P2	1	-1	0	0	0	0	0	0	0	0	0	0	0	0	0	0	0	0	0	0	0	0	0	0	0	0	0	0	0	0	0	0	0
P3	0	1	-1	0	0	0	0	0	0	0	0	0	0	0	0	0	0	0	0	0	0	0	0	0	0	0	0	0	0	0	0	0	0
P4	0	0	1	-1	0	0	0	0	0	0	0	0	0	0	0	0	0	0	0	0	0	0	0	0	0	0	0	0	0	0	0	0	0
P5	0	0	0	1	-1	0	0	0	0	0	0	0	0	0	0	0	0	0	0	0	0	0	0	0	0	0	0	0	0	0	0	0	0
P6	0	0	0	0	1	-1	0	0	0	0	0	0	0	0	0	0	0	0	0	0	0	0	0	0	0	0	0	0	0	0	1	0	0
P7	0	0	1	0	0	0	-1	0	0	0	0	0	0	0	0	0	0	0	0	0	0	0	0	0	0	0	0	0	0	0	0	0	0
P8	0	0	0	0	0	0	1	-1	0	0	0	0	0	0	0	0	0	0	0	0	0	0	0	0	0	0	0	0	0	0	0	0	0
P9	0	0	0	0	0	0	0	1	-1	0	0	0	0	0	0	0	0	0	0	0	0	0	0	0	0	0	0	0	0	0	0	0	0
P10	0	0	0	0	0	0	0	0	1	-1	-1	0	0	0	0	0	0	0	0	0	0	0	0	0	0	0	0	0	0	0	0	0	0
P11	0	0	0	0	0	0	0	0	0	1	0	-1	0	0	0	0	0	0	0	0	0	0	0	0	0	0	0	0	0	0	0	0	0
P12	0	0	0	0	0	0	0	0	0	0	0	1	-1	0	0	0	0	0	0	0	0	0	0	0	0	0	0	0	0	0	0	0	0
P13	0	0	0	0	0	0	0	0	0	0	1	0	1	-1	0	0	0	0	0	0	0	0	0	0	0	0	0	0	0	0	0	0	0
P14	0	0	0	0	0	0	0	0	0	0	0	0	0	1	-1	-1	0	0	0	0	0	0	0	0	0	0	0	0	0	0	0	0	0
P15	0	0	0	0	0	0	0	0	0	0	0	0	0	0	1	0	-1	0	0	0	0	0	0	0	0	0	0	0	0	0	0	0	0
P16	0	0	0	0	0	0	0	0	0	0	0	0	0	0	0	1	1	-1	0	0	0	0	0	0	0	0	0	0	0	0	0	0	0
P17	0	0	0	0	0	0	0	0	0	0	0	0	0	0	0	0	0	1	-1	0	0	0	0	0	0	0	0	0	0	0	0	0	0
P18	0	0	0	0	0	0	0	0	0	0	0	0	0	0	0	0	0	0	1	-1	-1	0	0	0	0	0	0	0	0	0	0	0	0

续表

	T1	T2	T3	T4	T5	T6	T7	T8	T9	T10	T11	T12	T13	T14	T15	T16	T17	T18	T19	T20	T21	T22	T23	T24	T25	T26	T27	T28	T29	T30	T31	T32	T33
P19	0	0	0	0	0	0	0	0	0	0	0	0	0	0	0	0	0	0	0	1	0	-1	0	1	0	0	0	0	0	0	0	0	0
P20	0	0	0	0	0	0	0	0	0	0	0	0	0	0	0	0	0	0	0	0	1	0	-1	0	0	0	0	0	0	0	0	0	0
P21	0	0	0	0	0	0	0	0	0	0	0	0	0	0	0	0	0	0	0	0	0	0	1	-1	0	0	0	0	0	0	0	0	0
P22	0	0	0	0	0	0	0	0	0	0	0	0	0	0	0	0	0	0	0	0	0	1	0	0	-1	0	0	0	0	0	0	0	0
P23	0	0	0	0	0	0	0	0	0	0	0	0	0	0	0	0	0	0	0	0	0	0	0	0	1	-1	0	0	0	0	0	0	0
P24	0	0	0	0	0	0	0	0	0	0	0	0	0	0	0	0	0	0	0	0	0	0	0	0	0	0	1	-1	1	0	0	0	0
P25	0	0	0	1	0	0	0	0	0	0	0	0	0	0	0	0	0	0	0	0	0	0	0	0	0	0	0	0	-1	0	0	0	0
P26	0	0	0	0	0	0	0	0	0	0	0	0	0	0	0	0	0	0	0	0	0	0	0	0	0	0	0	1	0	-1	0	0	0
P27	0	0	0	0	0	1	0	0	0	0	0	0	0	0	0	0	0	0	0	0	0	0	0	0	0	0	0	0	0	0	0	-1	0
P28	0	0	0	0	0	0	0	0	0	0	0	0	0	0	-1	0	0	0	0	0	0	0	0	0	0	0	0	0	0	0	0	1	0
P29	0	0	0	0	0	0	0	0	0	0	0	0	0	0	0	0	0	0	1	0	0	0	0	0	0	0	0	0	0	0	0	0	-1
P30	0	0	0	0	0	-1	0	0	1	0	0	0	0	0	0	0	0	0	0	0	0	0	0	0	0	0	0	0	0	0	0	0	0
P31	0	0	0	0	0	0	0	0	0	0	0	0	0	0	0	0	0	-1	0	0	0	0	0	0	0	0	0	0	0	1	0	0	0
P32	0	0	0	0	0	0	0	0	0	0	0	0	0	0	0	0	0	0	0	0	0	0	0	0	0	0	0	1	0	0	-1	0	0
P33	0	0	0	0	0	0	0	1	0	0	0	0	0	0	0	0	0	0	0	0	0	0	0	0	0	0	-1	0	0	0	0	0	0
P34	0	0	0	0	0	0	0	0	0	0	0	0	0	0	0	0	0	0	0	0	0	-1	0	0	0	0	0	0	0	0	0	0	1
P35	0	0	0	0	0	0	0	0	0	0	0	0	0	0	0	0	0	0	0	0	0	0	0	0	0	1	0	0	0	0	0	0	0

附表 E　一般边境口岸站进口作业总流程运行报告

对象	当前容量	最大容量	平均容量	输入	输出	最短停留时间/小时	最长停留时间/小时	平均停留时间/小时	当前状态	空闲时间/小时
发生器5	Source	0	0	0	0	713	0	0.32032	0.021667	5
到达确报	Processor	0	1	0.148727	713	713	0.25017	0.349906	0.300374	1
安排编组计划	Processor	1	1	0.366409	710	709	0.500254	0.999848	0.743581	2
暂存区1	Queue	0	9	1.58113	556	556	0	17.4305	4.095013	6
暂存区2	Queue	0	1	0	153	153	0	0	0	6
暂存区28	Queue	0	1	0	405	405	0	0	0	6
非直达	Queue	0	1	0	405	405	0	0	0	6
暂存区8	Queue	0	3	0.070528	713	713	0	1.523487	0.142441	6
边防检查	Processor	0	1	0.345698	713	713	0.6001	0.799981	0.698185	1
暂存区10	Queue	0	1	0	713	713	0	0	0	6
车辆交接及票据交接	Processor	0	1	0.199314	713	713	0.300028	0.499767	0.402541	1
宽轨解体	Processor	0	1	0.793662	556	556	0.038828	4.385183	2.055527	1
暂存区22	Queue	82	82	29.96404	556	474	0	204.8558	73.55346	8
等待集结	Processor	1	1	0.992578	474	473	1.438641	4.845826	3.015632	2
暂存区24	Queue	67	68	30.48071	473	406	0	201.4651	91.57947	8
集装箱编组	Processor	1	1	0.990919	406	405	3.000781	3.995403	3.51879	2
暂存区26	Queue	0	1	0	405	405	0	0	0	6

续表

对象	当前容量	最大容量	平均容量	输入	输出	最短停留时间/小时	最长停留时间/小时	平均停留时间/小时	当前状态	空闲时间/小时
处理器	Processor	0	1	0	405	405	0	0	0	1
暂存区31	Queue	0	1	0.010755	542	542	0	0.731022	0.028574	6
卸车堆码	Processor	0	1	0.262962	542	542	0.224088	1.186119	0.698644	1
暂存区33	Queue	0	1	0	105	105	0	0	0	6
提交报关申请	Processor	0	1	0.02148	105	105	0.250296	0.348662	0.294589	1
暂存区43	Queue	0	1	0	105	105	0	0	0	6
直达	Queue	0	1	0	153	153	0	0	0	6
非免检1	Queue	0	1	0	137	137	0	0	0	6
免检2	Queue	0	1	0	16	16	0	0	0	6
暂存区39	Queue	0	1	0	437	437	0	0	0	6
提交转关申请	Processor	1	1	0.090922	437	436	0.250164	0.349488	0.299678	2
暂存区51	Queue	0	2	0.141791	108	108	0	10.42371	1.89054	6
审核报关单	Processor	0	1	0.52469	108	108	6.394056	7.805318	6.995867	1
暂存区53	Queue	0	1	0	108	108	0	0	0	6
暂存区54	Queue	0	1	0	74	74	0	0	0	6
暂存区56	Queue	0	2	0.130813	34	34	0	28.82051	5.540326	6
不查验	Processor	0	1	0	74	74	0	0	0	1

续表

对象	当前容量	最大容量	平均容量	输入	输出	最短停留时间/小时	最长停留时间/小时	平均停留时间/小时	当前状态	空闲时间/小时
海关查验	Processor	1	1	0.464359	34	33	18.78635	21.36334	20.02239	2
需要报检	Queue	0	1	0.028118	164	164	0	2.685491	0.246891	6
审核报检单	Processor	1	1	0.342779	164	163	2.476128	3.583408	3.020741	2
暂存区48	Queue	0	1	0.004973	163	163	0	1.185374	0.043933	6
检验检疫	Processor	0	1	0.338524	163	163	2.125969	4.192321	2.99064	1
无须报检	Queue	0	1	0	377	377	0	0	0	6
暂存区50	Queue	0	1	0	540	540	0	0	0	6
暂存区66	Queue	0	2	0.001879	107	107	0	0.458959	0.025283	6
放行	Processor	0	1	0.113343	547	547	0.200089	0.399356	0.298379	1
非直达1	Queue	181	181	90.20312	531	350	0	480.2727	246.4889	8
直达	Queue	0	1	0	16	16	0	0	0	6
暂存区74	Queue	7	10	1.883172	448	441	0	28.6033	6.024936	8
审核转关单	Processor	1	1	0.916787	441	440	1.970759	3.938507	2.996421	2
暂存区77	Queue	0	1	0.001225	440	440	0	0.330345	0.004009	6
空车编组至换装场2	Processor	0	1	0.011921	16	16	0.534044	1.459279	1.072905	1
非直达集结	Queue	2	5	1.295892	349	347	0	19.07838	5.348635	8
直达集结	Queue	0	1	0.0005	16	16	0	0.719725	0.044983	6

续表

对象	当前容量	最大容量	平均容量	输入	输出	最短停留时间/小时	最长停留时间/小时	平均停留时间/小时	当前状态	空闲时间/小时
准轨装车	Processor	1	1	0.964151	347	346	3.503304	4.498968	4.005139	2
直接换装	Processor	0	1	0.051387	16	16	4.14482	4.996988	4.624798	1
暂存区5	Queue	0	1	0.001113	362	362	0	0.512928	0.004428	6
列检	Processor	0	1	0.13818	362	362	0.500311	0.599825	0.549665	1
吸收器10	Sink	1	1	0.980477	362	0	0	0	0	7
分解器132	Separator	0	2	0	1084	1084	0	0	0	1
暂存区133	Queue	0	1	0	542	542	0	0	0	6
暂存区134	Queue	1	2	0.09009	542	541	0	2.862543	0.2393	8
宽轨空车编组	Processor	1	1	0.551067	541	540	0.042861	2.890664	1.469294	2
暂存区136	Queue	0	2	0.02533	540	540	0	1.569729	0.067548	6
宽轨列车交接	Processor	1	1	0.452079	540	539	0	2.995239	1.207579	2
暂存区14	Queue	0	1	0	713	713	0	0	0	6
译制运单	Processor	0	1	0.492953	712	712	0.800226	1.198965	0.996983	1
暂存区16	Queue	0	1	0	712	712	0	0	0	6
录入系统	Processor	0	1	0.123197	712	712	0.200035	0.299977	0.249163	1
暂存区13	Queue	0	3	0.058615	710	710	0	1.26445	0.11888	6
分解器4	Separator	0	2	0	1426	1426	0	0	0	1

续表

对象	当前容量	最大容量	平均容量	输入	输出	最短停留时间/小时	最长停留时间/小时	平均停留时间/小时	当前状态	空闲时间/小时
暂存区7	Queue	0	1	0.000672	713	713	0	0.153567	0.001358	6
接车及核对信息	Processor	1	1	0.272037	713	712	0.500095	0.599979	0.550111	2
暂存区9	Queue	0	5	0.250951	712	712	0	4.80147	0.507541	6
合成器10	Combiner	1	2	0.551877	1424	1423	0	3.040022	0.558168	4
暂存区11	Queue	0	4	0.048407	712	712	0	2.784342	0.097903	6
审核票据及联运计划	Processor	1	1	0.503038	711	710	0	3.293272	1.01964	2
联运运单交接	Processor	1	1	0.123009	713	712	0.200201	0.2998	0.248707	2
暂存区14	Queue	0	3	0.129851	712	712	0	2.813365	0.26262	6
暂存区139	Queue	0	1	0.000311	539	539	0	0.273617	0.00083	6
列检检查	Processor	1	1	0.130189	539	538	0.300204	0.399955	0.348259	2
吸收器143	Sink	1	1	0.986817	538	0	0	0	0	7
空车编组至换装场1	Processor	1	1	0.982794	350	349	1.918905	5.965773	4.045164	2
暂存区44	Queue	0	1	0	436	436	0	0	0	6

附表 F 阿拉山口口岸站进口作业总流程运行报告

对象	当前容量	最大容量	平均容量	输入	输出	最短停留时间/小时	最长停留时间/小时	平均停留时间/小时	当前状态	空闲时间/小时
发生器5	Source	0	0	0	0	315	0	0.313643	0.010946	5
到达确报	Processor	0	1	0.065	315	315	0.250261	0.349667	0.297142	1
安排编组计划	Processor	0	1	0.165976	314	314	0.500035	0.993203	0.761164	1
暂存区1	Queue	0	2	0.066664	244	244	0	4.770262	0.393426	6
暂存区2	Queue	0	1	0	70	70	0	0	0	6
暂存区28	Queue	0	1	0	240	240	0	0	0	6
非直达	Queue	0	1	0	240	240	0	0	0	6
暂存区8	Queue	0	2	0.01247	315	315	0	0.973249	0.057005	6
边防检查	Processor	0	1	0.152579	315	315	0.600407	0.799687	0.697503	1
暂存区10	Queue	0	1	0	315	315	0	0	0	6
车辆交接及票据交接	Processor	0	1	0.088527	315	315	0.300178	0.499301	0.404696	1
宽轨解体	Processor	0	1	0.336241	244	244	0	4.159119	1.984376	1
暂存区22	Queue	1	3	0.199611	244	243	0	8.208821	1.169173	8
等待集结	Processor	1	1	0.517127	243	242	1.55933	4.839073	3.068367	2
暂存区24	Queue	1	2	0.161021	242	241	0	5.863037	0.953327	8
集装箱编组	Processor	1	1	0.585929	241	240	3.008275	3.989726	3.508219	2
暂存区26	Queue	0	1	0	240	240	0	0	0	6

续表

对象	当前容量	最大容量	平均容量	输入	输出	最短停留时间/小时	最长停留时间/小时	平均停留时间/小时	当前状态	空闲时间/小时
处理器	Processor	0	1	0	240	240	0	0	0	1
暂存区31	Queue	0	1	0.004149	304	304	0	0.749415	0.019654	6
卸车堆码	Processor	0	1	0.150291	304	304	0.306987	1.288848	0.711903	1
暂存区33	Queue	0	1	0	66	66	0	0	0	6
提交报关申请	Processor	0	1	0.013916	66	66	0.252024	0.349383	0.303618	1
暂存区43	Queue	0	1	0	66	66	0	0	0	6
直达	Queue	0	1	0	70	70	0	0	0	6
非免检1	Queue	0	1	0	64	64	0	0	0	6
免检2	Queue	0	1	0	6	6	0	0	0	6
暂存区39	Queue	0	1	0	238	238	0	0	0	6
提交转关申请	Processor	0	1	0.04929	238	238	0.250448	0.349715	0.298222	1
暂存区51	Queue	0	3	0.116694	63	63	0	17.57802	2.66729	6
审核报关单	Processor	0	1	0.309079	63	63	6.28499	7.922909	7.064673	1
暂存区53	Queue	0	1	0	63	63	0	0	0	6
暂存区54	Queue	0	1	0	42	42	0	0	0	6
暂存区56	Queue	0	1	0.035028	21	21	0	13.60016	2.401917	6
不查验	Processor	0	1	0	42	42	0	0	0	1

续表

对象	当前容量	最大容量	平均容量	输入	输出	最短停留时间/小时	最长停留时间/小时	平均停留时间/小时	当前状态	空闲时间/小时
海关查验	Processor	0	1	0.289634	21	21	18.0771	20.84756	19.86059	1
需要报检	Queue	0	1	0.01128	84	84	0	2.743907	0.19338	6
审核报检单	Processor	0	1	0.176295	84	84	2.273367	3.557823	3.022199	1
暂存区48	Queue	0	1	0.000963	84	84	0	0.853552	0.016509	6
检验检疫	Processor	0	1	0.173809	84	84	1.937709	3.934816	2.979585	1
无须报检	Queue	0	1	0	220	220	0	0	0	6
暂存区50	Queue	0	1	0	304	304	0	0	0	6
暂存区66	Queue	0	1	0.000277	63	63	0	0.213724	0.006323	6
放行	Processor	0	1	0.063949	308	308	0.200115	0.399302	0.298981	1
非直达1	Queue	2	9	1.321243	302	300	0	26.97466	6.318557	8
直达	Queue	0	1	0	6	6	0	0	0	6
暂存区74	Queue	1	4	0.221223	247	246	0	9.6535	1.29276	8
审核转关单	Processor	1	1	0.509665	246	245	1.970759	3.703574	2.985858	2
暂存区77	Queue	0	1	0.000141	245	245	0	0.100188	0.000828	6
空车编组至换装场2	Processor	0	1	0.004116	6	6	0.598883	1.613343	0.987807	1

续表

对象	当前容量	最大容量	平均容量	输入	输出	最短停留时间/小时	最长停留时间/小时	平均停留时间/小时	当前状态	空闲时间/小时
非直达集结	Queue	0	3	0.358409	299	299	0	8.925365	1.726116	6
直达集结	Queue	0	1	0	6	6	0	0	0	6
准轨装车	Processor	1	1	0.832553	299	298	3.509734	4.498568	4.013567	2
直接换装	Processor	0	1	0.018722	6	6	4.170677	4.850656	4.49325	1
暂存区5	Queue	0	1	0.000012	304	304	0	0.016781	0.000055	6
列检	Processor	0	1	0.116102	304	304	0.500514	0.599836	0.549955	1
吸收器10	Sink	1	1	0.979476	304	0	0	0	0	7
分解器132	Separator	0	2	0	608	608	0	0	0	1
暂存区133	Queue	0	1	0	304	304	0	0	0	6
暂存区134	Queue	0	2	0.028044	304	304	0	2.890538	0.132841	6
宽轨空车编组	Processor	1	1	0.326569	304	303	0.028918	3.098444	1.549234	2
暂存区136	Queue	0	1	0.005315	303	303	0	0.976184	0.025259	6
宽轨列车交接	Processor	0	1	0.251435	303	303	0.105888	2.892402	1.194939	1
暂存区14	Queue	0	1	0	315	315	0	0	0	6
译制运单	Processor	0	1	0.218595	315	315	0.800549	1.199523	0.999291	1
暂存区16	Queue	0	1	0	315	315	0	0	0	6
录入系统	Processor	1	1	0.054094	315	314	0.200078	0.299307	0.247965	2

续表

对象	当前容量	最大容量	平均容量	输入	输出	最短停留时间/小时	最长停留时间/小时	平均停留时间/小时	当前状态	空闲时间/小时
暂存区13	Queue	0	2	0.009363	314	314	0	1.126996	0.042938	6
分解器4	Separator	0	2	0	630	630	0	0	0	1
暂存区7	Queue	0	1	0.000071	315	315	0	0.053364	0.000323	6
接车及核对信息	Processor	0	1	0.120058	315	315	0.500051	0.599852	0.548834	1
暂存区9	Queue	0	2	0.022484	315	315	0	1.516493	0.102785	6
合成器10	Combiner	1	2	0.228835	629	628	0	3.563667	0.52364	7
暂存区11	Queue	0	1	0.000858	314	314	0	0.599992	0.003934	6
审核票据及联运计划	Processor	0	1	0.22115	314	314	0	4.003223	1.014193	1
联运运单交接	Processor	0	1	0.054057	315	315	0.200359	0.299983	0.247116	1
暂存区14	Queue	0	2	0.017227	315	315	0	1.19071	0.078752	6
暂存区139	Queue	0	1	0	303	303	0	0	0	6
列检检查	Processor	0	1	0.073455	303	303	0.300014	0.399481	0.349093	1
吸收器143	Sink	1	1	0.985615	303	0	0	0	0	7
空车编组至换装场1	Processor	1	1	0.834474	300	299	1.514378	6.334838	4.009399	2
暂存区44	Queue	0	1	0	238	238	0	0	0	6

附表 G　边境出口作业总流程运行报告

对象	当前容量	最大容量	平均容量	输入	输出	最短停留时间/小时	最长停留时间/小时	平均停留时间/小时	当前状态	空闲时间/小时
下达放行指令	0	1	0.115092	549	549	0.200089	0.39963	0.301882	1	1274.267
发生器4	0	0	0	0	602	0	0.173419	0.005792	5	0
到达确报	0	1	0.061982	602	602	0.033729	0.261657	0.148263	1	1350.746
暂存区6	0	1	0	602	602	0	0	0	6	0
接车作业	0	1	0.14646	602	602	0.300014	0.399781	0.350335	1	1229.098
暂存区8	0	1	0	602	602	0	0	0	6	0
生成运抵报告	0	1	0.084494	602	602	0.100091	0.299981	0.202113	1	1318.328
暂存区10	0	1	0.001075	602	602	0	0.195232	0.002571	6	0
提交转关申请	0	1	0.073545	354	354	0.250514	0.349857	0.299165	1	1334.095
提交报关申请2	0	1	0.051519	248	248	0.250101	0.349243	0.299143	1	1365.813
暂存区13	0	4	0.054565	354	354	0	3.761704	0.221958	6	0
暂存区14	0	1	0.003855	90	90	0	1.434001	0.061675	6	0
审核转关单据	0	1	0.24601	354	354	0.478056	1.615273	1.00072	1	1085.745
审核报检单	0	1	0.074754	90	90	0.816575	1.876961	1.196071	1	1332.354
直转模式	0	1	0	348	348	0	0	0	6	0
非直转模式	0	1	0	6	6	0	0	0	6	0
暂存区20	0	2	0.018049	90	90	0	5.246126	0.288777	6	0

续表

对象	当前容量	最大容量	平均容量	输入	输出	最短停留时间/小时	最长停留时间/小时	平均停留时间/小时	当前状态	空闲时间/小时
检验检疫	1	1	0.154707	90	89	1.400201	3.625718	2.494492	2	1217.221
不检验检变	0	7	1.421294	158	158	0	42.46529	12.95357	6	0
审核报关单	1	1	0.985352	204	203	6.031352	7.841148	6.961149	2	21.09243
查验区1	0	1	0	70	70	0	0	0	6	0
不查验区2	0	1	0	139	139	0	0	0	6	0
列车解体	0	1	0.088741	70	70	1.259701	2.433395	1.825529	1	1312.213
暂存区27	0	1	0	70	70	0	0	0	6	0
运至查验区	0	1	0.025009	70	70	0.357381	0.714591	0.514481	1	1403.986
暂存区29	7	9	4.57892	70	63	0	195.0581	97.32595	8	0
海关查验31	1	1	0.955239	63	62	20.00882	23.313	21.91749	2	64.45622
不查验	0	1	0	139	139	0	0	0	1	1440
暂存区33	0	2	0.002624	549	549	0	0.404548	0.006884	6	0
暂存区	0	1	0.000778	401	401	0	0.220313	0.002795	6	0
暂存区	0	4	0.419387	148	148	0	19.43485	4.080519	6	0
列车编组	0	1	0.613108	148	148	4.505449	7.49142	5.965372	1	557.1249
暂存区43	0	1	0.001341	148	148	0	0.3269	0.013049	6	0
暂存区45	0	1	0.000036	549	549	0	0.051396	0.000094	6	0
商检列检	0	1	0.209945	549	549	0.500206	0.599836	0.550675	1	1137.68

续表

对象	当前容量	最大容量	平均容量	输入	输出	最短停留时间/小时	最长停留时间/小时	平均停留时间/小时	当前状态	空闲时间/小时
暂存区47	0	1	0.001251	549	549	0	0.210124	0.003282	6	0
边防检查	0	1	0.265711	549	549	0.60017	0.799653	0.696947	1	1057.376
吸收器49	1	1	0.994777	549	0	0	0	0	7	0
暂存区612	43	43	25.28318	89	46	0	745.0498	411.9524	8	0
核销	0	1	0.115194	549	549	0.200115	0.399678	0.302149	1	1274.12
暂存区29542	0	1	0.000665	549	549	0	0.189638	0.001745	6	0
运送至到发场	0	1	0.306058	549	549	0.478042	1.073649	0.802776	1	999.276
暂存区	0	2	0.038952	549	549	0	1.433209	0.102169	6	0
单证交接	0	1	0.095149	549	549	0.200051	0.299881	0.249572	1	1302.985
牵引调车场	0	1	0.049366	70	70	0.411567	1.467408	1.015529	1	1368.913
暂存区29547	0	1	0.000029	70	70	0	0.041657	0.000595	6	0
分解器29548	0	2	0	1204	1204	0	0	0	1	1440
发送国际运单	0	1	0.104113	602	602	0.200605	0.299893	0.249042	1	1290.077
暂存区29550	0	2	0.012672	602	602	0	0.493331	0.030312	6	0
暂存区29552	0	1	0.004946	602	602	0	0.231652	0.011831	6	0
暂存区27	0	2	0.050072	602	602	0.00454	0.510495	0.119774	6	0
合成器29553	0	2	0	1204	1204	0	0	0	1	1440
暂存区30139	0	1	0	602	602	0	0	0	6	0

中国共产党昭觉县

执政实录

（2022）

昭觉县党史研究与地方志编纂中

国共产党昭觉县执政实录

UOGONGCHANDANGZHAOJUEXIAN
ZHIZHENGSHILU